Lüders – Welterfahrung und Kunstgestalt

Detlev Lüders

Welterfahrung und Kunstgestalt

Über die Notwendigkeit
von Kunst und Dichtung

Königshausen & Neumann

Abbildung auf dem Umschlag nach einer Zeichnung von
Claude Lorrain (1600–1682): „Die Ankunft des Aeneas und seiner Gefährten"

Bibliografische Information der Deutschen Bibliothek

Die Deutsche Bibliothek verzeichnet diese Publikation in der Deutschen
Nationalbibliografie; detaillierte bibliografische Daten sind im Internet
über <http://dnb.ddb.de> abrufbar.

© Verlag Königshausen & Neumann GmbH, Würzburg 2004
Gedruckt auf säurefreiem, alterungsbeständigem Papier
Umschlag: Hummel / Lang, Würzburg
Bindung: Buchbinderei Diehl+Co. GmbH, Wiesbaden
Alle Rechte vorbehalten
Dieses Werk, einschließlich aller seiner Teile, ist urheberrechtlich geschützt.
Jede Verwertung außerhalb der engen Grenzen des Urheberrechtsgesetzes ist
ohne Zustimmung des Verlages unzulässig und strafbar. Das gilt insbesondere
für Vervielfältigungen, Übersetzungen, Mikroverfilmungen und die Einspeicherung
und Verarbeitung in elektronischen Systemen.
Printed in Germany
ISBN 3-8260-2830-9
www.koenigshausen-neumann.de
www.buchhandel.de

INHALT

Vorbemerkung 7

Die Notwendigkeit der Dichtung – Zu Goethes ‚Aktualität' – 9

Schiffer · Linde · Vogel · Eisen
Goethes Urteil über sein erstes Weimarer Jahrzehnt 25

Goethes Wandlung in Italien 35

Goethes Bestimmung des Stils 43

Zu Max Beckmanns „Faust"-Illustrationen 45

Der Mensch und das „offenbare Geheimnis" 49

Hölderlins ‚Aktualität' 57

Didaktik · Hölderlins Welt-Lehre in der Ode „Der Frieden" 77

Hölderlins „Maß": Das Gefüge der Welt 87

Hölderlin. Welt im Werk 103

Dasein „in reißender Zeit". Hölderlins Dichtung heute 129

Clemens Brentano: „Alles ist ewig im Innern verwandt"
Die Dichtung verändert das Weltverständnis 149

Gedämpfte Welt und holdes Bescheiden
Zur Dichtung Eduard Mörikes 171

Aufgang und Wahrheit der Welt
Zu drei Gedichten von Georg Trakl 179

Die „Ordnung der Dinge"
Zu Hugo von Hofmannsthals 100. Geburtstag 199

Vincent van Gogh: „Olivenhain"
Zur Frage nach dem Wesen des Stils 201

Die Abbildfunktion des Stils (Notizen I) 211

Welt – Kunst – Stil (Notizen II) 215

Dichtung, Kunst und heutige Gesellschaft 221

Der „Zauber der Welt" und das heutige „Chaos"
Heidegger und die moderne Dominanz des Dürftigen 237

Hölderlin, Heidegger und das Künftige 259

Nachweise 277

Personenregister 281

VORBEMERKUNG

Kunst und Dichtung sind heute vielen Mißdeutungen ausgesetzt. Oft gelten sie uns nur als ein historisches Zeugnis, als ein kultureller Schmuck, als ein Gegenstand des Kunstgenusses. Vielfach halten wir sie auch für ein Vehikel zum Transport von Ideologien.

Diese Meinungen führen uns in die Irre. In großer Kunst und Dichtung steht das Wesen des Menschen und seiner Welt sichtbar und hörbar vor uns. Aus dem Kunstwerk heraus schaut den Menschen sein eigenes Wesen an.

Daher ist die Kunst für den Menschen notwendig. Nur hier gewinnt sein sonst unsichtbares Wesen eine Gestalt.

Die tonangebenden Kräfte der heutigen, von Technik, Politik und Wirtschaft dominierten Gesellschaft lassen diese Sachverhalte nicht nur außer acht; sie kennen sie nicht und haben keine Beziehung zu ihnen. Sie fragen weder nach dem „Wesen" noch nach der „Welt" des Menschen. Beides glauben sie schon zu kennen. Ihr ‚Denken' ist aber nur in den begrenzten Bezirken ihrer jeweiligen gesellschaftlichen Funktion zu Hause. „Welt" kennt der heute tonangebende Funktionär – falls seine Interessenlage ihm den Blick auf eine gewisse ‚Totalität des Daseins' überhaupt gestattet – nur als ein Konglomerat technischer, politischer und gesellschaftlicher Faktoren. Die eigentlich menschliche und freie, nämlich nicht durch die Beschränkung auf Spezialfunktionen eingeengte „Welt" ist ihm unbekannt.

Zugleich damit hat sich dem heutigen Menschen die Einsicht in das Wesen der Kunst entzogen. Kunstwerke werden in zunehmendem Maße von der Technik bestimmt. Politische und soziologische Vorstellungen dominieren den Horizont, in dem uns Kunst begegnet. Kunst und Dichtung werden – wie die „Kultur" im ganzen – organisiert und verwaltet. Im Umgang mit ihnen regieren Inszenierung und Sensation. Sie haben Unterhaltungswert im Rahmen des allgemeinen Konsums. Sie vegetieren am Rand unserer Gesellschaft in der ihnen oktroyierten, ihrem Wesen fremden Rolle eines Kulturfaktors.

Eine Verarmung unseres Daseins und eine Verwahrlosung unseres Wesens sind die Folge.

Die eigentliche „Welt" des Menschen ist aber in großer Kunst und Dichtung aufbewahrt. Denn der Dichter ist der, „der die Welt im verringerten Maßstab darstellt" (Hölderlin). Hölderlins Dichtung zeigt diese „Welt" in ihrem unerschöpflichen Reichtum, der dem Menschen zur Wahrung anvertraut ist. Im 20. Jahrhundert wurde das Wesen der „Welt", im „Gespräch" mit Hölderlin, eines der großen Themen des Heideggerschen Denkens.

Werden wir noch einmal imstande sein, innezuhalten im blinden Rasen unseres Kulturbetriebs, uns umzukehren und wahrzunehmen, was das große Kunstwerk eigentlich und immer noch für uns bereithält? Ließen wir das Kunstwerk das sein, was es ist, so könnte es ein entscheidender Wegweiser in die allseits gesuchte menschenwürdige Zukunft des Menschen werden. Wir könnten seine Notwendigkeit erfahren und uns wandeln.

Das Kunstwerk das sein lassen, was es ist: das geschieht weder durch historische, noch durch ästhetische, noch durch soziologische Betrachtung. Jede dieser Methoden kann wichtige Aspekte des Kunstwerks erhellen, aber keine von ihnen gelangt in die eigentliche Dimension des Wesens der Kunst.

Wenn Hölderlin dagegen die Aufgabe der Kunst in der Darstellung der eigentlich menschlichen „Welt" sieht, so eröffnet er der Einsicht den einen unerschöpflich reichen Horizont, dem große Kunst zu allen Zeiten entstammt und entspricht. Die unterschiedlichen Kunstgestalten der Geschichte sind Modifikationen der „Welt"erfahrung, des einen menschlichen Wesenshorizonts. In diesem Wesensraum „wohnt" und „dichtet", seiner Natur gemäß, der Mensch; diese „Welt", die „unendlicher Deutung voll" ist (Hölderlin), messen die menschlichen Kunstwerke in unendlichen Variationen aus.

‚Welterfahrung' als das umfassende Ermessen unseres im Alltag unbekannten Wesensraums ist daher in jeder wahren ‚Kunstgestalt' anwesend. Große Kunstwerke halten das Rüstzeug für die Einsicht in den Reichtum unserer menschlichen „Welt" bereit. Sie können uns unser eigenes, vergessenes Wesen zeigen, damit wir es kennenlernen, beherzigen und auf geschichtlich neue Weise fruchtbar machen. Die Kategorien unseres alltäglichen Umgangs mit der „Welt" müssen wir dabei in Frage stellen.

Die hier gesammelten Aufsätze versuchen, Kunstwerke und Dichtungen aus dem ihnen eigenen „Welt"-Horizont her sprechen zu lassen. Dieser Horizont muß dabei in seinem Wesen, in seiner Maßgeblichkeit und in seinem Reichtum deutlicher werden. Dasselbe gilt für das Geheimnis der Kunstgestalt.

Hölderlins Dichtung zeigte inmitten der „Weltnacht", „Daß im Finstern für uns einiges Haltbare sei" („Brot und Wein", V. 32). Erkennen wir Heutigen, nach furchtbaren Erfahrungen, immer noch nicht, daß auch wir, von neuem, etwas Haltbares suchen müssen und uns nur ihm anvertrauen dürfen?

DIE NOTWENDIGKEIT DER DICHTUNG
– ZU GOETHES ‚AKTUALITÄT' –

Unserer Zeit liegt es fern, Dichtung und Kunst für notwendig zu halten. Man fördert zwar den ‚Kultursektor'. Kunst und Dichtung aber stehen in unserem von Technik, Politik und Wirtschaft dominierten Dasein weitgehend abseits; im Ernst kommt es auf sie nicht an. Sie dienen zumeist der Unterhaltung, der Zerstreuung oder dem intellektuellen Deutungsspiel. Bestenfalls gelten sie als ein Bildungsfaktor. Sie werden auch häufig – worüber schon manches gesagt wurde – als Transportmittel oder Verbrämung für Aussagen über Politik und Gesellschaft verwendet.

Im Umgang mit Kunst und Dichtung gefällt man sich in Attitüden eines forcierten Leichtsinns, die sich der modischen Beliebigkeit alles geistigen Handelns anbiedern und jedes Suchen nach einer eigentlichen Bedeutung der Künste für das Dasein des Menschen als unzeitgemäß diffamieren.

Und so erinnern wir uns der alten Verse: „schri kunst schri und klag dich ser / din begert iecz niemen mer". Auch heute wieder sind die Dichtung und die Künste an den Rand unseres Daseins gedrängt; man „begert" nicht mehr, ihr Wesen und ihre Aufgabe zu kennen.

Wie finden wir einen Ausweg aus diesen Irrtümern? – Wir suchen ihn, indem wir danach fragen, was wir von großer Kunst und großer Dichtung im Ernst für unser Dasein lernen können. Was sprechen beide uns aus ihrem innersten Wesen her zu?

In diesem Sinne fragen wir jetzt nach der ‚Aktualität', die Goethes Werk für unsere Zeit besitzt.

Goethes Werk hält, wie wir zunächst behaupten, das, was unsere Zeit notwendig braucht, immer schon bereit. Eben damit ist es heute im höchsten Maße aktuell; denn als aktuell in einem eigentlichen Sinn begreifen wir das Bereithalten des Notwendigen. Sobald wir dieses finden, lassen wir die Irrtümer unserer Zeit hinter uns. Wir lernen Wesen und Aufgabe der Dichtung kennen und erfahren ihre Notwendigkeit.

Hier schalten wir zunächst ein Gedicht Goethes ein. Es benennt ebenfalls eine gegenwärtige „Not" und behandelt sie auf seine Weise. Zugleich stimmt es uns in Goethes Ton ein, in seine eigene Souveränität, der wir uns im Folgenden anvertrauen wollen. Das Gedicht stammt aus dem „Buch des Unmuts" im West-Östlichen Divan.[1] Es heißt

---

[1] Hamburger Ausgabe (HA) 2,47

WANDERERS GEMÜTSRUHE

Übers Niederträchtige
Niemand sich beklage;
Denn es ist das Mächtige,
Was man dir auch sage.

In dem Schlechten waltet es
Sich zu Hochgewinne,
Und mit Rechtem waltet es
Ganz nach seinem Sinne.

Wandrer! – Gegen solche Not
Wolltest du dich sträuben?
Wirbelwind und trocknen Kot,
Laß sie drehn und stäuben.

*

Wo sollen wir mit dem Fragen nach Goethes Aktualität beginnen? – Sein Werk ist kaum zu ermessen in seiner Weite und in seiner Tiefe. Es ist auf eine wohl beispiellose Weise vielseitig; man ist versucht, von Allseitigkeit zu sprechen. Dasselbe gilt für Goethes Existenz im ganzen. Sie umfaßt, kaum begreiflich, viele Existenzen der menschlichen Art. Der Dichter, der Zeichner, der Kunst- und Literaturtheoretiker, der Theaterdirektor und Schauspieler, der Staatsmann und der Naturwissenschaftler, und zugleich mit alldem der große Sammler, der Briefschreiber, der Reisende, der Mensch, dem sein Werk eine tiefe Einsamkeit auferlegte und der dennoch den größten Sinn hatte für eine ständige Hinwendung zur Welt und zu den Menschen: All diese Existenzformen, deren jede sonst, wenn es hoch kommt, ein bedeutendes Menschenleben erfüllt, sie hatten Platz in seinem einen Dasein. Nicht immer bestanden sie alle nebeneinander, aber alle kamen aus seinem innersten Wesen.

Goethe als der wohl letzte und vielleicht zugleich größte uomo universale – sobald wir uns dies wieder bewußt machen, drängt sich der Gedanke auf: Liegt Goethes Aktualität nicht in eben dieser Grundform seiner Existenz, in seiner Universalität? Denn was könnte in einer Welt, die seit langem und immer mehr vom Spezialistentum bestimmt wird und in ihm verarmt, bedeutsamer sein als das Vorbild eines universalen Menschen, der seine immensen Gaben allseitig zur Vollkommenheit ausgebildet hat? – Indessen, damit würden wir ‚Aktualität' mit ‚Vorbildlichkeit' gleichsetzen; überdies mit einer Form der Vorbildlichkeit, die trotz ihrer höchsten Bedeutung kaum je, und heute weniger denn je, vom Menschen aufgegriffen und verwirklicht werden kann. Die Universalität ist, dem Sog des Schicksals zufolge, seit langem so gründlich als Leitbild des menschlichen Daseins verabschiedet worden, daß es – so sehr wir das bedauern mögen – wohl weltfremd wäre, gerade heute in ihr Goethes Aktualität erblicken zu wollen.

Fast alle Einzel-Aspekte von Goethes Wirksamkeit enthalten freilich Elemente einer tiefen Aktualität. Von seinem Dichten gilt das ohnehin, worauf wir zurückkommen werden. – Hier sei zunächst auf zwei andere Bereiche seines Werkes hingewiesen.

Die Kunstgeschichte ist seit geraumer Zeit dabei, Goethes Zeichenkunst – er hat weit mehr als 2000 Zeichnungen und Aquarelle geschaffen – immer mehr in ihrer wahren Bedeutung einzuschätzen. Immer mehr Stimmen fordern, daß jede Geschichte der Zeichnung in der Neuzeit Goethes besten Zeichnungen einen gewichtigen Platz einräumen müsse.

Und für Goethes Naturwissenschaft gilt heute in noch höherem Maße dasselbe. Mag Goethe in seiner Farbenlehre gegenüber Newton – oft maßlos und ungerecht kritisierend – noch so sehr geirrt haben: Seine leidenschaftliche Abwehr der Sehweise Newtons entsprang einer ganzheitlichen Einsicht in das Wesen von Mensch und Natur, einem In-eins-Setzen von Mensch, Natur und Gott, das jeder sogenannten exakten Naturwissenschaft als solcher verwehrt ist. Heute wird Goethes Art, die Natur zu befragen, immer ernster genommen. Immer mehr sieht man ihr tiefes Recht.

Dieselbe Hellsicht Goethes wird auch von der heutigen Morphologie und Biogenetik erkannt. Seine hierher gehörenden Einsichten würden – so Manfred Eigen – jedem modernen Lehrbuch zur Zierde gereichen.

Auf fast allen Gebieten menschlicher Wirksamkeit, denen er sich zuwandte, kam Goethe zu Erkenntnissen von hoher Modernität. Er war seiner Zeit weit voraus, ja, aller Vermutung nach, auch unserer Zeit. Aktualität in dem Sinne, daß seine maßgebenden Einsichten zumindest ‚auf der Höhe‘ auch noch heutiger Forschung sind, finden wir daher überall bei ihm. Es ist jedoch hier nicht möglich, diesen – wenn ich so sagen darf – ‚speziellen Aktualitäten‘ Goethes im einzelnen nachzugehen.

Daher entnehmen wir unserem kurzen Blick auf Goethes Universalität nunmehr einen Hinweis. Wir sagten: Alle Elemente seiner universellen Existenz entstammen *einer* Quelle, nämlich seinem innersten Wesen. Dieses Wesen ist der Grund, der in allen Manifestationen seines Daseins erscheint. Anders als in einer ständigen Übereinstimmung mit sich selbst, die durch einen solchen verläßlichen Wesensgrund verbürgt wird, ist ein rechtes Menschenleben für Goethe nicht möglich. Im „Buch des Unmuts" heißt es daher:[2]

> Denn das Rechte zu ergreifen,
> Muß man aus dem Grunde leben,
> Und salbadrisch auszuschweifen
> Dünket mich ein seicht Bestreben.

Und was wäre auch für den heutigen Menschen wichtiger, als „aus dem Grunde (zu) leben", um so „das Rechte ergreifen" zu können? Denn beides entbehrt der

---

[2] HA 2,46

heutige Mensch; erinnern wir uns nur an unser gestörtes Verhältnis zur Kunst. Heute zeigt sich nirgendwo so etwas wie ein „Grund". Nirgends haben wir ‚Grund und Boden unter den Füßen'. Wir vermissen das auch kaum noch. Wir tanzen über dem Abgrund.

Grund- und Ziellosigkeit des Menschen gehören zu den abgründigen Gefahren unseres Zeitalters; ja, das Heillose unserer heutigen Welt hat hier wohl seine Wurzeln.

So vermuten wir denn, daß diese Verse Goethes uns auf eine erste Spur bringen, wenn wir nach seiner heutigen Aktualität fragen. Nur ein Leben „aus dem Grunde" – dessen Wesen wir freilich noch nicht kennen – ließe wohl auch uns Heutige „das Rechte ergreifen" und zu einem wahren menschlichen Dasein hinfinden.

Damit präzisiert sich unser Begriff der Aktualität immer mehr. Wir meinen nicht die Tages-Aktualität, das jeden Tag Neue und Neueste, das den Menschen jagt, ihn nicht zur Besinnung kommen läßt und nur in immer neue Grundlosigkeit stürzt. Von diesem Aktuellen sagt Goethe, nicht umsonst wiederum im „Buch des Unmuts", es bestehe darin,

> Daß nur immer in Erneuung
> Jeder täglich Neues höre,
> Und zugleich auch die Zerstreuung
> Jeden in sich selbst zerstöre.[3]

Das Jagen nach dem dem Tag verhafteten Neuesten zerstreut und zerstört das Einzige, das es gerade zu finden gilt: das „Selbst" und damit das Wesen des Menschen. Insofern sind wir übrigens mit Emil Staiger einig, wenn er 1952 in seiner großen Goethe-Monographie sagt: eine heutige Beschäftigung mit Goethe müsse „der Zeit den Dienst ... leisten, den niemand leistet, der sich von ihr die Gesetze des Denkens vorschreiben läßt"[4].

Sehen wir uns unter diesen Vorzeichen zwei Beispiele für solche Tages-Aktualitäten von heute etwas genauer an.

Überall – wir wissen es und erwähnten es auch schon – wurde seit langem die sogenannte politische oder soziale ‚Relevanz' von Kunst und Dichtung gefordert. Damit aber würden Kunst und Dichtung zu bloßen historischen Zeugnissen, zu Vehikeln der Politik und des Sozialwesens degradiert. Das, was die Politik ohnehin schon sagt, würde die Kunst mit ihren Mitteln lediglich nochmals sagen. Niemand leugnet, daß Kunstwerke immer in einer bestimmten historischen Situation entstehen; das ist eine Binsenweisheit. Aber was verschlägt diese nivellierende Sicht, wesentlich genommen? Wesentlich entsteht und lebt kein großes Kunstwerk aus den Umständen seiner transitorischen Entstehungszeit. Wesentlich lebt es aus dem Urphänomen, daß dem Menschen die Kunst gewährt ist: Ihr entspringen die Kunstwerke ebenso, wie die Naturwesen der Natur ent-

---

[3] Ebd.
[4] Emil Staiger: Goethe. Band 1, Zürich und Freiburg i.Br. 1952, S. 12

springen. Diese Herkunft, diese Teilhabe am Urphänomen bleibt der Wesenskern des Kunstwerks; und ihr hat jede Bemühung um sein Begreifen zu gelten, nicht aber sachfremden Bereichen wie der Politik. – Nicht umsonst geißelte Gottfried Benn schon 1948 in seinem „Berliner Brief" das „hündische Kriechen [der abendländischen] Intelligenz vor den politischen Begriffen"[5].

Wer im Bereich der Physik etwa – in Analogie zu dem eben Gesagten – von Werner Heisenberg gefordert hätte, bei der Erforschung seines Gegenstandes, der Natur, und bei der Erarbeitung seiner ‚Weltformel' sachfremde Bereiche und Prämissen wie solche der Politik entscheidend zu integrieren, hätte sich nur lächerlich gemacht. Eine derartige Forderung ist denn auch nie erhoben worden. Bei der Naturwissenschaft, deren Wesen und Methode jeder Nicht-Fachmann schon vom Hörensagen her als ‚höchst kompliziert' und ihm nicht zugänglich kennt, kommt niemand auf so abwegige Einfälle; eine innere Stimme sagt ihm: „Hände weg!" Bei Kunst und Dichtung dagegen hält sich fast jeder für zuständig. – Aber jeder, der die Kunst nicht primär Kunst sein läßt, zerstört nicht nur die Kunst; er zerstört auch, mit Goethes Worten, sich selbst; denn er verrät sein Wesen, das es ihm zur Pflicht macht, die Urphänomene nicht zu verbiegen, sondern rein zu gewahren.

Auch ein anderes, scheinbar weniger vordergründiges Fragen nach Goethes Aktualität gehört hierher. Es kleidet sich leichthin in die Form: „Was hat Goethe uns heute zu sagen?", oder gar: „Was hat er uns heute noch zu sagen?" Der Fragende wirft sich und seinen mehr oder weniger zufälligen Horizont zum Maßstab auf. Die Unverfrorenheit läßt sich kaum weiter treiben.

So meinte denn auch Staiger, diese Frage müsse sich in die angemessenere verwandeln: „Wie bestehen wir heute vor Goethe?"[6] Damit erkennt er den Maßstab in Goethes Lebensleistung. Wir stehen auf dem Prüfstand, nicht Goethe.

Indessen birgt diese Form der Frage in sich auch eine Gefahr, für die uns die letzten Jahrzehnte wohl hellhöriger gemacht haben. Ich meine die Gefahr des Mißverständnisses, Goethe werde so gleichsam als ein unantastbares Monument gesehen, als der ‚Olympier', als sakrosankt – hier werde also eine neue Form des sattsam bekannten ‚Goethe-Kults' getrieben (was im übrigen Staiger ganz fernliegt). Damit aber wäre niemandem gedient, weder Goethes Werk noch uns, die wir ihn, aus unserer heutigen Welt her, doch ‚nur' in der rechten Weise verstehen möchten.

Daher meine ich, wir sollten vielmehr fragen: Wie bestehen wir *vor der Sache*, die Goethes eigene war und die er in seinem Werk verwirklicht hat? Wie bestehen wir, wir in unserer heillosen Zeit, vor der Forderung, die diese ‚Sache' durch Goethes Werk an uns stellt? Goethes ‚Sache' – nicht seine einzige, aber seine zentrale – ist jenes rechte Ergreifen der Aufgabe, die der Mensch als

---

[5] Gottfried Benn: „Berliner Brief, Juli 1948". In: Gesammelte Werke in vier Bänden. Hrsg. von Dieter Wellershoff. Bd. 4. Wiesbaden 1961, S. 280–285. Zitat S. 281f.
[6] Staiger a.a.O. S. 11f.

Mensch in der Welt hat; und das heißt zuvor: seine ‚Sache' ist die Einkehr des Menschen in den „Grund", in sein meist verschüttetes Wesen:

> Denn das Rechte zu ergreifen,
> Muß man aus dem Grunde leben ...

In anderer Tonart, aber dasselbe meinend und den zu findenden „Grund" schon benennend, sprechen die Verse:

> Was kann der Mensch im Leben mehr gewinnen,
> Als daß sich Gott-Natur ihm offenbare? [7]

In solchen Worten steht Goethes ‚Sache' in nuce vor uns. Sind wir ihrem Anspruch, über die Jahrhunderte hinweg, gewachsen? An diesem Anspruch, dieser Aufgabe bewährt sich oder scheitert jede Epoche auf ihre Weise. Das Schicksal der Epochen entscheidet sich daran, ob und wie sie die bleibende Frage nach Wesen und Aufgabe des Menschen neu beantworten.

Diese ‚Sache', dieses Bündel von Aspekten, in dem wir Goethes eigentliche heutige Aktualität vermuten, muß uns jetzt, nach der Abwehr möglicher Mißverständnisse, aus seinem Werk her überhaupt erst lebendig werden: das Ergreifen des Rechten, das Leben aus dem Grunde, die Aufgabe des Menschen in der Welt, das Finden des menschlichen Wesens. Wir möchten die tiefe Beziehung, die Goethes Werk zur Not unserer Zeit hat, im folgenden in drei Schritten zu zeigen und d.h. erst eigentlich zu begreifen versuchen. Unser Weg wird uns dabei, im ganzen gesehen, von Goethes ‚Denken' her zu seinem ‚Dichten' führen.

Wie nimmt sich die Aufgabe, die der Mensch als Mensch in der Welt hat, in Goethes *Denken* aus? – Dieses Denken wird von einer Grundposition bestimmt, von einer metaphysischen Grundstellung und Grundannahme, die Goethe und seiner Zeit aus einer langen Tradition her auf- und vorgegeben war: von dem Schicksal, überall in der Welt zwischen dem Subjekt und dem Objekt der Erkenntnis unterscheiden und die Welt somit gleichsam in die beiden Lager ‚Subjekt' und ‚Objekt' zerspalten zu müssen.[8]

Diese Tradition hat sich schon seit der Antike vorbereitet. Subjekt und Objekt stehen einander gegenüber; das Objekt ist der Gegenstand des Subjekts. Wir können die beiden Kontrahenten auch ‚Ich' und ‚Welt' nennen. (Das Widerspiel von beiden ist uns übrigens keineswegs fremd, denn es ist auch noch – oder wohl

---

[7] HA 1, 367
[8] Vgl. aus Goethes Farbenlehre (HA 13, 369): „In der ganzen sinnlichen Welt kommt alles überhaupt auf das Verhältnis der Gegenstände untereinander an, vorzüglich aber auf das Verhältnis des bedeutendsten irdischen Gegenstandes, des Menschen, zu den übrigen. Hierdurch teilt sich die Welt in zwei Teile, und der Mensch stellt sich als ein Subjekt dem Objekt entgegen. Hier ist es, wo sich der Praktiker in der Erfahrung, der Denker in der Spekulation abmüdet und einen Kampf zu bestehen aufgefordert ist, der durch keinen Frieden und durch keine Entscheidung geschlossen werden kann."

Die Notwendigkeit der Dichtung

gar erst recht – für die Vorstellungsweise unserer heutigen Epoche maßgebend geblieben.) – Der junge Goethe sagt dementsprechend einmal:

> ... die Reproduktion der Welt um mich durch die innere Welt (ist) alles Schreibens Anfang und Ende ...[9]

Die „Welt um mich", das Objekt, wird durch die „innere Welt", das Subjekt des Dichters, ‚reproduziert'. Das Gegenüber der Welt erscheint im Kunstwerk, verwandelt im Durchgang durch die innere Welt des Künstlers. Dieses Nebeneinander, diese Doppelheit von Objekt und Subjekt hat Goethes Denken über Kunst, Natur, die Welt und den Menschen zeit seines Lebens zentral bewegt. So sagt er noch in den „Betrachtungen im Sinne der Wanderer" in „Wilhelm Meisters Wanderjahren":

> Bei Betrachtung der Natur im großen wie im kleinen hab' ich unausgesetzt die Frage gestellt: Ist es der Gegenstand oder bist du es, der sich hier ausspricht?[10]

Empfängt also der Künstler, der Dichter die Gesetze seines Kunstwerks aus der Natur, aus der Welt, aus dem Objekt – oder stammen diese Gesetze aus seinem, des Künstlers, eigenen Geiste, so daß sie also subjektiven Ursprungs wären und eine Kunst begründeten, die der Natur ebenso getrennt gegenüberstünde wie das Subjekt dem Objekt?

Wir machen uns diese Grundfrage des Goetheschen Denkens an einem Beispiel anschaulich, das aus der Zeit des alten Goethe stammt. – Goethe betrachtete 1827 gemeinsam mit Eckermann eine Landschaftsdarstellung von Rubens, die er die „Landschaft mit den doppelten Schatten" nannte.[11]

Es handelt sich um das Gemälde „Rückkehr von der Arbeit", das in Florenz im Palazzo Pitti hängt. Goethe besaß hiervon zwei Stiche. .

Was geschieht auf dieser Darstellung? – Hell beleuchtete Feldarbeiter im Vordergrund des Bildes machen, wie es bei Eckermann heißt, „einen trefflichen Effekt", denn sie stehen, beleuchtet wie sie sind, vor dem dunklen Grund mächtiger Schatten, die eine Baumgruppe ihnen entgegenwirft. So zeigt sich etwas Erstaunliches: die Figuren im Vordergrund werfen ihren Schatten, vom Betrachter weg, in das Bild *hinein*; die Bäume hinter ihnen aber handeln entgegengesetzt: sie werfen ihren Schatten den Bild-Figuren und dem Betrachter entgegen, aus dem Bild also quasi *heraus*.

Die Lichtführung ist bei Figuren und Bäumen entgegengesetzt. Das Bildlicht wird von zwei verschiedenen Quellen geworfen. Damit steht es in schärfstem Gegensatz zum natürlichen Lichtgang, der im weiten Raum einer Landschaft nur von der einen Sonne herkommen könnte. Die Herkunft von *zwei* Lichtquellen bleibt das Geheimnis des Bildes.

---

[9] (21. August 1774) an Friedrich Heinrich Jacobi. Weimarer Ausgabe IV, 2, Nr. 243
[10] HA 8, 306. Vgl. auch Maximen und Reflexionen, HA 12, 435
[11] Eckermann: Gespräche mit Goethe, 18. April 1827

In diesem Verfahren von Rubens sieht Goethe das Zeugnis seiner Meisterschaft: Rubens steht „mit freiem Geiste über der Natur"; wenngleich das doppelte Licht „gewaltsam" und in gewissem Sinne „gegen die Natur" sei, den Ausschlag gibt scheinbar doch der Triumph der künstlerischen Freiheit. Rubens schaltet frei mit den Naturgesetzen. Das Subjekt gebietet dem Objekt. So entsteht ein Ganzes eigener Art, das Kunstwerk. – Nun aber folgt bei Eckermann Goethes Satz:

> dieses Ganze (seines Kunstwerks) ... findet (Rubens) nicht in der Natur, sondern es ist die Frucht seines eigenen Geistes oder ... des Anwehens eines befruchtenden göttlichen Odems.

Hier mündet Goethes lebenslanges Denken über Subjekt und Objekt, Mensch und Welt, Kunst und Natur in eine gelassene Offenheit von bezwingender Freiheit und Weite – in eine Offenheit, die auch noch scheinbare oder offensichtliche Widersprüche gelassen beherbergt. Die Fragen, die Goethes Denken aufgegeben sind, bleiben Fragen, aber sie sind in ein Gleichgewicht gebracht. Das Ganze des Rubensschen Bildes ist: „die Frucht seines eigenen Geistes *oder* des Anwehens eines befruchtenden göttlichen Odems."

Der alte Goethe läßt hier die entscheidende Alternative großartig offen. Entspringt die Kunst dem Subjekt – „*oder*" folgt sie im Gegenteil auch da, wo sie scheinbar nur ihr eigene Mittel anwendet, in Wahrheit dem Ruf eines Gottes? – Es bleibt sogar offen, ob es sich hier überhaupt um eine Alternative handelt. Denn Goethes Satz kann auch so gelesen werden, als seien der Geist des Künstlers und der göttliche Odem letztlich ein und dasselbe – verbunden in einer alles Seiende begründenden Identität.

Das Fragen in diesem Bereich bleibt für Goethe unendlich; das Rätsel, das zwischen Subjekt und Objekt spielt, bleibt in seinem *Fragen* bestehen. Er wurde fragend zeitlebens vom Geheimnis des Verhältnisses dieser beiden Weltpole umgetrieben. Eine Klärung oder gar ‚Überwindung' der metaphysischen, a priori vorgegebenen Grundposition einer Zeit ist innerhalb dieser Zeit selbst nur selten möglich. Die Grundstellung scheint so selbstverständlich zu sein, daß sie gar nicht fragwürdig werden kann.

Freilich *erahnte* Goethe wohl dennoch sogar diese Fragwürdigkeit, das eben nicht Selbstverständliche, das in der Trennung von Subjekt und Objekt waltet. Wie weit Goethe ahnend in den unbekannten Raum vorgedrungen ist, der jenseits dieser scheinbar fundamentalen Spaltung der Welt liegt, zeigen etwa seine Maximen: „Die Erscheinung ist vom Beobachter nicht losgelöst; vielmehr in die Individualität desselben verschlungen und verwickelt."[12] und: „Es ist etwas unbekanntes Gesetzliches im Objekt, welches dem unbekannten Gesetzlichen im Subjekt entspricht."[13] Auch das Wort von dem „größten, vielleicht nie ganz zu

---

[12] HA 12, 435
[13] HA 12, 436

schlichtenden Wettkampf zwischen Objekt und Subjekt"[14] ist letztlich von der Hoffnung auf eine ‚Schlichtung' her gedacht; und nicht umsonst gibt es endlich die Formel von dem „gegenständlichen Denken"[15] Goethes, womit sein Gegenstand und sein Denken ineins gesetzt werden.

Goethe war nie glücklich inmitten der ihm vorgegebenen Subjekt-Objekt-Trennung, die er *denkend* nicht ins reine bringen konnte. (Daß und inwiefern sich im 20. Jahrhundert mittlerweile wohl in der Tat ein epochaler Aufbruch zur denkenden Schlichtung und Überwindung dieser Trennung, dieses „Wettkampfs" ereignet hat – im Denken Martin Heideggers nämlich –, kann in unserm Zusammenhang nicht gezeigt werden.)

Unsere weiteren Schritte haben nun aber von dem erstaunlichen Umstand zu handeln, daß Goethe diese fundamentale Spaltung der Welt, die sein Denken prägte und quälte, dennoch zugleich auf eine grundlegend andere Weise ständig geschlichtet und ins Klare gebracht hat.

Sein Fragen blieb unendlich. Aber dem denkenden Fragen entspricht bei ihm immer – in anderen Bereichen seines Wesens – ein *Finden* – ein Finden, das sich ganz ‚natürlich', ohne die Mühsal der bloßen Theorie, einstellt. Was Goethe nämlich theoretisch ohne Ende erfragt, *findet er ständig zugleich in der Gestalt seiner Dichtung.*

Hier eröffnet sich befreiend eine ganz neue Dimension, die uns zugleich unserer Frage nach jenem „Grund", aus dem heraus der Mensch leben muß, entscheidend näher bringt.

In diesen maßgebend anderen Bereich kann uns eine wenig beachtete, kurze Abhandlung Goethes aus seinen Schriften zur Naturwissenschaft führen, die den Titel „Bedenken und Ergebung"[16] trägt. Sie erschien 1820 und beginnt mit den Worten:

> Wir können bei Betrachtung des Weltgebäudes, in seiner weitesten Ausdehnung, ... uns der Vorstellung nicht erwehren, daß dem Ganzen eine Idee zum Grund liege, wornach Gott in der Natur, die Natur in Gott, von Ewigkeit zu Ewigkeit, schaffen und wirken möge.

Diese Worte knüpfen an die Verse von der „Gott-Natur" an; sie bekräftigen, daß die Welt ein Ganzes sei und postulieren, daß dieses Ganze einer einheitgebenden „Idee" gehorche, die seine Teile begründet und zusammenhält.

Im weiteren Verlauf des Aufsatzes führt Goethe jedoch aus, es gäbe eine „eigene Schwierigkeit", die der auf Einheit des Weltganzen dringenden Idee durchaus zuwiderlaufe. Denn „zwischen" dieser Idee und der *„Erfahrung"* des

---

[14] In: „Glückliches Ereignis". HA 10, 541
[15] Vgl. „Bedeutende Fördernis durch ein einziges geistreiches Wort". HA 13, 37ff.
[16] HA 13, 31f.

Menschen sei anscheinend „eine gewisse Kluft befestigt", „die zu überschreiten unsere ganze Kraft sich vergeblich bemüht."

Die „Idee" nämlich läßt uns die Welt als Ganzheit und Einheit sehen; sie überfliegt das Vereinzelte und erkennt in allem, was ist, das Verbindende. – Die „Erfahrung", der Alltag, das Experiment aber zieht uns gleichsam wie mit Bleifüßen herab in die sogenannte ‚Wirklichkeit'. Die Erfahrung sieht – im Gegensatz zur Idee – das Vereinzelte, das scheinbar hoffnungslos Getrennte, diesen oder jenen isolierten Gegenstand, den einsamen Menschen, Zwietracht, Feindschaft und Krieg – das allgemeine Gegeneinander und Gegenüber also, das wir gemeinhin ‚die Wirklichkeit' nennen – wobei wir diese unsere Alltagssicht für ‚realistisch' halten.

Angesichts dieser scheinbar unüberwindlichen „Kluft" zwischen Idee und Erfahrung scheint Goethe zu verzweifeln oder doch zu resignieren: diese Kluft, diese scheinbare Unmöglichkeit, unsere irdische Erfahrung dem Niveau der Idee anzugleichen, scheine uns, so sagt er, „in eine Art Wahnsinn zu versetzen".

Eine endgültige Aporie des menschlichen Welt-Erkennens scheint sich aufzutun. Es scheint, daß jene Welt der einheitlichen „Gott-Natur" aufgrund der Erfahrung nie zu betreten ist.

Aber hier, am kritischsten Punkt, am Abgrund jener Kluft, geschieht der entscheidende Umschwung, der uns zugleich in die Nähe jenes „Grundes" bringt, den wir als das Notwendige in Goethes Dichtung erfahren. Eine alte Grundfigur des Goetheschen Daseins bewährt sich auch hier: die Flucht. Unmittelbar nämlich, nachdem er für das Denken „eine Art Wahnsinn" als offenbar unausweichlich beschworen hat, fährt Goethe fort:

> Deshalb wir uns denn billig zu einiger Befriedigung in die Sphäre der Dichtkunst flüchten und ein altes Liedchen mit einiger Abwechselung erneuern ...

und es folgt, ohne Titel, das kleine Gedicht „Antepirrhema", das zugleich den Aufsatz abschließt. – Ein „altes Liedchen", ein Werklein also aus einer ganz anderen „Sphäre", nämlich der Dichtung, ist geeignet, die Aporie, in die das bloße Denken führte, zu „befriedigen", und mühsalbeladene Gedanken zu einem wenn nicht glücklichen, so doch „billigen" Abschluß zu bringen.

Goethe „flüchtet" zur Dichtung, weg von der Theorie des menschlichen Welterfassens.

Diese Flucht hat freilich weder etwas von Flucht vor der Pflicht noch auch von Panik an sich. Sie geschieht in Gelassenheit und wirkt wie eine selbstverständliche Konsequenz. Sie kann gelassen sein, weil sie die Einkehr in das eigenste Wesen ermöglicht: Die „Dichtkunst", zu der die Flucht führt, läßt nicht nur den Dichter, sondern den Menschen überhaupt sein ureigenes Wesen finden – Goethe überdenkt in dieser Untersuchung ja die Eigenart der menschlichen Weltzuwendung schlechthin.

Jene „Ergebung", die im Titel des Aufsatzes genannt wurde, zeigt sich so als die Ergebung in das menschliche Wesen. Als solche ist sie schon die Zuwendung

Die Notwendigkeit der Dichtung 19

zu jenem Leben aus dem „Grunde", das ein eigentliches Menschsein erst ermöglicht; sie ist schon das Notwendige, das auch für unsere Zeit Notwendige, das wir suchen. Goethes ‚Flucht' führt zu jenem Finden, das stets mit seinem Fragen korrespondiert. Die Hinwendung zur „Dichtkunst" ist der Gang auf dem notwendigen Weg.

Dieser Umschwung vom bloßen Denken zur Dichtung ist von höchster, durch nichts überholbarer Bedeutung. Er ist nicht so zu verstehen, als habe Goethe sich irgendwann von der Theorie ab- und der Dichtung zugewendet. Immer blieb er in beiden Bereichen zuhause. Der Umschwung gründet vielmehr in der Einsicht, daß – unbeschadet der eigenen Bedeutung der Theorie – nur Dichtung und Kunst die Dimension sind, die die Kluft zwischen Idee und Erfahrung überbrückt und dem Menschen den eigentlichen Horizont seines Wesens und seiner Welt zeigt. – Inwiefern Dichtung und Kunst diese einzigartige Brücke schlagen und was sie zu dieser höchsten Leistung befähigt, bleibt hier zunächst noch offen.

Goethes Ergebung in die Sphäre der Dichtkunst zeichnet uns zugleich die dritte Strecke unseres Weges vor: Wir selbst müssen ‚zur Dichtung flüchten', um Goethes Einsicht in das menschliche Wesen und so seiner heutigen ‚Aktualität' näher zu kommen. – Damit vertrauen wir nicht etwa einem weltfernen Spiel, einem schönen Schein. Wir möchten vielmehr erfahren, warum Dichtung notwendig ist.

Daher vergegenwärtigen wir uns jetzt eines der großen Gedichte des alten Goethe.[17] Er hat es im September 1828 auf der Dornburg geschrieben, wohin er sich nach dem Tode des Großherzogs Carl August in tiefer Erschütterung zurückgezogen – geflüchtet – hatte:

> Früh, wenn Tal, Gebirg und Garten
> Nebelschleiern sich enthüllen,
> Und dem sehnlichsten Erwarten
> Blumenkelche bunt sich füllen,
>
> Wenn der Äther, Wolken tragend,
> Mit dem klaren Tage streitet,
> Und ein Ostwind, sie verjagend,
> Blaue Sonnenbahn bereitet,
>
> Dankst du dann, am Blick dich weidend,
> Reiner Brust der Großen, Holden,
> Wird die Sonne, rötlich scheidend,
> Rings den Horizont vergolden.

Ein Naturgedicht; ein großes Zeugnis der Bindung von Natur und Kunst, von Welt und Ich. Es besteht aus *einem* Satz, dessen Bogen einen ganzen Tag um-

---

[17] HA 1, 391

spannt, von der ‚Frühe' des Morgens bis zum ‚Scheiden' der Sonne. Zugleich bringt das Gedicht die Welt und den Menschen, ihrem Wesen gemäß, zusammen. Die Natur und der Mensch sind hier ursprünglich ‚beieinander'. So ist im Gedicht, im Kunstwerk, jeder Wettkampf zwischen Subjekt und Objekt immer schon geschlichtet. Wenn irgendwo, so gilt für das Ich, das in diesem Gedicht spricht:

> Die Erscheinung ist vom Beobachter nicht losgelöst; vielmehr in die Individualität desselben verschlungen und verwickelt.

Das Ich ‚geht auf' im Gewahren der Natur. Jedes große Kunstwerk hat als solches die Aufspaltung der Welt in trennende Gegenüber-Positionen schon hinter sich gelassen und den Menschen in den Raum seines ursprünglichen, von der Welt wesentlich nicht geschiedenen Wesens geführt. Der „reinen Brust" und dem „Dank" des Menschen erschließt sich das einfältig Ganze der Welt, dem er selbst immer schon angehört. Das Gedicht hebt dieses Ganze gewaltlos und rein in die Erscheinung.

Wir sind dem entscheidenden Wink Goethes gefolgt, der uns von der Theorie zur Dichtung wies. Das Gedicht „Früh, wenn Tal, Gebirg und Garten ..." versetzt uns befreiend und unmittelbar in das einheitlich Ganze von Welt und Mensch, das alles Vereinzelte umfaßt und eint. Zugleich damit haben wir uns unserem menschlichen Wesen ‚ergeben', das uns jenes Ganze immer schon erschlossen hat. Damit befinden wir uns unmittelbar in der Dimension des Notwendigen, die Goethe uns eröffnet: die Dichtung hat uns in jenen „Grund", in unser ureigenes Wesen versetzt, das es für jeden von uns ständig zu finden gilt.

Aber wir müssen die Dimension des Notwendigen noch ursprünglicher zu verstehen suchen. Welcher Eigenschaft, welcher ihr verliehenen Gunst verdankt es die Dichtung, daß sie dieses Ungeheure leisten kann? Wie wird es möglich, daß Dichtung und Kunst, und offenbar nur sie, das befreiend Offene, das Ganze der Welt, das im Alltag tief verschüttet ist, und damit zugleich das Wesen des welt-erfahrenden Menschen für uns da sein lassen? – Eine bekannte, aber kaum ausschöpfbare Maxime Goethes über das Kunstwerk[18] lautet:

> Den Stoff sieht jedermann vor sich, den Gehalt findet nur der, der etwas dazu zu tun hat, und die Form ist ein Geheimnis den meisten.

Die Form ist demnach das Geheimnisvollste am Kunstwerk. Gemäß Goethes Lieblingswendung vom ‚Geheimnisvoll-Offenbaren' ist dieses Geheimnis aber keineswegs verborgen. Gerade die Form des Kunstwerks liegt offen vor Augen. Worin besteht ihr Geheimnis und ihre Kraft?

Sie ist das Geheimste und das Offenbare zugleich. Sie ‚bildet' die Gesamt-Gestalt des Kunstwerks. Sie ist nichts ‚nur Formales'. Diesen pejorativen Form-

---

[18] HA 12, 471, Nr. 754

Begriff kennt Goethes Denken weder in der Kunst noch in der Natur. Erinnern wir uns etwa an sein Gedicht:[19]

> Müsset im Naturbetrachten
> Immer eins wie alles achten;
> Nichts ist drinnen, nichts ist draußen:
> Denn was innen, das ist außen.
> So ergreifet ohne Säumnis
> Heilig öffentlich Geheimnis.

Woher nimmt das ‚öffentliche Geheimnis' der Kunst, die Form, ihre Kraft?

Die Gestalt des Kunstwerks wird zuinnerst ermöglicht durch den *Stil*. Daher hat Goethe es sich auch angelegen sein lassen – wie er in seinem Aufsatz „Einfache Nachahmung der Natur, Manier, Stil" (1789) schreibt[20] –,

> das Wort Stil in den höchsten Ehren zu halten, damit uns ein Ausdruck übrig bleibe, um den höchsten Grad zu bezeichnen, welchen die Kunst je erreicht hat und je erreichen kann.

Und das Wesen des Stils beschreibt Goethe mit den Worten: der Stil ruhe

> auf den tiefsten Grundfesten der Erkenntnis, auf dem Wesen der Dinge, insofern uns erlaubt ist, es in sichtbaren und greiflichen Gestalten zu erkennen.[21]

Das ist nicht nur eine höchst moderne Wesensbestimmung des Stils; wir haben vielmehr heute, nach mehr als 200 Jahren, noch kaum begonnen, sie überhaupt zur Kenntnis zu nehmen. Heute herrscht weithin die ästhetische oder psychologische Auslegung des Stils, seine Interpretation als Ausdruck des subjektiven Künstler-Individuums oder einer Epoche. Davon weicht Goethes Stilbegriff fundamental ab: der Stil ruht „auf den tiefsten Grundfesten der Erkenntnis, auf dem Wesen der Dinge ...".

Goethe weist damit auf den weitesten denkbaren Bereich, auf den Gesamthorizont der Einheit von Welt und Ich. Aus ihm kommt der Stil; aus ihm kommt das Kunstwerk. Denn Stil ist selbst wesentlich ‚Einheit'; er gibt daher dem großen Kunstwerk eine eigene Einheit, ein Verbundensein all seiner Elemente mit und vermag es so, in der Gestalt des Kunstwerks ein Abbild seines Herkunftsbereichs, des Wesens des Menschen als der Einheit von Welt und Ich, zu zeigen.

Die Dinge der Welt und der Mensch kommen im Kunstwerk, vermöge des Stils, gemäß der ihnen von Haus aus innewohnenden Verwandtschaft zusammen.

Daß diese Verwandtschaft in der Tat eine den Dingen wie dem Menschen immer schon *innewohnende* Verwandtschaft ist; daß der Dichter, der Künstler die Dinge also nicht etwa nur durch einen ‚subjektiven Personalstil' in eine ‚künstliche' Verwandtschaft hineinzwingt; daß sein Stil vielmehr in der mensch-

---

[19] HA 1, 358
[20] HA 12, 30–34. Vgl. unten S. 43f.
[21] Ebd.

lichen „Welt" eine Verwandtschaft von allem mit allem *vorfindet* und ihr, der mit Augen unsichtbaren, *zur sichtbaren Gestalt verhilft*: dieses alles entscheidende Faktum in Welt und Kunst entnehmen wir auch einem Satz des jungen Goethe aus seiner Schrift „Nach Falconet und über Falconet" (1776).[22] Er spricht dort von gewissen „feinen Schwingungen", die sich „in der ganzen Natur" zeigten, und fährt fort:

> Das Aug' des Künstlers ... findet sie überall. Er mag die Werkstätte eines Schusters betreten oder einen Stall, er mag das Gesicht seiner Geliebten, seine Stiefel oder die Antike ansehn, überall sieht er die heiligen Schwingungen und leise Töne, womit die Natur alle Gegenstände verbindet.

Der Künstler „findet" die Verwandtschaft der Dinge in der Verfassung der Welt vor und läßt ihr – der Verwandtschaft als solcher – vermöge der verbindenden, alles scheinbar Getrennte zusammenfügenden Kraft des Stils im Kunstwerk eine Gestalt zuwachsen. Die Verwandtschaft der Dinge wird ‚geheimnisvoll offenbar'.

So ist der Stil – weit davon entfernt, formalästhetisch verstehbar zu sein – das eigentlich abbildende Element im Kunstwerk. Er schöpft aus dem Ganzen von Welt und Ich und nimmt sich der dort bereitliegenden Verwandtschaft des Seienden an. Kein Ding bleibt dem Anschein seiner Vereinzelung überlassen. Die Dinge fügen und neigen sich zueinander. „Tal, Gebirg und Garten", die Erde als Ganzes, der gewahrende Mensch und der Himmel gehorchen dem gemeinsamen Zug ihres Wesens. Die Grundkraft des Daseins, mit der „die Natur alle Gegenstände verbindet", erscheint leibhaftig. Jedes Ding lebt sichtbar aus ihr. Alles zeugt mit seiner Gestalt davon – wie Hölderlin sagt –, daß „Ein Geist allen gemein sei."[23] Der Stil ist Geburtshelfer beim Sichtbar- und Hörbarwerden des Gefüges der Welt.

Ermessen wir, was diese innerste Leistung des Kunstwerks für uns bedeutet? Sind wir noch imstande, innezuhalten im blinden Rasen unseres Kulturbetriebs, uns umzukehren und das Kunstwerk, das heute am Rand unserer ‚Gesellschaft' in seiner Rolle als Kulturfaktor vegetiert, als den entscheidenden Wegweiser für diese Gesellschaft zu erkennen? Als *den* Wegweiser in die allerorts gesuchte menschenwürdige Zukunft des Menschengeschlechts?

Nur aus dem Kunstwerk heraus schaut den Menschen sein eigenes Wesen sichtbar an. Allerdings müssen wir uns darin üben, diesen Anblick und Zuspruch wahrzunehmen.

Wenn wir große Kunstwerke betrachten oder anhören, so vernehmen wir aus den Werken aller Epochen denselben Grundton: Wir vernehmen, um wieder mit Goethe zu sprechen, die „heiligen Schwingungen, ... womit die Natur alle Gegenstände verbindet"; wir vernehmen die Grundkraft des allgegenwärtigen Daseins. Wir sind durch das Kunstwerk mitten in den ‚Geist, der allem Seienden gemein ist', versetzt, in diesen Geist, der, ohne daß wir ihn achten, immer schon

---

[22] HA 12, 23–28. Zitat S. 24
[23] Hölderlin: Der Archipelagus, V. 240

der ‚Geist' unserer menschlichen „Welt" ist. Das Zueinandergehören des Seienden wird hier zur Gestalt.

Alle Teile, alle ‚Orte' eines Gemäldes etwa winken einander zu, sind aufeinander bezogen, gehören zueinander – und zwar nicht nur, weil der Künstler ästhetische Gesetze befolgt hat, sondern weil die „heiligen Schwingungen, ... womit die Natur alle Gegenstände verbindet", nach einer Gestalt verlangen. Die ästhetischen Gesetze stehen unter dieser Hoheit und in ihrem Dienst. Das große Gemälde malt primär das Weltgesetz, daß „Ein Geist allen gemein sei". Der Künstler gehorcht so dem Wesen der Welt, in das sein eigenes Wesen „verschlungen und verwickelt" ist; er ist ein Bote des Ganzen von Welt und Ich.

Ermessen wir, ich wiederhole es, was diese Leistung des Kunstwerks für den Menschen bedeutet? Erfahren wir die Notwendigkeit der Dichtung? Lassen wir das uns gewährte Geschenk der Kunst brachliegen, oder finden wir den Weg in sein ursprüngliches Wesen?

Wie alles Ursprüngliche, so sind auch die „heiligen Schwingungen" der Natur heute durch die Schutthalden unserer chaotischen Zeit verbaut; sie sind zu einfach, zu unscheinbar und – trotz ihrer Offenbarkeit – zu verborgen, als daß sie dem modernen Menschen zugänglich sein könnten, den nur noch Inszenierung und Sensation zu reizen vermögen.

Aber das Gedicht „Früh, wenn Tal, Gebirg und Garten ..." sprach uns, wie jedes große Kunstwerk, in nuce den „Grund" und damit die ursprüngliche Heimat des menschlichen Wesens zu: das Innestehen in den „heiligen Schwingungen" der Natur, im Zusammengehören des Seienden, im Gefüge der Welt.

Diese Heimat hatte auch Johann Georg Hamann, der „Magus im Norden", ein Mentor Goethes, im Sinn, als er den berühmten Satz prägte: „Poesie ist die Muttersprache des menschlichen Geschlechts".

Wann werden Dichtung und Kunst für uns ebenso notwendig sein, wann werden wir sie ebenso notwendig brauchen wie die Muttersprache?

SCHIFFER · LINDE · VOGEL · EISEN

Goethes Urteil über sein erstes Weimarer Jahrzehnt

Wenige Wochen nach seiner ersten Schweizer Reise und zugleich wenige Wochen vor der Abreise nach Weimar schreibt Goethe im August 1775 in einem Brief: „Vielleicht peitscht mich bald die unsichtbare Geißel der Eumeniden wieder aus meinem Vaterland, wahrscheinlich nicht nordwärts ..." (an Anna Luise Karsch, 17. August 1775). Hier, in *einem* Satz, erscheint das ganze Lebensgefühl dieser frühen Jahre: das ruhelose Getriebensein, das Gefühl, unter einem verborgenen Schicksal zu stehen, und das Dämonische, den Menschen Fortreißende dieses Schicksals. Dieses Lebensgefühl prägt auch die unvergeßlichen Schlußworte von „Dichtung und Wahrheit", die Goethe dem „Egmont" entnahm und die ebenfalls auf die Reise nach Weimar vorausdeuten:

> Wie von unsichtbaren Geistern gepeitscht, gehen die Sonnenpferde der Zeit mit unsers Schicksals leichtem Wagen durch, und uns bleibt nichts als, mutig gefaßt, die Zügel festzuhalten, und bald rechts, bald links, vom Steine hier, vom Sturze da, die Räder wegzulenken. Wohin es geht, wer weiß es? Erinnert er sich doch kaum, woher er kam.

Zugleich erscheint in solchen Sätzen das Unbefriedigtsein in der Frankfurter Gegenwart. Das Verhältnis zu Lili löst sich auf. Die Frankfurter Atmosphäre, die Kaufmannsstadt, der enge und langsam bewegte bürgerliche Kreis wurden Goethe im ganzen unleidlich. Das alles habe in einem unerträglichen Gegensatz zu der Weite und Geschwindigkeit seines Wesens gestanden, hat er später der Mutter geschrieben (11. August 1781); es hätte ihn rasend gemacht. Und in der Tat: in den letzten Frankfurter Tagen, als Herr von Kalb, der ihn nach Weimar bringen sollte, nicht kam, da plante Goethe, vom Vater unterstützt, eine Flucht aus Frankfurt; er entschloß sich zu einer Reise nach Italien und kam schon bis Heidelberg. Da erst holt ihn die Stafette von Kalbs ein, und Goethe fährt nach Weimar. Aber auch wenn die Stafette nicht gekommen wäre: in Frankfurt wäre Goethe jedenfalls nicht geblieben.

Dies, die Flucht aus Frankfurt, steht am Anfang unseres Zeitraums, des ersten Jahrzehnts in Weimar.

Und am Ende, 1786, steht wieder eine Flucht, die Flucht nach Italien, wie Goethe selbst sie, Eckermann gegenüber, später genannt hat. Wiederum waren die Umstände und das eigene Ungenügen, wenn auch auf unvergleichlich andere Art, unleidlich geworden – so sehr, daß Goethe sich, wie er später schrieb, wie das Leben der letzten Jahre eher den Tod gewünscht hätte. Die Flucht nach Italien, die Goethe schon 1775 geplant hatte, verwirklicht er 1786.

Ein doppeltes Fliehen gibt unserem Zeitraum die Grenze, nach vorn und nach hinten. Was die (soeben nur flüchtig angedeuteten) Gründe dieses Fliehens betrifft, so werden wir an Hölderlins „Empedokles" erinnert, den großen antiken Philosophen, von dem Hölderlin sagt, er sei der Todfeind aller einseitigen Existenz: Empedokles muß, nach Hölderlins erstem Plan, die notwendige Besonderheit, Enge und Beschränktheit aller irdischen Verhältnisse, die ihn „rasend macht", dadurch aufheben, daß er in die unendliche Natur eingeht, die keinerlei Beschränkung kennt, sondern nur die schrankenlose, befreiende Einheit alles dessen, was ist. Empedokles überwindet die Enge der irdischen Welt, indem er sich in den Ätna stürzt, indem er den Tod findet, so seine irdische Gestalt zerbricht und die durch keinerlei Gestalt und keinerlei Umstände beengte Einheit mit dem Geist der Natur gewinnt.

Aber trotz aller Nähe zu Empedokles: auf Grund verwandter Beweggründe handelt Goethe ganz anders (wie übrigens auch Hölderlin, der der Dichter, aber nicht der Nachahmer des Empedokles ist). Goethe, in seiner Jugend durch die Enge der jeweiligen Umstände rasend gemacht, tötet sich nicht; er bleibt, anders als Empedokles, im Leben und macht dieses Bleiben möglich durch die Flucht. Er erweitert und baut seine Existenz.

Diese Goethesche Existenz im ersten Weimarer Jahrzehnt, umrahmt von zwiefacher Flucht, soll uns jetzt im Licht von Goethes eigenem Urteil sichtbar werden.

Zunächst müssen wir uns klarmachen: diesen Zeitraum seines Lebens, das erste Jahrzehnt in Weimar, hat Goethe nie eigentlich zusammenfassend dargestellt. „Dichtung und Wahrheit" bricht mit der Fahrt nach Weimar, 1775, ab. Die „Tag- und Jahreshefte", die Goethe spät abfaßte und die in gewisser Weise die Autobiographie wiederaufnehmen und fortführen, beschränken sich beim ersten Weimarer Jahrzehnt auf wenige Seiten und einige lakonische Bemerkungen zu den Werken, die damals entstanden.

Dennoch gibt es in den Briefen dieser Jahre und im Tagebuch eine Fülle von Bemerkungen Goethes über seine Lage und seine Empfindungen – Urteile also quasi; aber Urteile, die naturgemäß zumeist aus dem jeweiligen Augenblick geboren sind und die Stimmung dieses Augenblicks spiegeln. Goethe wäre aber nicht Goethe, wenn nicht auch diese Augenblicksworte, je auf ihre Weise, in den Grund seiner Existenz zielten. Sie halten sich nicht etwa bei vordergründigen Aspekten auf. Dennoch – die Lage und Stimmung des Augenblicks entspricht zumeist nur einem Aspekt jenes Existenzgrundes im ganzen; und dieser Grund umfaßt eine bedrängende Fülle von Aspekten, die sich überdies häufig polar gegenüberstehen und einander auszuschließen scheinen. Glück oder Mißbehagen, das Aufgehen in der Weltrolle oder das Sichzurückziehen in die Einsamkeit, Einatmen oder Ausatmen, eins oder das andere füllt Goethe jeweils ganz aus – und was wäre natürlicher als dies in jenen Jahren, wo die „Welt" in ihrer ganzen Fülle und Chaotik auf ihn eindrang, wo er diese Fülle erst einmal erfahren mußte und wo das distanzierte Urteil daher notwendig zurücksteht?

Den jeweiligen Aspekt, die jeweilige Empfindung in ihrer überwältigenden Einseitigkeit bringt Goethe ganz und mit der Kraft des traumhaft-sicheren Wortes zur Erscheinung. Das zusammenfassende Urteil, das eine Einheit in der Fülle der Aspekte findet, ist in der unmittelbaren Bedrängnis dieser Jahre selten, kann nicht anders als selten sein.

Auch später freilich, aus der Rückschau, und das ist nun höchst bemerkenswert, hat Goethe sich kaum je – und dann fast nur im Gespräch und kurz und in kargen Formeln – zusammenschauend über dieses Jahrzehnt geäußert. Diese Kürze geht weit über die Zurückhaltung hinaus, die Goethe am 27. Januar 1824 Eckermann gegenüber als allgemeines Prinzip der Darstellung seines Lebens nach 1775 begründet:

> Goethe sprach mit mir über die Fortsetzung seiner Lebensgeschichte, mit deren Ausarbeitung er sich gegenwärtig beschäftigt. Es kam zur Erwähnung, daß diese Epoche seines späten Lebens nicht die Ausführlichkeit des Details haben könne wie die Jugendepoche von Wahrheit und Dichtung. „Ich muß", sagte Goethe, „diese spätern Jahre mehr als Annalen behandeln; es kann darin weniger mein Leben als meine Tätigkeit zur Erscheinung kommen. Überhaupt ist die bedeutendste Epoche eines Individuums die der Entwickelung, welche sich in meinem Fall mit den ausführlichen Bänden von Wahrheit und Dichtung abschließt. Später beginnt der Konflikt mit der Welt, und dieser hat nur insofern Interesse, als etwas dabei herauskommt."

Es gibt kaum etwas, das uns das Ungeheure, das „Dämonische" der frühen Weimarer Jahre eindringlicher zum Bewußtsein brächte als die einzigartige Zurückhaltung, die Goethe bei ihrer Darstellung beobachtet. Denn zweifellos wurde Goethe nicht etwa nur durch Rücksichten z.B. auf noch lebende Personen zum Schweigen bestimmt. (Denken wir etwa an das, was Kanzler von Müller berichtet: nicht nur anderen, habe Goethe gesagt, sondern auch sich selbst hätte er beim Versuch einer Schilderung dieser Jahre niemals Genüge tun können.) Goethe, dem das Wort zu Gebote stand wie kaum einem zweiten, verstummte letztlich vor dem Zauber, der Gewalt, dem Chaos des Gefühls und der Not dieser Jahre.

Wenn wir jetzt versuchen, uns in aller Kürze Goethes vielschichtige Äußerungen über sein erstes Jahrzehnt in Weimar in Umrissen zu vergegenwärtigen, so ist es nicht überflüssig, wenn wir uns etwas eigentlich Selbstverständliches ins Gedächtnis rufen: Wir müssen uns konzentrieren auf Goethes eigene urteilende Äußerungen – allzu leicht ist man nämlich geneigt, alles mögliche hinzuzutun, was über Goethes Lage in dieser Zeit aus sonstigen Quellen bekannt ist, und also aus Goethes Urteil ein allgemeines Urteil über sein erstes Jahrzehnt in Weimar zu machen.

Ebenso halte ich es für angebracht, mit der Heranziehung von Werken Goethes sparsam umzugehen. So einleuchtend z.B. die Spannung zwischen Tasso und Antonio auf Goethes Situation in Weimar bezogen und als ein „Urteil" Goethes über diese Situation aufgefaßt werden könnte: ganz sicher sollte man doch nie sein, daß ein Dichter seiner Dichtung nicht Elemente hinzufügt, die seine unmittelbare Lebenswirklichkeit überschreiten. Mit der biographischen

Ausdeutung von Dichtungen ist es heikel bestellt; und so konzentrieren wir uns auf eindeutig biographische Zeugnisse.

Neuer Schwung; Schule des Daseins

Wenige Tage nach der Ankunft in Weimar schreibt Goethe an Johanna Fahlmer:

> Wie eine Schlittenfahrt geht mein Leben, rasch weg und klingelnd und promenierend auf und ab. Gott weiß wozu ich noch bestimmt bin, daß ich solche Schulen durchgeführt werde. Diese gibt meinem Leben neuen Schwung, und es wird alles gut werden (22. November 1775).

Neuer Schwung tritt an die Stelle der Frankfurter Beengung. Aber die *Schlittenfahrt* führt nicht zu Betäubung und Besinnungslosigkeit. Vielmehr ist dies alles eine *Schule,* und Goethe ist *entschlossen,* in diese Schule zu gehen:

> Ich bin nun ganz eingeschifft auf der Woge der Welt – voll entschlossen: zu entdecken, gewinnen, streiten, scheitern, oder mich mit aller Ladung in die Luft zu sprengen (an Lavater, 6. März 1776).

Weltgewinn; gesellige Irrfahrt; Geschick

Eingeschifft auf der Woge der Welt, will Goethe in Weimar „versuchen, wie einem die Weltrolle zu Gesichte stünde" (an Merck, 22. Januar 1776). Das kleine Herzogtum zeigt ihm „ein Musterstückgen des bunten Treibens der Welt" (an Lavater, 8. Januar 1777). Am herzoglichen Hof und auf seinen Fahrten im Lande, bei Staatsgeschäften und in neuen Lebensbindungen gewinnt Goethe eine Welt, und er weiß es: „... es scheint als wenn ich mit der Welt und sie mit mir in ein Geschicke kommen wollte" (an Jacobi, 13. August 1783).

Die „gesellige Irrfahrt" dieser Jahre („Tag- und Jahreshefte", Abschnitt „Bis 1780"), „rasch weg und klingelnd und promenierend auf und ab", verhilft Goethe auf ihre Weise dazu, die *Welt* zu finden: die Welt, die er schon jetzt nicht als die Beute des Menschen betrachtet, mit der er vielmehr *in ein Geschicke* zu kommen glaubt. Die Welt wird nicht in das subjektive Wesen des Ich hineingeschlungen, sie bleibt sie selbst. Aber ein *Geschick* besteht, in dem Ich und Welt dennoch übereinkommen; ein Geschick, das die beiden aufeinander Angewiesenen in wechselseitiger Befreundung erhält.

Goethe kommt jetzt zum ersten Mal in die Nähe dieses *Geschicks,* in die Nähe des Einklangs von Welt und Ich. Aber die Beständigkeit des Einklangs bleibt noch gefährdet.

Weltverlust; Einsamkeit

Der „geselligen Irrfahrt" bleibt das Bedürfnis nach Einsamkeit stets benachbart: „Ich lebe immer in der tollen Welt, und bin sehr in mich zurückgezogen" (an Merck, 5. Januar 1777). „Was es auch sei, so fühl ich ein unendliches Bedürfnis einsam zu sein" (an Charlotte von Stein, 17. November 1782). Der Rückzug auf das Ich als den Gegenpol der Welt kann so weit gehen, daß die Gefahr des Weltverlustes auftaucht. Auf der Fahrt nach Italien schreibt Goethe im September 1786, daß er *wieder Interesse an der Welt* nähme – zuvor war dieses Interesse zuzeiten erloschen, die Weimarer Welt war unerträglich und eben deshalb die Flucht nach Italien notwendig geworden.

Daß der Umschwung von der Zuwendung zur Welt zur Abkehr von ihr ständig möglich ist, zeigt an, wie selten Goethe auf jenen Einklang von Welt und Ich schon ruhig hören kann, wie sehr ein Beherzigen jenes *Geschicks* noch der Anfechtung ausgesetzt ist.

Staatsgeschäfte; Selbstentäußerung;
Gewinn durch „Konflikt mit der Realität";
Einbuße an „poetischer Produktivität"

Die Übernahme vieler Staatsgeschäfte und die intensive Beschäftigung mit ihnen sind ein wesentlicher Teil von Goethes Hinwendung zur *Welt*: „Der Druck der Geschäfte ist sehr schön der Seele ..." (Tagebuch, 13. Januar 1779). „Die Kr[iegs] Comm[ission] werd ich gut versehn weil ich bei dem Geschäft gar keine Imagination habe, gar nichts hervorbringen will, nur das was da ist recht kennen, und ordentlich haben will. So auch mit dem Wegbau" (Tagebuch, 1. Februar 1779). „Niemand als wer sich ganz verleugnet ist wert zu herrschen, und kann herrschen" (Tagebuch, 13. Mai 1780). „Staatssachen sollte der Mensch der drein versetzt ist, sich ganz widmen" (an Lavater, 19. Februar 1781). „Merck und mehrere beurteilen meinen Zustand ganz falsch, sie sehen das nur was ich aufopfre, und nicht was ich gewinne, und sie können nicht begreifen, daß ich täglich reicher werde, indem ich täglich so viel hingebe" (an die Mutter, 11. August 1781).

In der Rückschau des Alters wird das Zugleich von Gewinn und Einbuße, das der *Konflikt mit der Realität* erzeugt, hervorgehoben: „An allen ... nach Weimar mitgebrachten, unvollendeten Arbeiten konnte man nicht fortfahren; denn da der Dichter durch Antizipation die Welt vorweg nimmt, so ist ihm die auf ihn losdringende, wirkliche Welt unbequem und störend; sie will ihm geben was er schon hat, aber anders, das er sich zum zweitenmale zueignen muß" (Tag- und Jahreshefte, Abschnitt „Bis 1780"). „Über seine ersten Jahre in Weimar. Das poetische Talent im Konflikt mit der Realität, die er, durch seine Stellung zum Hof, und verschiedenartige Zweige des Staatsdienstes, zu höherem Vorteil in sich aufzunehmen genötigt ist. Deshalb in den ersten zehn Jahren nichts Poetisches von

Bedeutung hervorgebracht ... Flucht nach Italien, um sich zu poetischer Produktivität wieder herzustellen" (Eckermann, 10. Februar 1829).

Eng-weite Situation

„Ich danke Gott daß er mich bei meiner Natur in eine so eng-weite Situation gesetzt hat ..." (an Knebel, 3. Februar 1782). Und das Tagebuch vom Februar 1778 hatte vermerkt: „Bestimmteres Gefühl von Einschränkung, und dadurch der wahren Ausbreitung."

Ewig klingende Existenz

„... das Land wo du so viel gefunden hast, alle Glückseligkeit gefunden hast die ein Sterblicher träumen darf, wo du zwischen Behagen und Mißbehagen, in ewig klingender Existenz schwebst ..." (an Charlotte von Stein, 16./17. Juli 1776). Wie schon das Wort von der eng-weiten Situation, faßt auch das von der ewig klingenden Existenz Pole zusammen, zwischen denen Goethes Dasein verläuft. In der Zusammenschau von Einschränkung und Ausbreitung, Enge und Weite, Behagen und Mißbehagen und in der Bejahung ihres Zusammengehörens tut Goethe Schritte, die entscheidend dazu beitragen, ihn mit der Welt in ein Geschick kommen zu lassen.

Wie sehr das hier als zusammengehörig Erkannte sonst in seine jeweilige Vereinzelung auseinandertritt, zeigen einerseits die Worte: „das Glück des Lebens liegt dunkel auf mir" (an Charlotte von Stein, 10. März 1777); „Ich muß das Glück für meine Liebste erkennen ..." (an Auguste Gräfin zu Stolberg, 17. Juli 1777) und andererseits die Tagebuch-Notiz: „Es weiß kein Mensch was ich tue und mit wieviel Feinden ich kämpfe um das wenige hervorzubringen" (25. Juli 1779), eine Notiz, zu der, aus der Rückschau aus Italien, bestürzend jener Brief an Frau von Stein tritt: „Wie das Leben der letzten Jahre wollt ich mir eher den Tod gewünscht haben" (8. Juni 1787).

Idee des Reinen; Pyramide meines Daseins

Schon aus Frankfurt hatte Goethe im September 1775 an Auguste Gräfin zu Stolberg geschrieben: „mein innerstes [bleibt] immer ewig allein der heiligen Liebe gewidmet ..., die nach und nach das fremde durch den Geist der Reinheit der sie selbst ist ausstößt und so endlich lauter werden wird wie gesponnen Gold." Dieser Gedanke verdichtet sich in Weimar zu der Tagebuch-Notiz vom 7. August 1779: „Möge die Idee des reinen die sich bis auf den Bissen erstreckt den ich in Mund nehme, immer lichter in mir werden."

Der Idee des Reinen[1] als einem äußersten, absoluten Richtmaß des Daseins entspricht der absolute Anspruch des Lebensplans, den Goethe jetzt entwirft: „Diese Begierde, die Pyramide meines Daseins ... so hoch als möglich in die Luft zu spitzen, überwiegt alles andre und läßt kaum augenblickliches Vergessen zu" (an Lavater, 20. September 1780). Beides, die Idee des Reinen und die Pyramide des Daseins, gehört nicht unmittelbar zu Goethes „Urteil" über diese frühen Jahre in Weimar, läßt aber in besonderem Maß Schlüsse auf dieses Urteil zu. Die Jahre, die in Goethes Leben das Absolute in dieser doppelten Gestalt aufleuchten ließen, gaben seiner Existenz die Verpflichtung auf das Außerordentliche und damit eine ständige, höchste Spannung mit. Diese Gespanntheit trug dazu bei, den Aufenthalt in Weimar problematisch werden zu lassen; sie verlangte nach einer Lösung, die Goethe erst in Italien fand.

Ahnung; Geheimnis

Aber schon in Weimar überläßt Goethe sich nicht allein der Forderung des Absoluten; ebensosehr gibt er schon hier der Ahnung des Geheimnisses Raum, das das menschliche Geschick umhüllt: „die Götter wissen allein was sie wollen, und was sie mit uns wollen, ihr Wille geschehe" (an Charlotte von Stein, 4. Dezember 1777). „Mit mir verfährt Gott wie mit seinen alten heiligen, und ich weiß nicht woher mir's kommt" (an Charlotte von Stein, 10./11. Dezember 1777). Und ahnungsvoll heißt es in der Mitte dieser Jahre, am 13. Mai 1780, im Tagebuch: „Es offenbaren sich mir neue Geheimnisse. Es wird mit mir noch bunt gehn."

Die vier Lebensbilder

Vier Gleichnisse gebraucht Goethe für seine Existenz in diesen frühen Weimarer Jahren:

Der Schiffer
Ich lerne täglich mehr steuern auf der Woge der Menschheit. Bin tief in der See.
(an Lavater, 31. Dezember 1775)

Die Linde
Hernach fand ich daß das Schicksal da es mich hierher pflanzte vollkommen gemacht hat wie mans den Linden tut man schneidet ihnen den Gipfel weg und alle

---

[1] Vgl. Adolf Beck: Der „Geist der Reinheit" und die „Idee des Reinen". In: Goethe. Vierteljahrsschrift der Goethe-Gesellschaft, 1942, S. 160–168 und 1943, S. 19–56.

schöne Äste daß sie neuen Trieb kriegen sonst sterben sie von oben herein. Freilich stehn sie die ersten Jahre wie Stangen da.

(an Charlotte von Stein, 8. November 1777)

Der Vogel
Und gewinne täglich mehr in Blick und Geschick zum tätigen Leben. Doch ist mirs wie einem Vogel der sich in Zwirn verwickelt hat ich fühle, daß ich Flügel habe und sie sind nicht zu brauchen.

(Tagebuch, 15. April 1780)

Das Eisen
Ich habe unsäglich ausgestanden ... Laß mich ein Gleichnis brauchen. Wenn du eine glühende Masse Eisen auf dem Herde siehst, so denkst du nicht daß soviel Schlacken drin stecken als sich erst offenbaren wenn es unter den großen Hammer kommt. Dann scheidet sich der Unrat den das Feuer selbst nicht absonderte und fließt und stiebt in glühenden Tropfen und Funken davon und das gediegne Erz bleibt dem Arbeiter in der Zange. Es scheint als wenn es eines so gewaltigen Hammers bedurft habe um meine Natur von den vielen Schlacken zu befreien, und mein Herz gediegen zu machen.

(an Jacobi, 17. November 1782)

Der mythologische Kreis

In seiner Gedächtnisrede auf Goethe vom 9. November 1832 teilt Friedrich von Müller folgende Worte Goethes mit: „Die wahre Geschichte der ersten zehn Jahre meines Weimarischen Lebens könnte ich nur im Gewande der Fabel oder eines Märchens darstellen; als wirkliche Tatsache würde die Welt es nimmermehr glauben. Kommt doch jener Kreis ... mir selbst, der das alles miterlebt hat, schon als ein mythologischer vor. Ich würde vielen weh, vielleicht nur wenigen wohl, mir selbst niemals Genüge tun ..."

*

Wir sind am Ende unseres Überblicks angelangt. Ziehen wir, um einige Richtpunkte festzuhalten, noch einmal Bilanz.

„Neuen Schwung" fühlt Goethe in Weimar schon sehr bald nach seiner Ankunft; aber schon jetzt gibt er sich diesem Schwung nicht kraftgenialisch als einem berauschenden Erlebnis hin; im selben Atemzug vielmehr nennt er das Weimarer Leben, kaum daß er ein paar Tage dort ist, eine „Schule": er ist durchdrungen davon, daß hier, zu einem dunkel geahnten Ziel hin, eine Erziehung auf ihn wartet. Die großen Lebensbilder des steuernden Schiffers, der beschnittenen

Linde und des gehämmerten Eisens bekräftigen alsbald Sinn und Richtung dieser Schule des Daseins.

Ein großes Ziel der Erziehung ist der Gewinn der „Welt", der Welt des Hofes, der Gesellschaft, des Lebens mit dem Volke und der Regierungsarbeit. Aber inmitten des „bunten Treibens" wird ihm die Welt zum Nichts, und er fühlt ein unendliches Bedürfnis, einsam zu sein. Es wird ihm bewußt, daß seine so „weite" Situation in sich zugleich „eng" ist, daß die „Ausbreitung" der „Einschränkung" bedarf, wie das Einatmen des Ausatmens, weil eins zum andern gehört und weil nur so der Fülle der Welt Genüge geschehen kann.

Die Staatsgeschäfte bringen reichen Gewinn an Selbstentäußerung, Sachlichkeit und Festigkeit; aber zugleich führen sie zur Einbuße an poetischer Produktivität: der Vogel fühlt, daß er Flügel hat und sie nicht brauchen kann.

Die Idee des Reinen wird ein Richtpunkt der Goetheschen Existenz, und er will die Pyramide seines Daseins in die Luft bauen. Aber diese so klar ins Bewußtsein gehobenen Ziele ruhen auf dem Grund einer ahnungsvollen Seele, die das „Geheimnis" des Lebens offen anschaut und weiß, daß sie „Göttern" anheimgegeben und anvertraut ist.

Und eine solche Seele kann die Pyramide ihres Daseins nur „spitzen", indem sie – weit davon entfernt, sich dem blinden Rausch der Selbstverwirklichung eines bindungslosen Subjekts hinzugeben – jene wirkenden Kräfte der Götter in sich entbindet und eben nicht nur „sich", sondern zugleich damit das Tragend-Göttliche und so Bau und Geheimnis der Welt in ihrem Bauwerk zur Erscheinung bringt.

Goethes Dasein, das so seinem Lebensbau und damit zugleich dem Bau der Welt gewidmet ist, schwingt in „ewig klingender Existenz": „Himmelhoch jauchzend, zum Tode betrübt", zwischen Behagen und Mißbehagen, Weite und Enge, Welt und Einsamkeit. Dieses Ausmessen der Extreme ist nicht nur psychologisch begründet, ist nicht nur ein Zeichen von Unausgeglichenheit; es ist zugleich das Ausschweifen der Seele zu den Polen, die den Weltbau bestimmen, und es ist (und wird in zunehmendem Maße) das ahnungsvolle Ergreifen dieser Pole. Der „ewige Klang" der Existenz ist nicht nur das Konzert subjektiver Gefühle; „ewig" kann er vielmehr mit Wahrheit nur heißen, weil die Musik der Welt sich in ihm spiegelt und darstellt.

Die Polarität des Goetheschen Lebensgefühls und Lebensurteils dieser Jahre hat somit ihren Grund in der polaren Verfassung der Welt. Beide Welt-Pole – das Universelle und das Individuelle, das „Ganze" und das Einzelne, Unendliches und Endliches – ziehen Goethe an und stoßen ihn wechselseitig ab; daher die Ambivalenz seines Lebensgefühls und seines „Urteils". Die Allseitigkeit der Goetheschen Hinwendung zur Welt ist hierin vorgebildet und beginnt sich hier zu entfalten. Aber die Ambivalenz, die ihn angesichts der „auf ihn losdringenden, wirklichen Welt" noch vom jeweiligen Welt-Pol bedrängt sein läßt, ohne ihm schon das Zur-Ruhe-Kommen in einer Zusammenschau beider Pole eigentlich zu gewähren, diese Ambivalenz, diese Chaotik, dieses Hin- und Hergerissensein lassen Goethe wiederum, wie schon in Frankfurt, „rasend" werden; sie machen ihm auch Weimar, am Ende dieser Jahre, unleidlich.

Überdies zieht es ihn mit unvorstellbarer Gewalt nach Italien, denn dort, in der Kunst vor allem der Antike, ahnt er seit langem die Möglichkeit eines Zur-Ruhe-Kommens, die Möglichkeit der Stille der Vollkommenheit.

Die Flucht nach Italien beendet eine große Lebenskrise und führt aus ihr heraus zu einem neuen Gleichgewicht von Welt und Ich.

Später, nach der italienischen Reise, folgen nur spärliche Äußerungen über die ersten Weimarer Jahre. Und erst nach Goethes Tod, in der Gedächtnisrede des Kanzlers von Müller, gelangt jenes späte Urteil Goethes ans Licht, das das Geheimnis dieser Jahre entschiedener denn je dem Zugriff entrückt. Das Diktum vom „mythologischen Kreis" der frühen Weimarer Zeit ist erstaunlich. Wird hier nicht, so ließe sich fragen, ein privates Erlebnis vermessen in mythische Dimensionen emporstilisiert? Aber Goethe deutet nur diejenige Dimension, die jenen dämonischen Jahren de facto innewohnte, durch das Herbeirufen mythischer Anklänge an. Dämonisch – und also ins Mythische reichend – waren die ersten Weimarer Jahre, weil hier die „Sonnenpferde der Zeit" eine vereinzelte Existenz in den ungeheuren Gang des „Ganzen" rissen; weil diese Existenz hier in Weimar, durch mannigfache „Schulen", auf den universalen „Klang" dieses Ganzen gestimmt wurde. Das Ineinklangkommen eines endlichen Individuums mit dem unendlichen Ganzen ist stets ein unausdenkbarer Vorgang. Das private Erlebnis bleibt hier nicht privat, es wird Zeichen und Sprache der Welt. Goethes spätes Urteil über sein erstes Weimarer Jahrzehnt läßt dieses Unausdenkliche das Geheimnis bleiben, das es letztlich ist.

GOETHES WANDLUNG IN ITALIEN

Am 3. September 1786, einem Sonntag, machte Goethe sich heimlich aus Karlsbad fort, auf den Weg nach dem Süden, nach Italien, auf der Flucht, wie er später sagt, vor den „kimmerischen Vorstellungen und Denkweisen des Nordens" zum Leben „unter einem himmelblauen Gewölbe", wo er freier sich umzuschauen und zu atmen hoffte. Nur sein Diener war vom Ziel der Reise verständigt.

Dieses Sichwegstehlen leitete eines der großen, uns bis heute bewegenden Ereignisse der abendländischen Geistesgeschichte ein. Zugleich bleibt es als menschlicher Vorgang fast beispiellos und voller Rätsel.

Man bedenke: ein hoher, vereidigter Beamter im Weimarischen Staatsdienst, einer der Geheimen Räte des kleinen Herzogtums, Mitglied des Geheimen Conseils und, wenn man es in unsere Sprache übertrüge, etwa der Verteidigungs- und Verkehrsminister, verläßt bei Nacht und Nebel seinen Posten, ohne auch nur seinen Dienstherrn, von allen anderen Verhältnissen zu schweigen, über seine Pläne ins Bild gesetzt zu haben. Goethe schrieb an Herzog Carl August einen Tag vor der Abreise: „Verzeihen Sie daß ich beym Abschiede von meinem Reisen und Außenbleiben nur unbestimmt sprach, selbst jetzt weiß ich noch nicht was aus mir werden soll." Zweieinhalb Wochen später, auf einem Billett von unterwegs, heißt es: „Wo ich bin verschweig ich noch eine kleine Zeit." Und wieder vier Wochen weiter, am 14. Oktober (Goethe war schon in Venedig): „Noch ein freundliches, frohes Wort aus der Ferne, ohne Ort und Zeit. Bald darf ich den Mund öffnen und sagen wie wohl mir's geht."

Fast klingt es, als stünde der Schreibende unter einem Zauber oder Bann: „Bald *darf* ich den Mund öffnen", und in der Tat heißt es einige Zeilen weiter: die Umstände der Abreise lassen „mich abergläubischen Menschen die wunderlichsten Erscheinungen sehn."

Und ganz im gleichen Sinn, ebenfalls an den Herzog, schreibt Goethe dann unter der endlich offenbarenden Zeile „Rom d. 3. Nov.": „Endlich kann ich den Mund aufthun und Sie mit Freuden begrüßen, verzeihen Sie das Geheimniß und die gleichsam unterirdische Reise hierher. Kaum wagte ich mir selbst zu sagen wohin ich ging, selbst unterwegs fürchtete ich noch und nur unter der Porta del Popolo war ich mir gewiß Rom zu haben.«

Die Flucht, das Getrieben- und Gebanntsein auf dem ganzen Weg nach Rom und die abergläubische Furcht deuten auf eine große Erschütterung, auf eine Krise der Existenz im ganzen. Von ihr schreibt Goethe noch 1787 aus Rom an Frau von Stein: „Ich habe nur Eine Existenz, diese hab ich diesmal ganz gespielt und spiele sie noch. Komm ich leiblich und geistlich davon, überwältigt meine Natur, mein Geist, mein Glück diese Krise, so ersetz ich Dir tausendfältig was zu ersetzen ist. – Komm ich um, so komm ich um, ich wäre ohne dies zu nichts mehr nütze."

Die mannigfachen Ursachen der Krise können wir hier nur streifen: den tiefgreifenden Wandel im Verhältnis zu Frau von Stein; die Zweifel, ob die Regierungsgeschäfte und die durch sie erstrebte Festigung und Ausweitung der Persönlichkeit das Versiegen der poetischen Produktivität weiterhin rechtfertigten; Rückschläge und Spannungen in der amtlichen Tätigkeit; endlich die Nöte mit der achtbändigen Ausgabe seiner Werke, die er vorbereitete und für die allzuviel Fragmentarisches vorlag; „Egmont", „Elpenor", „Tasso", „Faust" : alles war unvollendet. Rückschauend urteilte Goethe: „Wie das Leben der letzten Jahre wollt ich mir eher den Tod gewünscht haben" (8. Juni 1787 an Frau von Stein).

Alles drängt zu einem Durchhauen des gordischen Knotens, zum gewaltsamen und radikalen Mittel der Flucht.

Ebenso stark, wenn nicht stärker aber kam ein positiv drängendes Element hinzu: die Sehnsucht nach Italien, vor allem nach Rom; eine Sehnsucht, die mit dem Anschauen der Rom-Prospekte des Vaters im Frankfurter Elternhaus begonnen hatte und die Goethe jetzt, wiederum Carl August gegenüber, geradezu als Krankheit beschreibt: „Ja die letzten Jahre wurd es eine Art von Kranckheit, von der mich nur der Anblick und die Gegenwart heilen konnte. Jetzt darf ich es gestehen Zuletzt durft ich kein Lateinisch Buch mehr ansehen, keine Zeichnung einer italiänischen Gegend. Die Begierde dieses Land zu sehn war überreif ..." (3. November 1786).

Das unerschütterliche Vertrauen und Verstehen, mit dem der Herzog antwortete und so die Reise ermöglichte und quasi legalisierte, bleibt ein Zeugnis ungewöhnlicher menschlicher Größe – auch dann, wenn man bedenkt, daß Carl August sich den Vertrauten und den berühmten Dichter erhalten wollte und daher zu Zugeständnissen bereit war.

Schon jetzt, angesichts dieser Vorgeschichte, wird deutlich: Goethe fährt nicht nach Italien, um dort mit antiquarischem Interesse die Fülle der Merkwürdigkeiten zu studieren, um das, was wir „Bildung" nennen, auf einem wichtigen Gebiet zu komplettieren – viel eher will er, einem kaum verstandenen inneren Zwang folgend, einen Teil seines Selbst finden, eine Seite seines Wesens, die seit je in ihm angelegt ist und nun der südlichen Anschauung bedarf, um sich verwirklichen zu können. Was unter dem Aspekt der Flucht als ein Ausweichen vor der ‚Forderung des Tages' erscheinen konnte, erweist sich, unter dem Aspekt der Pflicht zur Selbstverwirklichung, als das Hinfinden zu einer neuen Stufe des eigenen Wesens.

Zunächst mag Goethe sich Illusionen über dieses Hinfinden und die Art, wie es zu bewerkstelligen sei, gemacht haben; denn im Oktober 1787 sagt er dazu: „Der nordische Reisende glaubt, er komme nach Rom, um ein Supplement seines Daseins zu finden; auszufüllen was ihm fehlt; allein er wird erst nach und nach mit großer Unbehaglichkeit gewahr, daß er ganz den Sinn ändern und von vorn anfangen müsse."

Auf einen absoluten Neubeginn kommt es an. – Die Größe der Goetheschen Wandlung in Italien liegt denn auch darin, daß sie nicht im Bereich des Privaten verharrt. Man würde die eigentliche Dimension des Vorgangs gar nicht erreichen, wenn man ihn lediglich damit charakterisierte, daß hier ein Ich durch einen Akt der Selbstbefreiung eine neue Stufe erreiche. Die Selbstverwirklichung geschieht vielmehr, indem zugleich neue Seiten der Gegenstände und der Welt entdeckt werden; erst die ruhige Einwirkung der neu gesehenen Dinge bringt jene neue Stufe des Ich hervor. Nicht etwa überfällt eine heftige Subjektivität die Welt; ein weites Gemüt öffnet sich vielmehr – unendlich bewegt, aber zugleich mit eigener Gelassenheit – allem Begegnenden und erschließt sich so dessen Wesensfülle. Das Ich bildet sich, weil es sich der reinen Einwirkung der Welt öffnet. Ein schwebendes Gleichgewicht, ein Einverständnis von Ich und Welt entsteht; das, was wir Klassik nennen, bereitet sich vor.

Unbewußt mag Goethe längst, bevor er italienischen Boden betrat, die Möglichkeit dieses Einverständnisses, dieser Weltsicht und dieses neuen „Stils" geahnt haben; sonst wäre er kaum so unausweichlich – goethisch gesprochen: so dämonisch – nach Italien gezogen worden.

Die ersten Äußerungen in Rom – kaum, daß schon ein Blick auf die Stadt getan werden konnte – sind ein einziger Jubel der Befreiung, des Aufatmens, des Glücks: „Ja ich bin endlich in dieser Hauptstadt der Welt angelangt! ... Über das Tiroler Gebirg bin ich gleichsam weggeflogen ... Die Begierde, nach Rom zu kommen, war so groß, wuchs so sehr mit jedem Augenblicke, daß kein Bleibens mehr war, und ich mich nur drei Stunden in Florenz aufhielt. Nun bin ich hier und ruhig und, wie es scheint, auf mein ganzes Leben beruhigt."

Der tägliche Umgang mit den „großen Gegenständen" der Stadt und das „moralisch heilsame" Leben „unter einem ganz sinnlichen Volke" ließen Goethe schon nach einem Monat schreiben: „Ob ich gleich noch immer derselbe bin, so mein' ich bis aufs innerste Knochenmark verändert zu sein."

Diese Wandlung und das tiefe Glück des Rom-Aufenthalts lassen sich kaum intensiv genug vorstellen. „Freut euch mit mir, daß ich glücklich bin, ja, ich kann wohl sagen, ich war es nie in dem Maße", lasen die zurückgebliebenen Weimarer Freunde im September 1787. Das Glück erschütterte den Grund seiner Existenz und festigte ihn zugleich auf neue Weise. Von ihm getragen, wagte Goethe zu schreiben: „So lebe ich denn glücklich, weil ich in dem bin, was meines Vaters ist" – es eröffnet sich eine biblische Dimension.

Noch in der Rückschau, im höchsten Alter, 1828 zu Eckermann, bekräftigt der Dichter: „Ich kann sagen, daß ich nur in Rom empfunden habe, was eigentlich ein Mensch sei. – Zu dieser Höhe, diesem Glück der Empfindung bin ich später nie wieder gekommen; ich bin, mit meinem Zustande in Rom verglichen, eigentlich nachher nie wieder froh geworden."

Am 29. Oktober 1786 war Goethe in Rom eingetroffen. Er blieb hier bis zum Februar 1787. Das ist sein Erster Römischer Aufenthalt. Dann reiste er nach Neapel und Sizilien. Nach der Rückkehr von dort im Juni schließt sich der Zweite Aufenthalt in Rom an, der noch fast ein Jahr, bis zum April 1788, dauert.

In Rom blieb Goethe zunächst anonym; er nannte sich „Maler Möller", um gesellschaftliche Pflichten zu vermeiden. Eine Wohnung fand sich bald: Goethe zog zu dem Freunde *Tischbein* in dessen „Künstlerhaushalt" am Corso, gegenüber dem Palazzo Rondanini. Das Kutscherehepaar Collina sorgte für den kleinen Kreis von Malern und Schriftstellern. Unter ihnen war auch *Karl Philipp Moritz*, der Verfasser des Romans »Anton Reiser«, der „liebste Gesellschafter", wie Goethe ihn nannte. Als Moritz sich den Arm gebrochen hatte, pflegte Goethe ihn aufopfernd: „Was ich diese vierzig Tage bei diesem Leidenden als Wärter, Beichtvater und Vertrauter, als Finanzminister und geheimer Sekretär erfahren und gelernt, mag uns in der Folge zugute kommen", schrieb Goethe nach Weimar. Auch den Schweizer *Johann Heinrich Meyer* lernte Goethe in Rom schon bald kennen, der ihm bis ins Alter der wichtigste Berater in Kunstdingen blieb. In der Nähe wohnte die Malerin *Angelika Kauffmann,* die schon seit 1782 in Rom war. Goethe las ihr des öfteren aus seinen Dichtungen vor, Angelika urteilte fein und einfühlsam, und Goethe schrieb von ihr: „Sie ist eine trefliche zarte, kluge, gute Frau, meine beste Bekanntschafft hier in Rom." Hofrat *Reiffenstein*, seit 1764 in Rom ansässig, „leitete", wie Goethe berichtet, oft regelrechte abendliche „Sitzungen" dieses Freundeskreises.

Dichtungen, die Goethe im Reisegepäck unfertig mitgebracht hat, werden in Rom gefördert. Er arbeitet am „Tasso" und am „Faust"; er schreibt die Prosafassung der „Iphigenie" in Jamben um; der „Egmont" wird beendet. Nur wenige Gedichte entstehen. Das Hauptziel ist, die größeren Fragmente für die Werkausgabe zu vollenden.

Goethe zeichnet auch eifrig – er hat bis zur Italienischen Reise noch geschwankt, ob er zum Dichter oder zum Zeichner berufen sei –; Rom wird durchstreift, allein oder mit den Freunden; man betrachtet und bespricht Bauten und Kunstwerke; Natur und Anatomie werden studiert; wieder zu Hause am Corso, schreibt er Berichte und Briefe an die Freunde in Weimar – und so kann er rückblickend sagen, er habe in Rom keinen Augenblick verloren und auch die unbedeutenden zu nutzen gewußt. Die Begegnung mit der römischen Faustina geht nicht in die Reiseschilderung ein; sie erscheint in den „Römischen Elegien", verbunden mit der Liebe zu Christiane.

Goethe schaut in Rom frei, wie mit neu geschaffenen Augen um sich, er entdeckt die Welt neu und findet einen neuen Stil.

Wer unter solchen Auspizien die Ewige Stadt betritt, sieht nicht nur auf schöpferische Weise, er übersieht auch unendlich viel; die schöpferische Ungerechtigkeit hat bei ihm den größten Spielraum. Ganze Bezirke des menschlichen Lebens, wie Staat und Politik, und ganze Epochen der Kunst, so das Mittelalter und das Barock, läßt Goethe beiseite; sie liegen nicht an seinem Weg.

Das Mittelalter erscheint bei ihm nur als Verfall gegenüber der großen Zeit der Antike; das Barock nur als Verfall gegenüber der Renaissance, gegenüber Michelangelo und Raffael. Übrigens müßten wir hier eigentlich die Epochennamen ‚Renaissance' und ‚Barock' ganz beiseite lassen, denn Goethe kannte sie noch nicht; er sah sich in einem Maße, das wir uns nicht mehr vorstellen können, der historisch noch ungegliederten Fülle der Kunstwerke gegenüber, durch die die Kunstgeschichte allenfalls gerade angefangen hatte, die Pfade zu bahnen. Dieser Zustand der Anfänglichkeit wird uns deutlich bewußt, wenn Goethe über den großen Anreger Winckelmann schreibt, auf den ihn schon sein Zeichenlehrer Oeser in Leipzig hingewiesen hatte: „Durch Winckelmann sind wir dringend aufgeregt, die Epochen zu sondern, den verschiedenen Stil zu erkennen, dessen sich die Völker bedienten, den sie in Folge der Zeiten nach und nach ausgebildet und zuletzt wieder verbildet. Hievon überzeugte sich jeder wahre Kunstfreund. Anerkennen tun wir alle die Richtigkeit und das Gewicht der Forderung. Aber wie nun zu dieser Einsicht gelangen! Vorgearbeitet nicht viel, der Begriff richtig und herrlich aufgestellt, aber das Einzelne im ungewissen Dunkel. Eine vieljährige entschiedene Übung des Auges ist nötig, und man muß erst lernen, um fragen zu können."

Angesichts der Fülle der Phänomene und angesichts der Notwendigkeit, aus ihr eine Auswahl zu treffen, richtet Goethe sich einzig nach dem Maßstab, der ihm als der absolute erscheint, nach dem Maßstab der Wahrheit. „Es ist nichts groß als das Wahre und das kleinste Wahre ist groß", schreibt er an Frau von Stein (8. Juni 1787); und als er am Dreikönigsfest die Messe nach griechischem Ritus gehört hat, meint er: „Auch da hab' ich wieder gefühlt, daß ich für alles zu alt bin, nur fürs Wahre nicht. Ihre Zeremonien und Opern, ihre Umgänge und Ballette, es fließt alles wie Wasser von einem Wachstuchmantel an mir herunter. Eine Wirkung der Natur hingegen, wie der Sonnenuntergang von Villa Madama gesehen, ein Werk der Kunst, wie die viel verehrte Juno, machen tiefen und bleibenden Eindruck."

Und schon in Venedig, am Lido, hatte Goethe geschrieben: „Ich kehre noch einmal ans Meer zurück! Dort hab ich heut die Wirtschaft der Seeschnecken, Patellen, der Taschenkrebse gesehen und mich herzlich darüber gefreut. Was ist doch ein Lebendiges für ein köstlich herrliches Ding. Wie abgemessen zu seinem Zustande, wie wahr! wie seiend!"

Die Wahrheit erscheint Goethe in den Kunstwerken der Antike, in einzelnen späteren, die wir vor allem zur Renaissance zählen, und im großen Bereich der Natur. Hieran läßt sich einiges, was zu Goethes Wahrheitsbegriff gehört, ablesen: das Einhalten eines klassischen Maßes, sei es in gelassener Ruhe oder gebändigter Kraft; das Erreichen des „abgemessenen" Zustandes, der diesem Maß entstammt und entspricht; das reine Befolgen eines inneren Wesensgesetzes.

Dennoch gehört es zu Goethes Eigenart, daß er das, was er mit „Wahrheit" meint, kaum jemals eigentlich definiert; die Wahrheit bleibt auf eine ihm eigentümliche Weise weit und unbesprochen. Seine Werke geben ihr jedoch eine dichterische Gestalt. Goethe antwortet der Wahrheit der Natur und der alten Kunst mit Dichtungen, deren Wahrheit der alten auf neue Weise entspricht. So wie jede

Gestalt in sich ganz bestimmt ist – sie hat jeweils eine klare Grenze –, so ist auch die dichterische Wahrheit Goethes bestimmt, weil sie eine Gestalt hat. Sie hat nicht die Schärfe des Begriffs, sondern die Lebendigkeit, die allem Gestalthaften eignet, weil es das ungesagte Rätsel des Seienden in sich verwahrt.

Ein Beispiel. Über die Grabmäler der Antike und ihre Reliefs steht in der „Italienischen Reise" der berühmte Satz: „Der Wind, der von den Gräbern der Alten herweht, kommt mit Wohlgerüchen wie über einen Rosenhügel." Kaum etwas Greifbares ist hier, so scheint es, über die gemeinten Kunstwerke gesagt. Vom Wind ist vielmehr die Rede, der von diesen Gräbern herweht. Dennoch spüren wir, daß gerade hier die Wahrheit da ist. Sie geht einher mit der poetischen Schönheit. Die Grabmäler lassen das Wesen der Antike dem, der sie anschaut, gegenwärtig sein. Sie stellen eine Bindung her, die die Jahrtausende überbrückt. Große Kunstwerke bilden solche Brücken. Sie tun es im Einklang mit der Natur: der wehende Wind läßt die Grabmäler nicht allein; er bezieht sie ein in ein Ganzes und erspart ihnen so die Vereinzelung. Das Einbezogensein in ein Ganzes aber ist das Leben. Der Wind entspricht so den Grabmälern selbst, von denen es im folgenden heißt: sie „sind herzlich und rührend und stellen immer das Leben her". Goethes Satz sagt eine einfache Wahrheit.

Vielfach hat sich Goethe über das intuitive Verfahren ausgesprochen, das ihm hilft, die Wahrheit zu finden. An Herder schreibt er schon kurz nach der Ankunft: „Ich habe endlich das Ziel meiner Wünsche erreicht und lebe hier mit einer Klarheit und Ruhe, die Ihr Euch denkt weil Ihr mich kennt. Meine Übung alle Dinge wie sie sind zu sehen und zu lesen, meine Treue das Auge Licht seyn zu lassen, meine völlige Entäußerung von aller Prätention, machen mich hier höchst im Stillen glücklich" (10./11. November 1786). Ebenso drei Wochen später an denselben: „Ich will so lang ich hier bin die Augen aufthun, bescheiden sehen und erwarten was sich mir in der Seele bildet" (2.-9. Dezember 1786). Ein andermal: „Ich lasse mir nur alles entgegen kommen und zwinge mich nicht dies oder jens in dem Gegenstande zu finden" (an Charlotte von Stein, 20./25. Dezember 1786). Und ein Jahr später, Weihnachten 1787: „Der Glanz der größten Kunstwerke blendet mich nicht mehr, ich wandle nun im Anschauen, in der wahren unterscheidenden Erkenntnis."

Dieses einfache und große Anschauen der Dinge ist eine entschiedene Abwehr jeder Prävalenz des Subjekts, jedes Gefühlsüberschwangs, ein endgültiges Weg vom „Sturm und Drang", wenn man es epochengeschichtlich ausdrücken will. Gelassen wartet Goethe jedoch ab, welches Bild sich ihm bei solchem Anschauen „in der Seele bildet". Die Seele des Menschen kann und soll nicht ausgeschlossen werden beim Auffinden der Wahrheit; sie ist ja das Organ, das die Wahrheit eigentlich erfährt. Goethe fürchtet nicht, daß das Vertrauen auf die Seele zum Subjektivismus führe; jenes klassische Gleichgewicht zwischen Ich und Welt verbürgt ihm, daß die Seele, durch die Treue des Auges geleitet, das Wesen von Welt und Dingen zu bewahren vermag.

So verläuft Goethes Italienreise gleichsam zwischen zwei Polen. Aus einer Krise seiner ganzen Existenz, die ihn noch im Februar 1787 sagen läßt: „Ich werde von ungeheuern Mächten hin und wider geworfen", einer Krise, in der er zeitweise am Aufkommen zweifelte, erwächst eine neue Haltung des Ausgleichs und des Gleichgewichts. Dieses Produktivwerden der Krise war nur möglich durch ein absolutes Ernstnehmen jener Einsicht, man müsse in Rom „ganz den Sinn ändern und von vorn anfangen", und durch ein gelassenes und vertrauendes Sicheinlassen auf die Wahrheit der Anschauung, die Auge und Seele von der Welt empfangen.

Goethes „Italienische Reise", wie sie gedruckt vor uns liegt, ist vielschichtig und mannigfach zusammengesetzt, allein schon von ihrer Entstehung her.

Die Reise selbst war 1786/88. Gleichzeitig entstand das Tagebuch der Anreise von Karlsbad nach Rom, das Goethe für Frau von Stein in fünf Heften aufzeichnete, und gleichzeitig entstanden natürlich die Briefe an die Weimarer Freunde. 1789 erschien dann „Das Römische Carneval".

Viel später erst hat Goethe diese unmittelbaren Dokumente des Erlebnisses für die Redaktion der Druckfassung benutzt; sie finden sich im erschienenen Text also teils unverändert, teils überarbeitet, teils überhaupt nicht mehr; vielfach werden sie – in ganz anderer Stilschicht – ergänzt.

So erschienen im Oktober 1816, dreißig Jahre nach der Reise selbst, der erste Teil des Werks, also der Erste Römische Aufenthalt; ein Jahr später der zweite Teil, die Reise nach Neapel und Sizilien. Mit der Redaktion des Zweiten Römischen Aufenthalts begann Goethe erst 1820; 1829 lag dieser abschließende Band vor. Die Italienreise hat Goethe sein ganzes weiteres Leben hindurch beschäftigt.

Mit welchen Gefühlen blickte er in diesen späteren Jahren auf die italienischen Eindrücke und Einsichten zurück?

Wir hörten schon, was Goethe 1828 Eckermann mitteilte: „Ich kann sagen, daß ich nur in Rom empfunden habe, was eigentlich ein Mensch sei."

Unmittelbar in die Arbeit Goethes an der Druckfassung jedoch führt ein früheres Zeugnis, ein Brief an Zelter aus dem Jahre 1815. Goethe schreibt hier: „Ich beschäftige mich jetzt mit meiner italiänischen Reise und besonders mit Rom. Ich habe glücklicherweise noch Tagebücher, Briefe, Bemerkungen und allerley Papiere daher, so daß ich zugleich völlig wahrhaft und ein anmuthiges Mährchen schreiben kann. Hiezu hilft mir denn höchlich Meyers Theilnahme, da dieser mich ankommen und abreisen gesehen, auch die ganze Zeit, die ich in Neapel und Sicilien zubrachte, in Rom blieb. Hätte ich jene Papiere und diesen Freund nicht, so dürft' ich diese Arbeit gar nicht unternehmen: denn wie soll man, zur Klarheit gelangt, sich des liebenswürdigen Irrthums erinnern, in welchem man, wie im Nebel, hoffte und suchte, ohne zu wissen was man erlangen oder finden würde".

Hier, unter den Augen des alten Goethe, gewinnt die Italienische Reise nochmals eine neue Dimension. „Liebenswürdiger Irrthum" und „Nebel" – das sind Wendungen, die nun nach Art des alten Dichters die in Italien gefundenen Einsichten behutsam kommentieren – nachsichtig und aus weitester Überschau. Nicht, daß die italienische Einsicht unwahr würde. Aber „was man", vermöge dieser Einsicht, einmal „erlangen oder finden würde", weiß erst der Alte. Die italienische Erfahrung wird in ihrem Charakter als Keim, Beginn und Grundlegung deutlich, als Grundlegung, die offen ist für eine reiche Entwicklung und unabsehbare Konkretisierung. Die Italienische Reise erscheint so als eine wundervolle Frühzeit, der noch verhüllt sein mußte, wohin der dort zuerst beschrittene Weg letztlich führen würde. Erst der Goethe der Divan-Jahre darf sagen, daß, jenseits des Nebels, „Klarheit" auf diesem Weg gefunden sei.

So entschließt er sich denn, unter füglicher Benutzung der Papiere und Erinnerungen ein „Mährchen" zu schreiben. In dem Märchen, das den Titel „Italienische Reise" führt, geht es gleichwohl „völlig wahrhaft" zu. Das historisch Richtige ist aufgehoben in märchenhafte Anmut, und gerade so kann die Wahrheit erscheinen. Wahrheit und Dichtung gehen auch in der „Italienischen Reise" die Bindung ein, die ihr Wesen und ihr Wechselverhältnis bestimmt.

GOETHES BESTIMMUNG DES STILS

> ... so ruht der Stil auf den tiefsten Grundfesten der Erkenntnis, auf dem Wesen der Dinge, insofern uns erlaubt ist, es in sichtbaren und greiflichen Gestalten zu erkennen.
>
> Goethe: „Einfache Nachahmung der Natur, Manier, Stil", 1789

Goethes Worte vom Stil sind tiefgründig andeutend, bahnbrechend, maßstabsetzend und kaum hinreichend zu erfassen. Sie führen in das Geheimnis des Bezugs zwischen dem menschlichen Wesen und dem Wesen der Dinge und damit in das Geheimnis des Stils.

Wir sind es gewohnt, daß bei der Erörterung von Herkunft und Wesen des Stils Hinweise auf Naturell und Gemütsart – auf die *individuellen* Eigenschaften also – des Künstlers gegeben werden, die im Stil ihren Ausdruck finden. Dem entsprechen jedoch in Goethes Aufsatz „Einfache Nachahmung..." nur seine Darlegungen zu den beiden ‚einfacheren' Kunstformen: Bei der „einfachen Nachahmung der Natur" ist „eine zwar fähige, aber beschränkte Natur", bei der „Manier" ein „leichtes, fähiges Gemüt" des Künstlers am Werk.

Sobald er dagegen den Stil erläutert, hält Goethe sich mit der Charakterisierung der individuellen Wesensart des hervorbringenden Künstlers ganz zurück. Das hat mit der Einzigartigkeit des Phänomens ‚Stil' zu tun. Denn hier geht es Goethe um den „höchsten Grad" der Kunst:

> Es ist uns ... angelegen, das Wort Stil in den höchsten Ehren zu halten, damit uns ein Ausdruck übrig bleibe, um den höchsten Grad zu bezeichnen, welchen die Kunst je erreicht hat und je erreichen kann.

Um dieses hohe Wesen des Stils zu treffen, wählt Goethe Worte, die nicht auf Züge der Individualität des Künstlers, sondern auf das *dem Menschen als solchem* in der Welt Gegebene und Aufgegebene zielen: Die Grundlagen des Stils – das, worauf er „ruht" – sind die „tiefsten Grundfesten der Erkenntnis" und das „Wesen der Dinge, insofern uns erlaubt ist, es in sichtbaren und greiflichen Gestalten zu erkennen".

Dem Höchsten in der Kunst, dem Stil, ist nur ein Denken angemessen, das das grundlegend Gemeinsame, die Individuen Übergreifende des menschlichen Wesens in den Blick faßt.

Diese Einsicht Goethes in die Beziehung des Stils zum grundlegend menschlichen Wesen ist denkwürdig und bis heute einzigartig. Wir haben kaum begonnen, sie auch nur zur Kenntnis zu nehmen, und handeln ihr – etwa bei der landläufigen Bestimmung des Stils als einer Sache von Temperament, Naturell und Gemütsart des einzelnen Künstlers – ständig zuwider.

Gemeinsam ist dem menschlichen Wesen, dem Goethe den Stil zuordnet, daß es auf „Erkenntnis" verwiesen ist, daß aber ein bloßes Anschauen des ‚Sichtbaren', ein bloßes Ergreifen des ‚Greiflichen' an den Dingen noch nicht die Erkenntnis ihres „Wesens" bewirken. Die „sichtbaren Gestalten" führen den erkennenden Menschen *erst hin* zum „Wesen der Dinge". Dieses ist „in" ihnen anwesend, muß aber im Unterschied zu ihnen eigens ‚erkannt' werden. Von den sichtbaren Gestalten zum Wesen der Dinge ist für den erkennenden Menschen ein Weg zurückzulegen. Die Gestalten leiten zum Wesen als zu etwas Anderem. Das *Wesen* der Dinge ist nicht mehr dinglich, nicht mehr „sichtbar und greiflich", nicht mehr gestalthaft.

Der Stil „ruht" auf diesem grundlegenden Umstand, daß es dem Menschen in seinen Grenzen – diese deutet Goethe durch das Wort „insofern" an – „erlaubt ist", sich von „sichtbaren und greiflichen Gestalten" zum (zunächst noch gestaltlosen) „Wesen der Dinge" hinführen zu lassen. Der Stil nimmt sich dieses noch un‚erkannten' Wesens der Dinge an, das „in" deren Gestalten gestaltlos verborgen ist, und führt es aus seiner Verborgenheit heraus, indem er es in die Gestalt des von ihm durchwalteten Kunstwerks überführt. Damit erhebt der Stil das Wesen der Dinge in den ‚Rang' „sichtbarer und greiflicher Gestalten" – als ein ausgezeichnetes Ding. Das gestalthafte Zeigen des Wesens der Dinge ist das Wesen des Stils und des von ihm bestimmten Kunstwerks.

Goethe nennt das „Wesen der Dinge" in einem Zuge mit den „tiefsten Grundfesten der Erkenntnis". Diese beiden ‚Säulen', auf denen der Stil „ruht", scheinen zwar aus verschiedenen Bereichen zu stammen. Sie werden aber in Goethes Satz so zusammengedacht, daß sie (besser wohl: wie sie) zusammengehören. Sie werden so nahe zusammengebracht, wie die Sprache es vermag, nämlich sogar unter Verzicht auf ein verbindendes ‚und'. Sie werden so geradezu identisch. Die „tiefsten Grundfesten der Erkenntnis" *sind* das „Wesen der Dinge".

Goethe sagt darüber hinaus nicht, worin das Wesen dieses doppelteinheitlichen Herkunftsraumes des Stils besteht. Er lenkt nur den Blick auf den geheimnisvollen Bereich, dem der Stil entstammt. Damit entspricht Goethe dem Wesen des Stils selbst. Dieser bringt das Geheimnis des Bezugs zwischen dem menschlichen Wesen und dem Wesen der Dinge in der von ihm, dem Stil, geschaffenen Kunstgestalt zur Erscheinung. Damit ist gesagt: Der Stil läßt dieses Geheimnis zwar als eine „sichtbare und greifliche Gestalt" unter den anderen Gestalten der Welt einkehren; *als* Gestalt aber bleibt der Bezug zwischen dem Wesen des Menschen und dem der Dinge zugleich das ungesagte Geheimnis, das er ist.[1]

---

[1] Zur Frage nach dem Wesen des Stils s. auch unten S. 201–220 u.ö.

ZU MAX BECKMANNS „FAUST"-ILLUSTRATIONEN

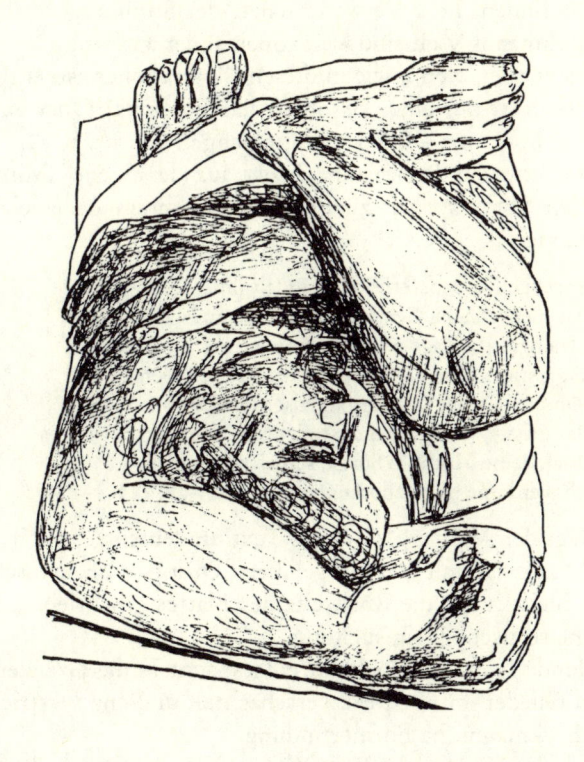

Goethe und Beckmann? könnte jemand fragen; passen diese Namen und diese Welten zusammen? Gibt es auch nur eine Ebene, auf der sie sich begegnen?

Goethe scheint uns – trotz aller Abgründe seiner Natur, trotz seiner lebenslangen Gefährdung durch Dämonie und Chaos, trotz seines Anlegens immer neuer Masken, die das Wesen verdecken – der Schöpfer eines Kosmos zu sein, eines Ganzen, das eben deshalb wahrhaft ein Ganzes ist, weil die Mächte des Dämonischen aus ihm nicht ausgeklammert werden, sondern ihre Funktion in ihm haben.

Max Beckmanns Welt dagegen ist nicht nur gefährdet, Dämonen haben hier nicht nur eine Funktion; Gefahr und Dämonie scheinen sich vielmehr zum einzigen Aspekt der Welt aufzuwerfen. Das Eine Ganze ist entschwunden – Krieg, Greuel, Gewalt, das Ungeheure beherrschen das Feld.

Abb.: Max Beckmann (1884–1950): „Faust schlafend", Federzeichnung zu Faust II, 1943/44. 24,7/18,9 cm. Freies Deutsches Hochstift – Frankfurter Goethe-Museum

Wir wollen diesen Zwist des Goetheschen und des Beckmannschen Geistes nicht zu versöhnen suchen. Wir wollen uns nicht darauf berufen, daß sich gerade unter Beckmanns Zeichnungen zum „Faust II" auch einige Blätter von klassischer Gelöstheit finden. Eine Verwandtschaft der Stimmung bleibt Ausnahme. Goethes und Beckmanns Welt sind weit voneinander entfernt.

Was geschieht aber, wenn, wie in diesen Illustrationen, so entfernte Welten aufeinandertreffen? Ist nur eine Dissonanz das Ergebnis? Oder entsteht auf einer – zunächst verborgenen – Ebene ein Einklang?

Denken wir etwa an Beckmanns Faust aus der Szene „Mitternacht" des fünften Akts. Die Sorge spricht zu Faust. Unter ihrem Anhauch wird er bald erblinden. Faust sagt:

>   Unselige Gespenster! So behandelt ihr
>   Das menschliche Geschlecht zu tausend Malen;
>   Gleichgültige Tage selbst verwandelt ihr
>   In garstigen Wirrwarr netzumstrickter Qualen.
>   Dämonen, weiß ich, wird man schwerlich los,
>   Das geistig-strenge Band ist nicht zu trennen;
>   Doch deine Macht, o Sorge, schleichend-groß,
>   Ich werde sie nicht anerkennen!   (V. 11484–11491)

Beckmann verlegt den Vorgang, Goethes Text umdeutend, ganz in Fausts Inneres. Keine sichtbare Gestalt der Sorge; kein Dialog – „Faust schlafend", hat Beckmann mit Bleistift auf die Rückseite des Blattes geschrieben. Die Ankunft der Sorge ist eine seelische Heimsuchung.

Der schlafende Faust ist blockhaft eingespannt in die Grenzen des Bildfeldes, die großen Glieder im Rechteck verschachtelt und eng verstrickt – eine unverwechselbar Beckmannsche Formerfindung.

Ist das noch der Goethesche Faust? – Gewiß nicht. Die qualvolle Spannung, die Verformung der Proportionen, der Zwang, den die Gestalt erleidet, indem sie sich dem Umriß einer fast geometrischen Form einfügen muß – das ist der Faust einer unvergleichlich anderen Zeit.

Und dennoch: Spricht Faust bei Goethe nicht von „netzumstrickten Qualen", die der mit Dämonen ringende Mensch erduldet? Qual, Verstrickung, Gefangenschaft wie in einem Netz, Stärke im Bestehen dieser Gefangenschaft – diese Elemente des Vorgangs sind in Beckmanns in sich verschränktem, gleichsam in einen überpersönlichen Umriß gegossenen Faust unmittelbar Form geworden. Augenblicksweise, bezwungen von der Macht und Wahrheit dieser Form, fühlen wir: das *ist* Faust, eingespannt wie bei Goethe in die Grenzen des dem Menschen zugemessenen Raums.

So ist Beckmanns Faust dem Goethischen nah und fern zugleich. Dieses Zugleich von Verwandtschaft und Fremdheit gehört aber zu jeder Beziehung zwischen Menschen, zu ihrem Gespräch und ihrem Sichverstehen. Der Beckmannsche Faust der Szene „Mitternacht" wäre nicht etwa noch besser oder auch nur „goethischer" geworden, wenn er das Element der Ferne zu Goethe verloren hätte. Beckmann mußte Goethe in der rechten Weise fernbleiben, um den Standort seines eigenen Jahrhunderts, zu dessen Darstellung er verpflichtet war, nicht preiszugeben. Zugleich aber näherte er sich Goethe, indem er Fausts Wort von den netzumstrickten Qualen, das seinen, Beckmanns, Erfahrungen und den Erfahrungen seiner Zeit entgegenkam, gleichsam wörtlich nahm und es zeichnerische Form werden ließ. So entstand ein wahrer Faust des 20. Jahrhunderts. Nur wenn entfernte Welten sich treffen, wie hier, entsteht ein Gespräch – ein um so gefährlicheres und erschütternderes Gespräch vielleicht, je größer die Ferne derer ist, die sich treffen. Unsere Zeit hätte Goethe wohl nicht angemessener begegnen können.

DER MENSCH UND DAS „OFFENBARE GEHEIMNIS"

Wie können wir dem Anspruch eines Gedenkens an Goethe gerecht werden? Nur so, meine ich, daß wir uns auf einige seiner Grundeinsichten besinnen.

Die Erfahrungen Goethes, die wir in Erinnerung rufen möchten, beziehen sich auf zwei große Fragen oder Themen, die auch für unsere Zeit eine unverändert hohe Bedeutung haben. Man verbindet sie selten so unmittelbar miteinander.

Die eine Frage lautet: Was ist die Bestimmung des Menschen in der Welt? – die andere: Was ist das Geheimnis – und zwar das „offenbare Geheimnis", wie Goethe gern sagt? Beide Fragen stehen zunächst jeweils für sich; sie gehören jedoch in einer zu erörternden Weise aufs engste zusammen.

Angesichts dieser beiden unerschöpflichen Themen können die folgenden Hinweise nur andeutend sein; es sind im Grunde nur Stichworte und Anregungen zum Weiterdenken.

Da beide Fragen und Goethes Gedanken zu ihnen vor allem auch wegen ihrer Bedeutung für unsere Zeit zu uns sprechen sollen, müssen wir einige wenige Überlegungen darüber vorausschicken, wie unsere Gegenwart im allgemeinen mit solchen Fragen umgeht.

Nicht mit Unrecht hat man bemerkt, daß die kulturell tonangebenden Tendenzen unserer Zeit bestimmte Fragestellungen, zu denen auch die soeben genannten gehören, gleichsam mit einem Tabu belegen. Grundfragen wie diese: Was ist die Kunst? Was ist die Dichtung? Was ist der Mensch? Was ist das Geheimnis? stellt man kaum noch. Man interessiert sich nicht für sie oder mißtraut ihnen sogar. Den neuen Generationen werden sie von Tag zu Tag fremder. Sie gelten auch quasi als ‚politisch nicht korrekt'. – Für all das gibt es mehrere Gründe.

Erstens: Man ist entnervt und übersättigt von der Unzahl der in der großen Tradition schon gegebenen Antworten auf diese Fragen. Die vorliegenden Antworten hält man zudem, weil sie einander vielfach zu widersprechen scheinen, für nur relativ gültig. Man schließt daher auf die Relativität der Wahrheit im ganzen und somit auf die Unerkennbarkeit dessen, was in jenen Fragen erfragt wird. Das bewirkt eine weitere Entmutigung.

Zweitens: Man befürchtet, daß jede mögliche Antwort auf jene Grundfragen Maßstäbe setzen würde. Maßstäbe aber verletzen, so meint man, unsere obersten Gebote der Toleranz, der Liberalität und neuerdings auch der Beliebigkeit des Meinens. Sie gelten gleichsam als Werkzeuge der Intoleranz.

Außerdem widersprechen Maßstäbe dem nivellierenden Grundzug unserer Zeit. Nichts verabscheut unsere Kultur daher mehr als Maßstäbe.

Drittens: Populistische Beliebigkeitsparolen wie ‚Jeder ist ein Künstler' oder ‚anything goes' sorgen im Bereich der Kunst dafür, daß jedem denkbaren menschlichen Machwerk von vornherein die höchste Weihe verliehen wird: Alles Gemachte wird a priori zum Kunstwerk erklärt, alles Gemachte ist Kunst. Unter dieser Voraussetzung ist eine Unterscheidung von Kunst und Nicht-Kunst nicht mehr möglich. Eine solche Unterscheidung aber hatte die Frage ‚Was ist die Kunst?' im Sinn. Der Zeitgeist hat die unbequeme Frage nach dem Wesen der Kunst scheinbar, nämlich mit einem Trick, zur Strecke gebracht.

Eine Zeit, die sich dergestalt die alles tragende, alles belebende Frage nach dem Wesen der Dinge verbietet und sich ihrer enthoben glaubt, ist in der Gefahr, der Besinnungs- und Wesenlosigkeit zu verfallen. Man hat daher von der Verwahrlosung, ja von der Verwüstung des Wesens des heutigen Menschen und seiner Welt gesprochen. Der bunte, teils naive, teils wüste Kulturbetrieb unserer Tage ist dafür nur ein Symptom.

Dagegen die Welt Goethes! – Sein ganzes Werk kreist – im größten Gegensatz zu unserer Zeit – um die Frage, was der Mensch sei und was die Welt sei. – Um diese Fragen stellen zu können, brauchte Goethe allerdings noch nicht gegen seine Zeit zu kämpfen. Es galt noch nicht als anstößig, die wesentlichsten Fragen der Menschheit zu stellen.

Dennoch haderte schon Goethe mit seiner Zeit; und wenn in bezug auf *unsere* Tage von Verwahrlosung und Verwüstung gesprochen wird, so gibt es dazu bei Goethe erschreckende Parallelen. Auch Goethe sah sich mit größten Wirrnissen seiner Zeit konfrontiert.

Wir beschränken uns darauf, an die letzte, größte und wohl auch ergreifendste Äußerung seines Unmuts zu erinnern. Goethe weigerte sich angesichts der Unbilden seiner Zeit, seinen „Faust", den er 1831 vollendet hatte, den Zeitgenossen noch zu Lebzeiten zu übergeben. Er siegelte das Manuskript vielmehr ein und begründete dies in seinem letzten, oft zitierten Brief, den er wenige Tage vor seinem Tod an Wilhelm von Humboldt schrieb:

> Ganz ohne Frage würd es mir unendliche Freude machen, meinen werten, durchaus dankbar anerkannten, weitverteilten Freunden auch bei Lebzeiten diese sehr ernsten Scherze zu widmen, mitzuteilen und ihre Erwiderung zu vernehmen. Der Tag aber ist wirklich so absurd und konfus, daß ich mich überzeuge meine redlichen, lange verfolgten Bemühungen um dieses seltsame Gebäu würden schlecht belohnt und an den Strand getrieben, wie ein Wrack in Trümmern daliegen und von dem Dünenschutt der Stunden zunächst überschüttet werden. Verwirrende Lehre zu verwirrtem Handel waltet über die Welt, und ich habe nichts angelegentlicher zu tun als dasjenige was an mir ist und geblieben ist wo möglich zu steigern und meine Eigentümlichkeiten zu kohobieren, wie Sie es, würdiger Freund, auf Ihrer Burg ja auch bewerkstelligen.

Bei aller Anerkennung einzelner Personen und Leistungen verurteilt Goethe den Grundzug seiner Zeit als „absurd und konfus". „Verwirrende Lehre zu verwirrtem Handel waltet über die Welt" – sie waltet nicht nur hie und da in der Welt, sondern „über" sie, über sie hinweg, sie ganz und gar überwältigend.

Wir können hier nicht der Vielzahl von politischen, geistigen, künstlerischen und wissenschaftlichen Gründen nachgehen, die zusammengekommen waren, um Goethe dieses düstere Gesamturteil nahezulegen. Ebenso muß die Frage hier offen bleiben, ob und wie die Verwirrung, die Goethe in seiner Zeit walten sah, verwandt ist mit der Verwirrung, die in schärferer Form unsere heutige Welt beherrscht.

Uns muß vielmehr beschäftigen, wie Goethe auf die Verwirrung seiner Zeit reagierte, denn seine Reaktion könnte womöglich für uns, die wir wiederum von Verwirrung heimgesucht sind, eine Lehre enthalten und eine Hilfe bedeuten. – Wie reagierte Goethe?

Weder paßte er sich an noch resignierte er. Er überließ vielmehr die Zeit scheinbar ihrer eigenen Absurdität und blieb bis zuletzt rein gesammelt auf „dasjenige was an mir ist und geblieben ist." Er hat „nichts angelegentlicher zu tun", als dieses Eigene „wo möglich zu steigern" und seine „Eigentümlichkeiten zu kohobieren", d.h. zu klären und zu läutern.

Das ist nun aber kein Egoismus, kein Kult des Ich und auch keine Abwendung von der Zeit (all das hat man Goethe natürlich vorgeworfen). Goethe weiß vielmehr, daß seine „Eigentümlichkeiten" – „nach einem so lange tätig nachdenkenden Leben", wie er in demselben Brief schreibt – das nur Individuelle hinter sich gelassen haben und über die Schranken des Ich hinaus so etwas wie ein Gegenbild und damit eine Remedur der Zeit geworden sind. Sein Eigenes steigernd, zeigt Goethe gerade so der Zeit, was ihr fehlt und was ihr also als ein Heilmittel aus ihrer Konfusion heraushelfen könnte.

Das Heilmittel, das in Goethes Werk für die absurde Zeit bereitliegt, ist nichts anderes als die Einsicht in die *„eigentliche Grundbestimmung"* des menschlichen Daseins: in das, was der Mensch in der Welt eigentlich sein und tun soll. Goethe zeigt der Menschheit ihre „eigentliche" Aufgabe in der Welt, die unter der Absurdität und Konfusion des Tages verschüttet ist. So schreibt er in demselben Brief an Humboldt:

> Das beste Genie ist das, welches alles in sich aufnimmt sich alles zuzueignen weiß ohne daß es der eigentlichen Grundbestimmung, demjenigen was man Charakter nennt, im mindesten Eintrag tue, vielmehr solches noch erst recht erhebe und durchaus nach Möglichkeit befähige.

Die „eigentliche Grundbestimmung" des Menschen ist demnach sein „Charakter". Goethe erklärt diesen Begriff in der Erläuterung zu seinen „Urworten. Orphisch" als „die notwendige, bei der Geburt unmittelbar ausgesprochene, begrenzte Individualität der Person".

Dieser individuelle „Charakter" des Menschen eignet sich im Laufe seiner Entwicklung die Fülle der Welt zu: Er nimmt, wie wir hörten, „alles in sich auf", er eignet „sich alles zu". Der ungeheure Andrang der Welt darf jedoch dem Charakter, der ja die „Grundbestimmung" des Menschen ist, nicht „im mindesten

Eintrag (tun)", er muß ihn vielmehr zu seinen eigensten Möglichkeiten „erheben" und „befähigen".

Die „Grundbestimmung" des Menschen entfaltet sich also, indem der „Charakter" sich nicht auf seine „Individualität" beschränkt, sondern sich gleichsam ‚zur Welt erweitert', gerade so aber er selbst wird. Im ‚wahren Menschen' werden Ich und Welt daher geradezu identisch; ihr Widerstreit weicht einer Einheit eigener Art.

Die so erfahrene „Grundbestimmung" des Menschen erläutert zwar ‚nur' das dem Menschen eingeborene Wesen; sie ist aber zugleich weit entfernt von dem, was das Menschengeschlecht gemeinhin auf Erden praktiziert. Als ein Heilmittel verstanden, stellt sie den höchsten Anspruch an den Patienten: Der soll sein eingeborenes Wesen finden. Ist eine absurde und konfuse Zeit diesem Anspruch gewachsen?

Goethe hat die „eigentliche Grundbestimmung" des Menschen immer wieder umkreist und ausgesprochen, in den verschiedensten Formen und auf unterschiedlichen Ebenen der Besinnung.

Er hat das „Tüchtige" und das „Gesunde" gelobt:

> Mir will das kranke Zeug nicht munden,
> Autoren sollten erst gesunden.

Oder:

> Sehnsucht ins Ferne, Künftige zu beschwichtigen,
> Beschäftige dich hier und heut im Tüchtigen.

Solche Maximen werden zusammengefaßt und erweitert in einem Spruch von 1817, den Goethe auch seiner Gedichtgruppe „Gott und Welt" voranstellte:

> Weite Welt und breites Leben,
> Langer Jahre redlich Streben,
> Stets geforscht und stets gegründet,
> Nie geschlossen, oft gerundet,
> Ältestes bewahrt mit Treue,
> Freundlich aufgefaßtes Neue,
> Heitern Sinn und reine Zwecke:
> Nun! man kommt wohl eine Strecke.

Hier erscheinen Goethes lebenslange produktive Anteilnahme an Welt und Zeit, sein Forschen, seine Offenheit für alles Begegnende, sein „gegenständliches Denken" – und das heißt: hier erscheinen umfassend der „Charakter" *und* die angeeignete Welt; es erscheint jene Grundbestimmung des Menschen, die Goethesche Form der Identität von Welt und Ich.

Ein weiteres Leitwort für die unerschöpfliche menschliche „Grundbestimmung" sind Goethes Sätze aus dem Jahre 1820: „Es gibt nichts Unbedeutendes in der Welt. Es kommt nur auf die Anschauungsweise an." Wer so denkt, sieht sich in der Welt vom Bedeutenden, vom Erstaunlichen schlechthin umgeben. „Zum Erstaunen bin ich da", lautet der Schlußvers des Gedichts „Parabase".

Weil es „nichts Unbedeutendes in der Welt" gibt, lebt der Mensch, der seiner „Grundbestimmung" folgt und also als Charakter die Welt erfährt, gleichsam in einer beständigen Bereitschaft zum Erstaunen. Er hat sich die Dinge der Welt zwar ‚zugeeignet'. Aber diese Zueignung hat die Dinge nicht entzaubert. Sie sind nicht abgetan. Gerade als zugeeignete erregen sie das Erstaunen. Denn sie zeigen sich nun, mit einer Lieblingswendung Goethes, als ein „offenbares Geheimnis".

Unmittelbar in Goethes beständige Ausübung dieser „Anschauungsweise" versetzt uns ein Gespräch, das er am 8. Oktober 1827 mit Eckermann führte. Von Jena aus waren beide nach Burgau gefahren, wo sie im Gasthof an der Alten Brücke Suppe und Fisch verzehrten. Aus dem Tischgespräch, das sich um ornithologische Fragen drehte, hat Eckermann, der ein kundiger und begeisterter Ornithologe war, u.a. aufgezeichnet:

> Alles, was ich über den Kuckuck gehört habe, sagte Goethe, gibt mir für diesen merkwürdigen Vogel ein großes Interesse. Er ist eine höchst problematische Natur, ein offenbares Geheimnis, das aber nichtsdestoweniger schwer zu lösen, weil es so offenbar ist. Und bei wie vielen Dingen finden wir uns nicht in demselben Falle! Wir stecken in lauter Wundern, und das Letzte und Beste der Dinge ist uns verschlossen. Nehmen wir nur die Bienen. Wir sehen sie nach Honig fliegen, stundenweit, und zwar immer einmal in einer anderen Richtung. Jetzt fliegen sie wochenlang westlich nach einem Felde mit blühendem Rübsamen. Dann ebenso lange nördlich nach blühender Heide. ... Und endlich wieder in einer anderen Richtung nach blühenden Linden. Wer hat ihnen aber gesagt, jetzt fliegt dorthin, da gibt es etwas für euch! Und dann wieder dort, da gibt es etwas Neues! Und wer führt sie zurück nach ihrem Dorf und ihrer Zelle! Sie gehen wie an einem unsichtbaren Gängelband hierhin und dorthin; was es aber eigentlich sei, wissen wir nicht.

Auch der Kuckuck, ein kleiner Vogel unter vielen, ist „nichts Unbedeutendes". Sobald ihm die rechte „Anschauungsweise" gewidmet wird, enthüllt er sich, ebenso wie die Biene, trotz aller gelehrten Kenntnisse als „eine höchst problematische Natur", ja als ein „offenbares Geheimnis", und seine Existenz führt unmittelbar zu der Einsicht: „Wir stecken in lauter Wundern".

Heute weiß die Naturwissenschaft viel mehr, als Goethe wußte. Wir sprechen schon seit langem vom ‚Instinkt' der Tiere und wissen, daß der Flug der Bienen von einem Tanz ihrer Artgenossen gelenkt wird, der wiederum vom Sonnenstand abhängig ist und den Bienen die einzuschlagende Flugrichtung angibt. So dringen wir tiefer in das Bienenleben ein – was aber nur heißt, daß wir auf immer neue Weise, aber unaufhebbar in ein Geheimnis eingelassen sind. Ist ein Rätsel gelöst, so zeigt sich zugleich das nächste. „Das Letzte und Beste" der Dinge bleibt in höchster Würde dem „Wissen" unzugänglich und unverfügbar; zugleich aber ist es, wie das Ding selbst, der Einsicht „offenbar". Die von Bienentanz und Sonnenstand geleitete Biene ist nur um so enger an die „Urphänomene" gebunden und nimmt deutlicher denn je teil an deren Geheimnischarakter.

Goethes Sehweise ist frisch und tief wie am ersten Tag. Sie überholt die Zeit nach wie vor, weil ihr Blick das „Letzte und Beste" der Dinge, ihre eigentliche

Würde und Unverfügbarkeit wahrnimmt und in das vom Menschen ‚Anzueignende' einbezieht: das offenbare Geheimnis, das vom wissenschaftlichen Fortschritt nicht entschleiert werden kann. Nach wie vor „stecken" wir „in lauter Wundern".

Wie sehr der verehrungsvolle Umgang mit dem Geheimnis Goethes Existenz bestimmte, zeigt nicht nur das Wort vom „offenbaren Geheimnis", das er schon früh, in der „Harzreise im Winter", gebrauchte – dort als die Wesensformel für den Gipfel des Brockens –, das er dann dem Kuckuck zudenkt und das in einer der „Maximen und Reflexionen" wiederkehrt: „Wem die Natur ihr offenbares Geheimnis zu enthüllen anfängt, der empfindet eine unwiderstehliche Sehnsucht nach ihrer würdigsten Auslegerin, der Kunst."

Darüber hinaus zollte Goethe dem Geheimnis auch in seinem alltäglichen Verhalten, in seinem Umgang mit Menschen Tribut. Daß es sogar seine „gewöhnliche Art" war, sich in Geheimnisse zu hüllen, erfahren wir unter dem 10. Januar 1830 von Eckermann:

> Heute zum Nachtisch bereitete Goethe mir einen hohen Genuß, indem er mir die Szene vorlas, wo Faust zu den Müttern geht ... es blieb mir so vieles rätselhaft, daß ich mich gedrungen fühlte, Goethe um einigen Aufschluß zu bitten. Er aber, in seiner gewöhnlichen Art, hüllte sich in Geheimnisse, indem er mich mit großen Augen anblickte und mir die Worte wiederholte: „Die Mütter! Mütter! 's klingt so wunderlich!" –

Und es folgte nur noch ein kurzer Hinweis, der Eckermann wohl ziemlich ratlos ließ: im Altertum sei, bei Plutarch, von Müttern als Gottheiten die Rede gewesen; alles übrige sei Goethes eigene Erfindung.

Die „eigentliche Grundbestimmung" des Menschen gibt ihm auf, nicht nur das Feststellbare an den Dingen zu erforschen, sondern auch zu erkennen, daß alles Feststellen die undurchdringliche Existenz des Dinges letztlich gleichsam unberührt läßt: Am Ende des Forschens steht unerforschbar das schweigende Dasein des Dinges, das Geheimnis.

Diese Einsicht ist weder irrational noch mystisch. Wenn Goethe sich dem Geheimnis öffnet, so verläßt er nicht sein dem „Tüchtigen" zugewandtes, ‚gegenständliches' Denken. Er wird vielmehr einer Dimension des Gegenständlichen gerecht, die diesem selbst innewohnt. Das „offenbare Geheimnis" der Dinge ist nicht weniger wirklich, ja vielleicht ‚wirklicher', nämlich dem ‚Grunde' der Dinge näher als das feststellbar Wirkliche. Die Einsicht in das „offenbare Geheimnis" ist der Schlußstein gerade des ‚gegenständlichen Denkens', denn nur sie bezieht „das Letzte und Beste" der Dinge ein; nur ihr zeigt sich daher das jeweilige Ding als ein Ganzes.

Weil seine „Grundbestimmung" den Menschen dazu verpflichtet, bei der Aneignung der Dinge und der Welt nicht auf halbem Wege stehen zu bleiben, sondern „aus dem Grunde (zu) leben", wie es im „West-Östlichen Divan" heißt, also den Dingen auf den Grund zu gehen, deshalb ist der Umgang mit dem Geheimnis als dem letzten ‚Grund', der äußersten ‚Offenbarung' des Wesens der

Dinge für den Menschen eine *Notwendigkeit*. Riemer überliefert uns eine halb scherzhafte Bemerkung Goethes aus dem Jahr 1818:

> Der Mensch ist wohl ein seltsames Wesen! Seit ich weiß, wie es mit dem Kaleidoskop zugeht (das Dr. Seebeck uns erklärt hatte), interessiert mich's nicht mehr. Der liebe Gott könnte uns recht in Verlegenheit setzen, wenn er uns die Geheimnisse der Natur sämtlich offenbarte: wir wüßten vor Unteilnahme und Langeweile nicht, was wir anfangen sollten.

Geheimnisse sind für den Menschen wesens-notwendig. Eine geheimnislose Welt wäre nicht nur leer und langweilig; vor allem wäre sie eine Illusion. Gerade der Mensch, der illusionslos in der Wirklichkeit leben will, ist auf die Erfahrung des Geheimnisses, auf das Nicht-Verdrängen des Unerforschlichen, angewiesen. Goethe erfuhr das Geheimnis so unmittelbar und erschütternd, daß er sich veranlaßt sah, diese tiefste Erfahrung des Menschen „heilig" zu nennen. Sein Gedicht „Epirrhema" fordert die Menschen auf:

> So ergreifet ohne Säumnis
> Heilig öffentlich Geheimnis.

*

Hier schließt sich der Kreis unseres kleinen Weges. Der eigentlich menschlichen „Grundbestimmung" folgt derjenige, der sich nicht mit der Begrenztheit seines Individuums begnügt, sondern sich die Welt aneignet und dabei auch das „Letzte und Beste" der Dinge, das offenbare Geheimnis, gewahrt und bewahrt.

Wie wäre es, wenn wir diese Einsichten Goethes nicht nur als Stoff und historisches Bildungsgut begriffen, sondern sie als eine bewährte Weise der Wahrheit ernst nähmen und am Ende aus ihnen gar ein Heilmittel für uns und unsere Zeit entwickeln würden – für unsere Zeit, der wir die Goetheschen Attribute „absurd und konfus" nicht versagen können?

Goethe selbst scheint uns dazu aufzufordern, sein Werk und die große Überlieferung im ganzen für unsere Gegenwart in einer höheren Weise fruchtbar zu machen, denn von ihm stammt – nicht umsonst aus dem Gedicht „Vermächtnis" – der Vers: „Das alte Wahre, faß es an!" – Goethe sagt nicht etwa: Das alte Wahre, nimm es an! Nicht annehmen, nicht unverändert übernehmen sollen wir die alte Wahrheit; wir sollen sie ‚anfassen', nämlich angemessen ‚behandeln' und erneuern. Das alte Wahre muß in jeder Gegenwart neu gestaltet werden; und so gelten auch hier die Verse aus dem „Faust":

> Gestaltung, Umgestaltung,
> Des ewigen Sinnes ewige Unterhaltung.

Noch deutet kaum etwas darauf hin, daß unsere Zeit im Ernst das alte Wahre ‚umgestalten' wollte und könnte. Aber die Grunderfahrung des Wirklichen als eines offenbaren Geheimnisses würde die Gegenwart verwandeln, denn der

Mensch könnte damit beginnen, nach der heute verschütteten „Grundbestimmung" seines eigenen Wesens überhaupt wieder neu zu fragen.

Betrachten wir es, in unserer Spätzeit, als eine Ermutigung, daß Goethe seinen letzten Brief mit den Sätzen schloß: „Verzeihung diesem verspäteten Blatte! Ohngeachtet meiner Abgeschlossenheit findet sich selten eine Stunde, wo man sich diese Geheimnisse des Lebens vergegenwärtigen mag."

HÖLDERLINS ‚AKTUALITÄT'

> Wir leben in einer für die Kunst nachtdunklen Zeit.
> José Ortega y Gasset

Was ist die Dichtung, und was leistet sie für den Menschen? – An Theorien über ihr Wesen hat es nie gefehlt und fehlt es auch heute nicht. Die positivistische, die ästhetische, die problem- oder geistesgeschichtliche, die existenzialistische, die soziologische, die psychologische, die psychoanalytische Interpretation der Dichtung haben einander abgelöst oder durchdrungen. Heute, wo der Geisteswissenschaftler seine Existenz vielfach nur noch innerhalb eines politischideologischen Bezugssystems glaubt rechtfertigen zu können, wo zudem ein allgemeiner Überdruß an der Historie und auch ein Überdruß am Einmaligen, Individuellen und Großen aufgekommen ist, wo andererseits die Naturwissenschaften in immer noch wachsendem Maße als vorbildlich gelten, heute möchte man die Dichtung im Sinne des – wie immer auch interpretierten – Außerordentlichen negieren; man versteht sie als bloßen „Text", und diesen Text stellt man – wie man meint, naturwissenschaftlich ‚exakt' und ‚wertfrei' – in eine Reihe mit der bevorzugten Trivialliteratur, man nivelliert ihn dergestalt und befragt ihn lediglich auf Aussagen über ganz bestimmte Gesellschafts- und Herrschaftsverhältnisse. Andere Maßstäbe gelten als verdächtig und als Relikte einer reaktionären bürgerlichen Bildungsideologie. Die Betrachtung der Dichtung gerät so in den Sog politischer Meinungen; politisch-ideologische Maßstäbe möchten jeden Versuch unterdrücken, das *Besondere* der Dichtung zu Wort zu bringen, das unverwechselbar Eigene, das sich gerade *nicht* mit Begriffen einer fremden Disziplin sagen läßt. Die Unterdrückung aber des Besonderen, der Eigenart einer Sache ist das Kennzeichen einer absurden und verzweifelten Situation.

So herrscht heute weithin ein Chaos und zugleich ein Terror der Meinungen. Neue Thesen nennen sich aufklärerisch, verdunkeln aber die Dichtung. Diese, dennoch unantastbar in ihrem Wesen, entzieht sich dem Menschen. Das Dunkel, das sie verhüllt, entspricht dem Dunkel der Zeit. Die ‚Weltnacht', von der Hölderlin sprach, dehnt ihre Herrschaft aus.

In dieser Lage fragen wir nach Hölderlins Aktualität. Versteht die Gegenwart große Dichtung weiterhin als Beleg für Ideologien? Oder gilt Dichtung etwa, wie zuvor seit langem, in bloßem Rückschlag wieder als ein historisch zu verstehender Stoff und als ein ästhetisch zu wertendes Kulturgut? Ist die Kultur, als ein Bezirk der ‚Gesellschaft' begriffen, überhaupt ein zureichender Horizont für das Verstehen der Dichtung? Oder verweist diese den Menschen in eine ganz andere Dimension, in der er erst den Grund seines menschlichen Wesens findet?

Im Jahre 1954 tauchte in London unvermutet eine verschollene späte Hymne Hölderlins auf, die ‚Friedensfeier‘, eine guterhaltene Reinschrift von neun Folioseiten; mehr als 150 Jahre waren seit ihrer Entstehung vergangen. Das war nicht nur für die Germanistik ein großes Ereignis. Um die Auslegung des Gedichts entbrannte alsbald ein leidenschaftlicher, ja erbitterter Streit mehrerer Fakultäten; viele Bücher wurden geschrieben – aus philologischer, philosophischer und theologischer Sicht; die Tagespresse widmete dem Streit breiten Raum. Nicht nur der Fund, auch das neue Gedicht selbst war ‚aktuell‘. Bald schon erschien eine eigene Bibliographie zur ‚Friedensfeier‘.

Man würde diesen Vorgang verkennen, wollte man ihn nur als eine Sache der Gelehrten nehmen. Die Fragen, um die es vor allem ging: Wer ist der „Fürst des Festes", der im Mittelpunkt der ‚Friedensfeier‘-Hymne steht, wer ist dieser kommende Gott, der eine neue Weltzeit heraufführen soll, und welchen Charakter wird diese neue Zeit haben – diese Fragen und die Wirkung des großen Gedichts im ganzen bewegten alle Beteiligten mit anderer Intensität, als wissenschaftliches Spezialistentum allein es vermocht hätte. Ein altes Werk der Dichtung hatte wahrhaft lebendig in unsere von ihm weit entfernte Zeit hineingewirkt. Wie war diese Lebendigkeit möglich? Worin war sie begründet?

Vergegenwärtigen wir uns in Kürze Hölderlins Wirkungsgeschichte. Er selbst hatte nur wenige Jahre Zeit für sein Werk. 1770 war er geboren; seine großen Gedichte schrieb er, grob gerechnet, in den Jahren von etwa 1798 bis 1806; seit 1807 schon lebte er, in der Umnachtung, bei dem Schreinermeister Zimmer in Tübingen, im Turm am Neckar. Die Hälfte seines Lebens, bis zum Tod 1843, verbrachte er so; 36 Jahre. Die Welt, bis auf einige Wenige, vergaß ihn. Später im 19. Jahrhundert schätzte man ihn dann vor allem als den Dichter des Hyperion-Romans. Dessen elastische Kraft verkannte man freilich; man sah vor allem die elegische Sehnsucht nach dem antiken Griechenland. So galt Hölderlin dem 19. Jahrhundert im wesentlichen als ein zarter, von Schiller beeinflußter, schwärmerischer Verehrer der Griechen. Seine eigentliche Dichtung, die Oden, Elegien und Hymnen der Jahre 1800 bis 1806 kannte diese Zeit noch kaum; das meiste lag ungedruckt in den Handschriften verborgen; einzelne schon publizierte Gedichte aus dieser Zeit hielt man zumeist für Produkte der Umnachtung.

Das 20. Jahrhundert brachte eine Hölderlin-Renaissance. Dilthey, Nietzsche waren Wegbereiter, ebenso Stefan George, dessen genialem Schüler Norbert von Hellingrath wir die erste kritische Hölderlin-Ausgabe verdanken. Das große Spätwerk lag hier zum ersten Mal gesammelt im Druck vor, befreit von dem Verdacht der geistigen Verwirrung; textlich zwar – im ersten mühsamen Entziffern der Handschriften – hie und da noch unvollkommen ediert, aber intuitiv als große Dichtung erkannt und erläutert. In beiden Weltkriegen begleiteten Hölderlins Werke im Wortlaut der Hellingrathschen Ausgabe viele Soldaten an die Front.

Eine kaum noch überschaubare, nach tausenden von Titeln zählende Hölderlin-Literatur entstand in der Folge dieser bahnbrechenden Edition. Zwischen 1928 und 1940 erschienen allein fünf große Hölderlin-Monographien. Auch Martin Heideggers erste Hölderlin-Auslegungen stammen aus diesen Jahren.

In groteskem Mißverstehen nahm das Dritte Reich Hölderlins vaterländische Dichtung für sich in Anspruch. Die Ode ‚Der Tod fürs Vaterland' etwa diente der völkischen Ideologie und Kriegspropaganda als Schmuck und Motto.

Im Schatten des Mißbrauchs wurde jedoch auch die moderne Hölderlin-Philologie gefördert. Zum 100. Todestag des Dichters, 1943, erschien der erste Band einer neuen kritischen, der Großen Stuttgarter Ausgabe, die von Friedrich Beißner und Adolf Beck herausgegeben wurde und jetzt, mehr als 30 Jahre nach ihrem Beginn, fast vollständig vorliegt.

Diese Renaissance Hölderlins im 20. Jahrhundert, die ich hier nur in ihren gröbsten Umrissen skizziert habe, ließ ein ganz neues Bild von Hölderlins dichterischer Individualität und von seinem Rang entstehen. Man fragte bald, ob Hölderlin oder Goethe der größere Dichter sei; eine Frage, die – so unsinnig dieses Entweder-Oder angesichts des unvergleichlichen Unterschieds beider Dichter ist – doch andeutet, daß man dem Rang Hölderlins gerecht zu werden begann. Er gilt uns, so darf man sagen, nicht als ein Dichter unter anderen. Gerade ein nüchternes Urteil, dem jeder Hölderlin-Kult fern liegt, kommt zu diesem Ergebnis. Wesentlich genommen, bereichert Hölderlin nicht lediglich, wie viele Dichter, das Spektrum von Literatur und Kultur. Seine Dichtung gilt vielmehr einzig der grundlegenden Frage, wie überhaupt ein menschliches Bewohnen der Erde und damit auch so etwas wie Kunst und Kultur möglich werden. Könnte es eine – im *eigentlichen* Sinne – aktuellere Frage geben? – Wir wollen versuchen, in ihre Nähe und in die Nähe der Antwort Hölderlins zu kommen.

Zunächst ist jedoch kurz auf drei Episoden der jüngsten Hölderlin-Rezeption einzugehen, die uns die Frage nach Hölderlins Aktualität näherbringen und überdies geeignet sind, diese Frage von vornherein in der ihr eigenen Problematik zu zeigen.

In den sechziger Jahren, als innerhalb der Geisteswissenschaften, wie schon angedeutet, Politologie und Soziologie ihren Vormarsch begannen, als daher auch die Germanistik über ihr eigenes Wesen in Unsicherheit geriet und anfing, sich neu zu orientieren, als es unmodern wurde, Bilder und Dichtungen als Kunstwerke zu verstehen und als die Literaturforschung es als zeitgemäß ausgab, Dichtungen vor allem daraufhin zu betrachten, wie sie sich zu politischen und gesellschaftlichen Gegebenheiten ihrer und unserer Zeit verhalten, da ließ die Beschäftigung mit Hölderlin zunächst spürbar nach; jede mögliche ‚Aktualität' schien in die Ferne gerückt. Eine fast grausame Neigung zur Einseitigkeit ließ den Blick auf die Vielheit der Aspekte, die ein großes dichterisches Lebenswerk bietet, verkümmern. Wo Politik und Ideologie herrschen, wird der, der nach den Bedingungen des Menschseins fragt und daher auch die Götter ruft, nicht mehr gehört. Dieselbe Entwicklung jedoch, die so den eigentlichen Hölderlin verdrängte, sorgte alsbald für einen ‚aktuellen' Hölderlin neuer Prägung.

Pierre Bertaux, ein verdienter französischer Germanist und Hölderlin-Forscher, entwickelte seit 1965 eine These, die Aufsehen erregte. Daß sie überhaupt Aufsehen erregte, möchte man seltsam finden. Vor dem Hintergrund jener neuen Horizonte der Germanistik ist es aber nicht seltsam.

Bertaux behauptete:

> ... den Deutschen (fehlt) eine Voraussetzung ..., um Hölderlin ganz ... zu verstehen. Ihnen fehlt das eingefleischte Vertrautsein mit der Geschichte der Französischen Revolution ... Von Hölderlins drei großen Erlebnissen, dem Wesen der Griechen, der Liebe zu Susette Gontard und der (Französischen) Revolution, ist das letztere das entscheidende gewesen ... Hölderlin (war) ein begeisterter Anhänger der Französischen Revolution, ein Jakobiner und (ist) es im tiefsten Herzen immer geblieben ...[1]

Mit dieser These von Bertaux war eine – wie man wohl sagt – politologisch und gesellschaftlich ‚relevante' Basis geschaffen, von der aus Hölderlins Dichtung ‚aktualisiert' und umgewertet werden konnte. Sie gilt Bertaux nur mehr als ein „laufender Kommentar zum Problem der Revolution".[2]

Daß die Französische Revolution und ihre Ideale einen nachhaltigen Einfluß auf Hölderlin gehabt und viele Spuren in seinem Werk hinterlassen haben, wußte man schon vor Bertaux. Was bei ihm dagegen neu ist, so die These, Hölderlin sei ein Jakobiner, also ein Anhänger des radikalen Flügels der Revolution, gewesen, wurde von der Forschung, so besonders von Adolf Beck,[3] bezweifelt oder als unzutreffend zurückgewiesen. Und wesentliche, über das nur Politische hinausführende Züge Hölderlins, die man vor Bertaux kannte, sind in seiner These verschüttet.

Dennoch machte sich – und das ist unsere zweite Episode – der Schriftsteller Peter Weiss diese Politisierung Hölderlins zunutze. Es entstand sein ‚Hölderlin', eine Bilderfolge in Knittelversen, seit 1971 aufgeführt an mindestens 16 deutschsprachigen Bühnen. Hölderlins Leben wird hier eingespannt zwischen die Revolution einerseits und Karl Marx andererseits. Marx besucht am Ende des

---

[1] Pierre Bertaux, Hölderlin und die Französische Revolution, in: Hölderlin-Jb. 1967/1968, S. 1–27. Zitate S. l, 6, 2.

[2] Pierre Bertaux, Hölderlin und die Französische Revolution, edition suhrkamp Bd. 344, S. 138.

[3] Adolf Beck, Hölderlin als Republikaner, in: Hölderlin-Jb. 1967/1968, S. 28 bis 52. – Ders.: Hölderlins Weg zu Deutschland. Stuttgart 1982. – Vgl. ferner: Lawrence Ryan, Hölderlin und die Französische Revolution, in: Festschrift für Klaus Ziegler, Tübingen 1968, S. 159–179. – Christoph Prignitz, Die Bewältigung der Französischen Revolution in Hölderlins ‚Hyperion', in: Jahrb. FDH 1975, Tübingen 1975, S. 189–211. – Ders.: Der Gedanke des Vaterlands im Werk Hölderlins, in: Jahrb. FDH 1976, Tübingen 1976, S. 88–113.

Stücks den alten Hölderlin im Tübinger Turm (diesen Besuch hat Weiss erfunden, wogegen nichts einzuwenden ist). Marx gibt dabei der Hölderlinschen Dichtung seinen Segen: ihre Absicht sei es gewesen, „vom demokratischen Grund hinüberzusteigen ins proletarische Element", und so habe sie die Notwendigkeit der revolutionären Umwälzung schon ein halbes Jahrhundert vor ihm, vor Marx, zwar nicht wissenschaftlich begründet, aber immerhin „mythologisch geahnt". Viel mehr steht bei Weiss dann nicht über Hölderlins Werk.

Nichtsdestoweniger hat man es für nötig gehalten, einen Band mit „Materialien" zum Weiß'schen ‚Hölderlin' folgen zu lassen. Er heißt ‚Der andere Hölderlin'[4]. In der Tat: wir stehen jetzt vor der Wahl, ob wir uns für den eigentlichen Hölderlin oder für einen andern entscheiden.

Nun der dritte Punkt. Seit kurzem ist eine neue, die ‚Frankfurter Hölderlin-Ausgabe', eine „Historisch-Kritische" Edition Sämtlicher Werke und Briefe, im Entstehen begriffen. Sie erscheint im Verlag „Roter Stern". Herausgeber ist D.E. Sattler, der die Frage nach dem Wortlaut und der angemessenen editorischen Darbietung des gesamten Hölderlinschen Werkes noch einmal aufwirft. Mit einer eigenen Editionsmethode möchte er u.a. Fehler der Großen Stuttgarter Ausgabe korrigieren. Insofern ihm das gelingt, ist sein Vorhaben zu begrüßen.

In unserem Zusammenhang beschäftigen uns zwei andere Aspekte dieses Publikationsplans:

Seine Editionsmethode betont überall in Hölderlins Werk das angeblich Unfertige, Fragmentarische, das ‚Fließende' und den ‚Prozeß', während die Stuttgarter Ausgabe – in manchen Fällen – aus Entwürfen Hölderlins hie und da gewiß anfechtbare ‚Fassungen' gewinnt. Die meisten Werke Hölderlins *sind* nun aber in Fassungen, die der Dichter autorisiert hat, überliefert. Die einseitige Betonung des Unfertigen und des Prozesses wird der Überlieferungssituation daher allenfalls hie und da bei spätesten Überarbeitungen und Bruchstücken gerecht. Überall sonst verschüttet diese Editionstendenz Hölderlins ganz eigenes Vermögen zum Vollenden, zur ‚Gestalt'. Und der Wesensraum der Hölderlinschen Dichtung: die Wiederkehr der aus Himmel und Erde gefügten „Welt" im Gefüge des Kunstwerks, droht dieser Tendenz nicht nur zu entgleiten, sondern steht gar nicht erst in ihrem Blickkreis.

Ein anderer, aber, wie sich zeigen wird, eng verwandter Gesichtspunkt: Als *Gesamt*ausgabe versetzt die neue Edition den Verlag „Roter Stern", dessen politischer Standort nicht zweifelhaft ist, in die Lage, nicht nur einen ‚ganz roten', sondern auch einen ‚ganzen roten' Hölderlin in die Welt zu setzen, Hölderlin in toto, mit all seinen Werken und Briefen, für Revolution und Marxismus in Anspruch zu nehmen.

Daß dies beabsichtigt ist, belegt zum Überfluß das Vorwort des 1975 erschienenen Voraus-Bandes. Hier heißt es z.B.: „Während andere den Blitz des neuen Zeitalters vergaßen und als Normale weiterlebten, trieb ihn (Hölderlin)

---

[4] suhrkamp taschenbuch 42, Frankfurt am Main 1972.

das Fortbestehen gesellschaftlicher Umnachtung aus den unerträglich Anpassung fordernden Verhältnissen an den Rand."

Damit wird deutlich: Politik und Gesellschaft gelten hier als der wesentliche Horizont des menschlichen Daseins und auch der Dichtung. Als Ursache für Hölderlins Zerrüttung macht man daher einzig und allein eine „gesellschaftliche Umnachtung" aus, die man in dem wiederum gesellschaftlichen Umstand sieht, daß die Französische Revolution, der „Blitz des neuen Zeitalters", bei „anderen" (Zeitgenossen Hölderlins) in ‚Vergessenheit' geraten war, wodurch „unerträglich Anpassung fordernde Verhältnisse" geschaffen worden seien.

Abgesehen von der unhaltbar einseitigen Diagnose der Ursachen für Hölderlins Erkrankung: Hölderlins Denken und seine Dichtung sind in einem ganz anderen, unendlich weiteren Horizont zu Hause als in dem politisch-soziologischen, nämlich in der „Welt" als dem aus Himmel und Erde gefügten Wesensraum des Menschen. Für Hölderlin hängt daher auch die Abfolge der Geschichtsepochen und ihre ‚Beurteilung' davon ab, ob die Menschen diesem ihrem eingeborenen Wesensraum gerecht werden, oder ob sie von ihm abirren. Für ihn sind also auch die „Verhältnisse" seiner Gegenwart in einem Abirren des Menschen von seiner Bestimmung, in einer langher währenden Verwahrlosung des menschlichen Wesens – und nicht nur in soziologisch faßbaren Umständen –, begründet.

Diese für Hölderlin grundlegende Denkungsart bleibt der in der „Frankfurter Ausgabe" herrschenden Vorstellungsweise – wie es sich schon bei der Wahl der Editionsmethode zeigte – verborgen.

Um Mißverständnissen vorzubeugen: Es ist jederzeit zu begrüßen, wenn das Politische *bei* Hölderlin aufgesucht wird. Derjenige politische Aspekt, der in seiner Dichtung wirklich steckt, muß als der eine Aspekt unter vielen, der er ist, ans Licht kommen. Abzulehnen ist aber jede Politisierung Hölderlins. Man soll nichts in sein Werk hineingeheimnissen, was nicht darin ist, und keinen der vielen weiterführenden und erst eigentlich entscheidenden Aspekte übersehen oder vergessen. Der Reichtum großer Dichtung wird sonst unter dem Maßstab dessen, was gerade ideologisch opportun zu sein scheint, verschleudert.

Sollen wir die unangemessene Politisierung Hölderlins beklagen? Wohl nicht. Vielleicht bietet gerade sie unserer Zeit eine Chance. Dies allerdings nur dann, wenn wir sie als ein Signal begreifen; als ein Signal, das eine Gefahr anzeigt, nämlich den drohenden Verlust dessen, was Hölderlin eigentlich sagt; ein Signal, das uns zugleich auffordert, der Gefahr zu begegnen und den eigentlichen Hölderlin zu suchen. Nur als ein solcher Anstoß und Aufruf wird Hölderlins derzeitige Aktualisierung vielleicht fruchtbar.

Was aber stünde überhaupt auf dem Spiel, wenn wir das, was Hölderlin eigentlich sagt, verlören? Etwas, was für die Zeit um 1800 literarhistorisch interessant oder auch wichtig ist? Oder etwas, was uns gerade heute in unserem Dasein unmittelbar angeht? Geht es um die antiquarische Erforschung von Vergangenem? Oder steht die Gegenwart oder gar das Künftige auf dem Spiel? Inwiefern läßt Hölderlins Dichtung den aktuell-politischen Raum hinter sich? Inwiefern zeigt sie, daß dieser Raum eben *nicht* der letzte Horizont des Menschen ist?

Wir müssen Hölderlin selbst hören. Seine ‚Welt‘, die Wirklichkeit, wie sie in seiner Dichtung erscheint, müssen wir aufsuchen, denn sie allein ist die Ganzheit, die allen Details seines Werkes den Horizont gibt,[5] und nur diese Ganzheit gibt uns die Gewähr, daß wir das hören, was Hölderlin eigentlich sagt. Deshalb, und um den weiten Atem seiner Dichtung zu vergegenwärtigen, lesen wir zunächst die beiden ersten Strophen der Elegie ‚Heimkunft‘. Hölderlin hat diese Verse geschrieben, als er 1801 aus der Schweiz, wo er kurze Zeit Hauslehrer gewesen war, in die Heimat zurückkehrte. Die erste Strophe gilt den Alpen, die der Dichter bei seiner „Heimkunft" hinter sich läßt. Achten wir darauf, welche Dimensionen eine irdische Landschaft bei Hölderlin gewinnt.

HEIMKUNFT

1

Drin in den Alpen ists noch helle Nacht und die Wolke,
    Freudiges dichtend, sie deckt drinnen das gähnende Tal.
Dahin, dorthin toset und stürzt die scherzende Bergluft,
    Schroff durch Tannen herab glänzet und schwindet ein Strahl.
Langsam eilt und kämpft das freudigschauernde Chaos,
    Jung an Gestalt, doch stark, feiert es liebenden Streit
Unter den Felsen, es gärt und wankt in den ewigen Schranken,
    Denn bacchantischer zieht drinnen der Morgen herauf.
Denn es wächst unendlicher dort das Jahr und die heilgen
    Stunden, die Tage, sie sind kühner geordnet, gemischt.
Dennoch merket die Zeit der Gewittervogel und zwischen
    Bergen, hoch in der Luft weilt er und rufet den Tag.
Jetzt auch wachet und schaut in der Tiefe drinnen das Dörflein
    Furchtlos, Hohem vertraut, unter den Gipfeln hinauf.
Wachstum ahnend, denn schon, wie Blitze, fallen die alten
    Wasserquellen, der Grund unter den Stürzenden dampft,
Echo tönet umher, und die unermeßliche Werkstatt
    Reget bei Tag und Nacht, Gaben versendend, den Arm.

---

[5] Vgl. vom Verf.: ‚Die Welt im verringerten Maasstab‘, Hölderlin-Studien, Tübingen 1968. – Ferner: Friedrich Hölderlin, Sämtliche Gedichte, Studienausgabe in zwei Bänden, hrsg. und kommentiert von Detlev Lüders, Bad Homburg v.d.H. 1970. Hierin zur Elegie ‚Heimkunft‘: Bd. 2, S. 258–262. Weitere Literaturhinweise ebd. S. 262.

2

> Ruhig glänzen indes die silbernen Höhen darüber,
>   Voll mit Rosen ist schon droben der leuchtende Schnee.
> Und noch höher hinauf wohnt über dem Lichte der reine
>   Selige Gott vom Spiel heiliger Strahlen erfreut.
> Stille wohnt er allein und hell erscheinet sein Antlitz,
>   Der ätherische scheint Leben zu geben geneigt,
> Freude zu schaffen, mit uns, wie oft, wenn, kundig des Maßes,
>   Kundig der Atmenden auch zögernd und schonend der Gott
> Wohlgediegenes Glück den Städten und Häusern und milde
>   Regen, zu öffnen das Land, brütende Wolken, und euch,
> Trauteste Lüfte dann, euch, sanfte Frühlinge, sendet,
>   Und mit langsamer Hand Traurige wieder erfreut,
> Wenn er die Zeiten erneut, der Schöpferische, die stillen
>   Herzen der alternden Menschen erfrischt und ergreift,
> Und hinab in die Tiefe wirkt, und öffnet und aufhellt,
>   Wie ers liebet, und jetzt wieder ein Leben beginnt,
> Anmut blühet, wie einst, und gegenwärtiger Geist kömmt,
>   Und ein freudiger Mut wieder die Fittige schwellt.

Die Alpenlandschaft der ersten Strophe erwächst, weiträumig und von den lebenschaffenden Kräften der Erde und des Himmels beseelt, zu einem Welt-Bild, zu einer Welt-Landschaft, deren Elemente unserem Alltag vertraut und unvertraut zugleich sind.

Wir erkennen die Felsen und das Tal, den Strahl der Sonne und das Dorf; aber zugleich fühlen wir: diese bekannten Dinge stehen hier inmitten eines weitergreifenden, undinglichen Zusammenhangs, der sie durchwaltet und sie gegenüber ihrem im Alltag bekannten Wesen verwandelt. Es ist nicht nur die tosende und stürzende, die „scherzende" Berglust, die diesen Zusammenhang stiftet. Freilich, sie verbindet in ihrem Hinstürzen all jenes Einzelne, das wir nannten. Wie steht es aber mit der Wolke, die „Freudiges dichtet"? Was ist dieses Freudige? Und wie kann eine Wolke dichten? Wie steht es mit den „heilgen Stunden"? Inwiefern sind sie „heilig"? Inwiefern kämpft in den Alpen ein „freudigschauerndes Chaos"? Und warum erscheint diese ganze Landschaft schließlich als eine „unermeßliche Werkstatt"? All diese schwerer zugänglichen Einzelzüge der Verse gehören in jenen noch unbegriffenen Gesamtzusammenhang, der die gewaltige Landschaft bestimmend durchzieht.

Die Alpen Hölderlins sind offenbar, das braucht kaum gesagt zu werden, etwas wesentlich anderes als die Alpen, wie etwa der Tourismus sie kennt. Sie sind aber auch etwas anderes als die Alpen, wie sie uns heute zum ‚Gebirgserlebnis' werden, selbst wenn wir meinen, uns dabei ein wenig außerhalb des gängigen Reisebetriebs zu halten. Wenn wir von Hölderlin lernen wollen, wenn seine Dichtung uns mehr sein soll als ein relativ unverbindliches ästhetisches Erlebnis, so müssen wir offenbar unser alltägliches Bild von der Welt verlassen; wir müssen bereit sein, radikal umzudenken.

Einen entscheidenden Hinweis gibt die zweite Strophe:

> Ruhig glänzen indes die silbernen Höhen darüber,
> Voll mit Rosen ist schon droben der leuchtende Schnee.
> Und noch höher hinauf wohnt über dem Lichte der reine
> Selige Gott vom Spiel heiliger Strahlen erfreut.

Der lichte Glanz dieser Verse ist der Schein der Sphäre des Gottes. Er bildet einen starken Kontrast zu der irdischen Bergwelt. Dennoch ist er derselbe Glanz, dessen Widerschein schon das gärende Gebirg erhellte. Das göttliche Licht war es auch, das die Wolke „Freudiges dichten" ließ: die Wolke nimmt das Licht des Gottes in sich auf und gibt es mildernd und schonend an die Erde weiter: sie ‚erfreut' so die Erde mit der Anwesenheit des Göttlichen.

Auch die „heiligen Stunden" nahmen schon von dem Gott ihren Ausgang; eben deshalb sind sie heilig; dieser Gott, der „Schöpferische", wie er genannt wird, erneut die Zeiten; von ihm stammt der Wechsel, die Folge der Epochen der Weltgeschichte, und darum sendet er Stunden, die das Erneuen, den Wechsel vollbringen. Und eine „Werkstatt" ist die Erde, weil sie die göttlich gesandte Zeit zu achten beginnt und demgemäß, gleichsam wie eine Schmiede, die Einkehr des Göttlichen auf der Erde, d.h. die Erfahrung des Gottes durch Menschen vorbereitet. Denn das Göttliche ist ins Irdische geschmiedet.

Der Gott wirkt ständig in allem Irdischen; die Erde ist nie ohne ihn; seine Beachtung und Beherzigung im Irdischen läßt für die Menschen „gegenwärtigen Geist" und „freudigen Mut" und überhaupt erst ein eigentliches „Leben" aufblühen. Und eben dieses untrennbare Beisammensein von Göttlichem und Irdischem, die Einheit von Himmel und Erde, *ist* jener Zusammenhang, der das Irdische verwandelt, oder besser: der das Irdische in seinem eigentlichen Wesen erscheinen läßt. Eine einfache Landschaft ist, wenn ihr wirkliches Wesen gewahrt werden soll, nicht ohne die Anwesenheit des Göttlichen darstellbar.

Halten wir jedoch inne. Wohin geraten wir? Ist diese ständige Rede vom Göttlichen nicht ganz unausgewiesen? Ist sie nicht Schwärmerei oder poetische Ausschmückung? Es mag sein, daß Hölderlin so dachte; aber gibt es eine *Verbindlichkeit* seiner Verse für uns, für das aufgeklärte 20. Jahrhundert? Dieses Jahrhundert ist gegenüber dem Reden vom Göttlichen mit Recht mißtrauisch. Gibt es einen Maßstab, an dem wir die Wahrheit der Hölderlinschen ‚Welt' ermessen können?

Die Wirklichkeit – die unausdehnbare Ganzheit dessen, was ist – ist der einzige Maßstab, der hier standhält.

Der Mensch ist in der Welt von einer Vielfalt von Dingen umgeben. Aber diese Dinge, wie wir sie im Alltag kennen, sind nicht das einzige Wirkliche. Sie alle werden durchwaltet von undinglichen Kräften und Mächten: von dem sowohl, was wir ‚Naturkräfte' nennen, als auch von den allgemeinen, einfachen und zugleich unausdenkbaren Bedingungen des Himmels und der Erde: von der Zeit, der alles, was ist, unterliegt, und von dem Gesetz, dasein oder das Dasein verlassen zu müssen. Die Dinge sind vom Übermächtig-Undinglichen durchwaltet und ihm verpflichtet.[6] Es gibt keine ‚bloße Materie'.

In der so beschaffenen Welt – dieser Ganzheit aus Menschen, Dingen und Mächten – kann die Wissenschaft sehr vieles erforschen und erklären. Letztlich aber stößt das Erforschen, sei es das naturwissenschaftliche oder das historische, überall an eine Grenze. Der experimentierende Naturwissenschaftler kann an einem Objekt überhaupt nur das feststellen, was seiner Methode, dem Messen und Zählen, zugänglich ist. Was nicht meßbar oder zählbar ist, bleibt für ihn von vornherein außer Betracht. Der Naturgegenstand wird daher als das volle Phänomen, das er ist, nie zur Untersuchung zugelassen. Die experimentierende Naturwissenschaft ist somit, wie wir heute wissen, gar nicht die Wissenschaft von der Natur im ganzen; sie ist die Wissenschaft von jenem Natur-Ausschnitt, jenem Natur-Aspekt, den sie selbst als ihr einziges Objekt zuläßt. Ist z.B. ein Naturgesetz wie das der Schwerkraft gefunden, so bleiben das Faktum seiner Existenz und die Grundkraft seines Wesens gleichwohl unerklärt. Die Wissenschaft kann nicht begründen, daß und warum es so etwas wie ‚Schwerkraft' und das diesem Faktum entsprechende Gesetz überhaupt gibt. Nicht der handgreifliche ‚Inhalt', wohl aber Grund und Wesen des Natur-Faktums und des Natur-Gesetzes bleiben, als etwas ursprünglich und unableitbar Gegebenes und daher vom Menschen Hinzunehmendes, ein Rätsel. In den Bereich des Wesens dringt die Naturwissenschaft nicht vor, weil sie nach ihm nicht fragt und mit ihren Mitteln auch nicht nach ihm fragen kann.

Nicht anders steht es mit den historischen Wissenschaften. Zwar gilt hier nicht nur das Messen und Zählen. Wenn aber das historische Verstehen geschichtliche Vorgänge in ihrer wechselseitigen Bedingtheit und in ihrem Verlauf noch so minutiös erforscht und beschreibt, so bleiben ihm dabei Herkunft, Wesen und Sinn *der Geschichte und der Zeit selbst* dennoch notwendig verborgen.

So ruht das vom Menschen Erforschbare in einem Bereich, der sich dem Erforschen entzieht, seinerseits aber das jeweils ‚Erforschte' bestimmend durchwaltet (womit sich auch dieses als *‚im Grunde'* nicht erforscht und nicht erforschbar erweist). Die Dinge sind vom Übermächtig-Undinglichen bestimmt; ihr Wesen hat Teil an dem, was sich uns entzieht.

Das, was sich so entzieht, entzieht sich jedoch nicht schlechthin. Es entzieht sich nur einer bestimmten menschlichen Haltung, eben dem Forschen und dem Erklärenwollen. Es gibt eine andere Haltung, der das sich Entziehende zugänglich ist. Hölderlin nennt sie den bejahenden Dank. Dieser Dank bejaht das Übermächtige als das Übermächtige, das es ist; er will es nicht entschleiern oder unterwerfen, sondern es unentschleiert lassen, so aber gerade als es selbst erfahren und in seinem ihm eigenen Wesen, das eine Entschleierung nicht zuläßt, bewahren.

---

[6] Hierzu und zum Folgenden vgl. Martin Heidegger, Vorträge und Aufsätze, Pfullingen, 2/1959. Darin: ‚Das Ding' (S. 163–181); ‚Wissenschaft und Besinnung' (S. 45–70).

Dieser bejahenden Haltung entspringt ein positiver Name: das Übermächtige, das dem Erklärenwollen immer nur negativ (als das *Un*dingliche, das *Un*entschleierte) und daher eigentlich gar nicht faßbar wird, zeigt sich dem Dankenden als das Göttliche. Die Mächte der Natur und des Lebens, das Dasein, die Zeit, die unscheinbaren, aber gewaltigen Weisungen, die der Menschheit die Wendungen ihrer Geschichte bringen – erst da, wo all dies Übermenschlich-Übermächtige *als göttlich erscheint,* gewinnt es die eigentliche, positive Dimension seines Wesens. Der erscheinende Gott ist die wirklichste Wirklichkeit, denn er ist identisch mit den Grundbedingungen des menschlichen Daseins:

> Stille wohnt er allein und hell erscheinet sein Antlitz,
>   Der ätherische scheint Leben zu geben geneigt,
> Freude zu schaffen, mit uns, wie oft, wenn, kundig des Maßes,
>   Kundig der Atmenden auch zögernd und schonend der Gott
> Wohlgediegenes Glück den Städten und Häusern und milde
>   Regen, zu öffnen das Land, brütende Wolken, und euch,
> Trauteste Lüfte dann, euch, sanfte Frühlinge, sendet,
>   Und mit langsamer Hand Traurige wieder erfreut,
> Wenn er die Zeiten erneut, der Schöpferische, die stillen
>   Herzen der alternden Menschen erfrischt und ergreift,
> Und hinab in die Tiefe wirkt, und öffnet und aufhellt,
>   Wie ers liebt, und jetzt wieder ein Leben beginnt,
> Anmut blühet, wie einst, und gegenwärtiger Geist kömmt,
>   Und ein freudiger Mut wieder die Fittige schwellt.

Hölderlins Rede vom Göttlichen ist kein poetischer Schmuck und keine Schwärmerei; und sie ist auch etwas anderes als ein Ausdruck religiösen Glaubens. Sein „Gott" ist keineswegs identisch mit dem Gott des Christentums oder einer anderen Religion; nicht der Glaube, sondern die Erfahrung bahnt den Weg zu ihm. Hölderlins Rede vom Göttlichen ist das einfache und dankende – wie Hölderlin auch sagt: das heilig-nüchterne – Annehmen und Bejahen eines großen Bereichs innerhalb des faktisch Bestehenden, das Bejahen eines wesentlichen Teils der Wirklichkeit.

Man hat sich vielfach damit geholfen, Hölderlins Erfahrung der Götter ‚mythisch' zu nennen. Das ist gewiß nicht falsch. Es bleibt aber zu fragen, ob mit dem *geläufigen* Begriff des ‚Mythischen' nicht doch der Zugang zum eigentlichen *Wirklichkeitsgehalt* dieser Erfahrung verstellt wird. Auf den Wirklichkeitsgehalt der Rede Hölderlins von den Göttern kommt aber alles an. Hier ist der Kern dessen, was sein Werk uns sagt. Es gilt, alle Aussagen Hölderlins über die Götter, ihr Sichentfernen von den Sterblichen und ihre erhoffte Wiederkehr auf die Erde, als das unverblümte Beim-Namen-Nennen von Wirklichkeiten zu verstehen.

Wenn Hölderlin in der Elegie ‚Brot und Wein' sagt: „Zwar leben die Götter, Aber über dem Haupt droben in anderer Welt" (V. 109f.), so heißt das ganz konkret: das übermächtig Gegebene, die faktisch wirkenden Kräfte des Himmels und der Erde sind auch heute da; aber die Menschen kennen sie nicht mehr *als* das dankbar zu grüßende Übermächtige; die Menschen haben sich vielmehr – sei es durch eigene Schuld, sei es durch ein wiederum übermächtiges Geschick – auf den Weg der bloßen Ausnutzung oder pseudo-aufgeklärten Nichtachtung des Übermächtigen begeben, so daß sich dieses als das, was es selbst ist, entzieht.

Wenn es an anderer Stelle von der erhofften Einkehr der Himmlischen auf der Erde heißt:

> dann aber in Wahrheit
> Kommen sie selbst und gewohnt werden die Menschen des Glücks
> Und des Tags und zu schaun die Offenbaren
> („Brot und Wein', V. 81–83)

– so darf auch diese Aussage sich uns nicht in die nebelhafte Ferne eines mythischen Vorgangs verflüchtigen, der etwa nur Eingeweihten zugänglich wäre; sie bezeichnet vielmehr eine konkrete, wirklichkeits-bezogene Erkenntnis, der der Mensch jederzeit nachkommen könnte: sobald nämlich im Menschen die Einsicht gereift wäre, daß das faktisch Übermächtige als solches erkannt und gegrüßt werden muß, gäbe dieses Übermächtige sich ihm – zugleich mit dieser Einsicht – wieder anheim als das, was es selbst ist. *Das Göttliche wäre bei Menschen eingekehrt.* – Erst und gerade dieser fundamentale Wirklichkeitsgehalt gibt Hölderlins Welt- und Geschichtsentwurf und der Forderung an den neuzeitlichen Menschen, die mit ihm verknüpft ist, ihre bestürzende und verpflichtende Macht.

Wenn Hölderlin in der Elegie ‚Heimkunft' darangeht, die Alpen so, wie er es tut, darzustellen, so legt er keine Ideen oder Ideale in die Wirklichkeit dieses Gebirges hinein; er schmückt nichts aus. Wir gingen in die Irre, wenn wir meinten, eigentlich seien die Alpen ‚nur' ein Steinmassiv und alles übrige sei Hölderlins poetische Zutat. Die Wahrheit ist umgekehrt. Zwar sind die Alpen in der Tat ein Steinmassiv; wer wollte es leugnen. Ein solches ist aber nie ‚bloße Materie'. Es ist, wie jedes Ding oder Wesen, zugleich mit seiner Existenz immer schon dem Dasein anvertraut und der Zeit ausgesetzt, und das heißt: immer schon von Göttern in Anspruch genommen. Diese Götter sind nicht auf den Glauben angewiesen; sie walten faktisch und sind der Einsicht in die Wirklichkeit sichtbar. Hölderlins Elegie erst bringt die ganze Wirklichkeit der Alpenlandschaft ans Licht, indem sie sich nicht auf das Materielle beschränkt, auch nicht etwa bloß stimmungshafte Elemente hinzufügt, wie es die Stimmungslyrik tut, sondern indem sie das Göttliche einbezieht, das in der Erde wirksam, in die Erde ‚geschmiedet' ist. Hölderlins Elegie dichtet das, was ist. Die Interpretation der Alpen als ‚bloßes' Steinmassiv dagegen reduziert die Wahrheit auf einen materiellen Teilaspekt, der unwahr wird, sobald man ihn als die ganze Wahrheit ausgibt.

Der materielle Teilaspekt gilt jedoch seit langem und in zunehmendem Maße als die eigentliche Wirklichkeit. Entsprechend wird die Wirklichkeit des Gottes vergessen. Hölderlin sieht in dieser Vergessenheit des Gottes den bestimmenden und verhängnisvollen Grundzug der Neuzeit. Die Vergessenheit des Gottes bedeutet nichts Geringeres, als daß die Neuzeit das Wesen der Wirklichkeit verkennt. Die übermächtigen Kräfte und Grundbedingungen des Daseins werden in ihrem eigentlichen Wesen *als Götter* verkannt; man kennt sie – sofern sie überhaupt bemerkt werden – nur in ihrem pervertierten Aspekt als das, was der technischen Unterwerfung noch Widerstand leistet. Gegenüber dem, was man unterwerfen will, gibt es keinen Dank. Die Götter werden nicht erfahren. Die Neuzeit verstellt sich den Zugang zur Wirklichkeit.

Eine fundamentale Verarmung des menschlichen Denkens und Fühlens ist die Folge. Sie bezieht sich nicht auf einen allenfalls entbehrlichen geistigen oder seelischen ‚Überbau'. Sie betrifft auch nicht diesen oder jenen Zweig unserer Empfindungsfähigkeit. Sie entzieht vielmehr dem Menschen die Grundlage seines Daseins; denn diese beruht im Wahrnehmen des *vollen* Wesens der Wirklichkeit.

Weil das so ist, weil die Menschen die Wirklichkeit nicht mehr sehen, den Gott nicht mehr hören und so fast das Menschsein verlernen, ruft Hölderlin in einem anderen Gedicht, der Elegie ‚Der Archipelagus':

> Aber weh! es wandelt in Nacht, es wohnt, wie im Orkus,
> Ohne Göttliches unser Geschlecht. Ans eigene Treiben
> Sind sie geschmiedet allein, und sich in der tosenden Werkstatt
> Höret jeglicher nur und viel arbeiten die Wilden
> Mit gewaltigem Arm, rastlos, doch immer und immer
> Unfruchtbar, wie die Furien, bleibt die Mühe der Armen.
>
> (V. 241–246).

In solchen Versen und in dem unseligen Dasein, das sie beschwören, erscheint die Gefährdung nicht nur der Zeit Hölderlins, sondern in unvergleichlich höherem Maße unseres heutigen Lebens: die Einseitigkeit des Spezialistentums, das orientierungslos-mechanische Dahintreiben in eingefahrenen Bahnen, das Sichverlieren an Nichtiges, die Blindheit gegenüber allem Großen, die Unfruchtbarkeit des „rastlosen", aber leeren Betriebs, die Technisierung des Menschen: „ ... immer und immer / Unfruchtbar, wie die Furien, bleibt die Mühe der Armen".

Die Ursachen dieses Fluchs, der auf der Menschheit lastet,[7] liegen letztlich nicht in Versäumnissen der individuellen oder staatlichen Vorsorge, sondern in jener fundamentalen Verkennung der Wirklichkeit: „ ... es wandelt in Nacht, es wohnt, wie im Orkus, / Ohne Göttliches unser Geschlecht." Denn die jeweilige Interpretation der Wirklichkeit im ganzen – die zumeist unbewußt, aber deshalb nur um so wirksamer geschieht – wird in jeder Epoche der Geschichte der Maßstab für alles staatliche und individuelle Handeln. Nicht die jeweiligen gesellschaftlichen Systeme sind, wie wir oft meinen, der letzte und entscheidende Horizont des menschlichen Daseins; auch sie werden gelenkt von der jeweils herrschenden Auslegung der Wirklichkeit im ganzen und stehen in ihrem Bann. Interpretiert eine Epoche die Wirklichkeit als götterlose Materie, so befällt der

---

[7] Vgl. Hölderlins Ode ‚Der Frieden', V. 37: „Wer hub es an? Wer brachte den Fluch? ..."

damit eingetretene Substanz- und Wirklichkeitsverlust in Form der geschilderten Symptome die Gesellschaft und den Einzelnen.

Sich selbst und jedem, der ihn hören will, spricht Hölderlin angesichts der Gefährdung der Existenz, die der Menschheit als Folge der Verkennung der Wirklichkeit droht, „Ermunterung" zu (so lautet der Titel einer Ode). Das Herz des Menschen, das Hölderlin hier unmittelbar anredet und ‚ermuntert', wäre imstande, die Wirklichkeit der Welt *ganz* zu erfassen, auch den Himmel mit seinen Göttern. Daher heißt das Herz das „Echo des Himmels". Wie ein Echo einen Ruf spiegelt, könnte im irdischen Herzen der Ruf des Himmels widertönen. Daß diese Kraft des Herzens *wirksam* und der Mensch im eigentlichen Sinne ‚beherzt' werden möge, so daß er in seinem Alltag den ständigen irdisch-göttlichen Anspruch, unter dem er steht, hört und erfährt, dazu ruft das Gedicht ‚Ermunterung' auf:

> Echo des Himmels! heiliges Herz! warum,
>   Warum verstummst du unter den Sterblichen?
>   Und schlummerst, von den Götterlosen
>   Täglich hinab in die Nacht verwiesen?
>
> Blüht denn, wie sonst, die Mutter, die Erde dir,
>   Blühn denn am hellen Äther die Sterne nicht?
>   Und übt das Recht nicht überall der
>   Geist und die Liebe, nicht jetzt und immer?
>
> Nur du nicht mehr! doch mahnen die Himmlischen,
>   Und stillebildend wallt, wie um kahl Gefild,
>   Der Othem der Natur um uns, der
>   Alleserheiternde, seelenvolle.
>
> O Hoffnung! bald, bald singen die Haine nicht
>   Der Götter Lob allein, denn es kommt die Zeit,
>   Daß aus der Menschen Munde sich die
>   Seele, die göttliche, neuverkündet.
>
> Daß unsre Tage wieder, wie Blumen, sind,
>   Wo, ausgeteilt im Wechsel, ihr Ebenbild
>   Des Himmels stille Sonne sieht und
>   Froh in den Frohen das Licht sich kennet,
>
> Daß liebender, im Bunde mit Sterblichen
>   Das Element dann lebet und dann erst reich,
>   Bei frommer Kinder Dank, der Erde
>   Kraft, die unendliche, sich entfaltet,

> Und er, der sprachlos waltet, und unbekannt
> Zukünftiges bereitet, der Gott, der Geist
> Im Menschenwort, am schönen Tage
> Wieder mit Namen, wie einst, sich nennet.

Hört das irdische Herz den Ruf des Himmels (die ‚Mahnung der Himmlischen‘, wie es in dieser Ode heißt), so ist es der Bewahrer der Ganzheit der Welt. Denn das Bündnis, das das Herz mit den Himmlischen schließt, bindet die wesentlichen Bereiche des Weltganzen, Himmel und Erde, die Götter und die Menschen, aneinander. Das Herz baut mit an der Architektur der Welt.[8]

Hölderlins Dichtung hat die einzige, ungeheure Absicht, die hereingebrochene Verkennung der Wirklichkeit und die damit heraufbeschworene radikale Gefährdung des Daseins zu überwinden und die Menschheit zum bejahend dankenden Wahrnehmen und Annehmen des vollen Wesens der Wirklichkeit zu bewegen. So bereitet sie nichts Geringeres als das Kommen einer neuen Weltzeit vor. Diese würde, über die Zeiten hinweg, benachbart neben der Epoche der Griechen stehen, die in ihrer großen Zeit auf bislang einzigartige Weise die Götter ebenso wie das Irdische achtete und so der Wirklichkeit gerecht wurde. Die neue Weltzeit – Hölderlin nennt sie Hesperien (das Abendland) – würde jedoch die Griechen nicht etwa kopieren, denn sie würde von einer unvergleichlich anderen geschichtlichen Lage ausgehen. Ein heutiges Hesperien etwa müßte alle Erfahrungen des 20. Jahrhunderts in seinen Weltentwurf einbeziehen. Hesperien würde Nachfolger, nicht Nachahmer, der Griechen sein. In unseren Tagen ist weniger denn je abzusehen, ob und wann ein Hesperien kommen wird.

Aber Hölderlins Dichtung hat in ihren Oden, Elegien und Hymnen Hesperien schon wirklich werden lassen, und sie hat die Notwendigkeit, Hesperien müsse nicht nur innerhalb dieser Dichtung, sondern auch für die Menschheit als Ganzes kommen, in die Zukunft gerufen. Wir, die wir zu dieser Zukunft gehören, stehen so unter einem einzigartigen Anspruch. Sind wir ihm gewachsen? Hören wir Hölderlins Anspruch auch nur? Noch scheint es vielmehr, als übermannten uns die Faszination des technischen Zeitalters und die schleichend heraufziehende Substanzlosigkeit unseres Daseins; und es scheint, als läge uns jedes Wahrnehmen des Göttlichen fern. Wenn aber die Götter Wirklichkeiten der Welt sind, sind sie es auch im Zeitalter der Technik.

---

[8] Vgl. hierzu Hölderlins Hymne ‚Der Einzige‘:

> Himmlische sind
> Und Menschen auf Erden beieinander die ganze Zeit. Ein
>   großer Mann und ähnlich eine große Seele
> Wenn gleich im Himmel
>
> Begehrt zu einem auf Erden. Immerdar
> Bleibt dies, daß immergekettet alltag ganz ist
> Die Welt.   (3. Fssg., V. 84–89)

Hölderlins Herbeirufen der neuen Weltzeit ist durch die Erfahrungen der letzten einundhalb Jahrhunderte, durch gesellschaftliche Umwälzungen, sensationelle Erfolge der Naturwissenschaften und weltweite Kriege nicht überholt oder verblaßt, sondern nur unvergleichlich dringlicher geworden. Nur der illusionslose Blick in die Wirklichkeit – und das heißt: nur der Blick, der auch die Götter wahrnimmt – könnte vermutlich die Zukunft meistern. Nur wenn der Mensch sich als das Wesen, dem das Wahrnehmen der Welt und also auch das Hören der Götter zugewiesen ist, begreifen lernt und so seinen Platz im Weltgefüge findet, kann die „freie, klare, geistige Freude"[9] auf der Erde wirklich werden, von der Hölderlin spricht; nur dann weicht jener Fluch von der Menschheit.

Wird das Weltgefüge, wird der himmlisch-irdische Weltbau je wieder sichtbar?

Mit dieser Frage brechen wir ab. Hölderlins Dichtung ist nicht vergangen. Sie ruft, unsere Gegenwart weit überholend, die Zukunft herbei. Hölderlins derzeitige Aktualität zeigt freilich ein Zerrbild. Sie verharmlost die von Hölderlin vollzogene Revolution der Wirklichkeitserfahrung und macht aus ihr eine bloße Veränderung des herrschenden Gesellschaftssystems, wie auch der Marxismus sie will, wie es sie also auch ohne Hölderlin gäbe und wie Hölderlin sie nie im Sinn hatte. Das aktuelle Hölderlin-Bild läßt Hölderlin eine Revolution wollen, der lediglich die verschiedenen Gesellschaftssysteme den Horizont geben. Die wahrhafte Hölderlinische Revolution dagegen ereignet sich innerhalb des totalen Welt- und Wirklichkeitshorizonts, in jenem unausdehnbar-umfassenden Bereich also, der, weil er die jeweils maßgebende Interpretation der Welt im ganzen bereitstellt, auch die Gesellschaftssysteme umfängt und ihnen erst den Grund gibt. Das aktuelle Hölderlin-Bild gelangt daher überhaupt nicht in die Dimension derjenigen Umwälzung, die mit Hölderlins Dichtung wirklich geworden ist; es setzt sich ihrer Wahrheit gar nicht erst aus.

Ließen wir uns unvoreingenommen, nüchtern und ohne nach der Mode zu gehen, auf Hölderlins Dichtung ein, so würde ihre eigentliche, tiefe und weltweite Aktualität erst sichtbar. Hölderlins Dichtung ist ein Lehrbuch der Wirklichkeit. Sie könnte uns einen Schleier von den Augen nehmen, einen Schleier, der uns das Wesen der Welt verdeckt. Sie könnte – auch und gerade inmitten der Technik – unser Wissen von der Welt und so unser Leben verändern. Sie könnte der Blitz sein, der in der Nacht unserer Zeit Erde und Himmel erhellt.

ANHANG · EIN BRIEF

Lieber Herr F.!

Haben Sie herzlichen Dank für Ihre letzten Zeilen und für Ihre Gedanken zu meinen Hölderlin-Beiträgen. Ich glaube, es wäre wichtig, über die von Ihnen

---

[9] ‚An die Deutschen', V. 39f.

Hölderlins ‚Aktualität'

angedeuteten Fragen ins reine zu kommen, und möchte Ihnen daher einige Überlegungen dazu schreiben.

Sie sagen, Sie glaubten nicht, daß „die heile Welt Hölderlinscher Prägung in unsere sehr unheile Welt, die als das Ganze im Sinne Hölderlins nicht mehr existiert, übertragen werden" könne. Sie sehen somit die Gefahr, daß – gesetzt, man bemüht sich überhaupt darum, Hölderlins Dichtung und unsere Zeit in eine Verbindung zu bringen – durch eine unkritische Übernahme der Hölderlinschen Weltsicht ein unangemessen harmonistisches Element in unsere Zeit gebracht würde, ein Element, das der Härte unserer Erfahrung nicht standhielte.

Träfen Ihre Prämissen zu – daß nämlich Hölderlins Weltsicht ein harmonistisches Element enthält und daß eine Übernahme seiner Weltsicht überhaupt zur Debatte steht –, so wäre Ihre Sorge berechtigt.

Zunächst muß man jedoch klar sehen, daß Hölderlin das Bewußtsein hatte, in einer im äußersten Maße ‚unheilen' Welt zu leben. Seine eigene Zeit ist ihm ja die „Weltnacht". Man braucht nur an die „Titanen" in seinem Spätwerk zu denken, an die „augenlose" „Irre", die sich durch den „Garten" „windet",[10] oder an die Verse vom freigelassenen Nachtgeist,[11] um zu ermessen, daß Hölderlin die Kräfte des ‚Unheilen', die die Epoche der Weltnacht konstituieren und sie verewigen möchten, im höchsten Maß in sein Denken einbezieht. Ich würde sagen, er bedenkt die Kräfte des Unheilen so gründlich und abgründig (nämlich aus dem Wesen der Welt heraus), daß kaum eine Erfahrung späterer Epochen, mag sie noch so furchtbar sein, ihn ‚überholen' kann. Anders gesagt: seine ontologische Erkenntnis und seine Gestaltung des Bösen kann kaum durch irgendeine ontische Erfahrung des Bösen vertieft werden.

Hölderlin läßt sich nun freilich – und insofern verhält er sich wohl grundsätzlich anders als unsere Zeit – von seiner Gegenwart nicht übermannen. Er denkt die Weltnacht als eine Epoche unter anderen und stellt somit ‚seine' Welt nicht als ‚die' Welt hin. Er glaubt nicht, daß ‚die' Welt unheil sei, nur weil seine Gegenwart unheil ist. Vielmehr weiß er inmitten der „Nacht", daß diese der pervertierte Aspekt des Ganzen, der Welt, ist. Eben deshalb erkennt er es als seine einzige Aufgabe, auf dieses Ganze, das in seiner Gegenwart in Vergessenheit geraten ist, hinzuweisen und es ins Gedächtnis zurückzurufen. Nichts anderes ist der Sinn seiner sogenannten ‚prophetischen' Dichtung. Sie prophezeit keine Utopie, sondern will das ‚alte Wahre' *gewandelt* wiederkehren lassen.

Vermutlich leben wir immer noch in der Epoche der Weltnacht. Aber wir wissen nicht mehr, daß dies eine Epoche ist; wir sind in ihr wie in etwas Absolutem versunken. Wir haben den Maßstab des Ganzen gründlich verloren. Wir sprechen von der unheilen Welt und können doch nur unsere unheile Zeit meinen.

Denn wer dürfte behaupten, daß es das Ganze nicht mehr gäbe? Nach wie vor ist die Welt ein sich wandelndes, aber unaufhebbares Ganzes aus seienden

---

[10] „Wenn aber die Himmlischen ...", V. 43–45.
[11] ‚Das Nächste Beste', 2. Fssg., V. 1ff.

Wesen und Dingen, die ‚einander zugetan' sind, sei es im Guten oder im Bösen oder im einfachen Miteinander wie Tal und Berg, Meer und Land, Himmel und Erde. Dieses ontologisch zu denkende Zugetansein ist der „gemeinsame Geist"[12] Hölderlins, der heute wie früher ‚die Welt zusammenhält'. Es ist das unausweichlich-gemeinsame Zum-Sein-Gehören und als solches nichts Abstraktes, sondern das Wirklichste und Wirkendste, was es gibt.

Aber eben dieses Wirklichste kennen wir heute kaum noch. Wir starren, begreiflich genug und fast unvermeidbar, auf die Furchtbarkeiten, die wir erfahren. Wir sehen nicht, daß nichts, was es auch sei, aus jenem Zugetansein herausfallen kann.

Ich meine jedoch, daß Hölderlin uns das größere Beispiel gegeben hat. Mit fast übermenschlicher Stetigkeit hat er, über jede Versuchung zu isolierenden Aspekten hinweg, das Wesen des Ganzen im Blick behalten.

Kann nun dieses „Ganze im Sinne Hölderlins" auf unsere Zeit „übertragen" werden? Gewiß nicht, denn jede Zeit erfährt das Ganze, wenn überhaupt, auf ihre eigene unverwechselbare und unwiederholbare Weise. Jeder Epoche bietet das Ganze gleichsam einen anderen Aspekt seiner selbst dar. Ein Übertragen eines vergangenen Ganzheitsaspekts auf unsere Zeit wäre ein ungeschichtliches Kopieren.

Davon bleibt aber unberührt, daß es das eine selbe Ganze, die Welt, ist, das sich den Epochen auf so verschiedene Weise zeigt. Die Unterschiedlichkeit der Epochen-Erfahrungen darf sich nicht zum einzigen Aspekt der Geschichte aufwerfen. Es muß bewußt bleiben oder wieder bewußt werden, daß diese Unterschiedlichkeit die Identität dessen, was auf so verschiedene Weise erfahren wird, also der Welt, zum notwendigen Korrelat hat, ja, daß sie diese Identität voraussetzt und ihr also ihre eigene Existenz verdankt. Inmitten ihrer Veränderungen bewahrt die Welt ihren Ganzheitscharakter. Nur weil sie immer und jeweils ein Ganzes und insofern mit sich identisch bleibt, hat sie den Spielraum, der es ihr ermöglicht, den Epochen verschiedene Aspekte ihrer selbst zu zeigen.

Wir können und dürfen also Hölderlins Weise der Erfahrung des Ganzen nicht auf unsere Zeit übertragen. Wohl aber müssen wir von ihm lernen, daß das Ganze, das frühere Epochen erfuhren, auch in unserer unheilen Zeit bereitsteht, gleichsam wartet, und daß die Wiederbesinnung auf dieses Ganze vermutlich das einzige Heilmittel für uns alle wäre. Wir würden uns damit nicht irgendwelcher metaphysischen Spekulation hingeben, sondern uns auf das Ganze Wahre einlassen. Dieses selbst ist weder heil noch unheil; es ereignet sich vor dieser Unterscheidung, indem es dem Heil oder Unheil der Epochen überhaupt erst den Spielraum ihres Daseins bietet.

Ich glaube nicht, daß dies eine, wie Sie sagen, „konservative" Sehweise ist, jedenfalls dann nicht, wenn wir unter „konservativ" ein Verhalten verstehen, das lediglich etwas Tradiertes bewahren und für die eigene Zeit als unverändert gül-

---

[12] „Wie wenn am Feiertage ...", V. 45.

tig einsetzen möchte. Hölderlins Weise der Erfahrung des Ganzen ist nicht von uns übernehmbar. Aller Nachdruck aber liegt darauf, daß überhaupt ein Ganzes da ist, das es – auf neue Weise – zu erfahren und zu bewahren gilt. Nur der die Tradition notwendig verändernde Rückgang zum Ganzen kann, wenn die Gunst es gibt, das uns aufgegebene Künftige entstehen lassen.

Sie schreiben endlich, man solle heute den entfesselten Kräften des Irrationalismus mit forcierter Rationalität begegnen. Offenbar nehmen Sie an, durch Hinweise auf Dinge wie die Weltnacht oder die Götter oder das alte Wahre werde dem Irrationalismus in die Hände gearbeitet. Aber ist das der Fall? Sind wir nicht genötigt, diese Dinge zu sehen und beim Namen zu nennen, weil sie entscheidend zur Wirklichkeit gehören?

Allerdings meine ich, daß gerade angesichts der Wirklichkeit, dieses einzigen Maßstabs, die Begriffe ‚rational' und ‚irrational' ihre Leitfunktion für das Begreifenwollen verlieren. *Ist* die Wirklichkeit nicht jenseits und ‚vor' dieser Unterscheidung und daher von ihr nicht erfaßbar? Die Wirklichkeit ist dasjenige, was dem rational wie dem irrational vorgehenden Begreifenwollen vor- und zugrundeliegt. Sie gibt beiden Haltungen den Grund und zugleich damit den Raum für ihre Entfaltung. Der Grund bleibt jedoch reicher als das, was auf ihm erwächst: gegensätzlichen Haltungen bietet er gleichermaßen die Grundlage ihres Daseins. Ungeachtet dessen, was er der einen gibt, bleibt er zur Speisung der anderen reich genug. Rationalismus und Irrationalismus sind gleichermaßen einseitig und daher arm, gemessen am Reichtum des Grundes. Der Irrationalismus, meine ich, kann also – ebenso wie der Rationalismus – nur durch den Rückgang in den Grund, das Ganze, die Wirklichkeit überwunden werden, nicht durch ein Beharren bei seinem bloßen Gegenteil.

Indem Hölderlin den „gemeinsamen Geist", jenes Zusammengehören und Zugetansein dessen, was ist, ins Auge faßt, gelangt seine Dichtung in den Bereich des Grundes. Die ‚heilige Nüchternheit' läßt im Zusammenspiel ihrer Elemente jede einseitig rationale oder irrationale Haltung hinter sich. Wir müssen versuchen, aus unserer Lage heraus dem zu entsprechen und den Gleichmut des Grundes, den Überfluß selbst, dem alles entspringt, neu zu finden.

Ich hoffe, daß unser Gespräch über diese Dinge sich fortsetzt, und grüße Sie herzlich.

DIDAKTIK · HÖLDERLINS WELT-LEHRE IN DER ODE „DER FRIEDEN"

Lieber Herr Meister! In Frankfurt am Main haben wir uns, ausgehend von unserer Museumsarbeit, auch mit didaktischen Fragen gemeinsam befaßt. Die folgenden Zeilen gehen von der Erinnerung hieran aus und suchen zugleich nach der fruchtbaren Basis für jede didaktische Bemühung. Der Bereich, den Hölderlins Ode dabei eröffnet, liegt, soweit ich sehe, der heutigen didaktischen Praxis wie überhaupt der heute herrschenden Einsicht fern. Vom Wesen dieses Bereichs – und vor allem von den Konsequenzen, die der Eintritt in ihn für unsere Gegenwart mit sich brächte – kann der vorliegende Beitrag nur einiges andeuten. Ich danke Ihnen für viele Gespräche und Ermunterungen und grüße Sie herzlich.

Hölderlins Entwurf zu der Ode „Der Frieden" (entstanden im Spätherbst 1799)[1] besteht aus Stichworten, die in mehr oder weniger weiten Abständen über eine Seite der Handschrift verteilt werden:

Der Frieden

Helden
Die unerhörte Schlacht
O die du
    Der Menschen jähes Treiben
Und unerbittlich.   sein Stamm erzittert.
    heilige Nemesis
triffst du die Todten auch, es ruhten
    Unter Italiens Lorbeergärten
        so sanft die alten Eroberer
Noch standen ihre Götter pp.

---

[1] Die Darbietung des Entwurfs und der Ausführung der Ode folgt im wesentlichen den Ermittlungen Werner Kirchners (W.K.: Hölderlins Entwurf ‚Die Völker schwiegen, schlummerten'. In: Hölderlin-Jahrbuch, 12. Bd., 1961/62, Tübingen 1963, S. 42–67. Wieder abgedruckt unter dem Titel „Hölderlins Entwurf ‚Die Völker schwiegen, schlummerten' und die Ode ‚Der Frieden'" in: W.K.: Hölderlin. Aufsätze zu seiner Homburger Zeit. Hg. v. Alfred Kelletat. Göttingen 1967, S. 7–33). – Zur Ode „Der Frieden" vgl. ferner: Friedrich Beißner: [Erläuterungen in:] Hölderlin. Sämtliche Werke. Große Stuttgarter Ausgabe [StA], Bd. 2, Stuttgart 1951, S. 390–395. – Ewald Wasmuth: Hölderlins Hymne ‚Der Frieden', oder von der Schuld der Väter. In: Zeit und Stunde. Ludwig von Ficker zum 75. Geburtstag gewidmet. Hg. v. Ignaz Zangerle. Salzburg 1955, S. 8–32. – Friedrich Beißner: Hölderlins Ode ‚Der Frieden'. In: F.B.: Hölderlin. Weimar 1961, S. 92–109. – Wolfgang Binder: Ergänzende Bemerkungen zu Kirchners Wiederherstellung der Ode ‚Der Frieden'. In: Hölderlin-Jahrbuch, 12. Bd., 1961/62, Tübingen 1963, S. 67–73. – Detlev Lüders: [Erläuterungen in:] Friedrich Hölderlin. Sämtliche Gedichte. Studienausgabe in 2 Bd., Bd. 2 (Kommentar), Bad Homburg v.d.H. 1970, S. 185–188.

>   Doch
>   aber nicht dort allein
>   Schweiz   Rhein
>   Komm endlich goldner Friede pp. –. Didaktischer Ausgang

Aus diesem Entwurf entsteht folgendes leicht fragmentarisch[2] überlieferte Gedicht:

DER FRIEDEN

>   Wie wenn die alten Wasser, die
>   in andern Zorn
>   In schröklichern verwandelt wieder
>   Kämen, zu reinigen, da es noth war,
>
> So gählt und wuchs und woogte von Jahr zu Jahr   5
>   Rastlos und überschwemmte das bange Land
>   Die unerhörte Schlacht, daß weit hüllt
>   Dunkel und Blässe das Haupt der Menschen.
>
> Die Heldenkräfte flogen, wie Wellen, auf
>   Und schwanden weg, du kürztest o Rächerin!   10
>   Den Dienern oft die Arbeit schnell und
>   Brachtest in Ruhe sie heim, die Streiter.
>
> O du die unerbittlich und unbesiegt
>   Den Feigern und den Übergewaltgen trift,
>   Daß bis ins lezte Glied hinab vom   15
>   Schlage sein armes Geschlecht erzittert,
>
> Die du geheim den Stachel und Zügel hältst
>   Zu hemmen und zu fördern, o Nemesis,
>   Strafst du die Todten noch, es schliefen
>   Unter Italiens Lorbeergärten   20
>
> Sonst ungestört die alten Eroberer.
>   Und schonst du auch des müßigen Hirten nicht,
>   Und haben endlich wohl genug den
>   Üppigen Schlummer gebüßt die Völker?
>
> Komm du nun, du der heiligen Musen all,   25
>   Und der Gestirne Liebling, verjüngender
>   Ersehnter Friede, komm mit deinen
>   Freundlichen und

---

[2] Vgl. die Lücken in V. 1f., 28, 55; das Hypermetron in V. 47; die Konjektur in V. 55. Dieser Vers lautet in der Handschrift: „Wo glühend   die Kämpfend und die". Schwab (Erster Druck, 1846) und ihm folgend Kirchner verbessern dies so: „Wo glühend sich die Kämpfer und die", Beißner so: „Wo glühender die Kämpfenden die".

Mit deinem stillen Ruhme, genügsamer!
  Mit deinen ungeschriebnen Gesezen auch, 30
    Mit deiner Liebe komm und gieb ein
      Bleiben im Leben, ein Herz uns wieder.

Unschuldiger! sind klüger die Kinder doch
  Beinahe, denn wir Alten; es irrt der Zwist
    Den Guten nicht den Sinn, und klar und 35
      Freudig ist ihnen ihr Auge blieben.

Wer hub es an? wer brachte den Fluch? von heut
  Ists nicht und nicht von gestern, und die zuerst
    Das Maas verloren, unsre Väter
      Wußten es nicht, und es trieb ihr Geist sie. 40

Zu lang, zu lang schon treten die Sterblichen
  Sich gern aufs Haupt, und zanken um Herrschaft sich,
    Den Nachbar fürchtend, und es hat auf
      Eigenem Boden der Mann nicht Seegen.

Und unstät wehn und irren, dem Chaos gleich, 45
  Dem gährenden Geschlechte die Wünsche noch
    Umher und wild ist und verzagt und kalt von
      Sorgen das Leben der Armen immer.

Du aber wandelst ruhig die sichre Bahn
  O Mutter Erd im Lichte. Dein Frühling blüht, 50
    Melodischwechselnd gehn dir hin die
      Wachsenden Zeiten, du Lebensreiche!

Und wie mit andern Schauenden lächelnd ernst
  Der Richter auf der Jünglinge Rennbahn sieht,
    Wo glühend   die Kämpfer und die 55
      Wagen in stäubende Wolken treiben,

So steht und lächelt Helios über uns
  Und einsam ist der Göttliche, Frohe nie,
    Denn ewig wohnen sie, des Aethers
      Blühende Sterne, die Heiligfreien. 60

Die Revolutionskriege sind der historische Hintergrund, aus dem die Ode erwuchs[3]. Hölderlins intensive Anteilnahme an den ursprünglichen Idealen der Französischen Revolution und den von ihr ausgehenden Impulsen ist bekannt, ebenso seine Hoffnung, das wesentliche Ergebnis der nachfolgenden Kriegswirren möge der weltgeschichtliche Friede sein. Die 1954 aufgefundene Hymne „Friedensfeier" ist das größte Zeugnis dieser Hoffnung.

---

[3] Vgl. hierzu insbes. Beißner a. a. 0.1961, S. 95–100, und Kirchner a.a.O.

Wie aber geht dieser Hintergrund in die Ode ein? Welche Gestalt nimmt der Krieg im Gedicht an? Der Entwurf nennt – mit den Stichworten „Italiens Lorbeergärten", „Schweiz", „Rhein" – einzelne Kampfgebiete der Napoleonischen Kriege. Die Ausführung läßt hiervon nur „Italiens Lorbeergärten" bestehen. Man meinte zwar, das Stichwort „Schweiz" sei in der Endfassung in die Zeile „Und schonst du auch des müßigen Hirten nicht" (V. 22) eingegangen und so quasi erhalten geblieben[4]. Muß schon dies als zumindest zweifelhaft gelten, so mehr noch der Versuch, das implizite Anwesendbleiben des Stichworts „Rhein" in der Ausführung nachzuweisen: „daß mit den Versen 23 und 24 die Völker am Rhein gemeint sind, beweist die der endgültigen Fassung voraufgehende Lesart: ‚Und haben sie den Schlaf am Rheine', was doch offenbar etwa so weitergehn sollte: ‚Und haben sie den Schlaf am Rheine' [Endlich gebüßet, die ... Völker?]"[5]. Daß auch noch V. 23f. der Ausführung die Völker am Rhein meinen, kann so jedoch nicht – und auch nicht auf andere Weise – ‚bewiesen' werden. Hölderlin hat seine Intention beim Übergang vom Entwurf zur Endfassung offensichtlich geändert; das Weglassen des konkreten Hinweises „am Rheine" darf nicht als das Verschweigen von etwas eigentlich Gemeintem, es muß positiv als die Verwirklichung einer dichterischen Absicht verstanden werden. Es deutet darauf, daß die Verse 23f.:

> Und haben endlich wohl genug den
> Üppigen Schlummer gebüßt die Völker?

nunmehr einen weiteren Geltungsbereich als im Entwurf haben. Eine Quasi-Herübernahme der Vorstufe in die Endfassung ist von dieser nicht legitimiert; sie würde die wesentliche Leistung der Endstufe negieren und die von ihr bereitgestellte Bedeutungsfülle unangemessen einengen.

Diese Beobachtung, die zunächst nur zwei Verse betraf, kann dem Verständnis des ganzen Gedichts zugute kommen. Denn es gilt für die Ode als Ganzes, daß sie sich um so mehr dem Verstehen entzieht, je direkter wir in ihr jenen historischen Hintergrund – wie wir ihn kennen – wiederfinden möchten. Es wäre ein fatales Mißverständnis, wenn wir meinten, das Gedicht hätte uns nur dann ‚etwas zu sagen', wenn wir Bekanntes in ihm wiederfänden – wenn wir meinten, Hölderlin sei nur dann ‚aktuell', wenn sich nachweisen ließe, daß dieses oder jenes allbekannte historische Geschehnis auch ihm nicht unbekannt geblieben ist. Hölderlins eigentliche Aktualität wird erst sichtbar, wenn wir uns entschließen, den dichterischen Wortlaut ernst zu nehmen, indem wir ihn als die unverblümte Aussage des Gemeinten selbst verstehen. Jene historischen Fakten entschwinden uns dadurch ebensowenig, wie sie dem Gedicht entschwinden. Das Gedicht entzieht sie jedoch dem Verständnis, das ihnen im Alltag zuteil wird. Es stellt sie an ihren Ort innerhalb des Ganges der Geschichte von Himmel und Erde. Die geläufige Historie verschwindet; die Geschichte der ‚Welt' er-

---

[4] Beißner a.a.O. 1961, S. 101.
[5] Ebenda.

scheint. Nur wenn wir bereit sind, dieses ‚Unerhörte' (vgl. V. 7) zu einer möglichen Erfahrung werden zu lassen, spricht das Gedicht allenfalls zu uns; dann können wir von ihm lernen und womöglich unsere Erfahrung der Welt wandeln lassen.

Die Ode beginnt, indem sie eine Sintflut heraufruft – sei es die des Zeus oder die biblische[6]. Wie die Sintflut selbst, „wie Wellen" (V. 9), wachsen die Verse der ersten Strophen herauf und stellen so „die unerhörte Schlacht" (V. 7), die Kriege der Gegenwart, in einen unerhörten Zusammenhang, der das alltägliche Geschichtsverständnis hinter sich läßt. Wie die Sintflut vom Himmel her, durch göttlichen Willen, auf die Erde einwirkt, so geschieht auch „die unerhörte Schlacht" nicht auf der Erde allein. Das wird im folgenden (Strophe 3–6) ganz deutlich. Nemesis, die Göttin der Gerechtigkeit, wird durchgehend (V. 10, 13, 17f., 22) angesprochen. Von ihr nimmt das irdische Ereignis seinen Ausgang. Die „unerhörte Schlacht" ist eben deshalb unerhört, weil sie nicht allein von irdischen Bedingungen abhängt, sondern weil ein Gott sie ins Werk gesetzt hat. Indem Herrscher und Heere miteinander kämpfen, geschieht ‚im Grunde' etwas anderes, nämlich eine vom Himmel der Erde zugedachte Reinigung (V. 4), Rache (V. 10), Strafe (V. 19) und Buße (V. 24). In der Schlacht erscheint die Spannung von Himmel und Erde. Die Völker erleiden die Strafe des Gottes. Mit bezwingender Selbstverständlichkeit setzt das Gedicht das übliche Verständnis der Geschichte außer Kraft und eröffnet befreiend einen Horizont, in dem eine „Umkehr aller Vorstellungsarten und Formen"[7] stattfindet und „die ganze Gestalt der Dinge sich ändert"[8]. Es kommt alles darauf an, daß wir eine Ebene des Verstehens gewinnen, von der aus wir – bedrängt, wie wir sind, von den Erfahrungen unserer Zeit – dieses Geschichtsverständnis der Ode nicht nur ernst nehmen, sondern als wahr erfahren können. Wir würden scheitern, wenn wir etwa die Sintflut als ein bloßes dichterisches Bild und die Rache der Nemesis als eine mythologische Anspielung nähmen, mit der ‚eigentlich' nichts anderes als der irdisch zu deutende Krieg gemeint wäre.

Wie aber soll ein solches Ernstnehmen gelingen? Wir können die Aussagen der Ode nicht einfachhin ‚glauben', zumal sie wesentlichen Zügen unseres alltäglichen Weltbildes zuwiderlaufen. Woher nimmt Hölderlin die Gewißheit, daß Himmel und Erde im Ereignis der Schlacht zusammenwirken? Woran läßt sich erhärten, daß ein Gott auf die Erde einwirkt? Inwiefern ist das Gedicht ‚wahr'?

Folgen wir zunächst dem Gang der Strophen. Nachdem die sechs ersten den gegenwärtigen Krieg genannt und gedeutet haben, rufen die drei folgenden den Frieden herbei. Sie bilden die Mitte des Gedichts. Was für die Schlacht galt, gilt

---

[6] Eine Variante zu V. 1 lautet „die alten Wasser Deukalions": hier war also die Sintflut des Zeus gemeint, der Deukalion und Pyrrha in einem Holzkasten entgingen. – Beißner meint (StA 2, S. 394), die Lücke in V. 1f. sei etwa so zu schließen: „die alten Wasser, die" [einst der Welt / Schamlosen Frevel deckten].

[7] Hölderlin: Anmerkungen zur Antigonä des Sophokles, StA 5, S. 271.
[8] Ebenda.

auch für den Frieden: Erde und Himmel haben an ihm Anteil. Der Friede soll auf der Erde einkehren; ein dreifaches „Komm" ruft ihn beschwörend; kommen aber soll er ‚vom Himmel', denn zugleich ist er der Liebling der Musen und der Gestirne. Dieser Friede beendet nicht lediglich den Krieg. Indem er den Menschen wieder „ein Herz" gibt (V. 32), läßt er ihnen die innere Mitte und damit die Wahrheit ihres Daseins aufgehen. Diese Mitte ist den Menschen verlorengegangen, seitdem jener „üppige Schlummer" ihnen die Augen verschließt. Dieser Schlaf, für den die Völker im Kriege büßen, läßt sie die Mitte nicht sehen, er entzieht ihnen das „Herz".

Was ist das „Herz"? Was ist die Mitte des Daseins? – Sie ist seit dem Beginn der Ode schon ständig anwesend, wurde aber noch nicht unmittelbar genannt. Der Fortgang und Schluß des Gedichts (Strophe 10–15), der im Entwurf mit dem Stichwort „Didaktischer Ausgang" skizziert wurde, schickt sich nun an, das Herz des Daseins beim Namen zu nennen und „die Völker" zu ‚lehren', wo es zu finden und wie es zu erlangen und das heißt zugleich: wie der weltgeschichtliche Friede, um den es der Ode geht, herbeizuführen ist.

> Wer hub es an? wer brachte den Fluch? von heut
>   Ists nicht und nicht von gestern, und die zuerst
>   Das Maas verloren, unsre Väter
>   Wußten es nicht, und es trieb ihr Geist sie.

Ein seit langem bestehender „Fluch" hat bisher die Einkehr des Friedens verhindert. Diese Rede vom Fluch kommt nicht unvorbereitet. Zuvor – in den ersten sechs Strophen – hat das Gedicht den Krieg in seinem Wesen als Werk des rächenden Gottes, als Strafe und Buße genannt. Jetzt – in den letzten sechs Strophen – kommt mit dem Fluch die Ursache des Krieges, der Grund der Notwendigkeit von Rache und Buße zu Wort.

Der Fluch ist seinerseits die Folge des Verlusts des Maßes (V. 39). Dieser Verlust wurde nicht etwa mutwillig von den Menschen heraufbeschworen; er kam als ein Verhängnis über sie („unsre Väter / Wußten es nicht"). Die seit langem über das Menschengeschlecht verhängte Maßlosigkeit bewirkt Zank (V. 42), Furcht (V. 43), Wildheit (V. 47) und Sorge (V. 48); sie läßt das Leben auf der Erde einem „Chaos" (V. 45) gleichen, dessen furchtbarste Form der gegenwärtige Krieg ist.

Mit äußerster Konsequenz hat die Ode die Frage nach dem Grund der gegenwärtigen Weltnot immer tiefer getrieben und weiter zurückverfolgt: Schlacht – Sintflut – Rache – Buße – Fluch – Verlust des Maßes; so daß jetzt alles auf die Beantwortung der einen Frage ankommt: Worin besteht die Maßlosigkeit? Was für ein Maß ist verloren worden? Das Maß steht vermutlich in engstem Zusammenhang mit jener ‚Mitte des Daseins', mit jenem „Herzen", das der Friede den Menschen wiedergeben soll.

Die letzten drei Strophen stellen das verlorene Maß unmittelbar vor Augen:

> Du aber wandelst ruhig die sichre Bahn
> O Mutter Erd im Lichte. Dein Frühling blüht,
> Melodischwechselnd gehn dir hin die
> Wachsenden Zeiten, du Lebensreiche!
>
> Und wie mit andern Schauenden lächelnd ernst
> Der Richter auf der Jünglinge Rennbahn sieht,
> Wo glühend   die Kämpfer und die
> Wagen in stäubende Wolken treiben,
>
> So steht und lächelt Helios über uns
> Und einsam ist der Göttliche, Frohe nie,
> Denn ewig wohnen sie, des Aethers
> Blühende Sterne, die Heiligfreien.

Dem derzeitigen Chaos der Menschenwelt steht das sichere und unwandelbare Miteinander von Erde und Himmel gegenüber. In den Worten „O Mutter Erd im Lichte" erscheint dieses Miteinander in seiner direktesten Form. Ebenso ist es jedoch in der Zeile „So steht und lächelt Helios über uns" und in allen Einzelzügen dieser Schlußstrophen wirksam. Überall erscheint hier das Bündnis zwischen Himmel und Erde, Göttern und Menschen. Dieses Bündnis begründet die Weltganzheit. Es ist kein seltener Zustand, sondern die ständige, unauflösbare Verfassung der Welt[9]. Als solche ist es Maß und Herz des Daseins.

Da die Ode seit ihrem Beginn die Einwirkung des Himmels auf die irdischen Ereignisse (den Krieg) gezeigt hat, hat sie das jetzt erschienene Maß immanent schon immer anwesend sein lassen und beherzigt. Jetzt aber, am „Didaktischen Ausgang", zeigt sie es unmittelbar. Dieses Zeigen ist ‚Didaktik' der höchsten Form. Indem es die Menschen das verlorene Maß sehen lehrt, zeigt es ihnen den einzigen Weg, der aus dem Fluch heraus zum Frieden führt[10].

Maß und Mitte sind also nicht etwa Inhalt eines Glaubens. Die Ganzheit der Welt, die im Bündnis von Himmel und Erde besteht, ist anderen Wesens als das,

---

[9] Zur Ganzheit der Welt als dem für Hölderlins Spätwerk entscheidenden „Gesetz" und „Maß" vgl. D. Lüders: „Die Welt im verringerten Maasstab". Hölderlin-Studien. Tübingen 1968; ferner ders.: Grundzüge der Dichtung Hölderlins. In: Friedrich Hölderlin. Sämtliche Gedichte. Studienausgabe [vgl. Anm. 1], Bd. 2, S. 10–25, bes. S. 15ff. – Auch unten S. 87ff.

[10] Es zeugt von einer äußersten Verkennung des Gedichts, wenn Wasmuth (a.a.O. S. 25f.) den Schluß folgendermaßen deutet: „Mit dieser Hölderlin sehr vertrauten Schilderung des unberührten und unrührbaren Himmels ... entläßt er den Leser seines Gedichts, hoffnungslos! Was auf der Erde im Gefolge der Schuld ... geschieht ..., das alles kümmert den Gott, den griechisch genannten, den lächelnd ernsten Helios nicht, ... unbeteiligt bleibt er an den Wirren der Geschichte." Auch Beißners Deutung des Schlusses geht an der ‚Lehre' des Gedichts vorbei: „Der in Unordnung geratenen Welt hier unten, dem kriegerischen Chaos, steht droben ein Kosmos gegenüber" (a. a. 0. 1961, S. 107). Es gilt vielmehr zu sehen, daß die Ode nicht die Verhältnisse eines isolierten Weltteils, des Himmels, sondern das Bündnis von Himmel und Erde und damit die Ganzheit der Welt als den zu beherzigenden ‚Kosmos' zeigt.

was dem Menschen im Glauben zugänglich ist. Sie erschließt sich unmittelbar der Erfahrung; einer Erfahrung freilich nur, die bereit ist, sich dem gewaltigen Daseinsraum, der dem Menschen zugewiesen ist, zu öffnen und ihn ganz und unverstellt auszumessen. In einfacher Anschauung, in offenem Wahrnehmen dessen, was ist, wird der Mensch des Maßes ansichtig:

> Du aber wandelst ruhig die sichre Bahn
> O Mutter Erd im Lichte.

Eben dieses einfach Wahrzunehmende aber verkennen die Menschen, seit jener Fluch besteht. Sie haben es verlernt, das Zusammen von Himmel und Erde, das noch im unscheinbarsten Ding wirksam ist, zu sehen und haben an seiner Stelle die Fiktion des nur Irdischen, der götterlosen Materie errichtet. Das Dahintreiben in der Hingabe an diese Fiktion ist der „Üppige Schlummer", den die Völker im Kriege büßen.

Ist die Fiktion des nur Irdischen nicht auch heute noch übermächtig? Tritt sie nicht sogar heute erst ihre eigentliche Herrschaft an? Der dialektische Materialismus hat große Teile der Erde erobert. Auch außerhalb seines politischen Geltungsbereichs wird Geschichte weithin als bloße Abfolge von Herrschafts- und Gesellschaftsformen begriffen. Der Grund dieser Abfolge soll im Wechsel der Produktionsformen der Epochen liegen. Das Produzieren – vorgestellt als das vom götterlosen Menschen betriebene Machen – wirft sich auf zum Quell der Geschichte. – Und mußten wir uns nicht anfangs mühsam dazu überreden, den Anteil, den der Himmel am Ereignis der „unerhörten Schlacht" hat, ernstzunehmen? Sind wir uns dieses Anteils jetzt etwa gewiß? Halten wir nicht immer noch gerade ihn für eine Fiktion?

Denken wir jedoch wieder an jenen Satz:

> Du aber wandelst ruhig die sichre Bahn
> O Mutter Erd im Lichte.

Der Satz sagt eine einfache, unbezweifelbare Wahrheit. Die Erde wandelt, und sie wandelt im Licht. Sie ist nicht auf ihre meßbare materielle Masse beschränkt, sondern sie wandelt unter dem Himmel, und das heißt: in Gemeinsamkeit mit ihm. Zur Erde als solcher gehört es, unter dem Himmel, von seinem Licht angeschaut, zu wandeln. Erde und Himmel sind nur in untrennbarem Beieinander denkbar.

Dieser Himmel, der zur Erde gehört, ist jedoch nicht nur der Sternenraum im Sinne der Astronomie. Und daß das Licht dieses Himmels die Erde trifft, ist kein bloß materieller Vorgang, wie die Physik ihn kennt. Es gibt überhaupt keine ‚bloße Materie'. Jedes Ding und Wesen ist im Dasein und ist in der Zeit, und Dasein und Zeit sind ihrerseits nichts Materielles. Sie sind die Grundbedingungen der Welt. Jede Materie ist immer schon vom Nicht-Materiellen bestimmt. Die faktische, nicht materielle, bestimmende und daher übermächtige Grundbedingung ist der Gott. Der Himmel ist, wesentlich genommen, der Wohnsitz der so verstandenen Götter. Erde und Himmel sind aneinandergekettet; und dies so entschieden, daß es fragwürdig wird, die Namen ‚Materie' und ‚Nicht-Materielles' in ihrer jeweiligen Isoliertheit überhaupt noch zu gebrauchen.

So muß der Mensch in der Ganzheit der Welt, im Bündnis von Himmel und Erde, das Maß auch seines Daseins erfahren. Die herkömmlichen Betrachtungsweisen der Geschichts- und Gesellschaftswissenschaft wollen und können dies nicht leisten.

Wie lange noch hält der Mensch die Fiktion der bloßen Materie aufrecht? Wie lange noch verkennt er die Wirklichkeit? Ob Hölderlins Welt-Lehre die Gegenwart erreichen kann – nicht als historischer Stoff, sondern als existentielle Erfahrung –, steht dahin.

Aber der „Fluch" wird erst weichen, wenn der Mensch seinen Frieden mit der Welt gemacht hat. Erst wenn der Mensch die Welt das sein läßt, was sie ist, kommt der weltgeschichtliche Friede.

HÖLDERLINS „MASS": DAS GEFÜGE DER WELT

Hölderlin sagt – etwa im Jahre 1801 – in seinem hymnischen Entwurf „An die Madonna":

> aber es gibt
> Ein finster Geschlecht, das weder einen Halbgott
> Gern hört, ...
> ... [noch] das Angesicht
> Des reinen ehrt, des nahen
> Allgegenwärtigen Gottes.   (V. 121–126)

Heute, wo die Himmlischen dem Menschen ferner stehen denn je, müssen wir uns nüchtern einlassen auf das, was Hölderlins Werk sagt. Zugleich müssen wir versuchen, von Hölderlin zu lernen. Wir müssen auch erproben, ob unsere Zeit und wir selbst dem Anspruch seiner Dichtung – und dem Anspruch der ‚Sache', die durch diese Dichtung spricht – gewachsen sind.

Hören wir jene Verse noch einmal:

> aber es gibt
> Ein finster Geschlecht, das weder einen Halbgott
> Gern hört, ...
> ... [noch] das Angesicht
> Des reinen ehrt, des nahen
> Allgegenwärtigen Gottes.

Heute lebt – in Gestalt von uns selbst – vermutlich immer noch „ein finster Geschlecht", das Hölderlins Klage und Anklage auf sich beziehen muß. Dabei trifft hieran keineswegs nur uns Menschen eine Schuld; vielmehr schickt der unergründliche Gang der Geschichte selbst auch unserer Epoche noch das Verhängnis zu, „ein finster Geschlecht" hervorbringen zu müssen.

Das Finstere, Einsichts- und Horizontlose, das durch die heillose Ferne der Götter bewirkt wird, zeigt sich auch heute noch – oder richtiger müssen wir wohl sagen: es zeigt sich heute in einem, von Hölderlin her gesehen, unvorstellbar verstärkten Ausmaß. Es zeigt sich, wohin wir blicken. Es zeigt sich auch an der Art, wie man heute vielfach mit Hölderlins Dichtung umgeht. Und dabei sind es bereits seltene Menschen, die überhaupt Hölderlin lesen; denn wir dürfen uns nicht darüber täuschen, daß Hölderlin trotz der Renaissance, die er im 20. Jahrhundert erlebt hat, im ganzen gesehen bis heute ein Dichter für wenige geblieben ist.

Aber diese wenigen nun? Wie lesen sie Hölderlin? Zweifellos gibt es viele gutwillige Leser unter ihnen, und gerade unter den nicht „Professionellen". Aber in der wissenschaftlichen Beschäftigung mit Hölderlin hat sich heute etwas anderes breitgemacht; ich möchte es ein gestörtes Verhalten nennen; Hölderlin wählte das Wort „finster".

Da existiert, aller Welt vor Augen, dieses strahlende und zugleich urgewaltig dunkle Werk Hölderlins – und man sollte meinen, die Menschheit müßte angesichts seiner Größe nur ergriffen und begeistert von ihm sein und daher einzig bemüht, dieses Große in seiner wesentlichen Aussage, in seiner eigentlichen Substanz immer besser zu verstehen.

Dagegen geschieht Anderes. Die große Substanz des Werkes wird – wie auch immer das möglich ist – weithin vergessen, und man wirft sich mit Eifer auf Peripheres, ja auf Abseitiges. Es sei nicht bestritten, daß man auch so Hölderlin zu dienen meint. Aber das ändert nichts daran, daß man die von seinem Werk aufs klarste vorgegebene Richtung jedes wesentlichen Fragens verbiegt und sich bestenfalls auf Teilaspekte abdrängen läßt.

So werden heute mit Vorliebe Fragen an Hölderlins Werk gestellt, die von modisch aktualisierten, etwa politisch und psychologisch bestimmten Horizonten beschränkt sind. Man fragt politisch[1]: War Hölderlin ein Jakobiner, ein Anhänger des radikalen Flügels der Französischen Revolution? Man fragt psychologisch[2]: Wie stand es eigentlich mit Hölderlins Wahnsinn, der in der Mitte seines Lebens ausbrach? War es wirklicher Wahnsinn? Oder flüchtete Hölderlin etwa bewußt in den bloßen Anschein des Wahnsinns, täuschte er vierzig Jahre lang Wahnsinn nur vor, während er eigentlich normal blieb? Wollte er sich so vor einer Umwelt schützen, die ihn nicht verstand? Oder gar vor politischer Reaktion? Wollte er, wie es modisch heißt, sich seiner Umwelt „verweigern"?

Diese Fragen, mit denen Hölderlins dichterische Substanz heute weithin zugedeckt wird, sind inzwischen sattsam bekannt. Wir zögern nicht, sie als Flucht vor dem Wesen seines ungeheuren Werkes zu charakterisieren. Im Grunde sind es zugleich Angriffe auf dieses Wesen. Damit wir uns richtig verstehen: jene Frage nach dem Jakobiner Hölderlin wäre sinnvoll und zu begrüßen, wenn man sie ausdrücklich das sein ließe, was sie ist: die Frage nämlich nach einem kleinen Teilbereich innerhalb des Riesen-Phänomens „Hölderlin". Sie wird aber unsinnig und schädlich, wenn man sie, wie es geschieht, zu *der* Schlüsselfrage der Hölderlin-Forschung emporstilisiert.

Es ist ja seit eh und je offenkundig, daß die Französische Revolution Hölderlins Werk stark beeinflußt hat. Wie hätte es auch anders sein können bei diesem Genie jener Zeit? Die flammenden Gedanken der Freiheit, Gleichheit, Brüderlichkeit und Menschlichkeit *mußten* in ihm widerhallen, sie mußten in dem jugendlichen Feuergeist auch hie und da über die Stränge schlagen und jedenfalls

---

[1] Pierre Bertaux, Hölderlin und die Französische Revolution. In: Hölderlin-Jahrbuch 1967/1968, Tübingen 1969, S. 1–27. – Dazu Adolf Beck, Hölderlin als Republikaner. Ebd. S. 28–52. Hier weitere Literaturhinweise.

[2] Pierre Bertaux, Friedrich Hölderlin. Frankfurt 1978. – Dazu die kritische Rezension von Adolf Beck in: Hölderlin-Jahrbuch 1980–1981, Tübingen 1981, S. 399–424. Hier weitere Literaturhinweise.

dem, was in ihm ohnehin angelegt war, zur Ausbildung verhelfen. Das alles sind überhaupt keine neuen Erkenntnisse.

Und jene neuen Deutungen von Hölderlins Wahnsinn sind angesichts der klinischen Befunde und Fakten und der auf ihnen basierenden Ergebnisse der modernen Forschung schlechthin abwegig. Wir lassen sie daher auf sich beruhen.

Hier in Homburg vor der Höhe hat Friedrich Hölderlin entscheidende Jahre seines Lebens verbracht. Es ist dankenswert, daß in dieser Vortragsreihe, die eines hohen Homburger Jubiläums gedenkt, auch Hölderlin zu seinem Recht kommen soll. Er war einer der Größten, die in dieser Stadt gelebt haben. Sein Recht wird ihm vielleicht, wenn wir versuchen, uns – entgegen dem Modisch-Peripheren – auf die Substanz seines Werkes zu besinnen.

Diese begegnet uns zuinnerst in einem Grundphänomen, das wir überall in seinem Werk antreffen: in dem alles bestimmenden *Maß*, das Hölderlin in der Welt findet und das er daher in seinem Werk zur Sprache bringt.

Umreißen wir zunächst thesenhaft, was sich uns als das Wesen dieses Maßes zeigt. Es weist auf einen nicht zu übertreffenden Horizont und Anspruch, dem wir gerecht werden müssen.

Hölderlins »Maß« ist ein verborgenes ‚Gefüge der Welt‘, das in allem Seienden wirksam ist, an dem jedes Wesen und Ding teilhat. Dieses Gefüge ist die unaufhebbare, uns allen vorgegebene, in uns wirkliche und daher unzerreißbare Einheit des Weltganzen: die Einheit nämlich von Erde und Himmel, Menschen und Göttern.

Wir müssen erst wieder lernen, solche ungeheuren Maßstäbe überhaupt als maßgebend wahrzunehmen. Derartiges begegnet uns ja heute kaum irgendwo. Ich bitte Sie: lassen Sie uns gemeinsam und unvoreingenommen von Hölderlin lernen. Lassen wir ihn selbst sagen, was es mit seinem „Maß" auf sich hat und warum es für die Welt von elementarer Bedeutung ist. Wir wollen uns einem der ganz Großen der Welt für eine kurze Stunde anvertrauen. Was weltgeschichtlich aus einem echten, epochal wirksam werdenden Lernen von Hölderlin für die Zukunft der Menschheit entstehen könnte, ist unabsehbar.

Wir sagten: Hölderlins Maß ist ein verborgenes Gefüge der Welt, und dieses besteht in der Einheit des Weltganzen, deren Elemente die Götter und die Menschen, Himmel und Erde sind.

Dem Anspruch, der damit an uns gestellt ist, stehen wir ratlos gegenüber. – *Götter* zum Beispiel? Götter sollen ein jegliches Ding bestimmen? Götter sind uns weltenfern. Was sind sie? Gibt es sie überhaupt? Sind sie schöne Luftgespinste, „poetische" Gebilde, oder sind sie das Wirklichste des Wirklichen?

Die Götter sind wohl dasjenige Element in Hölderlins Maß und Weltgefüge, das uns am unvertrautesten ist. Ihnen vor allem und ihrer Wirklichkeit müssen wir uns daher zu nähern suchen, wenn Hölderlins Maß im ganzen uns nicht nur ein schaler Begriff bleiben soll.

Versuchen wir, uns zunächst in – allzu groben – Umrissen ein Bild von der persönlichen und zeitgeschichtlichen Situation zu machen, in der Hölderlin sich befand.

Er war von seiner Familie zum Beruf des protestantischen Geistlichen bestimmt und hatte die hierfür übliche Ausbildung in den Klosterschulen Denkendorf und Maulbronn und dann im Tübinger Stift erhalten. 1793 im Dezember schloß er sein Studium mit dem theologischen Konsistorialexamen in Stuttgart ab.

Statt nun aber den Beruf des Geistlichen praktisch auszuüben, wurde er Hauslehrer – man sagte damals „Hofmeister" – in verschiedenen Familien. Zuerst in Waltershausen bei Charlotte von Kalb. Diese Stelle hatte ihm Schiller vermittelt. Nach einer Zeit des Privatisierens in Jena ging er dann in das Frankfurter Haus Gontard, wo für ihn die Liebe zu Susette Gontard, die er Diotima nannte, bestimmende Bedeutung gewann. Nach den folgenden, entscheidenden Jahren der „Homburger Besinnung", wie man sie genannt hat, nimmt er bald, im Jahre 1801, eine neue Hofmeisterstelle, diesmal in der Schweiz, an. Er bleibt hier nur drei Monate, kehrt zur Mutter nach Nürtingen zurück und macht sich im Januar 1802 zu seiner letzten Hauslehrertätigkeit auf, nach Bordeaux. Fünf Monate später kehrt er in hochbedenklichem geistigem Zustand in die Heimat zurück. Er schreibt in den nächstfolgenden Jahren noch einige seiner größten Dichtungen, hat aber einen Beruf nicht mehr ausgeübt.

Für Hölderlins Mutter, die christlich-pietistisch empfand und dachte, wäre es die größte Freude gewesen, wenn der Sohn den geistlichen Beruf, zu dem er in langen Jahren ausgebildet worden war, auch ausgeübt hätte. Hölderlin aber entzog sich dem zeitlebens und brachte es, bürgerlich gesehen, nicht weit. Es ist ergreifend, im Briefwechsel nachzulesen, wie er sich mit dem nur ihm eigenen Takt bemüht, der Mutter seine Haltung verständlich zu machen; ihr zu erläutern, daß er sich, wie er einmal schreibt, für die höheren und reineren Beschäftigungen bewahren müsse, zu denen Gott ihn vorzüglich bestimmt zu haben scheine.

Diese Beschäftigungen waren offenbar nicht nur mit dem geistlichen Beruf, sondern auch mit dem Christentum, dem dieser Beruf hätte dienen sollen, nicht ohne weiteres zu vereinbaren. Hölderlins beharrliche Weigerung, Pfarrer zu werden, war bereits ein Ausdruck der Tatsache, daß auch seine Dichtung und die von ihr erblickte „Sache" sich in einem ganz bestimmten Gegensatz zur christlichen Religion befanden.

Das Christentum lehrte, daß es nur einen Gott, einen jenseitigen Gott, gab. Der einzige Sohn dieses Gottes, Christus, hatte zwar einmal die Erde besucht, er war aber nach seinem Tode und seiner Auferstehung zum Vater in den Himmel zurückgekehrt. Er hatte damit die Erde als solche götterlos zurückgelassen, und die Christen sahen sich hinfort darauf verwiesen, im irdischen Jammertal auszuharren, um erst jenseits die Herrlichkeit Gottes zu schauen.

Gegen dieses christliche Weltbild empfand Hölderlin frühzeitig einen inneren Widerstand – obwohl Christus für ihn immer, und auf sichtbare Weise in seinem Spätwerk, höchste Bedeutung hatte. Während des Studiums hatte Hölderlin jedoch auch die Denker und Dichter der Antike kennengelernt, und bei ihnen begegnete ihm eine andere Welt. Eine Vielfalt von Gottheiten bevölkerte den griechischen Götterhimmel, und nicht erst im Jenseits konnte der Mensch dieses Göttlichen ansichtig werden; in jedem Baum, in jedem Fluß traten ihm Götter schon auf der Erde entgegen.

Diese griechische Mythologie hatte seit langem Eingang in die abendländische Kunst und Dichtung gefunden. Auf Gemälden und in Gedichten erschienen Zeus und Athene, Apoll und Aphrodite in leibhaftiger Majestät.

Die Zeit, die solche Kunstwerke hervorbrachte, war aber die des christlichen Abendlands. Wie ließ sich die christliche Grundvorstellung von dem einen jenseitigen Gott mit jener offenbaren Freude der Künstler an der diesseitig-vielfältigen Götterwelt der Antike verbinden? Wie stand es mit dem Wahrheits- und Wirklichkeitsgehalt der Darstellung griechischer Götter in christlicher Zeit? Offenbar glaubten doch die christlichen Künstler und Dichter nicht eigentlich an Apoll und Athene, wenngleich sie nicht müde wurden, sie um ihrer Schönheit und ihrer poetischen Reize willen zu schildern. Durfte die griechische Götterwelt zu allegorisch-ästhetischem Schein verblassen?

Schon 1798, in Frankfurt, gibt Hölderlin mit der Ode „Die scheinheiligen Dichter" eine Antwort:

> Ihr kalten Heuchler, sprecht von den Göttern nicht!
>   Ihr habt Verstand! ihr glaubt nicht an Helios,
>   Noch an den Donnerer und Meergott;
>   Tot ist die Erde, wer mag ihr danken? –
>
> Getrost ihr Götter! zieret ihr doch das Lied,
>   Wenn schon aus euren Namen die Seele schwand,
>   Und ist ein großes Wort vonnöten,
>   Mutter Natur! so gedenkt man deiner.

Scheinheilig nennt Hölderlin den Dichter, der von den Göttern spricht, ohne an sie zu glauben. Dieser bloß allegorische Gebrauch der Götternamen war, wie schon angedeutet, gerade in der Literatur des 18. Jahrhunderts überaus häufig. In einer frühen Gedichtsammlung Goethes z.B., dem Buch „Annette", treiben unter dem Einfluß der Rokokoliteratur Amor, Venus, Apollo und allerlei Waldgötter und Nymphen pflichtschuldig ihr Wesen. Herr Professor Zachariae erscheint in der an ihn gerichteten Ode als Sohn der Venus und Liebling Apolls.

Anders liegen die Dinge etwa in Schillers großem Gedicht „Die Götter Griechenlands", das zehn Jahre vor Hölderlins Ode entstanden war und den nachhaltigsten Einfluß auf Hölderlins frühe Tübinger Hymnen-Dichtung ausgeübt hatte. Schiller läßt die griechischen Gottheiten nicht als bloß dekorative Versatzstücke anwesend sein; er beklagt vielmehr in immer neuen Wendungen ihr Entschwinden und macht also in ungleich höherem Maße Ernst mit ihrer geschichtlichen Funktion. Diese Klage um den Verlust des antiken Olymps trug ihm harte Kritik von christlicher Seite ein. Dennoch – und darin liegt ein seltsamer Widerspruch und eine Gebrochenheit der Schillerschen Position – dennoch „glaubt" auch Schiller, mit Hölderlin zu sprechen, offenbar nicht eigentlich an die Götter, deren Entschwinden er beklagt; er nennt sie vielmehr „Schöne Wesen aus dem Fabelland" und fährt fort:

> Da der Dichtung zauberische Hülle
> Sich noch lieblich um die Wahrheit wand –
> Durch die Schöpfung floß da Lebensfülle,
> Und was nie empfinden wird, empfand.
> An der Liebe Busen sie zu drücken,
> Gab man höhern Adel der Natur,
> Alles wies den eingeweihten Blicken
> Alles eines Gottes Spur.
> (V. 9–16)

Schiller meint also, daß die Griechen der Natur, indem sie sie göttlich beseelt sein ließen, lediglich einen höheren Adel *gaben*, einen Adel, den die Natur „an sich" nicht besaß. Beklagt Schiller also das Entschwinden der so verstandenen griechischen Götter, so beklagt er letztlich das Verschwinden einer Illusion.

Insofern gilt die nun einsetzende radikale Kritik Hölderlins auch Schiller – unbeschadet der Tatsache, daß dieser einer seiner großen Lehrmeister war. Hölderlin fordert, nur *der* Dichter dürfe die Götter nennen, der an sie *glaubt*. Was es freilich mit diesem Glauben auf sich hat, in welchem Sinne er – zumal in der aufgeklärten Neuzeit – ohne Naivität und ohne Verkennung der Realitäten überhaupt möglich sein soll, das wird in der Ode „Die scheinheiligen Dichter" noch nicht deutlich.

Auch in dem zeitlich benachbarten, noch kürzeren Gedicht „Die Liebenden" geht es um das Göttliche:

> Trennen wollten wir uns, wähnten es gut und klug;
>   Da wir's taten, warum schröckt' uns, wie Mord, die Tat?
>   Ach! wir kennen uns wenig,
>   Denn es waltet ein Gott in uns.

Während Hölderlin in den „Scheinheiligen Dichtern" Naturgötter nannte – Helios, den Donnerer, den Meergott –, handelt es sich hier um einen Gott, der in den Menschen waltet. Die Trennung, die die Liebenden geplant hatten, und die ihrem Willen und ihrem Verstand als gut und klug erschienen war, schreckt sie, als sie eintritt, wie Mord. So zeigt sich, daß wir Menschen uns selbst kaum kennen; dasjenige in uns, womit wir unser Tun und Lassen allenfalls lenken können, Verstand und Wille, erweist sich als unzureichend; es erfaßt nicht die tieferen Schichten unseres Wesens. Diese werden von einem in uns waltenden Gotte bestimmt.

Wiederum läßt Hölderlin bei der Kürze und Schroffheit, die er sich hier auferlegt, alles Weitere offen. In welchem Sinn darf von einem „Gotte im Menschen" gesprochen werden? Gehören nicht Gott und Mensch gerade entgegen-

Hölderlins „Maß": Das Gefüge der Welt 93

gesetzten Bereichen an? Wird der Gott vermenschlicht oder gar der Mensch vergöttlicht? Was sind die Götter Hölderlins?

Wir entnehmen diesen beiden Frankfurter Gedichten zunächst zwei Grundtatsachen: Hölderlin nimmt sowohl in der Natur als auch im Menschen – und somit in der Ganzheit der Welt – die Anwesenheit von Göttern wahr; und er nimmt die Existenz dieser Götter und daher seine Rede von ihnen in einem ganz ungewöhnlichen Maße ernst. Jedes uneigentlich-allegorische Sprechen ist angesichts der Götter unangemessen. Von uns wird offenbar ein gleiches Ernstnehmen verlangt – wenn anders Hölderlins Gedichte uns mehr sein sollen als nur ästhetisch aufzufassende Gebilde.

Zwei Jahre später – nun schon innerhalb des gewaltigen Oden-, Elegienund Hymnenwerks der Reifezeit – entsteht die kleine Ode „Die Götter":

> Du stiller Aether! immer bewahrst du schön
> Die Seele mir im Schmerz, und es adelt sich
>   Zur Tapferkeit vor deinen Strahlen,
>   Helios! oft die empörte Brust mir.
>
> Ihr guten Götter! arm ist, wer euch nicht kennt,
> Im rohen Busen ruhet der Zwist ihm nie,
>   Und Nacht ist ihm die Welt und keine
>   Freude gedeihet und kein Gesang ihm.
>
> Nur ihr, mit eurer ewigen Jugend, nährt
> In Herzen, die euch lieben, den Kindersinn,
>   Und laßt in Sorgen und in Irren
>   Nimmer den Genius sich vertrauern.

Wieder sind es Götter der Natur, die Hölderlin anruft, der Aether und Helios. Wir erfahren jetzt jedoch, anders als in jener Ode über die scheinheiligen Dichter, von manchen ihrer Eigenschaften: die Götter bewahren dem Dichter die Seele; und da er sie kennt und von ihrer Existenz weiß, kann er im empörenden Alltag tapfer bleiben. Die mittlere Strophe faßt – am negativen Gegenbild – die Wirksamkeit der Götter zusammen und ruft zugleich einen weiteren, erstaunlichen Hauptaspekt ihres Wesens ins Bewußtsein: die Tatsache, daß viele Menschen die Götter nicht kennen – das Paradoxon also, daß etwas unzweifelhaft Existierendes – als solches müssen die Götter ja in Hölderlins Sinn, wie wir sahen, gelten – unbekannt bleiben kann:

> Ihr guten Götter! arm ist, wer euch nicht kennt,
> Im rohen Busen ruhet der Zwist ihm nie,
>   Und Nacht ist ihm die Welt und keine
>   Freude gedeihet und kein Gesang ihm.

Bleiben die Götter unerkannt, so sind für den Menschen Armut, Roheit, Zwist, Freud- und Gesanglosigkeit die Folge. Auch die Welt verdüstert sich dem Menschen dann: sie wird ihm zur Nacht; womit schon hier die Weltnacht erscheint, in die für Hölderlin weltgeschichtlich-epochal die auf den antiken Göttertag folgenden Jahrhunderte versunken waren. Ohne die Erfahrung der Götter, so dürfen wir folgern, ist weder ein eigentliches Menschsein noch eine eigentliche Welterfahrung möglich.

Immer deutlicher stellt sich heraus: Hölderlins Frage nach den Göttern hat nicht nur poetologischen, sondern primär ontologischen Charakter. Götter sind ein Hauptelement des Weltgefüges. Von der Antwort auf jene Frage hängt ab, was die Welt und was der Mensch ist.

Um diese Antwort zu finden, bezieht Hölderlin in zunehmendem Maße die Geschichte ein. Nicht er zuerst oder als einziger denkt über die Götter nach. Das antike Griechenland war wesentlich von solchem Nachdenken geprägt. Damals waren Götter allbekannt und allgeehrt. Hölderlins große Elegie „Brot und Wein" (1800/01) stellt in der vierten Strophe diese griechische Gegenwart der Götter auf der Erde dar, zugleich mit trauernden Fragen nach dem Verbleib der verschwundenen Himmlischen:

> Seliges Griechenland! du Haus der Himmlischen alle,
>   Also ist wahr, was einst wir in der Jugend gehört?
> Festlicher Saal! der Boden ist Meer! und Tische die Berge,
>   Wahrlich zu einzigem Brauche vor alters gebaut!
> Aber die Thronen, wo? die Tempel, und wo die Gefäße,
>   Wo mit Nektar gefüllt, Göttern zu Lust der Gesang?
> Wo, wo leuchten sie denn, die fernhintreffenden Sprüche?
>   Delphi schlummert und wo tönet das große Geschick?
> Wo ist das schnelle? wo brichts, allgegenwärtigen Glücks voll
>   Donnernd aus heiterer Luft über die Augen herein?
> Vater Aether! so riefs und flog von Zunge zu Zunge
>   Tausendfach, es ertrug keiner das Leben allein;
> Ausgeteilet erfreut solch Gut und getauschet, mit Fremden,
>   Wirds ein Jubel, es wächst schlafend des Wortes Gewalt
> Vater! heiter! und hallt, so weit es gehet, das uralt
>   Zeichen, von Eltern geerbt, treffend und schaffend hinab.
> Denn so kehren die Himmlischen ein, tiefschütternd gelangt so
>   Aus den Schatten herab unter die Menschen ihr Tag.

(V. 55–72)

Von hier aus verstehen wir konkreter, was die Ode „Die Götter" meinte, als sie sagte, dem götterlosen Menschen gedeihe keine Freude und kein Gesang. Einzig die Gegenwart der Götter war es, die in Griechenland geistige Heiterkeit und allgegenwärtiges Glück hervorbrachte.

In Hölderlins Elegie „Der Archipelagus", die wohl im Frühjahr 1800, etwa ein halbes Jahr vor jener anderen, „Brot und Wein", entstanden ist, erfahren wir Weiteres über das Wesen der Götter:

> Aber droben das Licht, es spricht noch heute zu Menschen,
>   Schöner Deutungen voll und des großen Donnerers Stimme

> Ruft es: Denket ihr mein? und die trauernde Woge des Meergotts
> Hallt es wider: gedenkt ihr nimmer meiner, wie vormals?
> Denn es ruhn die Himmlischen gern am fühlenden Herzen;
> Immer, wie sonst, geleiten sie noch, die begeisternden Kräfte,
> Gerne den strebenden Mann und über Bergen der Heimat
> Ruht und waltet und lebt allgegenwärtig der Aether,
> Daß ein liebendes Volk in des Vaters Armen gesammelt,
> Menschlich freudig, wie sonst, und Ein Geist allen gemein sei.
> Aber weh! es wandelt in Nacht, es wohnt, wie im Orkus,
> Ohne Göttliches unser Geschlecht. Ans eigene Treiben
> Sind sie geschmiedet allein, und sich in der tosenden Werkstatt
> Höret jeglicher nur und viel arbeiten die Wilden
> Mit gewaltigem Arm, rastlos, doch immer und immer
> Unfruchtbar, wie die Furien, bleibt die Mühe der Armen.
> Bis, erwacht vom ängstigen Traum, die Seele den Menschen
> Aufgeht, jugendlich froh, und der Liebe segnender Othem
> Wieder, wie vormals oft, bei Hellas blühenden Kindern,
> Wehet in neuer Zeit und über freierer Stirne
> Uns der Geist der Natur, der fernherwandelnde, wieder
> Stilleweilend der Gott in goldnen Wolken erscheinet.
>
> (V. 231–252)

Solche Verse sind, wie schon die zuvor zitierten, ohne Beispiel in der Geschichte unserer Dichtung. Ohne Beispiel zunächst als ein Stilphänomen. Unverwechselbar herrscht hier der kraftvoll strömende Hölderlin-Ton der Zeit um 1800, von weitem und tiefem Atem getragen, *ein* zuinnerst Gemeintes immer neu beschwörend. Die Worte und Wortfolgen scheinen, zart und mächtig zugleich, organisch aus *einem* Zentrum hervorzugehen wie der Fluß aus der Quelle (daher das hinreißende Strömen); aber Hölderlin wirft auch Blöcke und Felsen in diesen Strom, Wortblöcke, die statisch im Sprachfluß verharren, so daß das Strömen sich an ihnen bricht und seine Unbezwinglichkeit beweist.

Nun hat jeder große Dichter seinen unverwechselbaren Ton; in dieser Hinsicht ist, streng genommen, jeder von ihnen ‚ohne Beispiel'. Der darüber hinausgehenden Unvergleichlichkeit Hölderlins, der Substanz seines Werkes, suchen wir auf die Spur zu kommen.

Was sagt Hölderlin hier eigentlich?

> Aber droben das Licht, es spricht noch heute zu Menschen,
> Schöner Deutungen voll und des großen Donnerers Stimme
> Ruft es: Denket ihr mein? und die trauernde Woge des Meergotts
> Hallt es wider: gedenkt ihr nimmer meiner, wie vormals?

Zitiert Hölderlin lediglich einzelne griechische Gottheiten, den Meergott Poseidon und den Donnerer Zeus? Sind das mythologische Anspielungen eines rückwärtsgewandten, der ungeliebten Gegenwart elegisch entfliehenden Geistes?

Die Nennung der Götter beginnt mit der Zeile: „Aber droben das Licht, es spricht noch heute zu Menschen". Das „Licht" des Himmels, unsere Sonne, wird offenbar den Göttern zugesellt. Somit spricht Hölderlin gar nicht nur von griechischen Gottheiten; und er ist auch nicht rückwärtsgewandt. Das Licht der Sonne spricht vielmehr „noch heute zu Menschen". Und – ebenfalls heute noch – ruft des Donnerers Stimme den Menschen zu: „Denket ihr mein?" Die Menschen aber gedenken des Anrufs der Götter nicht mehr; das zeigt die Trauer des Meergotts. Der Spruch des Lichts, der Ruf des Donnerers, das Hallen der Woge bleiben ungehört, obwohl sie ungewandelt und unwandelbar da sind.

Inwiefern aber überhören die Menschen eigentlich die Götter? Sie sehen doch zweifellos, daß die Sonne scheint; sie hören das Krachen des Donners; und auch die hallende Woge erblicken und hören sie. Gewiß. Unvermerkt haben wir jedoch die gestellte Frage verfehlt. Sonne, Donner und Woge übersehen die Menschen zwar nicht; die Erscheinungen der Natur erblicken sie nach der Gewohnheit. Hölderlin aber nennt diese Erscheinungen „Götter"; und als solche werden sie von den Menschen der Neuzeit in der Tat nicht wahrgenommen. Woher nimmt Hölderlin das Recht zu seiner Rede?

Erinnern wir uns zunächst der erläuternden Verse, die Hölderlin jetzt folgen läßt:

> Denn es ruhn die Himmlischen gern am fühlenden Herzen;
> Immer, wie sonst, geleiten sie noch, die begeisternden Kräfte,
> Gerne den strebenden Mann und über Bergen der Heimat
> Ruht und waltet und lebt allgegenwärtig der Aether,
> Daß ein liebendes Volk in des Vaters Armen gesammelt,
> Menschlich freudig, wie sonst, und Ein Geist allen gemein sei.

Unbeirrbar bekräftigen diese Verse, daß es „Himmlische" seien, von denen die Rede ist, und daß die Himmlischen, zu denen auch der „ruhende, waltende" Äther gehört, unwandelbar da sind. Sie sind da „wie sonst": wie nämlich in griechischer Zeit, als die Menschen die Götter noch vernahmen.

Inwiefern aber kann der Äther, der uns umgebende Luftraum, als ein „Himmlischer" „walten und leben"? Ist er nicht vielmehr eine einfache, unbelebte Sache in der uns umgebenden Natur, deren Wesen uns etwa durch die chemische Analyse erschöpfend zur Kenntnis gelangt? Hölderlin kannte allerdings die Ergebnisse der Fragestellung der Chemie noch nicht. Hätte er immer noch vom „himmlischen" Äther gesprochen, wenn er sie gekannt hätte?

Indessen fährt die Elegie fort:

> Aber weh! es wandelt in Nacht, es wohnt, wie im Orkus,
> Ohne Göttliches unser Geschlecht. Ans eigene Treiben
> Sind sie geschmiedet allein, und sich in der tosenden Werkstatt
> Höret jeglicher nur und viel arbeiten die Wilden
> Mit gewaltigem Arm, rastlos, doch immer und immer
> Unfruchtbar, wie die Furien, bleibt die Mühe der Armen.

Hier wiederholt sich das Bild der Nacht, in die die Menschen seit dem Weggang der Götter gebannt sind. Die titanisch tosende Werkstatt, das dumpfe Arbeitsgetriebe, das blindwütige Geschmiedetsein an das Geschäft des Tages, das lichtlose,

Hölderlins „Maß": Das Gefüge der Welt 97

unfruchtbare und letztlich heillose Dasein, das diese Verse beschwören, das alles ist unmittelbare Folge der Abwesenheit der Götter.

Was sind die Götter Hölderlins? – In seiner Ode „Dichterberuf" (1800/01) heißt es:

> Zu lang ist alles Göttliche dienstbar schon
>   Und alle Himmelskräfte verscherzt, verbraucht
>   Die Gütigen, zur Lust, danklos, ein
>   Schlaues Geschlecht und zu kennen wähnt es,
>
> Wenn ihnen der Erhabne den Acker baut,
>   Das Tagslicht und den Donnerer, und es späht
>   Das Sehrohr wohl sie all und zählt und
>   Nennet mit Namen des Himmels Sterne.   (V. 45–52)

Die Menschen, ein „schlaues Geschlecht", sind dem Göttlichen gegenüber „danklos"; sie machen sich die Himmelskräfte lediglich „dienstbar"; sie „verbrauchen" sie. Der „Acker" etwa, der Erdboden, den die zitierten Verse nennen, wird dienstbar gemacht, indem man ihn daraufhin bearbeitet, daß er Getreide hervorbringt; er gilt lediglich etwas, insofern er ein Produzent nützlicher Dinge ist. Das „Tagslicht" und den „Donnerer", Sonne, Gewitter und Regen, kennen und achten die Menschen nur, insofern beide der gleichen Produktion von Nützlichem dienlich sind: ohne Sonne und Regen keine Ernte. Mächte also, deren Existenz dem Menschen als ein rätselhaftes Geschenk ohne sein Zutun entgegenkommt, die sich dem Menschen anheimgeben – „gütige Himmelskräfte", wie Hölderlin daher sagt –, werden vom Menschen einem System der Ausnutzung und des „Verbrauchs" dienstbar gemacht, das die Wesensfülle, die diesen Mächten eigen ist, negiert und auf das dem Menschen Nützliche reduziert.

Licht, Äther, Meer und Erde jedoch sind ‚eigentlich' nicht nützlich; ‚eigentlich' sind sie nichts anderes als sie selbst: rätselhaft in ihrem eigenen Wesen ruhend, „walten" sie in übermenschlichem Gleichmut. Sie schenken sich obendrein dem Menschen. Dieser dürfte ihnen, wollte er ihnen gerecht werden, nur ‚mit Preis und Dank' begegnen. Die Griechen bauten Tempel. Von seiner Gegenwart aber muß Hölderlin sagen:

> Die Tempelsäulen stehn
> Verlassen in Tagen der Not,
> Wohl tönet des Nordsturms Echo
>   tief in den Hallen,
> Und der Regen machet sie rein,
> Und Moos wächst und es kehren die Schwalben,
> In Tagen des Frühlings, namlos aber ist
> In ihnen der Gott, ...
>   („Der Mutter Erde", V. 51–58)

Das „schlaue Geschlecht" der Gegenwart hat die Götter vergessen.

Somit zeigt sich: Hölderlin überwindet das verhängnisvolle System der bloßen Ausnutzung der himmlisch-irdischen Mächte. *Das faktisch über- und außermenschliche Wesen dieser Mächte nennt er „göttlich".* So hat dieser Name nichts Spekulatives, Unrealistisches oder poetisch Verbrämendes. Er benennt – heilignüchtern, wie Hölderlin sagt – das Übermächtige mit dem ihm angemessenen Namen.

Um jenes Beispiel aufzunehmen: die chemische Analyse des Äthers, die wiederum ihren eigenen Platz innerhalb der Nutzbarmachung des übermächtig Gegebenen hat, bringt den Menschen der Erkenntnis des *Wesens* des Äthers keinen Schritt näher. Die chemische Zusammensetzung ist nicht das Wesen. Ihre Erkenntnis lehrt zwar, aus welchen Bausteinen der fragliche Gegenstand besteht, sie sagt aber nichts über seinen Existenzgrund und seine Wesenskraft – sowenig wie ein Gemälde in seinem Wesen erkannt ist, sobald man die chemische Analyse seiner Farben durchgeführt hat. Die Erkenntnis der Chemie lehrt letztlich – gerade durch ihre wichtigen, aber unvermeidbar im ‚Vordergrund' verharrenden Aufschlüsse –, daß das Wesen, oder besser: das Geheimnis des Gegenstandes immer schon auf einer anderen, ‚tieferen' Ebene, die der Chemie nicht erreichbar ist, beheimatet war. Auf ihr bleibt es unergründet zu Hause.

Das in das System von Produktion und Verbrauch gezwungene Element entzieht dem Menschen sein Wesen. Es ist nicht nur so lange übermächtig, als der Mensch es diesem System noch nicht unterworfen hat, sondern es ist im Hinblick auf sein Wesen nie zu unterwerfen und in diesem Sinne erst eigentlich übermächtig. Es bleibt, vom unterwerfenden Menschen unerkannt, das rätselhaft Waltende, das es – wie »alles Göttliche« – seit eh und je und faktisch *ist*.

Das Ausnutzen sowohl als auch das blinde Entschleiernwollen des Übermächtigen liegt Hölderlin gleichermaßen fern. Indem er dem Übermächtigen dankt und es göttlich nennt, wird er ihm eigens gerecht, denn er erkennt es freudig in seinem ihm eigentümlichen Wesen an; er läßt ihm dieses Wesen und dessen Geheimnis und eignet es gleichwohl den Menschen – *als* das Geheimnis, das es ist – so gerade zu. Diese Offenheit und Gerechtigkeit dem Bestehenden gegenüber ist ein Grundzug der Hölderlinschen Dichtung. Sie läßt sein Werk gebunden sein an das, was ist, und entbindet zugleich das, was ist, in seinem Werk.

Man hat Hölderlin mit Recht einen der religiösesten Dichter genannt. Seine Religiosität enthält jedoch, wie sich zeigt, nicht eigentlich das Element des Glaubens. Nicht umsonst wehrte er sich zeitlebens dagegen, den geistlichen Beruf zu ergreifen. Der Glaube wird wirksam, sobald die Möglichkeiten der Erfahrung an ihr Ende gelangt sind. Hölderlins Götter dagegen sind als das faktisch Übermächtige der Erfahrung zugänglich – nicht so, daß die Erfahrung ihr Wesen enträtseln könnte; wohl aber so, daß ihr Wesen als das Rätsel und Geheimnis, das es ist, erfahren und bewahrt werden kann.

Hölderlins Erfahrung der Götter tut noch einen letzten Schritt. Sie kennt nicht nur „die" Götter, sondern auch „Gott" oder, wie Hölderlin auch sagt, den Vater. Dieser ist – mit einem Wort der Hymne „Wie wenn am Feiertage ..." –

„über die Götter des Abends und Orients"³; er überragt sie. Er ist weder der antike Zeus noch der christliche Gottvater. Die Erfahrung dieses obersten Gottes wird vielmehr der Tatsache gerecht, daß auch die Einzelgottheiten – wie Meer, Erde, Äther und Licht – nicht beziehungslos nebeneinander stehen. Keiner von ihnen ist ohne die anderen. Sie alle werden zudem von etwas Verbindendem durchwaltet: von Dem, was alles Seiende zusammenhält. Hölderlin nennt dieses Oberste den „gemeinsamen Geist"⁴. Einheit stiftend durchzieht er alles, was ist.

Von ihm sagt Hölderlin in seiner letzten auf uns gekommenen Hymne „Griechenland" Verse, die weit von uns Heutigen entfernt sind:

> Alltag aber wunderbar zu lieb den Menschen
> Gott an hat ein Gewand.
> Und Erkenntnissen verberget sich sein Angesicht
> Und decket die Lider mit Kunst.
> Und Luft und Zeit deckt
> Den Schröcklichen, daß zu sehr nicht eins
> Ihn liebet mit Gebeten oder
> Die Seele. (Dritte Fassung, V. 25–32)

Hölderlins Frage nach den Göttern, so sagten wir, sei primär ontologisch begründet. Inzwischen hat sich gezeigt: Hölderlins inständige Forderung, die Götter müßten von den Menschen gewahrt und geachtet werden, hat den einzigen und in seiner Einzigkeit bezwingenden Grund, daß die Götter, die übermenschlich-übermächtigen Kräfte, eine elementare, faktische Macht innerhalb des Weltganzen sind, an der der Mensch nicht vorbeigehen darf, wenn anders es seine Aufgabe ist, das Weltgefüge unverfälscht zu erkennen und zu achten.

Dieses Weltgefüge als Ganzes ist das „Bestehende" *und daher Maßgebende*. Es gehorcht einem verborgenen, aber für die Einsicht offenbaren Maß, das die Welt und alles Vereinzelte in ihr bestimmt. Von ihm sagt Hölderlin:

> Fest bleibt Eins; es sei um Mittag oder es gehe
>   Bis in die Mitternacht, immer bestehet ein Maß,
> Allen gemein, ...⁵ („Brot und Wein", V. 43–45)

Und in der Ode „Der Frieden" heißt es, daß unsere Väter dieses „Maß verloren" haben (V. 39). Daher gilt es für Hölderlins und für jede neue Gegenwart, das verlorene Maß wiederzufinden. Der Schluß der „Patmos"-Hymne bekräftigt dies; er begründet es zugleich mit dem Willen des „Vaters":

> ... der Vater aber liebt,
> Der über allen waltet,
> Am meisten, daß gepfleget werde

---

³ „Wie wenn am Feiertage ...", V. 22. Die „Natur", der die zitierten Worte gelten, ist der frühere Name Hölderlins für „Gott". (Diese Hymne entstand schon Ende 1799.)
⁴ „Wie wenn am Feiertage ...", V. 43.
⁵ Vgl. oben „Der Archipelagus", V. 240: „ ... und Ein Geist allen gemein sei", und „Wie wenn am Feiertage ...", V. 43.

> Der feste Buchstab, und Bestehendes gut
> Gedeutet. Dem folgt deutscher Gesang.
>
> (V. 222–226)

Der „feste Buchstab"[6] ist jenes Maß, das „Allen gemein" ist. Innerhalb des unausdehnbaren, allumfassenden Bereiches, in dem das Maß gültig ist – nämlich innerhalb des „Bestehenden" im ganzen – ist der Bereich der Götter gleichsam ein Teilbezirk. Ihm steht das Wesen des Menschen zur Seite, das, wie wir sahen, unlösbar mit ihm verbunden ist. Kein Wesen außer dem Menschen kann die Götter wahrnehmen. Götter und Menschen sind einander zugetan, ob die Menschen dies wissen oder nicht; keins ist ohne das andere möglich. Hölderlins späte Hymne „Der Einzige"[7] sagt es so:

> Himmlische sind
> Und Menschen auf Erden beieinander die ganze Zeit.
>
> („Dritte Fassung", V. 84f.)

Und sie zieht den Schluß:

> Immerdar
> Bleibt dies, daß immergekettet alltag ganz ist
> Die Welt.
>
> (V. 87–89)

Himmlische und Sterbliche – und die Wohnungen beider: Himmel und Erde – sind „alltag", in allen Epochen und Wandlungen der Geschichte, aneinander „gekettet". Sie bilden gemeinsam das Gefüge der Ganzheit der Welt. *Damit ist ein höchstes, himmlisch-irdisches Maß gefunden.* Es ist nicht Ausdruck der hochgespannten oder überspannten Forderung eines Dichters; es entspricht einzig und nüchtern der Forderung des „Bestehenden". Das Finden des Maßes ist die „Pflege" des „festen Buchstabs".

Um das Weltgefüge als Ganzes zu erblicken, muß der Mensch auch die Götter kennen, denn sie sind ein Element dieses Gefüges. Entspricht der Mensch dieser maßgebenden Notwendigkeit, so sind die Götter – zugleich damit – auf der Erde eingekehrt, denn dann werden sie als das Übermächtige inmitten des Irdischen gewahrt und geachtet.

Hölderlin mißt die Weltgeschichte und ihre Epochen daran, ob sie die Kraft und Einsicht besitzen, den Anspruch dieses einzigen Maßes – jeweils auf ihre Weise – zu erfüllen. Die Griechen erfüllten ihn in ihrer großen Zeit. Die Menschen seiner Gegenwart und seiner Zukunft werden von Hölderlin gefragt, ob sie das Maß wiederum zu erblicken vermögen. Daher heißt es in der Ode „An die Deutschen" (1799/1800):

> Schöpferischer, o wann, Genius unsers Volks,
> Wann erscheinst du ganz, Seele des Vaterlands,

---

[6] Vgl. oben „Brot und Wein", V. 43: „Fest bleibt Eins".
[7] Zu dieser Hymne vgl. vom Verf.: „Die Welt im verringerten Maasstab". Hölderlin-Studien. Tübingen 1968, S. 19–54 u.ö.

> Daß ich tiefer mich beuge,
>   Daß die leiseste Saite selbst
>
> Mir verstumme vor dir, daß ich beschämt
>   Eine Blume der Nacht, himmlischer Tag, vor dir
>   Enden möge mit Freuden,
>   Wenn sie alle, mit denen ich
>
> Vormals trauerte, wenn unsere Städte nun
>   Hell und offen und wach, reineren Feuers voll
>   Und die Berge des deutschen
>   Landes Berge der Musen sind,
>
> Wie die herrlichen einst, Pindos und Helikon,
>   Und Parnassos, und rings unter des Vaterlands
>   Goldnem Himmel die freie,
>   Klare, geistige Freude glänzt.   (V. 25–40)

Diese geistige Freude wäre das Zeichen der Einkehr der Götter bei Menschen und somit nichts anderes als die „Stimmung", die der Erfüllung jenes höchsten Maßes entspräche.

Ist die geistige Freude bis zu unserer Gegenwart Wirklichkeit geworden? Kennt unsere Zeit wieder die Götter? Es scheint, als konzentriere die Gegenwart sich in einem früher unvorstellbaren Ausmaß darauf, die bloße Ausnutzung der Erde und der Naturkräfte zu vervollkommnen. Das System dieser Ausnutzung hat globale und interplanetarische Dimensionen erreicht. Das faktisch Übermächtige hat als solches kaum einen Platz in unserem Weltbild. Tritt es überhaupt in unseren Gesichtskreis, so nur als das, was von unserem Produktions- und Verbrauchssystem noch nicht erfaßt und also noch zu erfassen ist. Der Dank an das Göttliche liegt uns fern; und es ist von unserer geistigen Situation aus nicht abzusehen, wie ein solcher Dank ein wesentliches und also bestimmendes Element einer künftigen Welthaltung werden könnte, die alle Gegebenheiten unserer Zeit einbezöge und also keineswegs auf Hölderlins geschichtliche Lage zurückfiele.

Die Antwort auf jene Frage, die wir zu Beginn stellten: Sind wir Heutigen dem Anspruch der Dichtung Hölderlins gewachsen? – diese Antwort steht und fällt jedoch damit, ob wir imstande sind, zugleich mit dem Irdischen das Göttliche und also das himmlisch-irdische Weltgefüge als Ganzes wahrzunehmen und dem Anspruch dieses einzigen Maßes zu entsprechen.

Als Hölderlin sich vorbereitete, als Hauslehrer nach Bordeaux zu gehen, schrieb er im Dezember 1801 an seinen Freund Böhlendorff:

> es hat mich bittre Tränen gekostet, ... mein Vaterland noch jetzt zu verlassen, vielleicht auf immer. Denn was hab ich Lieberes auf der Welt? Aber sie können mich nicht brauchen.

Der letzte Satz gilt noch heute. Aber die Zeit, die seit Hölderlins Tagen vergangen ist, lehrt uns Geduld. Es scheint, daß Hölderlin selbst die Anweisung dazu gibt. In seiner Hymne „Mnemosyne" heißt es:

> Lang ist
> Die Zeit, es ereignet sich aber
> Das Wahre.   (Erste Fassung, V. 16–18)

HÖLDERLIN. WELT IM WERK

> [...] und wohl
> Sind gut die Sagen, denn ein Gedächtnis sind
> Dem Höchsten sie, doch auch bedarf es
> Eines, die heiligen auszulegen.
>
> Hölderlin: Stimme des Volks.
2. Fassung. V. 69–72[1]

> Die Sage versucht das Unerklärliche zu erklären. Da sie aus einem Wahrheitsgrund kommt, muß sie wieder im Unerklärlichen enden.
>
> Kafka: Prometheus[2]

> Wir müssen die Mythe nämlich überall *beweisbarer* darstellen.
>
> Hölderlin: Anmerkungen zur Antigonä [des Sophokles][3]

I

„Ich bin mir tief bewußt", schreibt Hölderlin am 16. November 1799 an seine Mutter, „daß die Sache, der ich lebe, edel und daß sie heilsam für die Menschen ist [...]."[4]

Heute gilt Hölderlins Dichtung, in der seine »Sache« sich manifestiert, weithin kaum als „heilsam". Es ist vielmehr so weit gekommen, daß man hie und da versucht, ihre Aussage – allen vor Augen liegenden Zeugnissen zum Trotz –

---

[1] Hölderlin. Sämtliche Werke. Große Stuttgarter Ausgabe. Hrsg. von Friedrich Beißner. Bd. 6 und 7 hrsg. von Adolf Beck. Stuttgart 1943ff. (Im folgenden zitiert als: StA.) Bd. 2. S. 53. Hölderlins Orthographie wird generell der heutigen angeglichen. – Zur Erläuterung vgl.: Friedrich Hölderlin. Sämtliche Gedichte. Studienausgabe in zwei Bänden. Hrsg. und komm. von Detlev Lüders. (Bd. 1: Text. Bd. 2: Kommentar.) Bad Homburg v.d.H. 1970. (Im folgenden zitiert als: SG.) Kommentar zu „Stimme des Volks": Bd. 2. S. 214–217.

[2] Franz Kafka: Die Erzählungen. Frankfurt a.M. 1961. S. 303 („Prometheus": entstanden Januar 1918).

[3] StA 5, 268. – Daß die Mottos Aussagen über Mythe und Sage von Hölderlin und Kafka zusammenstellen, besagt nicht, der vorliegende Aufsatz beabsichtige einen Vergleich des Mythen- und Sagenbildes beider Dichter. Alles kommt vielmehr darauf an, die von beiden gemeinte *Sache* vor den Blick zu bringen. Diese ist im Titel durch den Begriff der ‚Welt' (vgl. Anm. 9) angedeutet; und so gilt es zu zeigen, inwiefern gerade Sage und Mythe einen ausgezeichneten *Welt- und Wirklichkeitsgehalt* mit sich führen, so daß ihre „beweisbarere

auf Bezüge zur Zeitgeschichte, die dem geläufigen Vorstellen faßbar sind, zu reduzieren[5] – als sei es das Wesen der Dichtung, allbekannte historische Ereignisse in poetischer Form zu Wort zu bringen. So erfindet man zum Beispiel auch einen „Hölderlin ohne Mythos"[6]; denn die heutige Gesellschaft, deren Weltbild man übernimmt und für die man Hölderlin ‚aktualisieren' möchte, kennt den Mythos nicht oder nur als Zerrbild. Man verschließt, was kaum glaublich erscheint, die Augen davor, daß der Mythos konstituierend zum Kern von Hölderlins Werk gehört.

Wo man heute überhaupt noch den Mythos wahrnimmt, begreift man ihn – aufgeklärt, wie man zu sein meint – mehr oder weniger als ein Märchen. Die Götter, von denen der Mythos spricht, werden zwar möglicherweise als ein religionsgeschichtlich oder ästhetisch bedeutsames Phänomen aufgefaßt; man hält sie aber nicht für einen Faktor, mit dem im Ernst zu rechnen wäre, sondern für unwirklich, für ein Produkt der poetischen Phantasie.

Immerhin ist so der Mythos, wenn auch bis zur Unkenntlichkeit entstellt, überhaupt einmal ins Blickfeld getreten. Damit ist, ohne daß wir es schon wüßten, ein erster Schritt auf einem Wege getan, der in Hölderlins Dichtung die Wirklichkeit erfahren läßt und so die Dichtung als heilsam erweist.

Aber der erste Schritt bleibt ohne den zweiten wirkungslos. Denn das Entscheidende steht noch aus: das alltägliche Denken, das sich in jenen vordergründigen Deutungen des Mythos manifestiert, muß sich radikal ändern, damit der Mythos unentstellt als der Wegweiser zur Wirklichkeit erfahren wird. Er ist, wesentlich genommen,[7] weder ein Märchen noch ein in poetische Form transponierter historischer Stoff aus der kindlichen Frühzeit der Völker, noch über-

---

Darstellung", und nur sie, Hölderlin in die Lage versetzt, in seinem Werk die ‚Welt' zur Erscheinung zu bringen. – Vgl. hierzu generell Detlev Lüders: „Die Welt im verringerten Maasstab". Hölderlin-Studien. Tübingen 1968. – Zum Begriff des Mythos bei Hölderlin vgl. ferner außer den in Anm. 6 genannten Abhandlungen: Walter Bröcker: Die Auferstehung der mythischen Welt in der Dichtung Hölderlins. In: W.B., Das was kommt gesehen von Nietzsche und Hölderlin. Pfullingen 1963. S. 29–54. (Zuerst in: Studium Generale 8 [1955] H. 5.) – Paul Böckmann: Sprache und Mythos in Hölderlins Dichten. In: Die deutsche Romantik. Hrsg. von Hans Steffen. Göttingen 1967. S. 7–29. – Gerhard Buhr: Hölderlins Mythenbegriff. Frankfurt a.M. 1972 (Literaturverzeichnis: S. 496ff.). Die Buhrsche Arbeit wurde rezensiert von Joachim Müller in: Deutsche Literaturzeitung (Mai 1975) Sp. 389–392.

[4] StA 6, 372.

[5] So z.B. bei Pierre Bertaux: Hölderlin und die Französische Revolution. In: Hölderlin-Jahrbuch 1967/1968. S. 1–27. Vgl. ferner das Schauspiel „Hölderlin" von Peter Weiss, Frankfurt a.M. 1971. – Einige Stellungnahmen hierzu: Adolf Beck: Hölderlin als Republikaner. In: Hölderlin-Jahrbuch 1967/1968. S. 28–52; Lawrence J. Ryan: Hölderlin und die Französische Revolution. In: Festschrift für Klaus Ziegler. Tübingen 1968. S. 159–176.

[6] „Hölderlin ohne Mythos". Hrsg. von Ingrid Riedel. Mit Beiträgen von P. Bertaux, H.-W. Jäger, W. Kudszus, H. Prang, L. Ryan, R. Zuberbühler. Göttingen 1973.

[7] Hier darf daran erinnert werden, daß ‚Mythos' ursprünglich nichts anderes als ‚Wort' bedeutet.

haupt ein Phänomen, das sich mit ästhetisch oder kulturell orientierten Kategorien fassen ließe.

Angesichts der Schwierigkeiten, die die angemessene Erfahrung des Mythos dem Menschen der Neuzeit bereitet, sagt Hölderlin in seinen *Anmerkungen zur Antigonä* des Sophokles: „Wir müssen die Mythe nämlich überall *beweisbarer* darstellen"; und demgemäß verfährt er in seiner Dichtung. Die beweisbarer dargestellte Mythe erleichtert es dem in der Neuzeit überall nach Beweisen fragenden Menschen, jenen zweiten Schritt zu tun. Freilich ist die Mythe nie im mathematischen Sinne zu beweisen. Das ist kein Mangel, sondern eine Auszeichnung: es ist das Anzeichen dafür, daß die Mythe den vordergründigen Bereich, innerhalb dessen Beweise möglich und tragfähig sind, hinter sich läßt. Die Mythe stammt „aus einem Wahrheitsgrund", den Beweise nie erreichen, der aber der tragende Grund alles Beweisbaren ist. Sie muß daher auch, ihrer Herkunft entsprechend, „wieder im Unerklärlichen enden".

Die Mythe wird nicht beweisbar, wohl aber „beweisbarer". Die ‚Darstellung' nämlich, die dies bewirkt, die Gestalt der Dichtung Hölderlins, läßt es sichtbar und einsehbar werden, daß in der Mythe der Wahrheitsgrund bereitliegt. Die beweisbarer dargestellte Mythe gestaltet die faktische Existenz der Götter und nimmt ihnen den Schein des Unwirklichen. Sie spricht die unlösbare Bindung der Götter an Menschen und Dinge aus und gestaltet so die Einheit von Himmel und Erde. Sie bahnt damit dem Menschen den Weg zur Erfahrung der vollen Wirklichkeit der Welt und läßt den Mythos das werden, was er eigentlich ist: das Erscheinen des Wesens der Wirklichkeit.

Die Mythe ermöglicht es, anders gesagt, dem Menschen, den Bereich des Beweisbaren – unbeschadet seiner Bedeutung – in seinen Grenzen zu erkennen, ihn daher als den im ganzen leitenden Bezirk seines Vorstellens zu verlassen und den tieferen, nämlich immer ‚unerklärlichen' „Wahrheitsgrund", der seit je im Menschen und in den Dingen ruht, als den Grund seines Wesens aufzusuchen. Die Mythe fordert vom Menschen das Höchste und zugleich Einfache: Bescheidung zu lernen; anzuerkennen, was ist; und – unbeirrt durch die Versuchungen scheinbarer ‚Aufklärung' – „im Unerklärlichen" auszuharren – im Unerklärlichen, das, wesentlich genommen, das tragende Weltfaktum ist.

> Aber
> Furchtbar ungastlich windet
> Sich durch den Garten die Irre,
> Die augenlose, da den Ausgang
> Mit reinen Händen kaum
> Erfindet ein Mensch.[8]

Heute überzieht die Irre, furchtbarer als zu Hölderlins Zeit, die Erde. Sie verwüstet nachgerade das Wesen des Menschen. Der „Wahrheitsgrund" steht in unserem kulturellen und wissenschaftlichen Betrieb kaum noch irgendwo im Blick-

---

[8] Wenn aber die Himmlischen ..., V. 42–47. StA 2, 223. – Vgl. SG 2, 374f.

feld. Die Beachtung des „Unerklärlichen" und die Achtung vor ihm werden so vehement als ‚Irrationalismus' attackiert, daß die Angst vor dem Unerklärlichen und seinem Gleichmut mit Händen zu greifen ist.

Die Mythe – und vermutlich sie allein – kann, als die Dichtung der Wahrheit, die Irre in ihre Schranken weisen. Daher hängt an der Einsicht in sie das Überleben des Menschen als Menschen.

Man sollte also auch nicht länger einem „Hölderlin ohne Mythos" nachjagen, denn es gibt ihn nicht. Wir müssen uns das von der Mythe in greifbare Nähe gebrachte Rätsel aneignen, statt es zu verdrängen. Es ist nicht in unser Belieben gestellt, welche Bereiche und Dimensionen der Welt wir wahrnehmen und welche nicht. Wir müssen lernen, die Mythe so gründlich wie weniges sonst zu begreifen und zu beherzigen. Nur durch sie eröffnet Hölderlins Werk uns den befreienden Gesamthorizont der ‚Welt'.[9]

Demnach gilt es heute vor allem, den Zusammenhang zwischen Mythe, Wahrheit, Wirklichkeit und Welt wieder aufzufinden. Dieser Zusammenhang darf weder bloß behauptet noch bloß geglaubt werden. Manches bisher einleitend Gesagte mag als bloße Behauptung erscheinen – was nur erhärten würde, daß die beweisbarere Darstellung der Mythe *not-wendig* (und in diesem einzigen Sinne „heilsam") ist.

Alle Ungeduld und Hast des Wissenwollens sind bei den folgenden Versuchen, die Wahrheit der Mythe und so die ‚Welt' in Hölderlins Werk aufzufinden, fernzuhalten. Mit raschem Zur-Kenntnis-Nehmen ist hier nichts auszurichten. Was auf uns wartet, ist kein historischer Stoff, der in einer Reihe mit hundert anderen zu erlernen wäre,[10] sondern die *eine* Erfahrung, die uns und unsere verwüstete Welt sachgerecht ändern könnte: das Hineinfinden in das Alte, im Wandel Dauernde und lange Verschüttete; das Hineinfinden in unsere menschliche *Welt*.

Vermutlich dauert es lange, bis diese Erfahrung möglich wird, und es ist nicht absehbar, ob sie je wieder epochal wirksam werden kann. Indessen gilt Hölderlins Satz:

---

[9] ‚Welt' wird hier – in Annäherung an Heideggers Auslegung – als die dem Menschen immer schon – d.h. unabhängig von der Zahl der jeweils gekannten Einzeldinge – offenbare Ganzheit begriffen, die durch die allen ‚Dingen' gemeinsame Qualität des Seins konstituiert wird und somit der äußerste Horizont jeder möglichen Erfahrung ist. – Vgl. Martin Heidegger: Sein und Zeit. § 11ff.

[10] Damit wird nicht behauptet – was eigentlich kaum der Erwähnung bedarf –, daß Hölderlins Werk nicht auch als ein historischer Stoff unter anderen aufgefaßt werden könnte; und es wird ebenfalls nicht behauptet, Hölderlins Werk befände sich außerhalb des Bereiches einer „historischen Umwelt" und „historischer Einflüsse". Hölderlins Dichtungen historisch zu erforschen, kann nicht nur ertragreich sein; es ist auch eine unabdingbare Voraussetzung für die Erfahrung der Wahrheit seines Werkes.

> Lang ist
> Die Zeit, es ereignet sich aber
> Das Wahre.¹¹

II

„Das Wahre" ist auch ein Thema des Hymnenfragments *Die Titanen* aus Hölderlins Spät- und Reifezeit (um 1802). Eine frühere Fassung der Verse 47–54 lautet:

> Denn, wann ist angezündet
> Der geschäftige Tag
> Und rein das Licht und trunken
> Die Himmlischen sind
> Vom Wahren, daß ein jedes
> Ist, wie es ist,
> Muß unter Sterblichen auch
> Das Hohe sich fühlen.¹²

Die Verse spielen im Bereich zwischen „Himmlischen" und „Sterblichen" und somit im Ganzen der ‚Welt'. Sofort zeigt sich hier dasjenige, was für den heutigen Menschen befremdlich ist: daß überhaupt „Himmlische" zum Weltganzen gehören sollen – und zwar nicht als ein frag- oder liebenswürdiges Phantasieprodukt, sondern als ein konstituierendes Element der Wirklichkeit. Der Mythos ist anwesend; und alles kommt darauf an, ihn nicht vielwissend totzureden, sondern von ihm zu lernen.

Die Verse sprechen antizipierend (vgl. V. 47) vom „Tag", der „angezündet" und „geschäftig" ist: Sie nehmen die glückliche Zeit vorweg, wo die ‚Weltnacht', in der Hölderlin die Menschheit seit dem Ausgang der Antike versunken sah, beendet und ein neuer ‚Göttertag', der hesperisch-abendländische, angebrochen ist.¹³ Die Weltnacht wird dadurch bestimmt, daß „in dürftiger Zeit"¹⁴ die Götter weithin vergessen sind. Dieses nachantike Schicksal hat sich zunächst, im Christentum, im Rückzug des Göttlichen aus dem Irdischen manifestiert: in Christi Himmelfahrt und in der christlichen Annahme, das irdische ‚Jammertal' sei als vom Göttlichen gründlich getrennt vorzustellen. Die nächste, furchtbarere, für Hölderlin erst in Ansätzen sichtbare, von ihm aber gleichwohl in ihren Konsequenzen schon voll erkannte Phase der zunehmenden Weltverfinsterung kam –

---

[11] Mnemosyne, 1. Fassg., V. 16–18. StA 2, 193. – Vgl. SG 2, 352ff.
[12] StA 2, 218. 850.
[13] Vgl. Arthur Häny: Hölderlins Titanenmythos. Zürich 1948. S. 32 und 78f. – Dazu der Exkurs von Jochen Schmidt in: Hölderlins Elegie „Brod und Wein". Berlin 1968. S. 173–178, bes. S. 175f. – Vgl. SG 2, 371.
[14] Hölderlin: Brot und Wein, V. 122. StA 2, 94.

nunmehr unter jeglicher Ausschaltung des Göttlichen – im neuzeitlichen Materialismus herauf.

Wodurch kann das ‚Anzünden' des „Tags", der Umschwung im Weltgeschick also, der die Weltnacht beendet, möglich werden? Wie ist es – ohne blinden Glauben, ohne Schwärmerei und ohne Naivität – sachgerecht zu denken, daß ein ‚neuer Göttertag' anbricht? Steigen Göttergestalten, wie der antike Mythos es wohl sagte, auf die Erde herab? Göttergestalten, deren Herkunftsbereich und Wesen wir uns schlechterdings nicht vorzustellen vermögen?

Allen derartigen Spekulationen und aller Ratlosigkeit geben Hölderlins Verse einen nüchternen Hinweis: Wenn der Tag anbricht, ereignet sich nicht mehr und nicht weniger als jenes einfach „Wahre", von dem auch die Hymne *Mnemosyne* sprach. Es besteht darin,

> daß ein jedes
> Ist, wie es ist.

Der Göttertag *ist da,* sobald auf der Erde und im Himmel alles, was ist, in seinem wahren Wesen erscheint, sobald alle schiefen Aspekte verschwinden, sobald „ein jedes" in Übereinstimmung mit sich selbst und damit erst eigentlich wirklich ist.

Eine nüchternere, alle Schwärmerei entschiedener abweisende Bestimmung des „Wahren" und mit ihm des neuen „Tags" ist nicht denkbar. Fast möchte man meinen, dieses Einfache,

> daß ein jedes
> Ist, wie es ist,

verstehe sich von selbst. Die Worte sind sogar dem Mißverständnis ausgesetzt, es könne doch nie anders sein und nie anders gewesen sein, als daß ein jedes „Ist, wie es [nun einmal] ist". Aber demgegenüber gilt: Nur in seltenen Zeiten tritt dieses einfach Wahre ein. Nicht so nämlich müssen die Dinge erscheinen, wie sie ‚nun einmal', d.h. im Blick der einschläfernden Gewohnheit, sind, sondern so, wie „das Licht" des „Wahren" sie sein und leuchten läßt. Zumeist sind dieses Licht und der von ihm bewirkte Zustand der Dinge verkümmert oder verschüttet. Zumeist ‚sind' die Dinge *nicht* so, wie sie *sind*. Zumeist werden sie vom Menschen nicht *eigentlich,* nicht in ihrem vollen, ungeschmälerten Wesen erblickt.

Anders gesagt: In ganzen Epochen der Geschichte ist der „Tag" *nicht* angezündet, das „Licht" *nicht* „rein", „die Himmlischen" sind *nicht* „dabei",[15] und „das Hohe" fühlt sich daher „unter Sterblichen" *nicht*. All dies aber gehört zum einfachen, wahren Sein der Dinge. Gerade das Einfache und Wahre stellt den höchsten Anspruch.

Die in dieser frühen Fassung der Verse aus der *Titanen*-Hymne gegebene Darstellung des Mythos, der Wahrheit und der Wirklichkeit befriedigte Hölderlin offensichtlich noch nicht. In ihrer überaus einfachen, umfassenden, sich daher jede dingliche ‚Anschaulichkeit' versagenden Form konnte sie seinem immer

---

15 Hölderlin: Ganymed, V. 22. StA 2, 68.

dringlicheren Bestreben, die Mythe beweisbarer und begreifbarer darzustellen wohl nicht genügen. Er setzte daher folgende Fassung an ihre Stelle:

> Wenn aber ist entzündet
> Der geschäftige Tag
> Und an der Kette, die
> Den Blitz ableitet
> Von der Stunde des Aufgangs
> Himmlischer Tau glänzt,
> Muß unter Sterblichen auch
> Das Hohe sich fühlen.[16]

Hier nennt Hölderlin nun ein konkretes, dinglich greifbares ‚Beispiel' für den zwar ständig bestehenden, aber selten ‚gewahrten', hohen Zustand, dessen Erfahrung oder Nichterfahrung über die Zukunft der Menschheit entscheidet; ein Beispiel dafür, wie es ist, wenn die Dinge (und mit ihnen vor allem auch die Menschen) ‚sind, wie sie sind'. Hölderlin nennt ein unscheinbares, scheinbar auch höchst unpoetisches Ding, den Blitzableiter. Der bestand früher oft aus einer „Kette".

Morgens liegt Tau auf der Kette des Blitzableiters: ein natürlicher, allbekannter Sachverhalt. Aber solange die ‚Sache' lediglich in dieser Weise als ein tausendmal gleichgültig erblickter Tatbestand dargestellt und hingenommen wird, ‚sind' weder der Morgen noch der Blitzableiter noch der Tau, was sie *in Wahrheit sind*. Ihr Wesen erscheint erst, sobald von ihnen gesagt wird:

> Wenn aber ist entzündet
> Der geschäftige Tag
> Und an der Kette, die
> Den Blitz ableitet
> Von der Stunde des Aufgangs
> Himmlischer Tau glänzt,
> Muß unter Sterblichen auch
> Das Hohe sich fühlen.

Das Wesen der Dinge erscheint hier, weil seine einfache Wahrheit sachgerecht gestaltet wird. Der Tag ist „entzündet", das himmlische Licht leuchtet und wird *als ein himmlisches* gewahrt; der Tau, der sich vom Himmel auf den Blitzableiter gesenkt hat, *ist* „himmlischer Tau"; die Himmlischen sind in ihm anwesend und zeichnen mit ihrem ‚Glanz' das Ding aus, das den Blitz, dieses „Zeichen" „von Gott",[17] *vom Himmel zur Erde leitet und somit in seiner Funktion die Bindung beider Weltteile, und das heißt die Ganzheit der Welt, sichtbar und greifbar zeigt*. Die alltägliche Erfahrung der Dinge ist jetzt in deren eigentlicher Wesensdimension ‚aufgehoben'. Jetzt „Ist [ein jedes], wie es ist". Die Zugehörigkeit der Göt-

---

[16] StA 2, 218.
[17] In seinem Brief an Böhlendorff vom 4. Dezember 1801 sagt Hölderlin vom Blitz: „Denn unter allem, was ich schauen kann von Gott, ist dieses Zeichen mir das auserkorene geworden" (StA 6,427).

ter zum Irdischen und ihre Anwesenheit in ihm, die im Alltag verschüttet ist, deutet sich an. Ein einfacher, natürlicher Sachverhalt läßt in einem hohen Augenblick die göttliche Dimension, die ständig in ihm besteht, jäh und erschütternd erscheinen. Die Mythe ist „beweisbarer" dargestellt: Sie lebt nicht weiterhin für sich in einem hermetischen Raum, von dem aus keine Brücke zur Wirklichkeit zu führen scheint; sie bewährt sich vielmehr an einem unscheinbaren, alltäglichen Ding.

Dennoch müssen wir fragen: Ist die Mythe damit tatsächlich „beweisbarer" und in ihrem *Wirklichkeitsgehalt* für uns verständlicher geworden? Oder richtiger: Haben wir schon das Maß an beweisbarer Darstellung der Mythe verstanden und ausgeschöpft, das Hölderlins Versen innewohnt?

Wohl kaum. Zwar mag die Rede Hölderlins vom „Wahren, daß ein jedes / Ist, wie es ist", ein wenig deutlicher geworden sein. Das „Wahre" geschieht, sobald die Götter im Irdischen erscheinen, nicht getrennt von ihm oder gar überhaupt nicht. Aber der Sinn eben dieser Aussage darf nicht im mindesten ins Ungreifbare entgleiten oder im Bereich des bloßen, im Grunde unverstandenen Bildungsgutes abgestellt werden. Wir dürfen nicht nur nachsprechen, was Hölderlin sagt. Wir müssen die *Wirklichkeit* der Götter, die Natur ihrer Bindung an Dinge und „Sterbliche" und damit die ‚Welt'-Darstellung in Hölderlins Werk noch weit unmittelbarer und genauer erfahren.

III

Das Befremdliche, von dem wir sprachen: daß überhaupt „Himmlische" zum Weltganzen gehören und daß sie im Irdischen in Erscheinung treten sollen, ist durch das Bisherige kaum schon in seinem entscheidenden Charakter erhärtet worden: nämlich *als die sachgerechte Interpretation der Wirklichkeit*.

Wir setzen daher neu an und wählen eine weitere Darstellung eines Dinges bei Hölderlin aus. Die unvollendete Hymne *Der Ister* (d. i. die Donau) aus dem Jahre 1803 vergegenwärtigt in ihrem Verlauf das Wesen des *Flusses*.[18] Es heißt hier in einer ersten Fassung der Verse 49ff.:

> Umsonst nicht gehn
> Im Trocknen die Ströme. Aber wie? Sie sollen nämlich
> Zur Sprache sein.[19]

Es ist nicht „umsonst", daß es Ströme gibt; nicht ohne etwas Besonderes zu bewirken, ziehen sie durch die trockene Erde. „Aber wie?" In welcher Hinsicht gehen sie „umsonst nicht"? An früherer Stelle (V. 16f.) hatte die Hymne gesagt:

---

[18] Weitere Strom-Dichtungen Hölderlins: „Der Main", „Der Neckar", „Der gefesselte Strom", „Ganymed", „Am Quell der Donau", „Der Rhein". Vgl. SG 2, 289f.
[19] StA 2, 191. 810f.

> Denn Ströme machen urbar
> Das Land.

In dieser ‚natürlichen', unmittelbar einleuchtenden Wirkung, der Bewässerung nämlich des umgebenden Landes, erschöpfen sich jedoch Leistung und Wesen der Ströme nicht. Es heißt jetzt vielmehr:

> Sie sollen nämlich
> Zur Sprache sein.

Offenbar verhilft der Fluß einer bestimmten Sache in bestimmter Hinsicht „zur Sprache", und eben deshalb ‚geht' er „umsonst nicht". Wem aber hilft er? Dem Menschen etwa? Hat der nicht seine Sprache ‚von sich aus', ohne des Flusses zu bedürfen? Und wenn nicht dem Menschen, wem sonst? Hat überhaupt irgendein Wesen außer dem Menschen „Sprache"?

Hölderlin hat auch in diesem Fall den zunächst niedergeschriebenen Versen eine neue Fassung gegeben. Sie ist weit ausführlicher. Die erste, knappe Version brachte wohl das Gemeinte gleichsam zu unmittelbar zu Wort, sie drängte sogleich auf die Aussage der tiefsten Wesensschicht und übersprang andere Aspekte; damit geriet sie in die Gefahr der Unverständlichkeit. Gerade so bleibt sie schön und bedeutsam. – Die neue Fassung der Verse lautet:

> Umsonst nicht gehn
> Im Trocknen die Ströme. Aber wie? Ein Zeichen braucht es
> Nichts anderes, schlecht und recht, damit es Sonn
> Und Mond trag' im Gemüt, untrennbar,
> Und fortgeh, Tag und Nacht auch, und
> Die Himmlischen warm sich fühlen aneinander.
> Darum sind jene auch
> Die Freude des Höchsten. Denn wie käm er
> Herunter?[20]   (V. 49–57)

Sonne und Mond spiegeln sich in den Strömen. Wiederum – wie schon beim Glänzen des Taues am Blitzableiter – begreift Hölderlin einen einfachen, scheinbar ‚nur natürlichen' Vorgang als das Erscheinen der eigentlichen, die Existenz der Götter einbeziehenden Wirklichkeit. Spiegelnd tragen die Ströme die Gestirne „im Gemüt". Sie tun es ständig, „Tag und Nacht auch": nicht nur, wenn am Göttertag die Himmlischen ohnehin als solche sichtbar sind, sondern auch in der Welt„nacht" bewahren die treuen Ströme, unwandelbar spiegelnd, das Andenken und darüber hinaus die (auch in der Nacht verborgen bestehende) Anwesenheit der Götter.

Sonne und Mond, die Gestirne, die waltenden Mächte des Tages und der Nacht, *sind* in den Strömen. Das Himmlische *ist* im Irdischen, von ihm „untrennbar" (V. 52). Das Irdische ist nie und nirgends nur das Materielle. Diese reduzierende und reduzierte Vorstellung hegt das menschliche Denken freilich seit

---

[20] StA 2, 191. – Vgl. SG 2, 348ff., bes. 352.

langem und in ständig noch sich versteifender Form. In der Materie ist jedoch immer schon das Göttliche anwesend. Sachgerecht gedacht, sind die Namen ‚die Materie' und ‚das Göttliche' in ihrer jeweiligen Isoliertheit unangemessen; denn beide sind „untrennbar". Das Göttliche ruht – wenn dieser Vergleich erlaubt ist – im Irdischen so wie der Funke im Stein.

Die scheinbar nur irdischen Ströme sind so in Wahrheit „ein Zeichen"; ein Zeichen nämlich der Ganzheit der Welt, die entscheidend im ‚untrennbaren' Beisammensein von Himmel und Erde, Himmlischen und Menschen besteht:

> Himmlische sind
> Und Menschen auf Erden beieinander die ganze Zeit.[21]

Als „Zeichen" der Welt sind die Ströme zugleich ein Ort, wo die Welt in ihrer irdisch-himmlischen Ganzheit „zur Sprache" kommt, sei es unmittelbar in der konkreten (und das heißt also immer zugleich: zeichenhaften) Wirklichkeit, sei es mittelbar im Gedicht. „Sie sollen nämlich / Zur Sprache sein." Die zweite Fassung hat den Sinn des scheinbar dunklen, in Wahrheit einzigartig sachgerechten Satzes geklärt und so die Mythe beweisbarer dargestellt.

Alles kommt nach wie vor darauf an, daß wir die mythische Wirklichkeit in ihrer Wahrheit erkennen und uns aneignen. Das aber ist auch jetzt, nachdem wir Hölderlins Fluß-Darstellung kennengelernt haben, kaum schon in zureichendem Maße geschehen. Denn *inwiefern* sind z.B. Sonne und Mond so etwas wie Götter? Sind sie nicht vielmehr ein feuriger Gasball und ein erkalteter Stein, die im Weltall rasen und einzig materiell faßbar sind?

Nähmen wir es überdies lediglich als einen lernbaren Stoff zur Kenntnis, daß die irdische Wirklichkeit ‚für Hölderlin' ‚von Göttern belebt' ist, so wäre ebenfalls nicht das mindeste gewonnen. Die Wahrheit würde auf ein Phänomen der Hölderlinschen Subjektivität reduziert.[22] Das riesige Reservoir unserer histo-

---

[21] Der Einzige, 3. Fassg., V. 84f. StA 2,163. – Vgl. SG 2, 322ff., bes. 331; ferner Lüders (oben Anm. 3), S. 19ff.

[22] Vom Begriff der ‚Wahrheit' sind hier dessen übliche Interpretationen ‚ewige Wahrheit' und ‚historisch relativierbare Wahrheit' stets gleichermaßen fernzuhalten. Zugrundezulegen ist dagegen Martin Heideggers Auslegung der Wahrheit als geschichtlich geschehender Unverborgenheit (vgl. „Sein und Zeit", § 44). Dieser ursprüngliche Wahrheitsbegriff entspricht insbesondere auch der Intention Hölderlins. Indem nämlich „das Wahre" sich als die jeweilige Unverborgenheit des irdisch-himmlischen Weltgefüges „ereignet" (Mnemosyne; s. Anm. 11), zeigt es sich als *geschichtlich geschehend* (es ereignet sich im Abendland auf andere Weise als in der Antike). Gleichwohl hat diese *Geschichtlichkeit* der Wahrheit nicht das mindeste mit einer *historischen Relativierbarkeit* gemein: denn unbeschadet ihrer Unterschiedlichkeiten bleiben die Weisen der Unverborgenheit des Weltgefüges entscheidend an etwas gebunden, was als ein ‚Selbes' in der Antike wie im Abendland *bleibt* und seine Identität durchhält. (Siehe unten die Ausführungen zu den Hölderlinschen Begriffen des „Höchsten" und des „lebendigen Verhältnisses und Geschicks", die für die Antike wie für das Abendland gleichermaßen gültig sind; vgl. ferner: Hölderlins ‚Aktualität' [oben S. 57ff.], bes. den Anhang.)

rischen Bildung, das alles Wirkliche an sich reißt, es historisch relativiert und somit ins letztlich Gleichgültige transponiert, würde um ein Stück vermehrt.

IV

Sowohl die Verse vom Blitzableiter als auch die von den Strömen haben gesagt, wie es ist, wenn „ein jedes / Ist, wie es ist". In beiden Fällen hat uns das volle Wesen der Wirklichkeit und somit das „Wahre" getroffen. Dieses besteht im einfachen Sein der Dinge.[23] Das einfach Offenbare ist, als der „Wahrheitsgrund", immer unerschöpflich und „unerklärlich". Das Gedicht, das das einfach Wahre ausspricht, ist deshalb auch seinerseits für die Deutung unerschöpflich. Es würde auf den Rang eines mathematischen Beweises reduziert, wenn wir glaubten, es – unbeschadet des Bereichs des Klärbaren – in seinem letzten, nämlich in seinem Wahrheitsgrund erklären zu können.

Aber wo der Beweis versagt, braucht nicht zugleich auch *die Einsicht* zu versagen. Als ein ursprüngliches Vermögen des Menschen entstammt sie demselben „Wahrheitsgrund", dem auch Sage und Mythe entspringen. Wie hätten diese beiden ohne so etwas wie Einsicht je entstehen können?

Die Einsicht muß vor allem *die Wirklichkeit der Himmlischen* erfahren. Wir müssen einsehen, daß es die Himmlischen als solche gibt; wir können es nicht einfachhin glauben.

In seinen *Anmerkungen zum Oedipus* des Sophokles sagt Hölderlin einmal von einem „Gotte", daß er „nichts als Zeit ist".[24] Diese Gleichsetzung der Zeit mit einem Gott nehmen wir zum Anlaß, in einem dritten Versuch dem Wirklichkeitsgehalt der Rede Hölderlins von den Himmlischen nachzugehen.[25]

Daß es die Zeit ‚gibt', wird niemand leugnen. Unsere Aufgabe ist also sehr präzise gestellt. Es gilt einzusehen: Die Zeit ist weder lediglich eine wissenschaftlich meßbare Größe unbestimmten Charakters noch eine bloße Anschauungsform des menschlichen Geistes, noch auch endlich der einer Leerform gleichende ‚Bereich', ‚in' dem die Geschichte abläuft – sondern sie ist göttlichen Wesens.

Zeit ist, so viel dürfte feststehen, eine immaterielle, unableitbare und daher letztlich ‚unerklärliche' Grundbedingung des Daseins und der Welt. Sie ist faktisch. Sie ist nicht vom Menschen gemacht, noch kann der Mensch über sie verfügen. Er muß sich vielmehr, jeweils auf seine Weise, ihrem Ablauf fügen. Alles, was ist, ist in der Zeit. Nichts ist ohne sie. Ebenso gilt daher umgekehrt: die im-

---

[23] Daß gerade das einfache, ungekünstelte Sein der Dinge „wahr" ist, sagt Hölderlin in der Donau-Hymne (V. 50f.) mit den Worten, das „Zeichen" werde, um ein solches sein zu können, *so* ge„braucht", wie es „schlecht und recht", nämlich in seiner ihm eigenen ‚schlichten' Verfassung, *ist*.

[24] StA 5, 202. – Zu dieser Stelle und zum Kontext vgl. Lüders (oben Anm. 3). S. 57ff.

[25] Zur Frage nach diesem Wirklichkeitsgehalt vgl. Hölderlins ‚Aktualität' (oben S. 57ff.).

materielle Zeit ist allem und so auch aller Materie immanent und hat teil an ihr. Alles, was ‚auf materielle Weise' ist, ist, da es zeitlich existiert, zugleich immer schon ‚auf immaterielle Weise'. Die Materie wächst, dank der Zeit, über ‚sich selbst' hinaus; oder richtiger: sie hat dank der Zeit, die ihr innewohnt, immer schon zu ihrem eigentlichen, nie ausschließlich materiellen Wesen gefunden.

Kann und darf der Mensch sich demnach der Einsicht verschließen, daß die faktische Zeit – als die unverfügbar bestimmende, unableitbar und unerklärlich im Wahrheitsgrund ruhende – übermenschlich, nie ‚in den Griff zu bekommen' und also *göttlich* ist? Wird nicht erst dieser Name den genannten, den Menschen schlechthin überragenden Wesenszügen der Zeit eigens gerecht? Stellen Hölderlins Einsicht und der ihr entspringende Name „Gott" nicht – weit entfernt davon, eine poetische Ausschmückung zu liefern – die einzig am Phänomen selbst orientierte, sachgerechte Auslegung der Zeit bereit? Und trägt die Erkenntnis der Zeit als eines Gottes nicht, zu ihrem Teil, dazu bei, den Menschen von dem in der Neuzeit immer mehr sich verfestigenden Wahn zu befreien, alles sei beliebig verfügbar? – Scheinbar betrifft diese Befreiung zunächst nur eine Einzelheit, eben die Auslegung der Zeit. Die Zeit ist aber, wie sich zeigte, in Wahrheit eine der überall anwesenden Grundfesten der Wirklichkeit; und sie ist nur einer der Himmlischen.

Wir sehen jetzt ein wenig deutlicher, inwiefern die faktischen und zugleich unverfügbaren Mächte des Daseins, der Natur und der Geschichte *die Himmlischen sind.* Einer der mächtigsten Götter ist die Zeit. Seit je herrscht sie unfaßbar und bestimmt allgegenwärtig ‚das Ganze'. Aber auch „Sonn / Und Mond" stehen, so lange die ihnen zugemessene Weile dauert, in ursprünglicher Macht ‚am Himmel'. Sie gewähren dem Menschen sein Dasein, sie gewähren ihm das Aufblicken zum Himmel und die Orientierung in der Zeit. In ihnen ist das Himmlische, auf andere Weise als in der reinen Zeit, mit der ‚Materie' vermählt und durch sie vermittelt. So besitzen auch Sonne und Mond – faktisch und unverlierbar – ein himmlisches Wesenselement, das sie dem Chor der Götter zugesellt.

Wir versuchen des weiteren, die Einsicht zu erproben. Einige schon zitierte, bisher aber nicht weiter beachtete Verse der Donau-Hymne Hölderlins sagen von den Strömen:

> Darum sind jene auch
> Die Freude des Höchsten. Denn wie käm er
> Herunter?

Wer ist der „Höchste"? Die Ströme sind seine „Freude", weil sie als „Zeichen" die Ganzheit der Welt zeigen. Eben diese Ganzheit also ‚kommt', indem die Ströme sie zeigen, gestalthaft vermittelt auf die Erde „herunter". Sie selbst ist der Höchste. In ihr sind alle Himmlischen und ebenso das Irdische, mit dem sie ‚einig' sind, gemeinsam anwesend.

Die Ganzheit der Welt ist in sich geschichtlich. In der Antike war die Welt auf andere Weise ‚ganz' als in Hesperien. Daher sagt die erste Fassung der Hymne *Mnemosyne*:

> Zweifellos
> Ist aber der Höchste. Der kann täglich
> Es ändern.[26]

Jederzeit kann der Höchste den Gang der Geschichte und somit die Lage des Menschen auf der Erde und sein Verhältnis zu den Himmlischen ändern. Denn nicht der Mensch allein ‚macht' die Geschichte. Er ist „täglich" der Möglichkeit einer „kategorischen Umkehr"[27] des Höchsten, einer radikalen Wendung des Geschicks, ausgesetzt. Daß und in welcher Weise der Höchste diese seine Macht gebraucht, davon legen der Untergang der Antike und die Wendung, die die Geschichte vom antiken Göttertag zur Weltnacht und, inmitten der Nacht, zu einer neuen Einkehr der Götter in Hölderlins Dichtung nahm, Zeugnis ab.

An seinen Freund Böhlendorff schrieb Hölderlin am 4. Dezember 1801 im Zusammenhang einer allgemeinen kunsttheoretischen Betrachtung über das Verhältnis der griechischen zu der modernen, „hesperischen" Kunst:

> Ich habe lange daran laboriert und weiß nun daß außer dem, was bei den Griechen und uns das höchste sein muß, nämlich dem lebendigen Verhältnis und Geschick, wir nicht wohl etwas gleich mit ihnen haben dürfen.[28]

Hier lautet Hölderlins Erläuterung für das Wesen des „höchsten": das „lebendige Verhältnis und Geschick". Die Auslegung des Höchsten als der jeweiligen Ganzheit der Welt wird damit erhärtet: ‚Das' oder ‚der' Höchste ist das „Verhältnis", in dem alles „Bestehende"[29] einander begegnet; das Verhältnis, in dem jeweils Himmel und Erde, Götter und Menschen zueinander stehen; es ist der „gemeinsame Geist"[30], der alles, was ist, zusammenhält. Der „Höchste" ist so zugleich der äußerste Horizont des „Geschicks" in allen Epochen der Geschichte. Als solcher ist er die jeweilige Weise der irdisch-himmlischen Ganzheit der Welt.

Mythen und Sagen „sind gut". „Denn ein Gedächtnis sind / Dem Höchsten sie".[31] Achten wir ihre Güte? Begreifen wir sie als dieses einzige Gedächtnis? Hölderlin hat längst „die heiligen" ausgelegt. Die damit bereitgestellte „Sache" und ihre Heilsamkeit wartet seit bald zweihundert Jahren. Sie wartet nicht etwa

---

[26] V. 8–10. StA 2, 193.
[27] StA 5, 202. Vgl. Anm. 24.
[28] StA 6, 426. Vgl. Anm. 17 und 22. Zu diesem bedeutenden Brief Hölderlins vgl. ferner: Lüders (oben Anm. 3), S. 59ff.; SG 2,16ff. und 25; Peter Szondi: Hölderlins Brief an Böhlendorff vom 4. 12. 1801. Kommentar und Forschungskritik. In: Euphorion 58 (1964) S. 260–275.
[29] Hölderlin: Patmos, V. 225. StA 2, 172.
[30] Hölderlin: Wie wenn am Feiertage ..., V. 43. StA 2, 119.
[31] Vgl. oben das erste Motto.

darauf, daß heute oder in Zukunft Hölderlins Erfahrung und Auslegung als *unverändert* gültig wieder eingesetzt wird. Das wäre lediglich ein historisierendes Mißverständnis. Sie wartet darauf, daß sie selbst, die „Sache", der auch Hölderlins Auslegung als „Gedächtnis" dient, im Ernste, *und d.h. geschichtlich neu,*[32] erkannt wird. Das geschieht, wenn Hölderlins Verse zutreffen:

> Aber das Irrsal
> Hilft, wie Schlummer und stark machet die Not und die Nacht,
> Bis daß Helden genug in der ehernen Wiege gewachsen,
> Herzen an Kraft, wie sonst, ähnlich den Himmlischen sind.
> Donnernd kommen sie drauf.[33]

V

Indem Hölderlin die Mythe beweisbarer darstellt, läßt er *in seinem Werk die Welt* erscheinen. Welt ist das ständige und vom einsichtigen Menschen ständig erfahrbare Walten des „lebendigen Verhältnisses und Geschicks". Sie ist Grunderfahrung und Grundthema aller Dichtungen Hölderlins.

Indem die so beschaffene Welt im Werk erscheint, geschieht aber nicht mehr und nicht weniger, als daß sich die alltägliche Erfahrung der Welt wandelt. Diese Wandlung ist eine Umkehr, der gegenüber alle Umwälzungen im gesellschaftlichen Bereich – eben weil sie die Dimension der *Welt* nicht ausmessen – als vorläufig erscheinen. Die Welt wird von der Reduzierung auf nur scheinbar äußerste Daseinshorizonte – wie es die Gesellschaft oder die materialistisch gesehene ‚Welt' sind – befreit. Denn die Himmlischen sind auf der Erde eingekehrt. Sie sind jetzt *als* Himmlische erkannt und daher „dabei". Alles kehrt sich um; denn das bislang verschüttete Wesen der Dinge kehrt sich gleichsam nach außen und liegt vor Augen. Alles wird einfach und wahr. „Das Licht" wird „rein". „Der Tag" wird „entzündet". Jedes „ist, wie es ist". Hölderlins Werk und die von ihm erblickte „Sache" erweisen sich als heilsam. Ein Umschwung in der Geschichte der Welterfahrung tritt ein; und da Welt immer menschlich erfahrene Welt ist, ist ein Umschwung in ihrer Erfahrung immer zugleich ein Umschwung in der Geschichte der Welt selbst.

Die Materie ist nicht mehr ‚bloße' Materie, denn in ihr ist immer auch schon das Göttliche; der Gott ist nicht mehr fern, nicht mehr unfaßbar, nicht mehr ‚für sich', denn er ist immer schon *im Irdischen anwesend* – als ein Element, das keinen geringeren Grad an Wirklichkeit besitzt als das Irdische. An die Stelle der unangemessenen Trennung zwischen Materie und Gott oder gar der Vergessenheit des Gottes tritt die sachgerechte Achtung der Untrennbarkeit, der ‚Einfachheit' beider.[34] Nur da, wo diese Untrennbarkeit gewahrt wird, *ist* Wirklich-

---

[32] Vgl. Anm. 22.
[33] Brot und Wein, V. 115–119. StA 2, 93f.
[34] Vgl. Der Ister, V. 52.

keit. Diese ist von dem Willen, über sie zu verfügen, letztlich nie erreichbar. Hölderlin nennt die Würde der Unverfügbarkeit in den Versen:

> Denn nimmer, von nun an
> Taugt zum Gebrauche das Heilge.[35]

EIN BRIEFWECHSEL IM ANSCHLUSS AN DIESEN AUFSATZ

Karl Otto Conrady   Köln, 18. Dezember 1976

Sehr geehrter Herr Lüders,

zaudernd und zagend habe ich dieses Blatt in die Schreibmaschine gespannt, und immer wieder habe ich hinausgeschoben, Ihnen zu schreiben. Aber ich komme nicht darum herum, mich zu Ihrem Aufsatz über Hölderlin, den Sie für den Klassik-Band geschrieben haben, kritisch zu äußern. Als Herausgeber habe ich, wie Sie wissen, nicht die Absicht, den Beiträgern hereinzureden; denn jeder zeichnet für seinen Aufsatz selbst verantwortlich. Aber ich kann als Herausgeber auch nicht, wenn es sich um einen mir prekär erscheinenden Fall handelt, ganz ins Schweigen zurücktreten.

Ihr Aufsatz wendet sich expressis verbis gegen Bemühungen in der Hölderlin-Forschung, sein Werk im historischen Kontext zu begreifen. Von solchem nicht zu leugnenden Kontext ist nun in Ihrem Beitrag überhaupt die Rede nicht mehr. Sie nehmen Hölderlin wie einen Wahrsager, der – wenn auch verschlüsselt – vom ‚Wahren' kündet, ohne daß Sie in Betracht zögen, welche konkrete historische Situation wohl mitverantwortlich sein könnte für solche ‚Sage'.

Lassen Sie mich freimütig bekennen, daß ich – nicht nur, aber vor allem – Ihre Einleitung laufend mit Fragezeichen besetzen möchte. Die Hölderlin-Betrachter, an die Sie denken (Sie nennen nur Bertaux und Peter Weiss), haben keineswegs die Absicht, die Aussage der Dichtung Hölderlins „auf Bezüge zur Zeitgeschichte ... zu reduzieren". Und den Ausdruck „Hölderlin ohne Mythos" habe ich stets so verstanden, daß nicht länger das getrieben werden sollte, was Ihr Aufsatz erneut wieder vorführt: Hölderlins dichterische Aussagen zu mythisieren, aus allen Zeitbeziehungen herauszuheben und ihn zum zeitenthobenen Wahrsprecher zu erheben. Ich hatte gehofft, Germanistik wäre endlich darüber hinaus, raunende Sätze zu formulieren wie: „Das alltägliche Denken ... muß sich radikal ändern, damit der Mythos unentstellt als der Wegweiser zur Wirklichkeit erfahren wird". Sie gehen später dann noch weiter und postulieren „die eine Erfahrung, die uns und unsere verwüstete Welt sachgerecht ändern könnte". Ich weiß nicht, ob das Ihr Ernst ist. Aber wenn man den Satz so nimmt, dann heißt das: Laßt uns nur die Mythe richtig auffassen und die Widersprüche der Welt

---

[35] Einst hab ich die Muse gefragt ..., V. 34f. StA 2, 221.

(die „Irre") sind beseitigt. Aber nirgends erscheint bei Ihnen etwas Konkretes, was die Irre ausmacht. Wir brauchen also nur die Mythe richtig aufzufassen, dann ist der Nord-Süd-Gegensatz beseitigt, die gesellschaftlichen Konflikte sind (oder leugnen Sie sie?) besänftigt? Hölderlin war da viel ‚konkreter' (wenn Sie mir dieses – ich weiß wohl – hilflose Wort gestatten). Man muß ja nur seinen *Hyperion* lesen und seine Briefe. Das alles nehmen Sie gleichsam zurück. Sie wählen das Wort von der „Irre" und beziehen es ganz allgemein auf die Situation des Menschen heute, ohne etwas Genaueres zu sagen. „Heute überzieht die Irre, furchtbarer als zu Hölderlins Zeit, die Erde. Sie verwüstet nachgerade das Wesen des Menschen." Da hätte ich denn doch etwas genauere Auskunft statt nur die – von den Germanisten bekanntlich mit Vorliebe kultivierte – Attitüde des Kulturpessimismus. Wenn Sie dann wenig später schreiben: „Daher hängt an der Einsicht in sie [die Mythe] das Überleben des Menschen als Menschen", so kann ich nicht anders, als dies als raunende Germanistik zu bezeichnen, die ich überwunden wähnte. Und was wichtiger ist als diese pointierte Bemerkung (die Sie bitte meiner Offenheit zugute halten): Hölderlin ist – nach Ausweis seiner Dichtungen und anderer Zeugnisse – damit gewiß nicht erfaßt. Wie wohltuend ist der Aufsatz Adolf Becks (Hölderlin-Jahrbuch 1967/68), in dem er behutsam differenzierend Bertaux' Thesen zurechtrückt (die auch ich in dieser Rigidität nicht für tragbar halte). Aber nirgends gibt Beck die von Bertaux grundsätzlich geschärfte Beobachtung preis, daß Hölderlins Dichtung sich entfaltet in historisch bestimmbarem Kontext. Ich habe nie zu denen gehört, die das Unerklärliche geleugnet oder weggespottet haben. Aber ich will mich doch dagegen wehren, wenn das Unerklärliche als das „tragende Weltfaktum" angeboten wird. Solche Behauptung harmoniert dann genau zu der Auffassung, daß nicht der Mensch die Geschichte mache. An einer einzigen Stelle Ihres Aufsatzes, wenn ich nichts übersehen habe, taucht ein Hinweis auf Geschichte auf: „In ganzen Epochen der Geschichte ist der ‚Tag' nicht angezündet ..." Nun erführe man zumindest in einigen Hinweisen gern, welche Epochen gemeint sein könnten. Aber nirgends gehen Sie auf diese ja nicht unwichtige Frage ein. Entschlossen, alles Konkret-Geschichtliche von Hölderlin fernzuhalten, gehen Sie solcher Fragestellung aus dem Wege.

Dann ist vom einfach Wahren die Rede. Ich wage dagegenzuhalten: Das Wahre ist nicht einfach, sondern kompliziert. Und bei Hölderlin ganz besonders; man denke nur an sein Wort vom „Harmonisch-Entgegengesetzten". Was ist das Kriterium des Wahrheitsgrundes? Wenn etwas einfach offenbar ist? Ich muß gestehen, daß mir (und anderen wohl auch) Heidegger da nicht weiterhilft. „Alles wird einfach und wahr." Kann man das – nehmen wir einmal an, das sei die richtige Hölderlin-Interpretation – heute als Lehre so einfach anbieten, wie Sie es unüberhörbar tun? Ohne Reflexion auf die Bedingungen der Möglichkeit? Nur als ‚Wahr'sage?

Verehrter Herr Lüders, ich sage das alles so deutlich, weil ich meine annehmen zu dürfen, daß uns an Offenheit mehr gelegen ist als an einem Drumherumreden, wo dann die Vorbehalte, die nicht ausgesprochenen, wie fressendes Gift wirken.

Sie sprechen vom neuzeitlichen Materialismus. Dann ist vom Materiellen und von Materie die Rede. Was verstehen Sie darunter? Immer ist das kritisch von Ihnen gemeint. Aber *so* leicht sind die Positionen des historischen Materialismus nicht abzutragen.

Ich will es bei diesen Anmerkungen bewenden lassen. Besonders da wir uns noch persönlich nicht kennen, schließe ich die herzliche Bitte an, Sie möchten diese kritischen Seiten als einen freimütig und freundschaftlich geführten Dialog ansehen. Vielleicht aber ist diese Bitte ganz überflüssig bei Menschen, denen Hölderlin viel bedeutet. Und zu denen dürfen wir uns gewiß beide zählen.

Mit sehr freundlichen Grüßen
Ihr
Karl Otto Conrady

Detlev Lüders   Frankfurt a. M., 28. Dezember 1976

Sehr geehrter Herr Conrady!

Für Ihren offenen Brief danke ich Ihnen. Seien Sie versichert, daß ich ihn so lese, wie Sie es sich im letzten Absatz wünschen, und daß meine ebenso offene Antwort aus ebenso freundlicher Absicht kommt – auch dann, wenn es vielleicht zunächst nicht immer so klingt.

Sicher haben Sie recht: „Hier sind grundsätzliche Auffassungsweisen von dem im Spiel, was Literaturwissenschaft zu sein habe." Hierzu vorweg einige (immer unpersönlich gemeinte) Bemerkungen. Wesentliche Zweige unserer heutigen Literaturwissenschaft lassen sich m.E. ziemlich einseitig leiten a) von den als schlechthin horizontgebend ausgelegten Bereichen des Soziologischen und Politologischen (diese Bereiche sind, wie ich an anderer Stelle mehrfach ausgeführt habe, eben nicht horizontgebend, gemessen an der Totalität des menschlichen Welt-Verstehens) und b) von dem Wunsch, die Exaktheit der als vorbildlich betrachteten Naturwissenschaft übernehmen bzw. erreichen zu können. Beides zeugt von tiefgreifenden Mißverständnissen, die in ihren Konsequenzen darin übereinkommen, daß sie die Literaturwissenschaft dazu verleiten, sich vom spezifisch Dichterischen abzuwenden. Das ist etwa so und hat etwa dieselben Folgen, als wenn ein Tischler sich von der Kenntnis und Wertschätzung des Holzes abwendete.

Was das ‚spezifisch Dichterische' ist, worin es gründet und welche Art des Fragens zu ihm führt, ist bis heute offen.

Die Vertreter der skizzierten Tendenzen kommen sich bei all dem progressiv vor. Sie sind aber eher rückwärts gewandt, denn ihre geistigen Grundlagen liegen, insofern sie z.B. auf Marx, dem historischen Materialismus und dem

Glauben an die alleinseligmachende naturwissenschaftliche Exaktheit beruhen, tief im 19. Jahrhundert.

Indem man heute weithin den beschriebenen ‚Trends' folgt, fügt man – ohne es zu bemerken – den traurigen Beispielen aus der Vergangenheit, die von der Anfälligkeit unseres Fachs für jeweils herrschende Ideologien zeugen, nur ein weiteres Beispiel hinzu. Wieder einmal laufen viele Germanisten mit und fühlen sich ganz wohl dabei. Nur ist das heute viel unentschuldbarer; denn heute gibt es in der Bundesrepublik keine Konzentrationslager. Heute könnte man leiblich ungestraft gegen den Strom schwimmen.

Ich versuche, sicher nicht allein, gegenüber jenen Trends einen anderen Weg zu gehen, um der ‚Substanz' der Dichtung, wie sie sich mir zeigt, allenfalls näherzukommen. Ihr Brief – Sie verzeihen – ist ein einziger Beleg dafür, wie nötig solche Versuche heute sind. Ich greife aus Ihren Darlegungen einige Punkte heraus.

1. Neulich schickte ich Ihnen, wie versprochen, meinen gerade erschienenen Aufsatz *Hölderlins Aktualität*. Unsere Sendungen haben sich gekreuzt. Es mag sein, daß Sie einiges in Ihrem Brief anders formuliert oder weggelassen hätten, wenn dieser Aufsatz Ihnen schon bekannt gewesen wäre; vielleicht aber auch nicht. Jedenfalls setze ich diesen Aufsatz voraus, man kann sich ja nicht immer wiederholen, und weise deshalb in Anmerkung 5 auf ihn hin – in der Erwartung, daß der Leser solchen Hinweisen nachgeht.

2. Ihre ironischen Worte „Wir brauchen also nur die Mythe richtig aufzufassen, dann ist der Nord-Süd-Gegensatz beseitigt ... etc." zeigen, wie tief Sie den Mythos und das Notwendige und Schwierige seiner Aneignung verkennen. Sie hätten sonst nie das Wörtchen „nur" in diesem Zusammenhang verwenden und alles, was daran hängt, aussprechen können.

Ich scheue mich nicht, Ihre zitierten Worte nicht nur ironisch, sondern auch demagogisch zu nennen. Denn Sie wissen genau, daß meine Darlegungen so nicht zu lesen sind, zerren sie aber trotzdem in diese schiefe Beleuchtung. Allerdings haben auch Sie selbst den Schaden: so verbauen Sie, freilich nichtsahnend, den sich allenfalls gerade noch einmal öffnenden Zugang zum Mythos. Sie wissen genauso gut wie ich, daß wir, wenn wir Ihren Nord-Süd-Gegensatz in der herkömmlichen, nämlich politischen Weise zu lösen versuchen wollten, nicht Literaturwissenschaftler, sondern Politiker hätten werden müssen. Ein im landläufigen Sinne direkter Weg führt nicht von der Dichtung zur Lösung politischer Probleme.

Wohl aber gilt: würden die Dichtung, der Mythos, seine ‚Heilsamkeit' und damit die Wirklichkeit weltweit in dem genugsam beschriebenen Sinne neu erfahren, so würde damit – zunächst unmerklich, bald aber immer wirksamer – das ‚Klima' geschaffen, das Hölderlin als die „freie, klare, geistige Freude" bezeichnet und das die notwendige Voraussetzung für die Lösung auch politischer Probleme wäre. Die Politik steckt heute weltweit in der Sackgasse, weil der Mensch sie als Horizont und horizontgebend (s. o.) ansetzt und jenen in Wahrheit einzig maßgebenden ‚Wirklichkeits-Horizont', in dem auch die Politik nur ein Aspekt ist, verkennt. So konkret nehme ich – entgegen Ihren Behauptungen – Hölderlins Dichtung.

In diesem Zusammenhang verweise ich noch einmal auf meinen Aufsatz *Dichtung, Kunst und heutige Gesellschaft.*

3. Ihre kleine Bemerkung, Sie wüßten nicht, ob irgend etwas ‚mein Ernst sei', lasse ich ebenso beiseite wie Ihre Wendung vom „Raunen", die Ihnen offenbar besonders gut gefällt, da Sie sie gleich zweimal bringen.

Ihre Meinung, ich sagte nichts Genaueres über die „Irre", ist falsch. Lesen Sie bitte den ganzen Aufsatz genau, und Sie werden überall konkrete Beispiele für die Irre finden (z.B. die vordergründigen Deutungen des Mythos; das Gerede vom Irrationalismus etc.; „Weltnacht" etc.; „einschläfernde Gewohnheit"; „Diese reduzierende und reduzierte Vorstellung ..."; „das riesige Reservoir ..." etc. etc.). Freilich müßten Sie zunächst einmal ein Gefühl dafür entwickeln, *daß* dies alles eben Formen einer tiefen Irre, eines tiefen menschheitsgeschichtlichen Irrens *sind,* die von bloßen „Attitüden des Kulturpessimismus", wie Sie es nennen, überhaupt nicht erreicht werden. Als solche erscheinen Ihnen die Hinweise auf die genannten Weisen des Irrens denn auch lediglich auf Grund der – Sie verzeihen wiederum – „einschläfernden Gewohnheit" des herkömmlichen, historisch rechnenden und alles ins letztlich Gleich-Gültige abstellenden Vorstellens.

Sie meinen weiterhin, ich ‚mythisierte' Hölderlins dichterische Aussagen, und Sie irren erneut. Schließlich finden sich alle im Aufsatz besprochenen mythischen Phänomene *bei Hölderlin;* ich erfinde ja nichts. Was ich hinzufüge, ist nur der Versuch des Verstehens – dies allerdings in der Form eines vielleicht ungewohnten radikalen Ernstnehmens des dichterischen Wortes.

4. Sie meinen, Bertaux etc. hätten „keineswegs die Absicht, die Aussage der Dichtung Hölderlins ‚auf Bezüge zur Zeitgeschichte ... zu reduzieren'". Aber lesen Sie doch nur Bertaux' Satz, Hölderlins Dichtung sei ein „laufender Kommentar zum Problem der Revolution". Wo steht hier denn mit gebührender Betonung, daß Hölderlins Dichtung (gesetzt einmal, sie sei auch nur in irgendeiner Weise ein derartiger „Kommentar") daneben auch noch anderes ist, daß hier also lediglich *ein* Aspekt hervorgehoben wird und daß der Autor sich dessen bewußt ist? Das steht nirgendwo. Hier ist in der Tat, unter dem Leitgedanken der Aktualisierung Hölderlins für heute herrschende Ideologien, nichts anderes als eine massive Reduktion am Werk.

5. Zu Ihrer Auslegung des Buchtitels *Hölderlin ohne Mythos:* Haben Sie in dem so betitelten Band z.B. auf S. 88 den Satz von Hans-Wolf Jäger gelesen: „Wenn Hölderlin noch ein Anrecht auf unsere rationale und demokratisch normierte Aufmerksamkeit haben soll, leitet es sich von seinem politischen Engagement und seinem politischen Wort her"? Sie übersehen m. E., verehrter Herr Conrady, was für ein Unfug sich hier unter der Überschrift „Germanistik" breitmacht. Nicht alle Aufsätze des Bandes sind so katastrophal wie der Jäger-

sche. Aber warum verteidigen Sie ein Buch, in dem solche Sätze stehen, pauschal, statt auch hier Ihr kritisches Wort zu erheben?

Es würde mich interessieren, ob Sie z.B. den Verfasser einer soziologisch oder politologisch orientierten Arbeit mit analoger Betroffenheit gefragt hätten, wo denn in seinen Ausführungen die Dimension des Göttlichen bzw. des Unerklärlichen bliebe.

6. Mein Aufsatz, sagen Sie, wende sich „expressis verbis gegen Bemühungen in der Hölderlin-Forschung, sein Werk im historischen Kontext zu begreifen". Wenn Sie unter solchen „Bemühungen" diejenigen verstehen, die ich eben unter Punkt 4 und 5 meinte, haben Sie allerdings recht; gegen die wende ich mich mit aller Entschiedenheit. Im übrigen aber tun Sie so, als gäbe es die Anmerkung 10 meines Beitrags nicht, die das historische Erforschen von Hölderlins Dichtungen ausdrücklich „eine unabdingbare Voraussetzung für die Erfahrung der Wahrheit seines Werkes" nennt. Warum dieses Beiseiteschieben von unübersehbar und betont Gesagtem, das nicht zur Tendenz Ihrer Kritik paßt?

7. Dasselbe gilt für Ihren Wunsch zu erfahren, in welchen Epochen der Geschichte der „Tag" nicht „angezündet" sei. Im Beitrag ist z.B. manches dazu gesagt, daß und inwiefern die „Weltnacht" für Hölderlin „seit dem Ausgang der Antike" besteht. Damit beantwortet der Beitrag selbst auch diese Ihre Frage: Die Epochen, wo der „Tag" nicht leuchtet, sind für Hölderlin eben die Zeiten „seit dem Ausgang der Antike". Im übrigen ist dieses Geschichtsbild, wie Sie wissen, eine der elementaren und bekanntesten Grundvorstellungen Hölderlins. Ihre Meinung, ich ginge „nirgends ... auf diese ja nicht unwichtige Frage (der Geschichtsepochen) ein", erweist sich also ganz einfach als falsch, ebenso wie Ihre weitere Behauptung, ich sei „entschlossen, alles Konkret-Geschichtliche von Hölderlin fernzuhalten".

Hier und in verwandten Fällen wäre es ratsam gewesen, den Aufsatz gründlicher zu lesen und vielleicht auch zu durchdenken, statt ihm oberflächlich das bequeme Klischee der ahistorischen Haltung anzuhängen. Allzu leicht wollen wir es uns bei der Sache, um die es hier geht, denn doch nicht machen.

8. Sie kritisieren, daß ich vom einfach Wahren spreche, und sagen dagegen, das Wahre sei kompliziert. Aber wiederum: warum tun Sie so, als spräche ich ausschließlich und kommentarlos vom „einfach Wahren"? Warum lassen Sie unerwähnt, daß in dem Beitrag auch der Satz steht: „Gerade das Einfache und Wahre stellt den höchsten Anspruch"? Warum kümmert es Sie nicht, daß dieser höchste Anspruch im Aufsatz als Ganzem – wenn auch, wie sich zeigt, gewiß noch nicht in der nötigen Deutlichkeit – erläutert wird? Kann das, was „den höchsten Anspruch stellt", ‚unkompliziert' sein im landläufigen Sinn? Haben Sie nicht bemerkt, daß der Aufsatz selbst – fast übermäßig ‚pädagogisch' argumentierend – immer wieder neu ansetzt, um versuchsweise immer angemessener in die „Sache" hineinzukommen, und daß ein solcher Gang der Untersuchung auf alles, nur nicht auf eine Unkompliziertheit des Darzulegenden deutet?

Das Einfache ist nicht das Unkomplizierte. Es ist das die Vielheit einigende Faktum der irdisch-himmlischen Ganzheit der Welt. Dieses Faktum *ist* „einfach" im Sinne der Einheitlichkeit, der ‚Untrennbarkeit' von Gott und Materie. So ist es zugleich das Geheimnis, das Sie ja, wie Sie sagen, ebenfalls anerkennen.

Da Sie übrigens im Zusammenhang mit der ‚Kompliziertheit' Hölderlins Begriff des „Harmonisch-Entgegengesetzten" erwähnen: Wie Sie wissen, habe ich 1963/64 die Untersuchung zur *Unterschiedenen Einheit* als einer Grundstruktur in Hölderlins Spätwerk vorgelegt. Dieser Titel basiert auf eben jenem Begriff Hölderlins. Sie brauchen nicht zu befürchten, daß mir die Schwierigkeiten, unter denen das Einfache, wenn überhaupt, sachgerecht zu denken ist, entgangen seien. Auf jene Studie verweise ich in Anmerkung 3 (sie ist in dem Sammelband *Die Welt im verringerten Maasstab* wieder abgedruckt), so daß der interessierte Leser auch hier selbst weiterkommen kann.

9. Sie fragen: „Was ist das Kriterium des Wahrheitsgrundes?" Ich meine, überall geht aus dem Aufsatz hervor: das „Wahre" wird dann ‚wahrgenommen', wenn der Mensch die Wirklichkeit, das einfach Offenbare (zu diesem Begriff ist wieder alles unter Punkt 8 Gesagte zu beachten) in *allen* seinen konstituierenden Elementen erfahren hat: Materie und Gott, beide „untrennbar".

Anmerkung 22 ist darüber hinaus ausschließlich dem Wahrheitsbegriff gewidmet und verweist auf entscheidende einschlägige Literatur. Was übrigens Heidegger und Ihre auf ihn bezügliche Bemerkung betrifft: ich meine, man sollte ihn zunächst einmal zehn oder zwanzig Jahre studieren. Vielleicht „hilft" er einem dann „weiter".

Einigermaßen erstaunt hat mich auch Ihre Behauptung, ich ‚reflektierte' die „Bedingungen der Möglichkeit" nicht, unter denen die „einfache Wahrheit" eintritt. Der ganze Aufsatz ist ja nichts anderes als eine einzige derartige Reflexion! Er begnügt sich, wenn Sie näher zuschauen, nirgends damit, Hölderlins Werk, wie Sie mit unverständlicher Hartnäckigkeit behaupten, unkritisch als bloße ‚Wahrsage' hinzunehmen.

Haben Sie tatsächlich überlesen, daß in dem Aufsatz z.B. folgende Sätze stehen: Der „Zusammenhang zwischen Mythe, Wahrheit, Wirklichkeit und Welt ... darf weder bloß behauptet noch bloß geglaubt werden"; „Aber der Sinn eben dieser Aussage darf nicht im mindesten ins Ungreifbare entgleiten ..."; „Wir dürfen nicht nur nachsprechen, was Hölderlin sagt"; oder: „Wir müssen einsehen, daß es die Himmlischen als solche gibt; wir können es nicht einfachhin glauben"? Dabei wird in diesen Sätzen nur die Grundhaltung des Ganzen, die einzig auf das Begreifen- und Erfahrenwollen und also auf das ‚Reflektieren' ausgeht, genannt. Aber all das ist Ihnen offenbar verborgen geblieben.

10. Sie spielen auf meine Bemerkungen zum „Materialismus" an und vermissen offenbar eine Definition dieses Begriffs. Warum fügen Sie aber nicht hinzu, daß auch im Zusammenhang mit der Interpretation des Gottes der Zeit von der „Materie" die Rede ist, und daß spätestens hier die von Ihnen gewünschte Aufklärung erfolgt, indem nämlich zugleich gesagt wird, inwiefern die Erfahrung der

Materie der ‚Ergänzung' durch die Erfahrung des Gottes bedarf – wenn man es einmal so unzulänglich ausdrücken will?

Lieber Herr Conrady, wenn der erste Abschnitt meines Aufsatzes, dem Sie etwa ebenso viele Fragezeichen gewidmet haben wie ich Ihrem Brief, von diesem oder jenem Leser zunächst als eine Provokation genommen werden sollte, so wäre das nicht das Schlechteste. Das eintönige Grau unserer heutigen Literaturbetrachtung hat jede Beunruhigung bitter nötig.

Aber zuletzt ist jede bloße Provokation eitel, und Abschnitt I ist denn auch nicht als solche gemeint. Ich hoffe also, daß der aufmerksame Leser, den der Anfang des Aufsatzes etwa hie und da befremdet hat, ihn vom Ende her neu und mit anderen Augen lesen wird.

Der Brief ist länger geworden, als ich vorausgesehen hatte. Aber das liegt daran, daß wir „streiten, / Was wohl das Beste sei".

Viele freundliche Grüße und Wünsche von
Ihrem
Detlev Lüders

Karl Otto Conrady Köln, 30. Dezember 1976

Lieber Herr Lüders,
ich habe dreifach zu danken: 1. für die Zusendung Ihres Aufsatzes, 2. für Ihren langen Brief und 3. (und das ganz besonders) dafür, daß Sie meine Offenheit so aufgenommen und erwidert haben, wie es für einen Disput gut ist: in freundschaftlichem Freimut. Aufrichtig gemeinten Dank also zuvor!

Ich will mit möglichst wenigen Bemerkungen zu antworten versuchen. Konsens wird kaum zu erreichen sein. Es ist besser, man gesteht sich das ein, als daß man es mit schönen – aber unehrlichen – Worten verschleiert. (Da Sie das Wort Ideologie im Blick auf Trends bemühen, wäre es reizvoll, die Ihren Dichtungsinterpretationen zugrundeliegende Ideologie aufzudecken, was nicht schwer ist. Darunter würde ich auch die ‚Ideologie von der Unantastbarkeit des Wesens der Dichtung' zählen. Da läßt sich – um Gerhard Kaisers Bezeichnung umgekehrt zu verwenden – ein ganzes „Syndrom" offenlegen. Ich denke, es wird sich dazu noch bei einem persönlichen Zusammensein irgendwann die Möglichkeit ergeben.)

Ich vermute, daß Sie sich bei der Wendung gegen bestimmte Trends ein ‚Feindbild' aufbauen, das mit der Wirklichkeit nur in einigen Zügen etwas zu tun hat. Sie bestreite ich nicht, und ich habe mich oft genug dagegen gewandt. Nur habe ich versucht, aus den mitunter rigiden Kritiken an der herkömmlichen Literaturwissenschaft des raunenden Redens über Dichtung etwas zu lernen. (Hier ist es wieder: das ‚Raunen'. Es trifft so gut den Kern, daß ich es zum dritten Male gebrauche.) Kern dessen, was ich meine gelernt zu haben: Dichtung muß am historischen Ort und im historischen Prozeß begriffen werden, wenn sie nicht nur verehrend angeeignet, sondern *begriffen* werden soll. Sie verweisen auf Anmerkung 10 Ihres Aufsatzes. Nun gut, aber die Interpretation selbst, die Sie bieten, löst Hölderlin und seine Dichtung strikt aus den historischen Beziehungen. Und eben das ist der Streitpunkt. Seine und anderer Verehrung der Antike z.B. fällt ja nicht vom Himmel, sondern hat Gründe, und sie sind nicht nur geistesgeschichtlicher Art.

Aber ich will mich – wie auch Sie für sich zu Recht behaupten – nicht wiederholen. Meine Grundauffassung über den Umgang mit Literatur (über den wissenschaftlichen Umgang) ist ja nachzulesen. Da Sie das Buch nicht zu kennen scheinen, erlaube ich mir, Ihnen ein Exemplar, das ich noch zur Hand habe, zukommen zu lassen (suhrkamp taschenbuch 214, 1974).

Seien Sie mir bitte nicht bös, wenn ich vermute, daß Sie sich mit manchen kritischen Beiträgen der letzten Jahre nicht hinreichend auseinandergesetzt, sondern sie allzu schnell beiseite geschoben haben. Man muß ja nicht Marxist sein, um aus marxistisch gefärbten oder gar dezidiert marxistischen Arbeiten lernen zu können. Ich denke z.B. an die Bände 7 und 9 des „projekts deutschunterricht" bei Metzler. Die Argumente, die dort gebracht werden, müssen erst einmal entkräftet werden. (Damit keine Mißverständnisse aufkommen: ich hänge nicht dem Glauben an die ‚Gesetzmäßigkeit' des historischen Prozesses an, die nur der historisch-dialektische Materialismus ‚objektiv' zu erfassen imstande sei. Mir graut vor solchen Gebetsmühlen.) Mit Heidegger komme ich freilich nicht weiter und seinen nebulösen Wortspekulationen, da sind mir Seumes ‚Etymologien' denn doch lieber. Und wenn Sie auf zehn, zwanzig Jahre Heidegger-Studium verweisen, so kann ich nur hoffen (bitte pardon!), daß Sie auch die Verzahnung seiner Freiburger Rektoratsrede mit seinen Spekulationen inzwischen erkannt haben. Hier scheiden sich wohl die Geister. (Bitte im Gegenzug dazu meine Bemerkungen zu Brecht, suhrk. tb. 214, S. 208ff., bes. S. 211!) Da ist mir (behutsame, versteht sich) Rationalität denn doch lieber und für die Germanistik heilsamer, will sie nicht in frühere Blindheit zurücksinken, in Blindheit gegenüber dem unlöslichen (und höchst schwierig aufzudeckenden) Zusammenhang der Dichtung mit dem gesamtgesellschaftlichen und immer historischen Kontext.

Hölderlin ohne Mythos: Ich verteidige das Buch nicht pauschal, stütze meine Bemerkung auch nicht auf Formulierungen Jägers, die Widerspruch herausfordern.

„Irre" und Rettung: Ich selbst habe stets auf die vielfältigen Stufen der Vermittlung zwischen Literatur und ‚Aktion' hingewiesen. (Vgl. z.B. suhrk. tb. 60, S. 58.) Nur liest sich Ihr Text leider so, als sei zunächst einmal der Mensch zur richtigen Annahme des Mythos zu führen und dann ließe sich Rettung finden. Das ist der alte Schillersche Standpunkt der ästhetischen Erziehung. Seine Illusionen sind mir zu deutlich, als daß ich sie nicht gebührend einschätzte. Die Vorrede der *Horen* und die *Ästhetische Erziehung* sind begreifbar, aber heute ihre Irrealitäten nicht zu sehen, das können wir uns, meine ich jedenfalls, nicht leisten. Sie bekräftigen in Ihrem Brief jetzt noch einmal nachdrücklich diese Ihre

Position: Punkt 2: „Wohl aber gilt ...". Dann ließe sich doch wohl gegenüber solcher hochgemuten Meinung fragen, wer eigentlich angesichts der (kaum aufhebbaren) Zwänge der Arbeitswelt in der Lage ist, sich auf dem Wege über Hölderlins ‚schwere' Dichtung solche „Heilsamkeit" anzueignen. Das ist ein ganz weites Feld. Ich stelle hier nur einen Wegweiser auf und gehe nicht weiter.

Sie zitieren noch einmal: „Wir müssen einsehen, daß es die Himmlischen als solche gibt." Ich gestehe, daß ich das nicht einzusehen vermag. Meine Fragerichtung ist ganz anders: Wie kommt Hölderlin an seinem historischen Ort dazu, so zu sprechen? Sie suchen die unmittelbare Applikation (und damit wird Germanistik erneut zur gefährlichen Wahrspruch-Wissenschaft), ich bemühe mich um historisches Begreifen.

Ein „eintöniges Grau unserer heutigen Literatur-Betrachtung" kann ich übrigens nicht erkennen, ganz im Gegenteil.

Das war's für heute. Der Brief ist direkt in die Maschine geschrieben, keine ‚Seminararbeit', und wahrscheinlich werden Sie sich meine Erwägungen im Zusammenhang mit den Suhrkamp-Bänden richtig (und widersprechend) zusammenreimen können. Ich grüße Sie herzlich und wünsche Ihnen für das neue Jahr alles erdenklich Gute.

Ihr
Karl Otto Conrady

Detlev Lüders   Frankfurt a. M., 18. Januar 1977

Lieber Herr Conrady!

Dank für Ihren letzten Brief und für Ihre Bücher, die ich gern wieder lesen werde.

Ich meine, unsere Korrespondenz hat mittlerweile einiges geklärt. Wir beide sind dem „historischen Begreifen" nicht abhold. Wie könnte es auch anders sein: alles Menschliche ist historisch; und wir erforschen einen bestimmten Bezirk des Menschlichen, die Dichtung.

Dadurch freilich sind wir verpflichtet – und hier gehen unsere Auffassungen, wenn ich recht sehe, auseinander –, das Besondere, Charakteristische, das *diesen* Bezirk des Menschlichen von anderen unterscheidet, mit allem Nachdruck in den Mittelpunkt unserer Forschung zu stellen. Denn nur das Charakteristische des jeweiligen Bezirks gibt dem allgemein Historischen Tiefe. Nur die Erfahrung des Dichterischen also kann, auf dem Feld der Literaturwissenschaft, dazu beitragen, daß der Mensch wahrnimmt, was es mit seinem geschichtlichen Wesen auf sich hat. Wir würden diese Chance vergeben, wenn wir die Dichtung primär als eine Erscheinung des allgemein Historischen unter anderen betrachteten. Dann entstünde die wirklich abgründige Gefahr, daß die Dichtung nur noch als ein weiterer Beleg für einen im wesentlichen als bekannt geltenden historischen Rahmen begriffen oder gar aus ihm ‚abgeleitet' würde, so daß wir also durch ihr Besonderes kaum noch etwas hinzulernten. Gerade dieses Besondere ist aber – wie bei jeder Kunst – vermutlich von der Art, daß es unser landläufiges Verständnis jenes angeblichen Rahmens von Grund auf ändern könnte und müßte.

Nur wenn Sie jene Chance, die das Wahrnehmen des Besonderen der Dichtung bietet, entschieden ergriffen und nicht diese zentrale Erfahrungsquelle der Literatur-Wissenschaft gleichsam aussparten, könnten Sie meines Erachtens an dem Platz, den Sie sich in der Gesellschaft gewählt haben, *im Endeffekt* auch den wohlverstandenen Interessen derer dienen, die heute den „Zwängen der Arbeitswelt" unterworfen sind.

Daß all diese Überlegungen sich übrigens nicht nur im Raum des ‚Ästhetischen' abspielen, dürfte ebenfalls deutlich geworden sein. Es geht vielmehr um den unendlich weiteren Raum, in dem sich eine neue ‚Welt'-Erfahrung vorbereitet, sobald der Mensch nicht nur die Materie sieht, sondern auch den verborgen immer schon anwesenden und daher eines Tages vielleicht „kommenden" Gott („Brot und Wein", V. 54). –

Unser Briefwechsel hat den Weg, den der Aufsatz, einzig von Hölderlins ‚Anspruch' bestimmt, zu gehen sucht, eine Zeitlang verlassen. Wir müssen mit einer kurzen abschließenden Überlegung zu diesem Anspruch zurückkehren.

Sie schreiben, und dieses Bekenntnis ist aller Ehren wert, Sie vermöchten nicht einzusehen, „daß es die Himmlischen als solche gibt". Wer von uns Heutigen vermöchte dies auf zureichende Weise? Aber Sie fahren sogleich fort: „Meine Fragerichtung ist ganz anders: ..." (s. o.). Gehen Sie mit diesem sofortigen und fast schroffen Entgegensetzen Ihres eigenen Fragens nicht vorschnell über Hölderlins Anspruch hinweg? Fragen Sie nicht zu hastig, und geben Sie Hölderlins Worten nicht zu wenig Gelegenheit, sich in Ihrem Nachdenken zu entfalten?

In Hölderlins Ode „Die Götter" heißt es (V. 5):

> Ihr guten Götter! arm ist, wer euch nicht kennt ...

Wir kommen gar nicht umhin – und warum denn auch; wir können doch allen Phänomenen offen sein –, in dieser Erfahrung der Existenz der Götter ein wesentliches Element der *Substanz* des Hölderlinschen Werkes zu erkennen. Daher sind wir, sofern wir diese Substanz verstehen möchten (und nicht also erst dann, wenn wir „die unmittelbare Applikation suchen"!), unabweisbar zu der Bemühung aufgefordert, in einem nicht nachlassenden Befragen Hölderlins und in eigenem Nachdenken Wege zu suchen, auf denen die Wirklichkeit der Himmlischen auch uns vielleicht sich eines Tages zeigt.

Gelten nicht auch hier überall die Sätze, die Hölderlin seiner Hymne „Friedensfeier" vorangestellt hat? –:

> Ich bitte dieses Blatt nur gutmütig zu lesen. So wird es sicher nicht unfaßlich, noch weniger anstößig sein.

Hölderlins Dichtung, vor allem aber wir selbst, brauchen diese Gutmütigkeit des Lesens heute dringlicher denn je. Wir müssen sie uns überhaupt erst wieder erwerben. Nicht umsonst heißt es, im Sinne dieser Bitte Hölderlins, im Aufsatz: „Alle Ungeduld und Hast des Wissenwollens sind bei den folgenden Versuchen ... fernzuhalten". Denn ich glaube zu wissen, welch ungeheure Zumutung Hölderlins Dichtung für das Weltverständnis der Menschen des späten 20. Jahrhunderts darstellt – gesetzt, wir bringen die Kraft auf, das von Hölderlin Gesagte überhaupt, über eine etwaige Bezauberung hinaus, als eine Zumutung zu begreifen. Aber diese Zumutung ist kein subjektiv maßloses Fordern; sie ist das „Heilsame" selbst, das im ersten Satz des Beitrags genannt wird. In Hölderlins Dichtung, im Werk eines der großen Freunde der Menschheit, erscheint – wofür wir dankbar zu sein haben – der einfache, zugleich aber ungeheure Anspruch, den die Welt stets an uns alle stellt. Dieser Anspruch wird unserer Gutmütigkeit zu gutem Gebrauch anvertraut, damit wir die Welt und so uns selbst kennenlernen.

Mit herzlichen Wünschen bin ich
Ihr
Detlev Lüders

DASEIN „IN REISSENDER ZEIT"
HÖLDERLINS DICHTUNG HEUTE

Wie vielleicht kein anderer hat Hölderlin erkannt, was für die Einkehr eines eigentlichen Friedens in der Welt nötig wäre – was also der Mensch leisten müßte, um einem solchen Frieden allenfalls näherzukommen.

Hölderlins Dichtung – denken wir etwa an seine Hymne „Friedensfeier" – hat unser heutiges Fragen nach den Bedingungen eines weltgeschichtlichweltweiten Friedens um 200 Jahre vorweggenommen; und wir behaupten: Alles heutige Ringen um den Frieden bewegt sich weit unter dem von Hölderlin gesetzten Niveau; es hat Hölderlins Einsicht noch nicht einmal zur Kenntnis genommen, sondern sich mit unheimlicher Stetigkeit immer weiter von ihr entfernt. Der heutigen Sehnsucht der Welt nach Frieden fehlt noch nahezu alles, was imstande wäre, die von Hölderlin erkannten Voraussetzungen des Friedens auch nur annähernd zu erfüllen.

Aber Hölderlin, der wie kaum ein anderer *für die Menschen* dichtete, der inständig hoffte, die Menschheit werde einen guten und tief förderlichen Gebrauch von seiner Dichtung machen, von dem das Wort stammt: „Ich liebe das Geschlecht der kommenden Jahrhunderte"[1] – Hölderlin hat seine Einsichten für jede Zukunft in seinem Werk aufgeschrieben. Sein Werk steht jedem offen und für jeden bereit. Auch wir können von Hölderlin lernen, welche Anforderungen der Friede an uns stellt. Auch und gerade für uns wäre sein Werk, verstünden wir es zu lesen, eine Anleitung zum Frieden und zu einem menschenwürdigen Dasein.

Wie also lesen wir dieses Werk, das in weiten Teilen als dunkel und schwierig gilt, auf die rechte Art?

Dem Gedicht „Friedensfeier" hat Hölderlin eine Vorrede vorangestellt, in der er sich unmittelbar an sein Publikum wendet. Sie beginnt mit den Sätzen:

> Ich bitte dieses Blatt nur gutmütig zu lesen. So wird es sicher nicht unfaßlich, noch weniger anstößig sein.

Damit gibt Hölderlin auch uns, seinem heutigen Publikum, einen entscheidenden Hinweis, wie wir sein Werk lesen sollen – und zwar gerade dann, wenn wir dabei zunächst auf Schwierigkeiten stoßen. Wir sollen „gutmütig" lesen.

Tragende Worte, wie hier das Wort „gutmütig", führen bei Hölderlin eine kaum ausschöpfbare Bedeutungsfülle mit sich. Aber jetzt halten wir uns einmal an den einfachen, unmittelbar zugänglichen Sinn. Denn den hat das Wort bei Hölderlin natürlich auch und zunächst.

„Gutmütig" – das heißt arglos, ohne Hintergedanken, ohne bösen Willen und Eigennutz, ohne Voreingenommenheit, ohne Vorurteil, und auch ohne die

---

[1] An seinen Bruder Karl Gock, 1. Hälfte Sept. 1793. StA 6, 1, S. 92.

Absicht zu billiger, ungemäßer Nutzanwendung. Und positiv heißt es: rein hinhörend auf das Gesagte. Wir sollen uns dem, was uns da erwartet, öffnen. Wir sollen dabei versuchen, unseren Alltag und die Gewohnheiten unseres geläufigen Denkens, die alles zum schon hundertmal Gehörten und damit gleichgültig machen, hinter uns zu lassen. Wir sollen, sofern uns in diesem Werk etwas fremdartig erscheint, zunächst einmal erstaunen, betroffen, ja vielleicht fassungslos sein und uns redlich um das Verstehen bemühen. Auf heutige Art gesprochen: wir sollen fair und objektiv sein.

Aber sogar diese, wie man meinen sollte, einfachen und selbstverständlichen Bitten sind heute schwer genug zu erfüllen. Das gutmütige Lesen Hölderlins ist uns vielfach verstellt.

Die Substanz dieser Dichtung war schon in Hölderlins Gegenwart einzigartig und beispiellos; und das Beispiellose findet nur selten Gehör. Hölderlins Werk ist daher vielfach der Verkennung und der unangemessenen Nutzbarmachung ausgesetzt. Statt des reinen Hinhörens herrscht weithin das Hineinlegen dessen, was man hören möchte. Die große Substanz, das Zentrum der Hölderlinschen Dichtung entschwindet uns zunehmend, weil wir oft die Beschäftigung mit peripheren und vordergründigen Aspekten vorziehen. Über all dies wurde schon manches gesagt.

Das gutmütige Lesen ist daher selten geworden. Wer kann noch ursprünglich über das Große erstaunen?

Aber nur der gutmütige Sinn weist uns einen Weg zu Hölderlin. Diesen Sinn müssen wir finden; und das heißt zumeist: Wir müssen uns ändern.

Unser Thema heißt: Dasein in reißender Zeit. Aber statt von der „reißenden" – d.h. rasenden, alles mit sich reißenden, vernichtenden – Zeit haben wir bisher vom Frieden gesprochen – scheinbar also vom puren Gegenteil. Reißende Zeit und Friede gehören jedoch offenkundig zusammen. Friede wäre nicht möglich – er könnte als das Besondere, das er ist, gar nicht in die Erscheinung treten –, wenn nicht etwas Reißend-Chaotisches und also Unfriedliches vorangegangen wäre. Da Hölderlin ein Dichter des Friedens ist, muß er, von der Sache genötigt, auch ein Dichter der reißenden Zeit sein.

Reißend war Hölderlins eigene Lebenszeit. Er hat den Frieden zwar immer als die eigentlichste Möglichkeit der Geschichte und als die Erfüllung des menschlichen Daseins *gekannt*; zugleich aber mußte er diese Erkenntnis ständig den ihn bedrängenden Lebenserfahrungen abringen.

Hölderlin war wie wenige Menschen beansprucht und angefeindet von den Anforderungen der Zeit. Seine Grundsehnsucht nach unbedingter Harmonie mit der Natur und dem Sein im ganzen war ständig dem furchtbaren Angriff der Zeit ausgesetzt. Er klagte, daß er so „zerstörbar"[2] sei; daß jede Unart seiner Umwelt ihn sogleich aus der Bahn zu werfen drohte. Unschwer ist diese menschliche

---

[2] An Neuffer, 12. Nov. 1798. StA 6, 1, S. 290.

Verfassung: stark, sich verschwendend und auch maßlos auf Eindrücke zu reagieren und die Zeit und ihre Erscheinungen somit am eigenen Ich ständig reißen zu *lassen*, als eine Vorbedingung und ein lebenslanger Vorbote von Hölderlins Wahnsinn zu erkennen.

Reißend waren überdies Hölderlins Zeitumstände im ganzen. Er war ein Zeitgenosse historischer Umwälzungen größten Ausmaßes, der Französischen Revolution und ihrer Folgen. An seiner Gegenwart hat er leidenschaftlich Anteil genommen und die inständigsten Hoffnungen auf eine bessere Zukunft der Menschheit an sie geknüpft. Seine „Friedensfeier" etwa ist untrennbar verbunden mit seiner Reaktion auf die Beendigung des Zweiten Koalitionskriegs 1801.

Dann aber folgten in seiner Dichtung wieder andere Verse, die, statt dem Frieden, einer wilden, titanisch tosenden Unzeit gelten. Denn Hölderlin verschloß sich der Einsicht nicht, daß der Friede – der einzige, weltgeschichtlich-umfassende, den er im Sinn hatte – nicht so bald, wie er wohl zeitweilig gehofft hatte, auf der Erde einkehren werde.

Bei so beschaffenen persönlichen und allgemein-historischen Umständen kann es nicht anders sein: Die Zeit, reißend und fast tödlich, drängt den Dichter, nachdem er sie lange zu verdrängen gesucht hatte, zu ihrer Gestaltung; sie wird einer der großen Themenkreise in Hölderlins Werk.

Aber wir würden enttäuscht, wenn wir erwarteten, daß Hölderlin etwa jene verstörenden Lebens- und Zeiterfahrungen in seinem Werk unmittelbar ausspräche, so, daß wir ‚biographische Anlässe' leicht und direkt wiedererkennen könnten. Das Ausbreiten seiner subjektiven Erlebnisse im Werk ist Hölderlins Sache nicht. Er verschmäht dieses aus seiner Sicht inferiore Verfahren. Ebenso wenig erwähnt sein Werk historische Ereignisse im geläufigen Sinn und nach geläufiger Art. All diese Anlässe werden vielmehr auf eine Hölderlin ganz eigene Weise verwandelt und auf eine andere Ebene als die biographisch-psychologisch-historische transponiert – oder vielmehr, wir müssen richtiger sagen: All diese Anlässe erscheinen in seinem Werk von vornherein in ihrer eigentlichen Wesensdimension, die nie die nur psychologisch-historische ist. In einem beispiellosen und auf eigene Weise mühelosen Aufschwung hebt Hölderlin alles Menschliche gleichsam a priori empor in einen wesentlichen Bereich, der die Heimat des Menschen, ihm aber im Alltag gleichwohl weithin unzugänglich ist.

Um diese wesentliche Dimension kennenzulernen, die auch die Zeit und ihre Ereignisse bei Hölderlin haben, vergegenwärtigen wir uns zunächst die Ode „Der Zeitgeist". Sie stammt aus Hölderlins mittlerer Schaffensperiode und ist 1799 in Homburg entstanden.

> Zu lang schon waltest über dem Haupte mir
>   Du in der dunkeln Wolke, du Gott der Zeit!
>   Zu wild, zu bang ist's ringsum, und es
>   Trümmert und wankt ja, wohin ich blicke.
>
> Ach! wie ein Knabe, seh' ich zu Boden oft,
>   Such' in der Höhle Rettung von dir, und möcht'

>   Ich Blöder, eine Stelle finden,
>   Alleserschütt'rer! wo du nicht wärest.
>
> Laß endlich, Vater! offenen Aug's mich dir
>   Begegnen! hast denn du nicht zuerst den Geist
>   Mit deinem Strahl aus mir geweckt? mich
>   Herrlich ans Leben gebracht, o Vater! –
>
> Wohl keimt aus jungen Reben uns heil'ge Kraft;
>   In milder Luft begegnet den Sterblichen,
>   Und wenn sie still im Haine wandeln,
>   Heiternd ein Gott; doch allmächt'ger weckst du
>
> Die reine Seele Jünglingen auf, und lehrst
>   Die Alten weise Künste; der Schlimme nur
>   Wird schlimmer, daß er bälder ende,
>   Wenn du, Erschütterer! ihn ergreifest.

In seinem unbedingten Streben nach Einigkeit und Harmonie mit der Natur hatte Hölderlin die Zeit und ihr trennend-vernichtendes Wesen, das ihm so elementar zu schaffen machte, lange gleichsam vernachlässigt. Diese Ode ist nun eins der großen Zeugnisse für Hölderlins Ringen um die Erkenntnis des Wesens der Zeit und um ihre Einbeziehung in seine Dichtung.

Der Gott der Zeit erscheint hier als der „Alleserschütt'rer", und das ‚Trümmern und Wanken', das der Dichter „ringsum" in einer „wilden" Welt gewahrt, ist wesentlich das Werk dieses Zeitgottes. Die furchtbaren Erfahrungen Hölderlins ‚in reißender Zeit' werden spürbar. Oft sucht er „blöde", weil völlig aussichtslos, einen Zufluchtsort, wo die allgegenwärtige Zeit mit ihren Heimsuchungen nicht wäre. Er erkennt jetzt diesen Fehler in seiner Haltung zur Zeit und möchte ihn gutmachen:

>   Laß endlich, Vater! offenen Aug's mich dir
>   Begegnen! ...

Die furchtbare und zugleich „herrliche", lebenspendende und lebenvernichtende Zeit muß künftig geachtet werden; ihrer „allmächtigen", „weckenden" Kraft muß der Dichter sich stellen. –

Bis hierher haben wir das Gedicht gleichsam stofflich und biographisch, gleichsam als ein Dokument für einen entscheidenden Schritt in der Entwicklung Hölderlins betrachtet, für den Schritt aus der Geschichtslosigkeit der Jugend in die Begegnung mit Zeit und Geschichte.

Blicken wir jetzt aber – über diese historisch orientierten Feststellungen hinaus – auf die eigentliche Substanz des Gedichts: Auf das, was, über den Unterschied der Epochen hinweg, auch noch in uns Spätgeborenen das Bleibend-Menschliche anruft.

Da sehen wir, daß Hölderlins Ode sich kaum aufhält bei dem Zeitgebundenen seiner Gegenwart, bei den *damaligen* Erscheinungsformen des ‚Trümmerns und Wankens' der Erde, das er im Entstehen und Vergehen ganzer Reiche, im

Chaos der Revolutionskriege, in der Verwandlung der politischen Gestalt Europas, als Mensch so erschütternd erlebte. Hier im Werk, das den „kommenden Jahrhunderten" zu überliefern war, durfte das Historisch-Vergängliche nur in seiner *bleibenden* Gestalt erscheinen.

Hier im Werk erhebt sich daher Dasjenige, was all jenes Historische, den Wandel und das Zermalmen und das Erschütternd-Menschliche, erst ermöglicht: Es erhebt sich der „Gott der Zeit".

Hölderlin erkennt inmitten des Chaos des Irdischen das Walten eines Gottes. Und ihn, ihn selbst, will er erfahren; er will nicht weiterhin, gleichsam blind, nur seinen bloßen Wirkungen ausgesetzt sein:

> Laß endlich, Vater! offenen Aug's mich dir
> Begegnen!

Wir würden uns verhängnisvoll irren, wenn wir diese Rede Hölderlins von einem Gott für eine mythologische Einkleidung und Verbrämung und damit für eine, wie man wohl sagt, ‚poetische Wendung' hielten. Wir würden damit das Wesen von Hölderlins Dichtung überhaupt verfehlen. Poetische Wendungen liegen diesem Werk, das so dichterisch ist wie kaum eines sonst, ganz fern.

Dies ist es, worin wir uns grundlegend zurechtfinden müssen, wenn Hölderlins Dichtung nicht letztlich spurlos – allenfalls als ein nur ‚ästhetisches Erlebnis', was nicht viel verschlagen würde – an uns vorbeirauschen soll. Wir müssen Hölderlin auf seiner Begegnung mit Göttern folgen; und wir müssen dies, indem wir ihn ganz ernst und bei seinem Wort nehmen. Denn Hölderlin meint immer genau das, was er sagt.

Hölderlins eigentlichster Wink für jeden ‚gutmütigen Leser' lautet: Der Mensch lebt in der Welt weder isoliert als Individuum, noch aber auch lediglich in der ‚Gesellschaft' der Menschen. Weder die Individualität noch die Gesellschaft noch die bloße Addition beider ist sein äußerster Horizont und Lebensraum; nicht psychologisch und nicht soziologisch faßbare Abläufe sind sein letztes Gesetz. Dies alles gehört freilich zum Dasein des Menschen. Aber als Mensch, in voller Entfaltung seines Wesens, lebt er nur in der Begegnung mit Göttlichem.

Und hier scheiden sich vielleicht die Geister. Das Göttliche steht unserer Zeit fern. Oder sagen wir vorsichtiger: Es steht weiten Bereichen unserer Zeit noch fern. Vielleicht sind dies diejenigen Bereiche, die geistig noch im Gestrigen leben. Denn in maßgebenden Bezirken etwa der heutigen Naturwissenschaften und der heutigen Philosophie herrscht schon ein neues, bestimmendes Bewußtsein davon, daß das Göttliche – unter welchen (notwendig neuen) Namen es heute auch ‚auftreten' möge – bleibend und unerschütterlich zur Wirklichkeit des Menschen gehört.

Hölderlin erkannte durch das Chaos des irdisch-zeitlichen Geschehens hindurch *die Wirklichkeit des Gottes der Zeit.* Denn dies gilt es zuinnerst einzusehen und bei jedem Satz und Vers Hölderlins zu begreifen: Seine Götter *sind Wirk-*

lichkeiten. Sie sind freilich nicht nach Art der griechischen Mythologie in Menschengestalt vorzustellen, und wir dürfen sie auch nicht nach Art des Christentums denken.

Hölderlin erfuhr die Götter als Wirklichkeiten, weil sie die faktisch und unbezweifelbar wirkenden Mächte des Daseins und des Lebens, des Werdens und Vergehens, der Welt und der Geschichte und der ewig lebenden Natur sind. Diese Mächte sind unkörperlich und unsichtbar; aber das mindert ihre Wirklichkeit nicht. Machtvoll schweigend bestimmen sie alles, was ist. Sie sind für den Menschen letztlich unverfügbar und zeigen ihm so seine Grenzen.

Diese wirklichen Götter Hölderlins sind im Kern ihres Wesens nicht im mindesten eine Sache der kulturellen Tradition, und sie sind auch nicht ein Gegenstand des Glaubens. Denn sie, die unsichtbaren, sind so wirklich wie die Dinge, die wir um uns herum sehen. Man braucht nicht an sie zu glauben; man muß ihrer inne werden. Recht verstanden, gehören die Götter zu den täglichen Erfahrungen des Menschen.

Was für uns wohl schwer ist: nämlich diese *Wirklichkeit* der Götter zu begreifen, war für Hölderlin in einer eigentümlichen und seine Dichtung tief prägenden Weise mühelos. Das Organ für die Wahrnehmung der Götter war ihm gleichsam angeboren. In einer Ode aus dem Jahre 1800, die ohne Umschweife den Titel „Die Götter" trägt, sagt er:

> Ihr guten Götter! arm ist, wer euch nicht kennt,
> Im rohen Busen ruhet der Zwist ihm nie,
> Und Nacht ist ihm die Welt und keine
> Freude gedeihet und kein Gesang ihm. (V. 5–8)

„Ihr guten Götter! arm ist, wer euch nicht kennt": Denken wir von hier aus jetzt wieder an den „Gott der Zeit" zurück, den Hölderlin in der Ode „Der Zeitgeist" auf so bezwingend-selbstverständliche Weise anrief, und versuchen wir, uns Hölderlins Rede von den Göttern noch verständlicher, sie noch „beweisbarer"[3] zu machen, wie Hölderlin einmal geradezu sagt.

Indem Hölderlin, durch das ‚Trümmern und Wanken' der geschichtlichen Ereignisse hindurch und ihm auf den Grund sehend, dem wirklichen „Gott der Zeit" begegnet, gewinnt er diejenige Einsicht, von der aus geschichtliche Fakten überhaupt erst eigentlich, nämlich in ihrer vollen Wirklichkeit und Wahrheit erfahrbar sind.

Denn so lange diese ‚göttliche Ebene' ausgespart bleibt, so lange man sich auf die im geläufigen Sinne historischen Fakten beschränkt, so lange überspringt und vernachlässigt man das Wesentliche, das Faktum aller Fakten: *Daß es so etwas wie die Zeit überhaupt gibt,* daß es *sie* erst einmal ‚geben' muß, damit alle geläufigen Fakten sich ‚in ihr' überhaupt ereignen können.

Dieses ‚*Es gibt Zeit*' ist aber das eigentliche Wunder und der tragende Grund, der erst einmal vorliegen muß, bevor die uns geläufige Geschichte sich

---

[3] „Anmerkungen zur Antigonae" des Sophokles

entfalten kann. Das ‚Es gibt Zeit' ist das schweigende Rätsel, das Leben und Geschichte im ganzen allererst ermöglicht und gewährt.

Nur weil es Zeit überhaupt gibt, kann es auch historische Ereignisse geben; nur deshalb haben sie den Spielraum zu ihrem Ablauf. Nur weil es Zeit gibt, hat der Mensch das Element, ‚in' dem sich sein Dasein abspielt. In der Zeit als solcher begegnet dem Menschen somit ein Urphänomen, wie Goethe gesagt hätte, ein Ur-Element, ein gewährender Ursprung seiner rätselvollen Lebensbahn.

Dieses Element erfuhr Hölderlin. Seine Dichtung ist hier zu einem der Ursprünge von Welt und Dasein gelangt, deren alles übersteigende Wesensgewalt der Mensch, wenn er redlich ist, achten muß. Verehrend, fragend, freudig dankend und feiernd kann er die Macht des Ursprungs zu bestehen suchen. In solcher Zwiesprache mit den gewährenden Gewalten ist der Mensch erst Mensch.

Als ein Ur-Element ist die Zeit einer der größten Götter im Kosmos Hölderlins. Der Name „Gott" entspricht der den Menschen schlechthin überragenden Wesensmacht der Zeit.

Wir haben versucht, die eigentliche Dimension etwas deutlicher zu erblicken, die die Zeit, wie alle Urphänomene des Daseins, in Hölderlins Dichtung hat.

Der gewaltige, rätselhaft-übermächtige „Gott der Zeit" ist in allen Erscheinungsformen seines ‚Elements' anwesend; so auch in der *„reißenden Zeit"*, von der wir ausgingen, und die wir nun, nachdem der Grundcharakter jeglicher Zeit deutlicher wurde, genauer erkennen wollen.

In den letzten Versen der großen Elegie „Der Archipelagus" redet der Dichter den Meergott, den Archipelagus selbst, an:

> Aber du, unsterblich, wenn auch der Griechengesang schon
> Dich nicht feiert, wie sonst, aus deinen Wogen, o Meergott!
> Töne mir in die Seele noch oft, daß über den Wassern
> Furchtlosrege der Geist, dem Schwimmer gleich, in der Starken
> Frischem Glücke sich üb', und die Göttersprache, das Wechseln
> Und das Werden versteh', und wenn die reißende Zeit mir
> Zu gewaltig das Haupt ergreift und die Not und das Irrsal
> Unter Sterblichen mir mein sterblich Leben erschüttert,
> Laß der Stille mich dann in deiner Tiefe gedenken.
>
> (V. 288–296)

Aus der Nacht seiner Gegenwart her, die die Götter nicht mehr kennt, spricht der Dichter zum Meergott. Die Griechen, die diesen Gott, auch diesen unter den vielen anderen, den gewaltigen Geist des Meeres, feierten und vor allem achteten, die Griechen sind dahin. Auf den Untergang des „seligen Griechenlands", das eben deshalb selig war, weil es die Wirklichkeit der Götter wahrnahm und so ein eigentliches Menschsein ermöglichte, ist weltgeschichtlich die „Weltnacht"[4] gefolgt: die Wirklichkeit der Götter ist bei Menschen in anhaltende Vergessenheit geraten. Die Weltnacht hält an bis zur Gegenwart Hölderlins (und wir werden

---

[4] Vgl. „Die Götter", V. 7

uns fragen müssen, ob sie nicht – in schärferer Form noch – auch bis zu uns hin andauert).

Die Weltepoche der Nacht – die Nichtachtung der Götter – der Abfall daher des Menschen von seinem Wesen: Das sind die verhängnisvollen Welt- und Himmelszeichen, die Zeit zur „reißenden Zeit" werden lassen. Überall auf der Erde kommen dann ‚Trümmern und Wanken', „Not" und „Irrsal" auf.

Hölderlin erkennt – analog zu seinem Wahrnehmen der Wirklichkeit der Götter –, daß solche äußersten Notlagen des Menschen, entgegen dem Anschein, nicht nur auf einem Mangel an wie auch beschaffener irdischer (also gesellschaftlicher, politischer, staatlicher usw.) Vorsorge, sondern auf der Verkennung, dem Vergessen oder gar dem Verspotten der Götter beruhen. Denn sein Wesen verweist den Menschen – wie wir sahen: ‚unentrinnbar' – auf das Göttliche; und eine Verletzung dieses Wesens – der Versuch also, den Göttern als den faktischen Ur-Mächten dennoch zu entrinnen – ist tödlich.

Die vielleicht unvergeßlichste Darstellung der freudlosen Not, des rohen Irrsals der Götterferne, der Weltnacht also und ihrer reißenden Zeit, findet sich in vorangehenden Versen des „Archipelagus":

> Aber weh! es wandelt in Nacht, es wohnt, wie im Orkus,
> Ohne Göttliches unser Geschlecht. Ans eigene Treiben
> Sind sie geschmiedet allein, und sich in der tosenden Werkstatt
> Höret jeglicher nur und viel arbeiten die Wilden
> Mit gewaltigem Arm, rastlos, doch immer und immer
> Unfruchtbar, wie die Furien, bleibt die Mühe der Armen.
>
> (V. 241–246)[5]

> ... es wohnt, wie im Orkus,
> Ohne Göttliches unser Geschlecht.

Die „reißende Zeit", die dem Dichter, wie er bekennt, oft „zu gewaltig das Haupt ergreift", sie entsteht, wenn das Menschengeschlecht wähnt, „ohne Göttliches" wohnen, d.h. leben zu können. Denn dann stimmt nichts mehr. Die Grundverhältnisse der Welt stimmen nicht mehr. Die Götter, die Ur-Mächte, ohne die der Mensch, seinem Wesen gemäß, nicht existieren kann – denken wir an den Dasein gewährenden Zeit-Gott –, die Götter entziehen sich dem Menschen, und die Menschen entziehen sich den Göttern: „Ans eigene Treiben / Sind sie geschmiedet allein ...". Weil die Götter ja *wirklich* sind, weil sie bestimmend zur Gesamt-Wirklichkeit gehören, vergewaltigt der sich götterlos wähnende Mensch eben diese Gesamt-Wirklichkeit. Die reißende Zeit entreißt dem

---

[5] Auch diese Verse sind in einer uns fernen Sprache geschrieben. Sie erscheinen uns vielleicht als anachronistisch. Versuchen wir dennoch, sie nicht als einen historischen Stoff zu lesen, sondern als das unmittelbare und unüberholbare Abbild der Neuzeit, das sie sind. Als dieses Abbild zeichnen sie aufs genaueste, modernste und aktuellste selbst noch unsere eigene Gegenwart: Die Zeit des Subjektivitätswahns, des blinden Betriebs, des blinden Konsums, der blinden Hektik, der blinden Information.

Menschen, der meint, aus sich allein heraus zu existieren, die Grundlage seiner Existenz.

Aber: Diese reißende Zeit bleibt so zugleich unaufhebbar an die Götter gebunden. Sie entsteht, wie wir sahen, ‚nur' durch deren Entzug. Die im Entzug abwesenden Götter sind eben ‚nur' abwesend; keineswegs sind sie etwa zu Nichts geworden. Abwesend nehmen sie weiterhin am Weltlauf teil; sie nehmen gleichsam die furchtbare Zeit ihrer eigenen Ferne in Kauf. Auch der den Göttern ferne Mensch ist ihnen nicht etwa entronnen; er lebt weiterhin in einer unaufhebbaren Abhängigkeit von ihnen.

So sagt Hölderlin in der Elegie „Brot und Wein" zu einem Gefährten:

> Aber Freund! wir kommen zu spät. Zwar leben die Götter,
> Aber über dem Haupt droben in anderer Welt.
> Endlos wirken sie da und scheinens wenig zu achten,
> Ob wir leben, so sehr schonen die Himmlischen uns.
>
> (V. 109–112)

Hier wird sogar eine weitere, tiefere Bindung zwischen abwesenden Göttern und Menschen genannt: Indem sie fern sind, „schonen" die Himmlischen die Sterblichen. Sie ‚verschonen' sie mit ihrer (für Menschen oft zu gewaltigen) Gegenwart. Hölderlin fährt fort und erläutert:

> Denn nicht immer vermag ein schwaches Gefäß sie zu fassen,
> Nur zu Zeiten erträgt göttliche Fülle der Mensch.
>
> (V. 113f.)

So zeigt sich ein *Doppelgesicht der reißenden Zeit:* Einerseits ist sie von Not und Irrsal der erschütterten Menschen, vom Trümmern und Wanken der verwüsteten Erde bestimmt; und so gesehen, ist es die Hinfälligkeit, das Hinabrasen der Menschen in den Abgrund ihrer scheinbar götterlosen Isoliertheit, was das Reißen der reißenden Zeit ausmacht.

Andererseits aber waltet auch noch inmitten dieses Chaos die schonende Ferne der abwesenden Himmlischen. Auch in der äußersten Not lassen die Götter den Menschen nicht allein. Denken wir nur an jenen großen Gott der Zeit: Er – also die Zeit selbst – läßt auch in größter Gefahr nicht etwa davon ab, den Menschen den Spielraum ihres Daseins zu gewähren; auch dann ‚gibt es' für Menschen weiterhin Zeit.

Indem sie die Menschen eigens schont, ist die göttliche Abwesenheit sogar zugleich eine eigentümliche, intensive, ja zärtliche Zugewandtheit der fernen Götter zur Erde und zu den Menschen. Eine Zugewandtheit freilich, die, wenn überhaupt, nur von den wenigen Sterblichen, die das Tiefste wahrnehmen, vernommen wird. Auf diese Wenigen aber kommt in allen Epochen der Welt immer alles an.

Das Doppelgesicht der reißenden Zeit enthüllt sich als ein Zugleich: Es ist rasendes Chaos der Erde und schonende Zurückhaltung der Götter in einem.

Für jene Wenigen ist aber auch noch die himmlische Scheu ein treibender „Stachel des Gottes"[6], wie Hölderlin einmal sagt.

Denn im Grunde reißt die reißende Zeit den Menschen, sie zerrt an seinem Wesen, damit er sich *angetrieben* fühlt, dem heillosen Zustand, daß „ohne Göttliches unser Geschlecht" lebt, ein Ende zu machen. Von einem solchen ‚Antrieb', einem solchen göttlichen „Stachel", spricht wieder die Elegie „Brot und Wein". Aus der Nachtzeit heraus sagt hier der Dichter:

> Göttliches Feuer auch treibet, bei Tag und bei Nacht,
> Aufzubrechen. (V. 40f.)

„Bei Tag *und* bei Nacht", auch in der Nacht der Götterferne also, ist treibendes himmlisches Feuer für den Dichter sichtbar – eine kaum ausdenkbare Leistung der Hölderlinschen Wahrnehmungskraft. Auch aus ihrer Ferne her bleiben die Götter wirksam.

Der ‚Aufbruch', zu dem die Götter treiben und wecken, gilt der Notwendigkeit, die rasend-tosende Weltnacht und ihre reißende Zeit zu beenden. Denn wenn die Götter wieder auf der Erde bei Menschen einkehren können, wenn ein neuer Welt-Tag anbricht, ist die ‚Ordnung der Welt', das eigentliche „Maß"[7], wiederhergestellt, und der Fluch weicht von den Menschen, der jede ihrer Mühen „unfruchtbar" sein ließ, so lange sie „ohne Göttliches" lebten.

Hölderlins Dichtung hat daher das einzige, unausdenkbare Ziel, die Götter wieder auf die Erde herabzurufen – das heißt: sie für Menschen wieder erfahrbar zu machen, die Menschen also zugleich darauf vorzubereiten, daß sie dies zu ihrem Teil ermöglichen müssen – und so die entscheidende Vorbedingung für einen künftigen Weltfrieden zu schaffen.

Das eigentliche „Maß" der Welt, ihr wahres Gefüge, das durch eine neue Einkehr der Götter wiederhergestellt werden soll, besteht im unauflösbaren Aufeinander-Angewiesensein, im Zusammengehören von Göttern und Menschen. In deren Beisammensein treffen sich zugleich ihre beiden ‚Wohnungen', Himmel und Erde. *So ist eine untrennbare Ganzheit der Welt aus Himmel, Erde, Göttern, Menschen geschmiedet;* und das bedeutet für den Menschen, der im irdischen ‚Trümmern und Wanken' einen ‚Sinn' sucht: Die Welt ist kein Chaos; sie hat eine unzerreißbare Struktur und Ordnung, an deren ständiger Verwirklichung er selbst, der Mensch, wesentlich beteiligt ist.

Hölderlin vergewissert sich dieses entscheidenden „Fundes"[8], des Weltmaßes, in der späten Hymne „Der Einzige". Es heißt da zunächst:

> Himmlische sind
> Und Menschen auf Erden beieinander die ganze Zeit.
> (‚3. Fssg.', V. 84f.)

---

[6] „Chiron", V. 37
[7] Vgl. z.B. „Der Frieden", V. 39. Ferner oben S. 87ff.
[8] „Heimkunft", V. 79

Und mit Worten wie Hammerschlägen nagelt Hölderlin diesen „Fund" und seine Bedeutung für den Menschen noch gründlicher fest:

> Immerdar
> Bleibt dies, daß immergekettet alltag ganz ist
> Die Welt. (V. 87–89)

Dies sind Verse, die wir immer noch nicht deutlich genug als Hölderlins tiefste Einsicht in das Wesen der Welt erkannt haben. „Immerdar", „alltag", in allen Epochen der Geschichte, ist die Welt „ganz": Da ja Götter und Menschen immer – nämlich „bei Tag und bei Nacht" –, untrennbar also, beisammen sind, kann das Ganzsein der Welt nie, auch in der Weltnacht nicht, verloren gehen. Dieses Ganzsein aber ist das Höchste. Denn es zeigt und verbürgt, daß ein „gemeinsamer Geist"[9] immer auch noch das Auseinanderstrebendste in der Welt beseelt und einigt: so Götter und Menschen in reißender Zeit. Nichts kann aus diesem unerhörten Bund herausfallen. Er ist „immergekettet", und er „bleibt".

Das bleibende Maß und Gefüge der Welt überdauert sogar die abgründigen historischen Umbrüche. Der Satz von der immergekettet bleibenden Ganzheit der Welt gibt unserer Zeit, die gern und schnell bei der Hand ist, den historischen Wechsel für das äußerste Gesetz der Geschichte zu halten, das Schwerste zu denken auf.

Bisher haben wir die reißende Zeit als das Zugleich des Wankens der Erde und des zurückhaltenden Schonens der Götter kennengelernt. Damit ist in ihr aber auch der „Stachel des Gottes" am Werk, der den Menschen hin zur erfüllten Zeit, zum erfüllten Welt-Maß, hin zum Frieden treibt:

> Göttliches Feuer auch treibet, bei Tag und bei Nacht,
> Aufzubrechen.

Göttliches Feuer, göttlicher Stachel wurde Hölderlin im Übermaß zuteil. Er fürchtete schon im Jahre 1801, „daß es mir nicht geh am Ende wie dem alten Tantalus, dem mehr von Göttern ward, als er verdauen konnte"[10].

Damit wird eine Gefahr, die im göttlichen Feuer liegt, spürbar – unbeschadet seiner beseelenden Kraft. Die Elegie „Der Wanderer" sagt daher:

> ... vom Olymp regnete Feuer herab,
> Reißendes! ... (V. 2f.)

Härter noch lautet der späte Hymnen-Entwurf „Einst hab ich die Muse gefragt ...". Hölderlin spricht hier von einem „Himmelszeichen", dessen ‚Reißen' unmittelbar vernichtende Kraft hat. Von ihm heißt es nämlich:

---

[9] „Wie wenn am Feiertage ...", V. 43
[10] An Böhlendorff, 4. Dez. 1801. StA 6, 1, S. 427

> das reißt
> ... Menschen
> Hinweg. (V. 12–14)

Das reißende göttliche Feuer, das den Menschen *unmittelbar* trifft, verzehrt ihn. Würde jener Gott der Zeit etwa den Menschen mit seiner puren Zeit-Kraft anfallen, die nichts wäre als reine Zeit, ungemildert durch Vorfälle und Ereignisse, die *in* dieser Zeit geschehen, so ginge das über jede Fassungskraft des Menschen. Dieser würde in das Übermaß rein göttlicher Verhältnisse hineingerissen, die ihm nicht zustehen. Das reine, ungemilderte Himmelszeichen „reißt Menschen hinweg".

Das Urbild des reißenden Himmelszeichens ist für Hölderlin der antike Mythos von Zeus und Semele.

Die thebanische Königstochter Semele war die Geliebte des Zeus. Aus Eifersucht gab ihr Hera, Zeus' Gemahlin, den Rat, sie solle Zeus bitten, ihr in seiner wahren göttlichen Gestalt zu erscheinen. Liebend und unwissend folgt Semele der Einflüsterung; und Zeus, durch ein Versprechen gebunden, muß ihren Wunsch erfüllen. Er erscheint Semele als Gott, und es ist, als sei sie in die Mitte der Sonne versetzt. Semele verbrennt. Mit Zeus' Hilfe kann jedoch ihrer beider Sohn, Bacchus-Dionysos, geboren werden.

Diesen Mythos dichtet Hölderlin neu in der Hymne „Wie wenn am Feiertage ...". Die entscheidenden Verse lauten:

> So fiel, wie Dichter sagen, da sie sichtbar
> Den Gott zu sehen begehrte, sein Blitz auf Semeles Haus
> Und die Göttlichgetroffne gebar,
> Die Frucht des Gewitters, den heiligen Bacchus.
>
> (V. 50–53)

So zeigt sich: das „göttliche Feuer", für sich genommen, hat dieselbe reißend-tötende Kraft, wie – ebenso für sich genommen – die nur *irdisch*-reißende Zeit, die die Erde in Krieg und Vernichtung „trümmern und wanken" läßt. Das göttliche Extrem allein ist dem Menschen ebenso unangemessen und daher tödlich wie das isoliert irdische.

Und wie könnte es anders sein? Das wahre Gefüge der Welt besteht im *Beieinandersein* der Himmlischen und der Sterblichen, des Himmels und der Erde. Jede Störung dieses Miteinander, jedes Verhindern des Zusammenkommens von Himmel und Erde, jede radikale Einseitigkeit des Sich-Stürzens ins nur Irdische oder nur Göttliche ist ein Verfehlen des Maßes und des Weltgefüges; ein Verfehlen, dem, wie Hölderlin in seinem Spätwerk immer wieder einschärft, der Zorn Gottes gilt.

Aber Gottes „Güte" hat zugleich dafür gesorgt, daß der Mensch die „Himmelszeichen" in einer seinem Wesen entsprechenden Form wahrnehmen kann. Er hat nämlich seine Söhne als *Halbgötter* auf die Erde geschickt. Die Halbgötter verkörpern in ihrem halb göttlichen, halb irdischen Wesen das Weltgefüge: den

Ausgleich und das Miteinander der beiden Welt-Teile Himmel und Erde. Sie bringen diese Zusammengehörigkeit der „Welt" den Menschen.

Im Spätwerk Hölderlins erscheinen daher drei Halbgötter, die der oberste Gott auf die Erde geschickt hat, damit die Menschen bei ihrer Aufgabe, den Anspruch des Weltgefüges zu erfüllen, die Leistung und das Vorbild dieser drei vorzüglich wahrnehmen und nutzen: Es sind Herkules, Dionysos und Christus. Hölderlins Blick, der einzig das immergekettete Weltganze in seinen wechselnden Epochen anschaut, kennt keine Unvereinbarkeit von Antike und Christentum. In einem beispiellos kühnen Vergleich sagt er daher von den drei Halbgöttern:

> Herrlich grünet / Ein Kleeblatt.   („Der Einzige", 3. Fssg., V. 75f.)

Wie jedes der drei Blätter eines Kleeblatts steht jeder Halbgott zwar für sich; jeder von ihnen bringt den Menschen eine besondere Weise der Bestärkung, die zur Erfüllung jenes Weltmaßes unerläßlich ist. Dennoch überstrahlt ihre Gemeinsamkeit „als Söhne Gottes" ihre Unterschiede, so wie die Pracht des Kleeblatts im ganzen das Einzelnsein seiner drei Teile fast vergessen läßt.

Jeder Halbgott hilft den Menschen dabei, eine bestimmte Gefahr zu meistern, die ihnen bei der Aufgabe, das Weltgefüge zu finden und ihm zu entsprechen, droht. Des reißenden Himmelszeichens und seiner Gefahr für Menschen nimmt sich besonders Herkules an, der Fürst des Maßes. Er zeigt den Menschen, wie sie das göttliche Feuer auf der Erde „kühlen"[11] können, um es so mit ihr zu versöhnen und zu vereinen. Denn Himmelszeichen,

> ... die gelbem Feuer gleich, in reißender Zeit
> Sind über Stirnen der Männer,
> („Wenn aber die Himmlischen ...", V. 67f.)

muß der Mensch in der rechten Weise bestehen, sonst droht ihm der Zorn der Götter und Semeles Geschick. Vom Zorn der Himmlischen sagt Hölderlin:

> Wenn aber
> Sie reizet unnütz Treiben
> Der Erd' ...
>   brennend kommen
> Sie dann,
> Die othemlosen –
>
> Denn es hasset
> Der sinnende Gott
> Unzeitiges Wachstum.   (ebd., V. 87–96)

Die unüberholbare Welt-Dimension dieser Kämpfe – zwischen Himmel und Erde, Göttern und Menschen, „in reißender Zeit" – läßt uns begreifen: Hier geht es

---

[11] „Der Einzige", 3. Fssg., V. 98

im äußersten und tödlichen Ernst darum, ob und wie der Mensch die Erde einmal wieder menschlich und freudig bewohnen kann.

Gelbes Feuer vom Himmel, reißende Zeit der Götter – das erträgt der Mensch nur in verwandelter und vermittelter Form, in einer Form, die das Feuer des Himmels und die Kühle der Erde in der rechten Weise miteinander vereint und versöhnt hat. Dabei helfen dem Menschen die Halbgötter. Aber auch er selbst muß das Seine dazu beitragen.

Denn daß Götter und Menschen im Weltgefüge ohnehin „beieinander", daß Himmel und Erde als „Welt" „immergekettet" sind, verbürgt noch keineswegs, daß dieses Beisammensein auch in der rechten Art *verwirklicht* wird, so nämlich, daß es wie in der „Rhein"-Hymne heißen kann:

> Dann feiern das Brautfest Menschen und Götter,
> Es feiern die Lebenden all,
> Und ausgeglichen
> Ist eine Weile das Schicksal. (V. 180–183)

Viel eher geschieht das Brautfest – der „Friede" – nur auf seltenen Gipfeln der Weltgeschichte, und zwischen diesen Gipfeln wütet in Niederungen jahrhundertelang die reißende Zeit.

Wie also müssen Menschen sich Göttern zuwenden? Was ist die rechte Art der Vermittlung des Feuers vom Himmel? Wie gewinnen somit die Menschen das „Bleiben im Leben"[12] und den Frieden? – An diesen Fragen und ihrer Beantwortung hängt wohl – wenn wir das so aussprechen dürfen – das Geschick der Welt und das Überdauern des Menschengeschlechts.

Die auf den ersten Blick karge und nüchterne Antwort des späten Hölderlin auf diese Fragen lautet: Der Mensch muß, Himmel *und* Erde offen zugewandt, *„die Gestalt"* finden, *„worin der Mensch sich und der Gott begegnet"*[13].

Eine solche „Gestalt" vermittelt nämlich zwischen Himmel und Erde, indem sie Wesenszüge von beiden in sich versammelt. Sie fügt dem Feuer des Himmels das notwendig ergänzende irdisch-kühlende Element hinzu. „Wohl tut / Die Erde. Zu kühlen"[14], sagt Hölderlin. Jene „Gestalt" ist somit ein ‚Gefäß', das die reißenden Elemente ‚faßt', sie schaubar und erträglich macht und dem Menschen das Wunder ihrer Vereinigung zueignet.

Das gestalthafte Gefäß vermittelt dem Menschen die Anschauung des Unmittelbaren. Denn das Unmittelbare selbst (der tötende Zeus) ist, wie Hölderlin auch in theoretischen Werken darlegt, „für die Sterblichen unmöglich"[15] und sogar „unerlaubt".[16]

---

[12] „Der Frieden", V. 32
[13] Hölderlins Erläuterung zu seiner Übersetzung des Pindar-Fragments „Das Höchste"
[14] „Der Einzige", 3. Fssg., V. 97f.
[15] S. Anm. 13
[16] „Anmerkungen zur Antigonae" des Sophokles

In einer späten Fassung der „Patmos"-Hymne verbietet der Dichter sich und anderen aus diesem Grund jede *über*große Liebe zum Göttlichen:

> Zu viel aber
> Der Liebe, wo Anbetung ist,
> Ist gefahrreich, triffet am meisten.
>
> (Bruchstücke der späteren Fassung, V. 185–187)

Die Sprache gehorcht hier schon ganz der harten, blockhaft schmiedenden, die festeste Gestalt suchenden Fügung der späten Gesänge. Jedes „Zu viel", jede distanzlose „Anbetung" würde den Menschen schutzlos in das reißende Feuer vom Himmel stürzen lassen. An anderer Stelle erklärt Hölderlin dies nochmals:

> Denn furchtbar gehet
> Es ungestalt, wenn Eines uns
> Zu gierig genommen.
>
> („Mnemosyne", 1. Fssg., V. 6–8)

Wenn einer der Himmlischen uns zu unmittelbar anpackt, uns zu sengend mit seiner gelben Glut anfällt, „gehet / Es ungestalt" zu; die Gestalt, der dem Menschen „erlaubte" Bereich, verglüht.

Wie aber haben wir uns eine „Gestalt, worin der Mensch sich und der Gott begegnet", vorzustellen? – Ein Wunder, etwas zunächst unmöglich Scheinendes, bleibt es, daß der glühende Gott und die kalte Erde sich vereinen, indem sie gemeinsam eine Gestalt bilden.

Einen entscheidenden Hinweis gibt ein Vers aus demselben Hymnen-Entwurf, der von dem reißenden Himmelszeichen sprach. Nicht umsonst findet sich gerade hier, wie eine Mahnung Hölderlins, wie ein inständiger Hinweis auf den Bereich des Erlaubten, wie ein Damm, den Hölderlin gegen das Ungestalte errichtet, die Verszeile:

> Gefäße machet ein Künstler. (V. 26)

Dem Künstler und dem Dichter kommt demnach die Aufgabe zu, *im Kunstwerk* diejenige Gestalt zu errichten, „worin der Mensch sich und der Gott begegnet".

Schon in der Hymne „Wie wenn am Feiertage ...", Ende 1799, sagte Hölderlin, in seiner damals noch gelösteren Sprache:

> Doch uns gebührt es, unter Gottes Gewittern,
> Ihr Dichter! mit entblößtem Haupte zu stehen,
> Des Vaters Strahl, ihn selbst, mit eigner Hand
> Zu fassen und dem Volk ins Lied
> Gehüllt die himmlische Gabe zu reichen. (V. 56–60)

Hier herrschte bei Hölderlin, in damals noch schrankenloser Liebe zu den Göttern, die Zuversicht, der Dichter könne „Des Vaters Strahl, ihn selbst" – also das unmittelbare Gottesfeuer, den Blitz vom Himmel – „mit eigner Hand" erfassen: anfassen, müssen wir geradezu sagen.

Jene späteren Worte bringen aus tieferer Einsicht eine Korrektur. Das Unmittelbar-Göttliche ist für die Sterblichen unmöglich und daher tödlich. Auch ein Dichter kann das Feuer vom Himmel nicht ‚in die Hand nehmen'. Jetzt gilt vielmehr:

> Zu viel aber
> Der Liebe, wo Anbetung ist,
> Ist gefahrreich, triffet am meisten.

Diese Einsicht ist aber keine Resignation Hölderlins. Weder vermindert sich seine Zuneigung zu der göttlichen Sphäre, noch wendet er sich gar, wie man in völliger Verkennung des Hölderlinschen Spätwerks gemeint hat, von dem Bestreben ab, Götter und Menschen miteinander zu ‚versöhnen'. Die Einsicht in die Gefahr des „Zu viel" jeder Anbetung besagt vielmehr: Hölderlin hat das Wesen der Götter und die Bedingungen des Zusammenkommens von Göttern und Menschen jetzt angemessener, nüchterner, achtsamer und gerechter zu wahren gelernt.

Zugleich damit hat er nunmehr eine Tiefe der Einsicht erreicht, die es ihm wahrhaft ermöglicht, die Extreme der Erde und des Himmels – das Reißen also der reißenden Zeit und der reißenden Götter – im Gefüge der Welt ‚aufzuheben' und damit den Menschen das „Bleiben im Leben" und dessen Bedingungen vorzuzeichnen.

> Gefäße machet ein Künstler –

das heißt nun nicht mehr, daß dieser Künstler zuvor „des Vaters Strahl, ihn selbst, mit eigner Hand" gefaßt hätte. Auch der Künstler hat dieses „Zu viel" der „Liebe" vermeiden müssen – in strenger Erkenntnis dessen, was dem Menschen von Gott selbst her „unmöglich" gemacht worden und als Grenze gesetzt ist.

Hölderlin erläutert dies alles in maßgebenden Versen des sehr späten Hymnen-Entwurfs „Griechenland":

> Alltag aber wunderbar zu lieb den Menschen
> Gott an hat ein Gewand.
> Und Erkenntnissen verberget sich sein Angesicht
> Und decket die Lider mit Kunst.
>
> (3. Fssg., V. 25–28)

Gott, der eigentlich Gestaltlose, Feurige, Reißende, legt „alltag" „ein Gewand" an, und zwar „zu lieb den Menschen". Er fügt sich, um für Menschen anschaubar zu werden, in ein Gewand und nimmt so eine ‚Gestalt' an. „Wunderbar" geschieht dies, denn irdisch-menschliche Taten allein brächten es nie zustande. Die Menschen können dadurch ‚im Leben bleiben', weil sie nunmehr auch den himmlischen Bereich des Weltgefüges als Gestalt anschauen und so dem Weltgefüge als Ganzem auf menschliche Art gerecht werden können.

So bleibt den Menschen Semeles Schicksal erspart, denn durch sein Gewand ‚verbirgt' Gott ihnen sein tötendes Gesicht. Er ‚deckt' schonend ihre Augenlider

– und zwar „*mit Kunst*". Das ‚Decken' ist nicht nur ein Zudecken; es ist zugleich das ‚Eindecken', das Versorgen der Menschen mit dem „Erlaubten". Die „Kunst" zeigt ihnen das Erlaubte in den ‚Gefäßen, die ein Künstler machet'.

Weil große Kunst dieses Höchste leistet, sagt Hölderlin an anderer Stelle von den Dichtern: Wir Dichter sind „gut", wir erfüllen unsere Aufgabe im Weltgefüge,

> Wenn wir kommen, mit Kunst, und von den Himmlischen
> Einen bringen.[17]

Große Kunst „bringt" einen Himmlischen, der sonst unsichtbar bleibt, auf die Erde herab. Er wird sichtbar und hörbar. Die Rede von Göttern wird „beweisbarer"[18]. – Diese unerhörten Verse entsprechen der unerhörten Einsicht, die sie zur Sprache bringen. Sie beschreiben den äußersten Grat des „Erlaubten" und sind bis heute ohne Beispiel geblieben.

In höchster Kunst, die immer gestalthaft ist – wie unterschiedlich diese Gestalt auch beschaffen sei – begegnen sich Gott und Mensch in der Weise der Vereinigung, die ihnen im Weltgefüge zugemessen ist: *der Himmel als Erde;* der feurige Himmel, gefügt in ein irdisches Element (sei es Stein, Farbe, Klang, Wort), das ihn kühlt und auf der Erde verweilen läßt.

In der Gestalt der Kunst steht jedem, der sehen will, die Pracht der „immergeketteten" Ganzheit der Welt sichtbar und hörbar vor Augen.

Diese letzte Erkenntnis hat Hölderlin, nach lebenslangem Kampf, den reißenden Göttern und der reißenden Zeit abgerungen. Hölderlin wurde letztlich vor allem *der Meister und Lehrer der „Gestalt"*. Er lehrt die Notwendigkeit des Gestalthaften. Dazu gehört die Pflicht, im Leben auszuharren, zu „bleiben": auf der Erde, unter dem Himmel, notwendig menschlich-gestalthaft. Der empedokleische Sturz in das Feuer des Ätna, dieser Versuch einer unmittelbaren Vereinigung mit dem Göttlichen, war ein Fehler, denn er vernichtete die Gestalt. Jetzt dagegen heißt es in einem Entwurf:

> Der Kranich hält die Gestalt aufrecht
> Die majestätische, keusche, drüben
> In Patmos, Morea, in der Pestluft.
>
> („... der Vatikan ...", V. 30–32)

Die Gestalt aufrecht zu halten, ist eine höchste Leistung des Kranichs; es ist das Höchste, was allem Seienden geschehen kann, zumal „in der Pestluft", wo die Glut, die vom Himmel kommt, maßlos fiebrig auf Erden rast und Gestaltetes auszulöschen sucht.

Die „Gestalt", weltbringend von der „Kunst" ins Werk gesetzt, zeigt der „reißenden Zeit" ihre Grenze. Ihre eminente Bedeutung haben wir jedoch kaum

---

[17] „Blödigkeit", V. 22f.
[18] S. Anm. 3

bemerkt; wir sind weit davon entfernt, sie in unserer Weltlage produktiv zu beherzigen.

Aber Hölderlin hat seine Lehre der Menschheit überliefert. Seine Gesänge selbst sind eine Gestalt geworden, „worin der Mensch sich und der Gott begegnet". So sind sie zugleich die vorweggenommene Gegenwart des Weltfriedens. Hölderlins ungeheures menschliches Schicksal ist in diesem höchsten Dienst an den Menschen aufgegangen und aufgehoben.

*

Indem wir von Hölderlins Dichtung gesprochen haben, haben wir immer auch schon von ‚Hölderlins Dichtung heute' gesprochen. Sein Werk enthält einen so bestimmenden Bezug auf die Zukunft, daß es kaum einen Satz, kaum eine Strophe von ihm gibt, die nicht unmittelbar unser heutiges Dasein träfen.

Welchen Gebrauch aber machen wir von dem Reichtum dieses Werks und von den Einsichten, die darin für uns bereitliegen? Wie verhält sich unsere Gegenwart zu Hölderlins Dichtung? Nicht zu diesem oder jenem Rand-Aspekt, sondern zu ihrem zentralen Welt-Entwurf? Einige seiner Hauptzüge suchten wir anzudeuten.

Geht es uns heute noch um ein Weltgefüge? – Erblicken wir noch so etwas wie ein Verhältnis von Göttern und Menschen? – Stehen Götter überhaupt noch in unserem Blick? – Sind wir vor allem noch imstande, sie auf eine neue Weise als Wirklichkeiten zu erfahren, die unser Leben ständig und entscheidend bestimmen?

Woran denken wir, wenn *wir* Zeit als reißende Zeit erleben? Ist sie für uns dann nicht primär ein sinnloser, blinder Ablauf, der zu allem, nur nicht zu einem Bund mit Göttern fähig ist?

Hat andererseits der von allen ersehnte Weltfriede für uns auch nur im mindesten zur Voraussetzung, daß Himmel und Erde, Götter und Menschen ihr ständiges Bündnis auf neue Art verwirklicht haben müssen?

Und als was erfahren *wir* die Kunst? Wofür halten wir sie? Können wir in unserer Ära des rasenden Kunst- und Kulturkonsums noch jene Einsicht erreichen, aus der heraus Hölderlin einst in der Kunst die Kraft entdeckte, in ihrer Gestalt Himmel und Erde zusammenzubringen und so einen Ort, den einzigen Ort zu stiften, an dem die Menschheit das Ganze und Höchste, das Weltgefüge mit Augen anschauen kann?

Könnten wir das, so hätten wir ‚Denk'gewohnheiten, die uns von weither zur zweiten Natur geworden sind, längst preisgeben müssen.

Uns gilt die Kunst, wenn es hochkommt, als Ausdruck eines Individuums und als schöpferische Leistung eines genialen Menschen. Uns geht es in der Kunst um individuelle und gesellschaftliche Horizonte, um Politik und Soziales, um Betroffenheiten und Sensibilisierungen. Hölderlins „Kunst" aber ging es um

Dasjenige, das all dies überhaupt erst ermöglicht und gewährt: Es ging um das Weltgefüge.

Diese Kunst sprach, wesentlich genommen, nicht die Empfindungen eines Subjekts aus – obwohl ein Gefühl in ihr am Werk ist, dessen Tiefe wir heute kaum noch erahnen können. Hölderlins Kunst antwortete vielmehr, umgekehrt, vermöge dieses Gefühls auf einen Anruf, der sie aus der menschlichen „Welt" her traf.

Kunst war daher auch nicht – wie man es heute oft hört – ein ‚autonomes' Gebilde; denn sie empfing ihr Gesetz gerade nicht aus sich selbst, sondern aus eben jener „Welt".

Hölderlins „Kunst" war auch nicht Schmuck, Zierat oder Unterhaltung, und so versagt vor ihr auch jeder ‚Kunstgenuß'.

Vor allem versagen ästhetische Kriterien im ganzen. Hölderlins „Kunst"-Begriff gehört nicht in die Ästhetik. Denn es geht hier nicht primär um Schönheit und Form (obwohl beide im höchsten Maße anwesend sind); es geht um das Geschick des Menschen.

So ist nichts mehr selbstverständlich, sobald wir uns im Ernst auf Hölderlin einlassen. Alles gewohnte Denken über Kunst muß sich der einzigen Frage opfern, ob und wie die unfaßbare Ganzheit der Welt sich dennoch „wunderbar" als Gestalt fassen läßt.

Findet die Kunst eine neue „Gestalt"? – Gehorchen die Künstler wieder dem Anspruch, unter dem sie stehen? – Fügt sich der Himmel wieder in ein irdisches Ding: in Stein, Farbe, Klang, Wort? – Gelingt der Erde die dazu nötige Bereitschaft? – Oder hat sich dies etwa, unerkannt, schon ereignet?

Denn der oberste Gott kann den Geschichtsgang der Welt „täglich ändern"[19], wie Hölderlin sagt, und Verhängnis ins Gegenteil verwandeln. Dazu bedarf er aber der Menschen, denn ohne diese wäre das Weltgefüge nicht „ganz"; ohne sie gäbe es diese so beschaffene „Welt" nicht.

Ändert also Gott einmal den Weltlauf, so muß der Mensch dieser göttlichen Wendung „folgen"[20]. Er muß die Spur Gottes behalten.

Denn der Mensch ist eigentlich Gottes „Echo"; sein Herz ist das „Echo des Himmels"[21], wie Hölderlin sagt. – Findet der Mensch, der auch heute noch die reißende Zeit erleidet, einmal wieder die Kraft, Echo des Himmels zu sein?

---

[19] „Mnemosyne", 1. Fssg., V. 9f.
[20] „Anmerkungen zum Oedipus"
[21] „Ermunterung", V. 1

CLEMENS BRENTANO:
„ALLES IST EWIG IM INNERN VERWANDT"
Die Dichtung verändert das Weltverständnis

Der vorliegende Versuch fragt weder nach dem ‚ganzen' Brentano noch nach den Bezügen und Abhängigkeiten, die Brentano und seine Dichtung mit Zeitgenossen und Vorgängern verbinden. Er gilt einer anderen, zentralen Frage.

Indem der Versuch ein Gedicht aus Brentanos Frühzeit erläutert, möchte er erproben, ob und inwiefern wir Heutigen imstande sind, die ‚Wahrheit' solcher Verse, d.h. ihre Darstellung der ‚Welt' zu erfahren. Das schließt den Versuch ein festzustellen, ob diese Frage heute so gefragt werden kann, daß wir nicht nur ihre Berechtigung einsehen, sondern daß ihre Notwendigkeit uns anrührt. Die außerordentliche Erfahrung, die das Gedicht für uns bereithält, enthüllt die Unzulänglichkeit jedes geläufigen Zur-Kenntnis-Nehmens. Der Versuch einer ursprünglicheren Aneignung wird unumgänglich.

Im Verlauf der Überlegungen ergeben sich Beobachtungen zu Einzelproblemen wie der Frage der ‚autonomen Kunst' bei Brentano, dem Verhältnis seiner Dichtung zur Wirklichkeit und dem Wesen seiner ‚Subjektivität'.

I. Interpretation

Ich lebe in der Welt, und die Ordnung der Welt geht nach ewigen unabänderlichen Gesetzen, sie ist die weiteste Schranke, und ich der ausdehnbarste Tropfen in diesem Meere.

Brentano, Godwi[1]

1

Sprich aus der Ferne ...

Sprich aus der Ferne
Heimliche Welt,
Die sich so gerne
Zu mir gesellt.

Wenn das Abendrot niedergesunken, 5
Keine freudige Farbe mehr spricht,

---

[1] Clemens Brentano: Werke. Bd. I hrsg. v. Wolfgang Frühwald, Bernhard Gajek und Friedhelm Kemp. Bd. II–IV hrsg. v. Friedhelm Kemp. München 1963ff. (Zit.: W.) – W. II, S. 42.

> Und die Kränze stilleuchtender Funken
> Die Nacht um die schattigte Stirne flicht:
>
>> Wehet der Sterne
>> Heiliger Sinn 10
>> Leis durch die Ferne
>> Bis zu mir hin.
>
> Wenn des Mondes still lindernde Tränen
> Lösen der Nächte verborgenes Weh;
> Dann wehet Friede. In goldenen Kähnen 15
> Schiffen die Geister im himmlischen See.
>
>> Glänzender Lieder
>> Klingender Lauf
>> Ringelt sich nieder,
>> Wallet hinauf. 20
>
> Wenn der Mitternacht heiliges Grauen
> Bang durch die dunklen Wälder hinschleicht,
> Und die Büsche gar wundersam schauen,
> Alles sich finster tiefsinnig bezeugt:
>
>> Wandelt im Dunkeln 25
>> Freundliches Spiel,
>> Still Lichter funkeln
>> Schimmerndes Ziel.
>
> Alles ist freundlich wohlwollend verbunden,
> Bietet sich tröstend und traurend die Hand, 30
> Sind durch die Nächte die Lichter gewunden,
> Alles ist ewig im Innern verwandt.
>
>> Sprich aus der Ferne
>> Heimliche Welt,
>> Die sich so gerne 35
>> Zu mir gesellt.[2]

Brentanos Gedicht „Sprich aus der Ferne ..." steht im ersten Teil seines Jugendromans „Godwi"; entstanden ist es wohl zwischen 1798 und 1800. Es wird im „Godwi" der Otilie in den Mund gelegt, die im Reigen der Frauengestalten des Romans ein „hohes, reines Leben"[3] verkörpert. Sie „singt" das Lied; und als sie geendet hat, fährt der Roman fort:

> So sang Tilie durch die Büsche, als bete sie. Der ganze Tempel der Nacht feierte über ihr, und ihre Töne, die in die dunkeln Büsche klangen, schienen sie mit goldnen, singenden Blüten zu überziehen.[4]

---

[2] W. II, S. 155f. – Zitiert nach W. I, S. 55f.
[3] W. II, S. 151.
[4] W. II, S. 156.

Den gebetartigen Charakter des Gedichts und das ihm antwortende Feiern des „Tempels der Nacht" wollen wir im Gedächtnis behalten.

*

„Heimliche Welt": diese Worte (V. 2) nennen den für das menschliche Dasein zentralen und zugleich die Ganzheit dieses Daseins (vgl. V. 29–32) umfassenden Bereich, dem das Gedicht gewidmet ist. Im Worte „heimlich" erscheinen Geborgenheit und Gefahr, die dieser Bereich gleichermaßen für den Menschen bereithält.

Eine „heimliche Welt" ist als solche zugleich ‚heimisch' und ‚verborgen'. Sie ist zwar die eigentliche ‚Heimat' des Dichters, ja des Menschen schlechthin – das wird im Verlauf des Gedichts ganz deutlich. Aber zugleich kann sie sich offenbar zuzeiten verbergen und entziehen, so daß der Mensch in ihr auch unheimisch werden kann.

Die erste Strophe, die am Schluß des Gedichts wiederholt wird, entspricht diesem durchaus ‚unheimlichen' Wechsel von Nähe und Ferne der „heimlichen Welt": Diese ‚gesellt' sich zwar „so gerne / Zu mir" – der Dichter *ist* also oft in ihr *heimisch*. Dennoch muß er sie beschwören, aus einer „Ferne" her zu ihm zu sprechen und so ihr Dasein erneut zu erweisen. Sie ist also keineswegs ständig nah; und sie „spricht" daher auch keineswegs ständig von sich aus. – Oder tut sie es doch? – Dann stünde es so, daß dieses Sprechen nicht in gleicher Ständigkeit vom Menschen gehört wird.

Die Möglichkeit, ‚fern' zu sein, hat nur eine Welt, die nicht, wie die des Alltags, für jedermann sichtbar offen zutage liegt und sich in körperlicher Nähe aufdrängt. Indem das Gedicht diesen ‚geheimen' und geheimnisvollen Bereich die heimliche Heimat des Menschen nennt, leistet es ein Doppeltes: es lenkt den Blick darauf, daß die im Alltag vertraute ‚Welt' nicht der einzige oder gar wesentliche Lebensbereich des Menschen ist; und zugleich ruft es den Menschen auf, die ‚heimliche Welt' als seine Heimat zu finden.

Der beschwörende An- und Aufruf der ersten Strophe hat zur Folge, daß die heimliche Welt nunmehr (V. 5–32) durch das Gedicht ‚spricht' (vgl. V. 1), indem sie sich „aus der Ferne" her nähert.

„Die Nacht" (V. 8) ist hier die bevorzugte Zeit, die das Sprechen der Welt begünstigt. ‚Freudige Farben' (V. 6) sind abwesend; die Ankunft der „Welt" bedarf ihrer nicht. Gerade „im Dunkel" (V. 25; auch V. 22), im ‚Finstern' (V. 24), im „Grauen" der Mitternacht (V. 21) geschieht sie. Denn die Finsternis ist die Voraussetzung dafür, daß „Sterne" und „Mond" als ‚stille Lichter', als „Kränze stilleuchtender Funken" und zugleich mit ihnen ihr „heiliger Sinn" erscheinen können.

Dieses Erscheinen von Licht in der Finsternis ist das entscheidende Geschehnis, das in diesem Gedicht die Ankunft der „Welt" ermöglicht, ja, weitgehend schon mit ihr identisch ist. In der scheinbaren Verlassenheit der Erde von allem ‚Freudigen' (vgl. V. 6) geschieht das Freudigste – jäh und erschütternd, wenn auch gelassen im Gang der Verse: es erscheint das „Heilige" (V. 10, 21).

„Der Sterne / Heiliger Sinn" geht dem Dichter inmitten der Nacht auf. Die „Ferne", die er auf seinem Wege zum Dichter durchmißt, ist zunächst die Entfernung, die die Sterne von der Erde trennt. Zugleich aber wird die nur räumliche Bedeutung überschritten. Es besteht ein genauer Anklang an jenes „Sprich *aus der Ferne*", das der „heimlichen Welt" im ganzen galt. Die Wiederaufnahme derselben Worte und desselben Reims verkörpert unmittelbar, daß hier, wo der „Sinn" der Sterne den Dichter trifft, die Ankunft jener geheimen Welt sich anbahnt.

Aber eine Vielzahl von Fragen ist jetzt nicht mehr zurückzuhalten: Worin besteht denn der „heilige Sinn" der Sterne? Und inwiefern gehört seine Ankunft beim Dichter zu jenem Sprechen der „heimlichen Welt"? Was ist vor allem die „heimliche Welt" im ganzen? Spricht hier eine ‚mystische' Erfahrung des Dichters? Und welchen Charakter seine Erfahrung auch haben möge: ist sie uns zugänglich; ist sie erfahrbar im Gedicht gestaltet? Spricht überhaupt der Dichter oder spricht die Welt, die doch gebeten wurde zu sprechen?

Hörte man auf manche Interpreten, so wären solche Fragen durchaus unangebracht: „Es wäre müßig, hier ‚Sinn' präzisieren zu wollen, ein Unterfangen, das schon an sich gegen die Natur des lyrischen Gedichts, gewiß aber gegen das brentanosche gerichtet sein muß".[5] Mit dieser Meinung werden wir uns noch auseinanderzusetzen haben.[6] Zunächst sehen wir zu, ob das Gedicht selbst weiteren Aufschluß gibt. Ohne die Dichtung mit einem logischen Traktat zu verwechseln: es wäre erstaunlich, wenn sie zentral von „Sinn", und gar von einem heiligen, spräche, und uns bei allen Fragen ratlos ließe, die solches Sprechen notwendig mit sich bringt. Wir vermuten, daß vielmehr in der Tat, dem einfachen Wortlaut der Verse entsprechend, ein „Sinn" in ihnen bereitliegt, den jene Interpreten nur vorschnell fahren lassen – ein Sinn freilich auch, der sich nie leichthin erraffen läßt, sondern nur einem langen Hinhören, ja am Ende nur einem Fahrenlassen unseres landläufigen Weltverständnisses sichtbar wird.

Die Nacht flicht die „Kränze stilleuchtender Funken ... um die schattigte Stirne": sie bekränzt die Stirn, die schon einseitig vom Schatten der Erde beherrscht und verdüstert zu werden schien, mit dem Glanz der herableuchtenden Sterne. Sie läßt die Stirn den Sternen begegnen. Stirn und Stern sind im Funkengeflecht der Nacht verbunden. Erde und Himmel, Mensch und Gestirn sind nicht in die Grenzen ihrer materiellen Gestalt gebannt; sie wirken, über diese Grenzen hinaus, aufeinander ein; sie gehören einander – und zwar in dem Maße, daß keins von ihnen als vereinzeltes Wesen existiert und sachgerecht vorstellbar ist. Immer gibt es zugleich auch schon seine ‚Nachbarn'; immer schon steht das

---

[5] Walther Killy: Wandlungen des lyrischen Bildes. Göttingen 5/1967, S. 63ff.
[6] Vgl. unten S. 155ff.

scheinbar Vereinzelte im Austausch mit Gefährten.[7] Der Mensch bleibt nicht dem „Weh" „der Nächte" überlassen; dieses ‚löst' sich (vgl. V. 14) durch das vom Himmel zur Erde dringende, verbindende und daher das Leiden an der scheinbaren Vereinzelung „lindernde" Leuchten des Mondgestirns.

Dessen „still lindernde Tränen" zeigen sich so als das dichterische Wort für jenes Teilnehmen des Nachtsterns am irdisch-himmlischen Zusammengehören. ‚Teilnahme' und „Tränen" sind verwandt; überdies verkörpern die „Tränen" die (häufig auch ‚tropfend' genannten) Strahlen des Mondlichts.

„Dann wehet Friede". Er ‚weht' ebenso wie der heilige Sinn der Sterne und ist vermutlich aufs engste mit ihm verwandt. Er nimmt, nicht nur dem Laut nach, in seinem ‚Wehen' zugleich das „Weh" der Nächte mit und ‚hebt' es in sich ‚auf'. „Friede" ist der innerste „Sinn" der heimlichen Welt. Es ist ein Friede, der tiefer reicht als die Abwesenheit von Krieg. Zu seinen Wesenszügen gehören die Lösung des Leidens; das Aufheben der scheinbaren Vereinzelung, die jeden Zwist begründet; das Wirksamwerden des Verflochtenseins von Stirn und Stern; mit einem Wort: die Ankunft der „heimlichen Welt".

So zeigen viele scheinbar nur ‚poetische' Bilder ihren konkreten „Sinn". Für dessen Wesen bleibt entscheidend, daß Brentano die Dinge (d.h. das, was die heimliche Welt ihm zuspricht) nicht etwa ‚poetisiert' und sie auch nicht im üblichen Wortsinn ‚subjektiviert'. *Die Einheit, die Stirn und Gestirn im Funkengeflecht der Nacht eingehen, wird nicht vom Subjekt des Dichters gesetzt. Sie ist vielmehr ein vom Dichter wahrgenommener ‚Sachverhalt'. Hier ‚spricht' in der Tat die „heimliche Welt" selbst – durch das Gedicht – das ihr eigene Gesetz aus, das im unauflösbaren Verflochtensein der himmlischen und der irdischen Dinge besteht.*

Diese in der Welt selbst gründende Sachhaltigkeit der Aussagen bewährt sich noch in den scheinbar ungreifbarsten Versen:

> In goldenen Kähnen
> Schiffen die Geister im himmlischen See.

Wir treten der ‚Natur' auch dieses ‚lyrischen Gedichts' nicht zu nahe, sondern nähern uns eher ihrem Verständnis, wenn wir auch hier, wo Zug und Schein der Sterne in der Finsternis des Himmels als ein „Schiffen" „goldener Kähne" erscheinen, nicht nur das subjektiv schweifende Gefühl des Dichters am Werk sehen, dessen Produkt eine zwar schöne, aber jedem weiteren Fragen oder gar Verstehen entzogene Wortfolge ist. Vielmehr meinen wir, hier sei die vom Geflecht jenes Weltgesetzes ins Werk gesetzte Verbindung des Himmlischen und des Irdischen auf einzigartige Weise ausgesprochen: der „Himmel" und seine „Geister" verfügen über gemeinhin nur auf der Erde beheimatete Dinge – Kahn und See. Das Weltgeflecht offenbart seine Macht: dem Dichter drängen sich irdische Namen für himmlische Ereignisse auf. Der Himmel bedarf der Erde; die Erde dient dem Himmel. Die Weltreiche Himmel und Erde werden nicht austausch-

---

[7] Vgl. Brentano, „Wenn der Sturm das Meer umschlinget ...", W. I, S. 45–49, V. 53f.: „Ich will kein Einzelner mehr sein, / Ich bin der Welt, die Welt ist mein". Dazu unten S. 160ff.

bar, offenbaren jedoch ihren Austausch. Die „heimliche Welt" spricht hier aus ihrem innersten Gesetz.

Dasselbe gilt von der folgenden Strophe:

> Glänzender Lieder
> Klingender Lauf
> Ringelt sich nieder,
> Wallet hinauf.

Scheinbar richtig hat man hierüber gesagt: „Nun sind auch alle Sinne vermischt, die Wahrnehmung ist vollkommen und synästhetisch geworden. Die Lieder klingen nicht, sie glänzen; aber ihr Lauf klingt, ja er ringelt sich, eine Weise der Bewegung – alle Verben sind hier Verben der Bewegung – die dem Ton nicht natürlich ist. Indem die Töne feierlich hinauf- und hinabwallen, wirken optische, akustische, seelische, physikalische Räume so durcheinander, daß es bestimmbaren Ort nicht mehr zu geben scheint, nur noch den Klang der Sphären."[8]

Diese Detailbeobachtungen sind, von ihrem eigenen Horizont her beurteilt, keineswegs falsch. Sie blicken aber gleichsam nur von außen auf das Gedicht. Sie messen seine Aussagen am Alltags-Verständnis der von den Versen evozierten Phänomene („eine Weise der Bewegung ... die dem Ton nicht natürlich ist"). Sie übersehen den dem Gedicht zuinnerst eigenen Bezugspunkt, das Weltgesetz, und leisten somit nur wenig für ein *eigentliches* Verständnis der Verse.

Denken wir dagegen im Sinne des Gedichts aus dem Gesetz der „heimlichen Welt", dem Geflecht von Himmel und Erde, so zeigt sich: die ‚Vermischung der Sinne', die Synästhesie, das ‚Durcheinanderwirken der Räume', die ‚Nichtbestimmbarkeit des Ortes', an dem der jeweilige Vorgang stattfindet: das alles sind die unverstanden, vom Gedicht gleichsam unangerührt und daher nur wie eine Leerform gesehenen Erscheinungsweisen jenes Welt-Geflechts.

Daß die „Lieder" nicht nur von der Erde zum Himmel ‚hinaufwallen' – was die geläufige Vorstellung wäre –, sondern sich umgekehrt auch ‚niederringeln', hat seinen Grund darin, daß innerhalb der Wechselbezüge des Geflechts auch der Himmel auf die Erde einwirkt und daß, bevor der Dichter singen kann, erst der „heilige Sinn" der Sterne ihn angeschaut haben muß. Und die Lieder klingen nicht nur, sondern ‚glänzen' auch, weil das primäre Merkmal des Austauschs von Himmel und Erde, der die Erde erreichende Glanz der Gestirne, in ihnen wohnt.

Der Austausch von Himmel und Erde wird dadurch ermöglicht, daß in diesen beiden Welt-Reichen dieselbe Wesensqualität am Werk ist. Das sagt das Gedicht, indem es den himmlischen „Sternen" (V. 10) und der irdischen »Mitternacht« (V. 21) gleichermaßen die Qualität des „Heiligen" zuspricht, oder richtiger: entnimmt. Das Heilige ist am Himmel wie auf Erden; die Welt bedarf somit, streng genommen, nie eines erst ins Werk zu setzenden ‚Austauschs'. Dieser ist vielmehr immer schon die Seinsweise des Weltganzen.

---

[8] Killy a.a.O., S. 66.

So läßt das Gedicht das Gesetz der heimlichen Welt Zug um Zug erscheinen – es nimmt ihm nichts von seinem Geheimnischarakter, spricht es aber als das Geheimnis, das es ist, aus. Wir werden dadurch auf die vorletzte Strophe vorbereitet, die den äußersten Horizont des Weltgesetzes nennt:

> Alles ist freundlich wohlwollend verbunden,
> Bietet sich tröstend und traurend die Hand,
> Sind durch die Nächte die Lichter gewunden,
> Alles ist ewig im Innern verwandt.

Der Charakter des Weltgesetzes als eines die Welt-Bereiche ‚verbindenden' (vgl. V. 29) ‚Geflechts' wird hier durch das ‚Gewunden'-Sein der Lichter (V. 31) bekräftigt. (Auch das wie Zettel und Einschlag ineinandergreifende ‚Nieder-Ringeln' und ‚Hinaufwallen' der Lieder [V. 19f.] entstammte diesem Geflecht-Charakter.)

Das Geflecht des himmlischen Lichts und der schattigen Erde bestimmt „Alles" (V. 29, 32): die Ganzheit der Welt. Daher kann diese jetzt in der unzerbrechlichen Verwandtschaft all ihrer Teile genannt werden: „Alles ist ewig im Innern verwandt".

Das Gedicht endet mit einer Wiederholung des beschwörenden Anrufs der ersten Strophe. Der Spruch der heimlichen Welt muß auch weiterhin klingen und vernommen werden, wenn anders das Welt-Gesetz, das gerade aufgeleuchtet ist, nicht wieder verschüttet werden soll. *Das Sich-Entziehen der „heimlichen Welt" (s. o.) bleibt die ständige Gefahr.*

2
Exkurs

Walther Killy hat diesem Gedicht in seinem Buch „Wandlungen des lyrischen Bildes" eine Deutung gewidmet.[9] Gegen einzelne ihrer Positionen haben wir uns schon gewandt; hier gilt es – zugleich zur Verdeutlichung des Gesagten –, noch einmal den gegenüber der Killyschen Interpretation grundsätzlich andersartigen Horizont zu umreißen, den das Gedicht uns zuspricht.

Killy sieht einerseits sehr wohl, daß hier „der Raum der Sterne und der des Sprechenden... zu einem einzigen, einheitlichen Raum" wird; „das Geheimnis des ganzen Kosmos weht herüber".[10] Insofern sind wir mit Killy einig. Alsbald zeigt sich jedoch, daß diese Einigkeit durchaus scheinbar ist; denn Killy sieht jene Phänomene primär als einen Effekt der Subjektivität und des Gefühls des Dichters, das in die Dinge hinüberströmt und sie unvorhersehbar verwandelt. Nicht

---

[9] Vgl. Anm. 5 und 6. – Zu Killys Deutung vgl. auch Heinrich Henel: Brentanos „O schweig nur, Herz". Das Gedicht und seine Interpreten. In: Jahrbuch des Freien Deutschen Hochstifts 1977, Tübingen 1977, S. 309–349, bes. S. 325f.
[10] A. a. O, S. 65.

umsonst nennt er das Brentano-Kapitel seines Buches „Gemütserregungskunst" (was ein Problem für sich bildet, dem hier nicht weiter nachzugehen ist;[11] denn dieser Titel stammt von Novalis; und es bleibt schon deshalb fragwürdig, ob er zur Charakterisierung von Brentanos Dichtung taugt).

Das subjektive Gefühl des Dichters gilt Killy als die herrschende Kraft, die die Aussagen des Gedichts bestimmt: „Die Dinge sind Vorwand des Selbst-Gefühls; ja es ist fraglich, ob hier überhaupt noch Dinge als Dinge der Welt vorhanden sind, ob sie nicht vielmehr den sinnlichen Körper abgeben, an dem die Seele des Hörenden sich fühlt und wärmt."[12] So kommt Killy zu dem verblüffenden Ergebnis: „Das Schiff dieses Gedichtes fährt ohne den Ballast der Wirklichkeit"[13] – denn das als welt- und wirklichkeitslos vorgestellte Gefühl verschlingt ja die Dinge und ihr Für-sich-stehen. Und es ist auch nur folgerichtig (s.o.), daß Killy in diesen Versen keinerlei „Sinn" mehr „präzisieren" möchte und kann: vom subjektiv verwandelnden Gefühl geprägt, sind die Verse ja „vollkommen jenseits des ‚Vernünftigen'..., jenseits auch des Einsichtigen".[14]

Wir glauben demgegenüber gezeigt zu haben, daß Brentano zwar den Bezirk des ‚Alltäglich-Vernünftigen', nicht aber den des „Einsichtigen" überschreitet. Der Einsicht wird vielmehr deutlich: die „heimliche Welt" ist das geheimnisvolle Faktum des unauflösbaren Geflechts von Himmel und Erde. Die Welt spricht, da ein Gefühl sie bat zu sprechen. Hier wird das Wesen der Welt nicht subjektiv in schrankenloser Hingabe an das schweifende Gefühl gemodelt; im Gegenteil: dieses Wesen wird von einer fühlenden Einsicht vernommen und im Gedicht verwahrt. Gefühl ist nicht Willkür; es ist das Medium, dem sich die eigentliche Wirklichkeit eröffnet. „Das Schiff dieses Gedichtes" fährt nicht nur nicht „ohne den Ballast der Wirklichkeit" – es wirft vielmehr den Ballast des die Wirklichkeit verstellenden alltäglichen Verständnisses von Welt und Gefühl von sich. Die Verse und ihr „Sinn" erweisen sich für jede erneuerte Einsicht – die freilich den Glauben an die wirklichkeitserschließende Kraft der Alltags-Vernunft fahren lassen muß – als erfahrbar.[15]

---

[11] Vgl. Wolfgang Frühwald: Stationen der Brentano-Forschung 1924–1972. In: DVjS Jg. 47, Sonderheft 1973, S. 182*-269*, bes. S. 230*.

[12] Killy a.a.O., S. 67f.

[13] A.a.O., S. 64.

[14] A.a.O., S. 65.

[15] Killy möchte mit solchen Analysen Brentano letztlich als einen Vorläufer der ‚absoluten Poesie' erweisen: „Der Eintritt in das Reich einer absoluten Poesie wird erkauft um den Preis des Weltzusammenhangs; hundert Jahre später wird es nur noch den Gedichtzusammenhang geben; aber gäbe es den nicht, so gäbe es gar keinen Zusammenhang mehr". (W. Killy: Elemente der Lyrik. München 1972, S. 33).
Aus dem vorliegenden Beitrag geht demgegenüber hervor, daß das Gedicht „Sprich aus der Ferne ..." gerade in eminentem Maße einen ‚Weltzusammenhang' zu Wort bringt. Der Wunsch, Brentano aufgrund solcher Gedichte in Verbindung mit der späteren ‚absoluten' oder ‚autonomen' Poesie zu bringen und ihn dergestalt zu ‚aktualisieren', führt den Interpreten am Text und damit an Brentanos eigentlicher Aktualität vorbei.

Der Bereich, den das Gedicht eröffnet, ist somit nicht außerhalb der „Wirklichkeit" angesiedelt. Er ist vielmehr die „heimliche", eigentliche Wirklichkeit selbst; und deshalb hat das Gedicht eine Dimension, die den Menschen zuinnerst angeht: *die Dimension der Verbindlichkeit*. Das meint nicht, jedes Wort des Gedichts sei sakrosankt und von uns ‚übernehmbar'. Es meint vielmehr: Jedes Wort des Gedichts spricht aus dem Geflecht der Welt, das auch uns bindet, und ist daher eine unmittelbare Herausforderung an unser alltägliches Weltverständnis, das für jenes Geflecht, für jene Bindung blind bleibt.

Wir meinen, es stehe dem heutigen Interpreten nicht gut an, sich in einer Zeit, wo die Grundlagen des Erkennens in extremem Maße schwanken, mit einem doch nur scheinbar gesicherten Vorwissen, was denn die „Dinge der Welt" ihrem Wesen nach seien, einem „Kunstgebild der echten Art" zu nähern und dieses gar an jenem Vorwissen zu messen. Eher kann das Gedicht, das aus einer ursprünglich neuen Erfahrung des Uralten spricht, uns sagen, wie es um Ding, Wirklichkeit und Welt bestellt ist. Freilich setzt dies voraus, daß wir bereit sind, das Alltags-Bild, das wir uns von der Welt machen, in Frage stellen zu lassen. Sind wir bereit, vom Gedicht zu lernen?

3
Die Aussicht

Zunächst erweitern wir das Feld unserer Untersuchung durch den Blick auf einige zentrale, der „heimlichen Welt" benachbarte Begriffe oder besser Sachverhalte der Dichtung des jungen Brentano, die in ihrer Gesamtheit die wesentlichen Strukturen dieser Dichtung deutlicher zeigen.

Die Erfahrung der „heimlichen Welt" wird dem Dichter nur möglich, weil er das ursprünglich menschliche Vermögen ausübt, sich eine umfassende „Aussicht" auf diese ‚Heimat' des Menschen eröffnen zu lassen. „Aussicht" ist ein Grundwort der Dichtung Brentanos in diesen frühen Jahren.

Wenige Zitate mögen für viele stehen:

> Auch wird wohl einst mein krankes Herz gesunden,
> Hab' ich die Aussicht wieder nur gefunden

heißt es in dem Gedicht „Tief unter mir ist alle Welt geschwunden ..." (V. 7f.).[16] Das Herz ist krank, weil die „Aussicht", die einmal da war, verloren wurde. Entschwindet die Kraft, das Vermögen zur „Aussicht" zu verwirklichen, so entzieht sich zugleich die „heimliche Welt"; denn sie, der innerste und zugleich äußerste Bereich des menschlichen Welt-Erfassens, wird vermöge der „Aussicht" erblickt. In solchen Zeiten der Hinfälligkeit heißt es:

---

[16] W. I, S. 60.

> In dunkler Fern' ertrunken
> Ist alle Aussicht, ... (Tief ist das Tal ..., V. 5f.);[17]

oder auch:

> Und nimmermehr wird mir die Aussicht helle.
> (Ach nimmer will es in dem Herzen schweigen ..., V. 40).[18]

Aber plötzlich geschieht ein Umschwung. Bereitschaft und Kraft zum Wahrnehmen der „Welt" kehren zurück. Die menschliche Grunderfahrung liegt nicht länger brach. Dann kann gesagt werden:

> Da blickt aus einer Blume neu Geschicke.
> Zwei blaue Kelche voll von Liebesglut
> Erwecken in dem Flüchtling neuen Mut;
> Daß er das Leben wieder jung erblicke.
> Es hat der Sinn die Aussicht wiederfunden,
> (Ich eile hin ..., V. 5–9).[19]

Die „Aussicht" ist nicht Sache des physischen Sehenkönnens; sie ist Sache eines inneren „Sinns" (oben V. 9) – desselben menschlichen Vermögens, das wir die ‚Einsicht' nannten. Der Sinn, dem die Gunst zuteil wird, die volle dem Menschen zugemessene Aussicht wahrnehmen zu können, erblickt nicht dieses oder jenes – nicht einen wie immer gearteten Welt-Ausschnitt, den das physische Auge selbst bei weitestem Gesichtskreis lediglich sehen könnte –, er sieht vielmehr die eine und einzige Totalität, die dem Sinn des Menschen als Blickfeld zusteht, die „heimliche Welt":

> ... ich will fort über die Alpen des Lebens glimmen, wo grenzenlose Aussichten die gebundene Allgemeinheit in meinem Busen lösen, ...
>
> (Godwi)[20]

Die „Aussicht" ist „grenzenlos"; oder anders gesagt: sie hat als Grenze einzig „die weiteste Schranke", nämlich die „Welt" selbst (vgl. oben das Motto). Zu ihr gehört die ‚Grenzenlosigkeit' der Welt; und Aussicht habend, den Blick seines „Sinns" bis hin zur weitesten Schranke sendend, ist der Mensch „der ausdehnbarste Tropfen in diesem Meere".

Die „Aussicht" ‚löst' befreiend „die gebundene Allgemeinheit" im Busen des Menschen: das Gesetz, das ‚allem gemein' ist, weil es jedem Einzelnen innewohnt, war bislang ‚gebunden', uneröffnet; es war für die Einsicht verschlossen. Die ‚grenzenlose Aussicht' dagegen öffnet den Sinn für die ‚ewige Verwandtschaft' der Dinge.

---

[17] W. I, S. 67f.
[18] W. I, S. 41.
[19] W. I, S. 69.
[20] W. II, S. 40

Indem der Sinn des Menschen sich durch die Totalität der „Welt" hin, alles Einzelne vereinend, ‚ausdehnt', durchwirkt er diese Totalität mit seinem Wahrnehmen und verwirklicht so das Gesetz des heimlichen Geflechts der Welt.

4
Die Liebe

Der Umschwung, der die lange verstellte Aussicht auf die heimliche Welt plötzlich wiederfinden läßt (s. o.), wird möglich durch die Liebe, denn sie ist das alle Einzelwesen verbindende Vermögen des Menschen par excellence:

> Ich sinke ewig unter,
> Und steige ewig auf,
> Und blühe stets gesunder
> Aus Liebes-Schoß herauf.
>
> (Wenn der Sturm ..., V. 87–90)[21]

Das „kranke Herz" (s.o.) wird durch die Liebe ‚gesund'; das heißt: sobald jene innerste, oft gelähmte Wesenskraft des Menschen, die ihn seines ständigen Austauschs mit allen Welt-Gefährten innewerden läßt, wirksam wird, eröffnet sich wieder die „Aussicht" auf die „heimliche Welt"; das Verflochtensein von allem mit allem kann wieder erblickt werden:

> Vergangen sei vergangen,
> Und Zukunft ewig fern;
> In Gegenwart gefangen
> Verweilt die Liebe gern,
>
> Und reicht nach allen Seiten
> Die ew'gen Arme hin,
> Mein Dasein zu erweiten,
> Bis ich unendlich bin.
>
> So tausendfach gestaltet,
> Erblüh' ich überall,
> Und meine Tugend waltet
> Auf Berges Höh', im Tal.
>
> (Wenn der Sturm ..., V. 55–66).[22]

„Tausendfach gestaltet", erblüht das Ich überall, weil es vermöge seines Welt-Wahrnehmens in allen Dingen anwesend ist. Die ‚unendliche Ausdehnbarkeit' des Menschen und seiner Einsicht im ‚Meer der Welt', bis hin zur weitesten Schranke, bewährt sich erneut. Die teilnehmende Liebe läßt alle Welt-‚Gestalten' von der innersten „Tugend" des Menschen durchflochten und durchwunden werden.

---

[21] W. I, S. 48.
[22] W. I, S. 47.

5
Der Friede

Die „Tugend" des Menschen ist das, wozu er auf vorzügliche Weise ‚tüchtig' und geeignet ist. Als dieses zentrale menschliche Vermögen hat sich die „Aussicht", das Blicken-Können auf die „heimliche Welt", gezeigt, das wiederum durch die Liebe möglich wird. Liebe, Aussicht, Erfahrung der heimlichen Welt sind es, die das Ich im Ganzen der Welt erblühen und damit zugleich den „Frieden", das ursprüngliche Einigsein von Welt und Ich, erscheinen lassen:

> So breche dann, du tote Wand,
> Hinab mit allen Binden;
> Ein Zweig erblühe meiner Hand,
> Den Frieden zu verkünden.
> Ich will kein Einzelner mehr sein,
> Ich bin der Welt, die Welt ist mein.
>
> (Wenn der Sturm ..., V. 49–54)[23]

Auch an zentraler Stelle des Gedichts „Sprich aus der Ferne ..." erschien der Friede, und er zeigte sich schon als der innerste Sinn der heimlichen Welt. Das wird hier unmittelbar bestätigt. Der Wahn der Vereinzelung des Menschen und der Dinge in der Welt, der Wahn vor allem der Getrenntheit von Welt und Ich wird aufgehoben:

> Ich will kein Einzelner mehr sein,
> Ich bin der Welt, die Welt ist mein.

Das Ich „will" in das Gesetz der Welt einkehren. Dieses gestattet kein ‚Einzeln-Sein', kein Für-sich-Stehen; denn das Weltgeflecht verbindet alles mit allem. Es ist im Tiefsten ein „Friede"; denn wo es kein Für-sich-Stehen und daher kein Einander-entgegen-Stehen der Dinge mehr gibt, ist jeder Friedlosigkeit der Boden entzogen. Indem der Mensch seinen Ort in diesem Frieden, in diesem Geflecht findet, gehorcht er seinem eingeborenen Wesen, das in den Frieden gehört und – selbst inmitten der alltäglichen Mißachtung dieser Fähigkeit – primär ihn wahrnimmt.

Die Zugehörigkeit zum Weltfrieden im Sinne des alles bestimmenden Weltgeflechts ist das Geschick des Menschen, dem er selbst dann nicht entrinnen kann, wenn er – wie fast immer – dieses Geschick verkennt und gegen es wütet. Denn die Nichtachtung einer eingeborenen Mitgift ändert nichts an deren Dasein.

Der Friede, der hier ‚verkündet' wird (vgl. oben V. 52), ist derselbe Friede, der „Alles ... ewig im Innern verwandt" sein läßt. Wo „Alles ... freundlich wohlwollend verbunden" ist, zeigt sich jeder Zwist in seiner Vordergründigkeit; wo die Vereinzelung sich in ihrer Scheinbarkeit enthüllt, wo die Liebe das Ich „nach

---

[23] Ebd.

allen Seiten", in alle Gestalten schickt, erscheint das Geflecht der Welt in seiner alles bezwingenden Macht: „Dann wehet Friede."

6
Die „fremde Heimat"

> Denn von den Sternen dämmert dein Geschick,
> Die fremde Heimat, spricht es, zu ergründen,
> Sollst du des Lichtes Söhnen dich verbünden.
> (Als hohe in sich selbst verwandte Mächte ..., V. 22–24)[24]

Mit einer Erörterung des scheinbar paradoxen Begriffs der „fremden Heimat" beschließen wir unseren Rundblick auf Grundworte und Denkweisen des jungen Brentano, die das Wesen der „heimlichen Welt" zusätzlich zu erhellen vermögen.

Waren die „Aussicht", die „Liebe" und der „Friede" Sachverhalte, die die „heimliche Welt" ermöglichten oder von ihr bewirkt wurden, so ist die „fremde Heimat" im Grunde ein anderes Wort für die „heimliche Welt" selbst, und wir kehren gleichsam zu unserem Ausgangspunkt zurück.

Das Merkmal des Zugleich von Nähe und Ferne, von Heimisch- und Unheimisch-Sein, das im Wesen der „heimlichen Welt" liegt, kehrt hier wieder. Scheinbar nicht zu Vereinbarendes bildet eine Einheit.

Die Heimat des Menschen ist in sich zugleich die Fremde. Das ‚Bündnis mit den Söhnen des Lichtes', das Innestehen also im Geflecht der Welt und das Gewahren dieses Innestehens ist immer der Gefahr ausgesetzt, wieder von der Sicht des Alltags gestört zu werden. Dann schwindet die „Aussicht"; dann entzieht sich die Einsicht in das Welt-Geflecht dem Menschen wieder, so daß er in die ‚Krankheit des Herzens', in das ‚lieb-lose' Einzeln-Sein und das Leiden an ihm zurückgeworfen wird. Der Alltag gehört wesentlich zum Dasein. Die Fremde haust in der Heimat selbst.

Es ist oft von dem angeblichen Gegensatz der ‚Behaustheit' und der ‚Unbehaustheit' des Menschen Brentano und des Menschen bei Brentano die Rede. Das Wort von der „fremden Heimat" sagt uns demgegenüber: der Mensch als solcher ist immer behaust und unbehaust zugleich. Die „Heimat" kann ihm immer zur „Fremde" umschlagen; und inmitten der Fremdheit im Dasein kann jäh, von der Liebe eröffnet, die heimliche Welt sich als Heimat auftun.

Im ersten Brief des „Godwi"-Romans steht der Satz: „... ich glaube, ... daß alles Harte und Rauhe da ist, um unsern unsteten Sinn, der ewig nach der Fremde strebt, zur Rückkehr in die Heimat zu bewegen."[25] Weniger von der Rückkehr in die geographische Heimat als von der „ewig" beirrten, aber einzig notwendigen Einkehr in die Grundkraft des menschlichen Wesens ist hier die Rede.

---

[24] W. I, S. 78.
[25] W. II, S. 17.

II. Ursprung · „Lebendiger Begriff"

> Ich will auch nicht mehr ruhen, bis mir nichts mehr Wort und Tradition, sondern lebendiger Begriff ist.
>
> Goethe, Italienische Reise. 27. Juni 1787

„Alles ist ewig im Innern verwandt": diesen Sachverhalt haben das Gedicht „Sprich aus der Ferne ..." und die weiteren Worte Brentanos, die wir hörten, als den „Sinn" der „heimlichen Welt", der „fremden Heimat" des Menschen ausgesprochen.

Nehmen wir das dichterische Wort ohne Umschweife ernst – und das ist die Absicht des vorliegenden Versuchs –, so stehen wir, indem wir dies vernehmen, unter einem schwer auszudenkenden Anspruch. Das sind nicht Worte, die sich leichthin zur Kenntnis nehmen lassen.

„Ich will kein Einzelner mehr sein." – Sind wir nicht, in unserm alltäglichen Selbstverständnis, immer „Einzelne"? Ist nicht, alltäglich gedacht, jegliches Ding in seinem Einzeln-Sein sinnvoll betrachtbar? – Nichts mehr gilt von all dem, sobald Brentanos Vers gilt: „Ich will kein Einzelner mehr sein". Hier geht es ganz offenbar um eine Umwälzung, die tiefer reicht als alle Umstürze etwa im gesellschaftlichen Bereich. Sobald die scheinbar so selbstverständlichen Grenzen der Ding-Gestalten und ihr Für-sich-Stehen fragwürdig werden, geht es um die Aufhebung unseres gewohnten Weltbildes schlechthin.

Die Verse befremden uns eben deshalb zutiefst, trotz aller schon vorgebrachten Erläuterungen. Zugleich aber spüren wir, daß sie uns von jedem Befremdetsein befreien möchten. Die Verse möchten uns aus der Fremde in die Heimat holen. Da Heimat und Fremde, wie sich zeigte, in gewisser Weise dasselbe sind, befinden wir uns – befremdet, wie wir sind – gleichsam schon halbwegs in der Heimat. Es bedarf nur noch dessen, daß uns ein Schleier von den Augen fällt; jene letzte „Wand" muß niederfallen, die noch zwischen uns und der Heimat steht:

> So breche dann, du tote Wand,
> Hinab mit allen Binden;[26]

Was ist zu tun? – Zunächst: wir dürfen jene ‚ewige Verwandtschaft' von allem mit allem – die, gestehen wir es uns ein, bislang in ihrer Wahrheit und daher Unumgänglichkeit letztlich unverstanden geblieben ist – wir dürfen diese Verwandtschaft, diesen „Frieden" *nicht, was fast unausrottbar scheint, als ein ‚Bildungsgut', als lernbaren ‚Stoff', betrachten*; ebensowenig dürfen wir sie nur aus geistesgeschichtlichen Traditionen (die wir im übrigen keineswegs leugnen) ‚ableiten'; damit glitte der „Sinn" des Gedichts, sein Zuspruch und seine ‚Verbindlichkeit' „wie Wasser von einem Wachstuchmantel"[27] von uns ab. Es gilt demgegenüber, womöglich *aus der menschlichen „Welt" her* denjenigen Wesenszug zu

---

[26] W. I, S. 47. Vgl. oben S. 160.
[27] Goethe, Italienische Reise. 6. Januar 1787.

vernehmen, der Brentano – ebenfalls als ein Anruf der (von ihm so überaus häufig genannten) „Welt" – drängte, seine Verse zu schreiben. Nur so erfahren wir das Gedicht in der ihm eigenen ‚Unmittelbarkeit zur Welt' und damit *in seiner Notwendigkeit;* nur so eignen wir es uns eigentlich zu. – Dabei wird manches schon Angedeutete zu wiederholen sein; zu wiederholen freilich, indem wir es jetzt erst ‚radikal', aus seinem Ursprung nämlich, zu erfahren suchen.

Ein eigentliches Zueignen des Kunstwerks meint *Goethe* mit den Worten vom „lebendigen Begriff", die als Motto vor diesem Abschnitt stehen. Vergegenwärtigen wir uns den Zusammenhang des Goetheschen Satzes:

> Ich war mit Hackert in der Galerie Colonna, wo Poussins, Claudes, Salvator Rosas Arbeiten zusammen hängen. Er sagte mir viel Gutes und gründlich Gedachtes über diese Bilder, ... Alles was er mir sagte hat meine Begriffe nicht geändert, sondern nur erweitert und bestimmt. Wenn man nun gleich wieder die Natur ansehn und wieder finden und lesen kann, was jene gefunden und mehr oder weniger nachgeahmt haben, das muß die Seele erweitern, reinigen und ihr zuletzt den höchsten anschauenden Begriff von Natur und Kunst geben. Ich will auch nicht mehr ruhen, bis mir nichts mehr Wort und Tradition, sondern lebendiger Begriff ist.[28]

Goethe schaut, von Gemälden kommend, „gleich wieder die Natur" an und ‚findet' dort auf seine Weise wieder, „was jene (Maler in ihr) gefunden ... haben".

„*Gleich wieder die Natur*", von der Kunst gleich wieder zur Natur gehen: das ist der Kern von Goethes Art, sich ein Kunstwerk zuzueignen. „Natur" ist bei Goethe nicht die Natur des Naturalismus, sondern die unausschöpfbare Ganzheit der „Welt", des menschlichen Lebens- und Wesensraums. Nur indem sein Blick ständig zugleich auf diese Natur, von der auch das Kunstwerk seinen Ausgang nahm, gerichtet ist, ‚erweitert' Goethe ‚die Seele'; nur so, bei einem Rückgang in den Ursprung des Kunstwerks, empfängt er „zuletzt den höchsten anschauenden Begriff von Natur und Kunst".

Denn diese beiden Bereiche stehen in unmittelbarer Korrelation. In der Natur, der menschlichen „Welt", treffen gleichsam die „Aussicht" (s. o.) der alten Maler, die von dort das Ihre nahmen, und die „Aussicht" Goethes, der von dort das Seine nimmt, wieder zusammen. Die „Natur" ist der äußerste Horizont, der in allen Epochen jeder Interpretation der Welt (d.h. jeder individuellen „Aussicht") den Spielraum und die Möglichkeit der Existenz gibt. Die Einkehr in die Unerschöpflichkeit dieses Ursprungsbereichs, der jede Kunst und jedes Kunst-Erkennen entspringen läßt, „muß die Seele erweitern".

Damit eröffnet Goethe eine Weise des Kunst-Erkennens, die sich in seinen Worten wie selbstverständlich ausnimmt. Aber sie stellt den höchsten Anspruch.

Demnach halten wir fest, daß das Prinzip des Goetheschen Kunst-Anschauens entschieden *eine Ausweitung des kunsterkennenden Blicks auf die*

---

[28] Vgl. auch Goethe, Italienische Reise, 31. Juli 1787: „Wie glücklich bin ich, daß nun alle diese Namen aufhören Namen zu sein, und lebendige Begriffe des Wertes dieser trefflichen Menschen nach und nach vollständig werden."

„Natur", *das Ganze der Welt*, fordert. Denn dieses Ganze ist der ursprüngliche Herkunftsbereich des einzelnen Kunstwerks, da auch dessen Schöpfer jeweils im Ganzen dasjenige ‚fand‘, was sein Werk erfüllt. *Die menschliche „Welt", der Herkunftsbereich eines Werkes also, sein Ursprung, gehört notwendig zum Untersuchungsfeld jeder Erörterung, die den Anspruch erhebt, einen angemessenen Zugang zum Wesen des Werkes zu eröffnen.* Erst der Blick auf das ‚offenbare Geheimnis‘ des ‚Ganzen‘, das zugleich der Ursprung der Kunst ist, kann dem Kunst-Erkennen allenfalls die Weite des Atems geben, die aus Goethes Worten von der ‚Seelenreinigung‘, vom „lebendigen" und „höchsten anschauenden Begriff" spricht.

Ein Bedenken freilich liegt nahe: Stellen wir nicht, indem wir *Goethes* Prinzip der Kunstanschauung aufgreifen, eine Forderung, von der keineswegs ausgemacht ist, daß *Brentanos* Gedicht sie ebenfalls nahelegt? – Denken wir jedoch an das, was Brentano über die „Aussicht" als den äußersten und ursprünglichen Horizont des menschlichen „Sinnes" sagt, so zeigt sich, daß Goethes „lebendiger Begriff" sich angesichts desselben äußersten Ganzen einstellt, dessen Erfahrung, bis hin zur „weitesten Schranke", nach Brentanos Worten die getrübte „Aussicht" ‚erhellt‘. – Diese Übereinstimmung beider Dichter bestärkt uns darin, den Ursprung des Kunstwerks zu suchen, um es in der ihm zuinnerst eigenen Dimension zu erfahren.

Demnach fragen wir: Welcher Wesenszug der ‚Welt‘ selbst läßt uns den unerhörten Anspruch des Gedichts „Sprich aus der Ferne" von seinem welthaften Ursprung her ‚lebendig begreifen‘[29]?

In der uns bedrängenden, uns überwältigenden Welt erblicken wir zunächst nichts als eine unübersehbare Vielzahl von Dingen, Wesen, Vorgängen, Bereichen – eine divergierende, inkommensurable Vielzahl, angesichts derer der Vers „Alles ist ewig im Innern verwandt" allenfalls abstrus klingt, wenn sein Klingen nicht gar im Getöse der Welt verschwindet. Er scheint keinerlei Beziehung zur Wirklichkeit und ihrer abgründigen Chaotik zu haben. Viel eher steht sich doch „alles" neutral, wenn nicht gar feindlich gegenüber. Wo bleibt da Raum für eine Verwandtschaft im Innern, und gar für eine „ewige"? Das „Schiff dieses Gedichtes" scheint, sobald es am Prüfstein der Welt gemessen wird, in der Tat „ohne den Ballast der Wirklichkeit" zu fahren; und Tür und Tor scheinen geöffnet zu sein für jede Deutung, die solche Verse bestenfalls für durchaus ‚autonom‘ hält: freischwebend begründen sie eine eigengesetzliche Kunst, die in keiner Weise mehr an die Wirklichkeit gebunden ist.

Unvermerkt haben wir jedoch die Grundlage, die das Gedicht uns deutlich genug an die Hand gibt, verlassen. Das Gedicht bittet ja nicht die Welt des Alltags, von der eben die Rede war, zu ‚sprechen‘. Diese spricht ohnehin überlaut; sie braucht nicht eigens darum gebeten zu werden. *Das Gedicht richtet seine Bitte*

---

[29] Zum Begriff ‚Welt‘ und zum Folgenden vgl. Martin Heidegger: Sein und Zeit. Tübingen 8/1957, bes. S. 50ff.. Ders.: Vom Wesen des Grundes. Frankfurt a.M. 3/1949, bes. S. 19ff.

vielmehr an die „heimliche Welt"; und der scheinbar so realistische Prüfstein, den wir anlegten, erweist sich daher als unangemessen.

Somit stellen sich die alles entscheidenden Fragen: Spricht uns die Eigenart der *„heimlichen* Welt" Brentanos, der „Heimat", die wir vorläufig kennenlernten, ursprünglich aus der ‚Welt' selbst her an? Werden wir in die Lage versetzt, die *Notwendigkeit* der Verse Brentanos unmittelbar zu erfahren? Zeigen die Verse sich als ein ‚Diktat der Welt'?

Das geschieht, sobald wir unser Augenmerk auf einen Sachverhalt richten, der in dem soeben von der Alltags-Welt entworfenen Bild zwangsläufig gar nicht erschien: auf den Sachverhalt, daß der Mensch die Welt-Dinge *keineswegs primär* in ihrer jeweiligen Besonderheit und Vereinzelung erfährt. Das vom Widerstreit des Vereinzelten heraufbeschworene Chaos ist nicht der einzige Bereich, in dem der ‚Menschensinn' ursprünglich zu Hause ist. Der Mensch ist nicht – oder zumindest nicht primär – „des Chaos wunderlicher Sohn."[30] Primär erfährt er die Dinge vielmehr – zumeist freilich, ohne sich dessen bewußt zu sein – *in ihrem ursprünglich welthaften Einklang: nämlich als etwas Seiendes*. Es gibt nichts, was nicht seiend wäre. In dieser Hinsicht besteht ein ursprüngliches Zusammengehören auch noch des Unterschiedlichsten. Der Mensch erfährt die nur scheinbar disparate Fülle der Dinge ursprünglich als eine Einheit, eben als ‚Welt'. Jedes Welt-Ding hat teil an ihr durch das gemeinsame Sein.

Dieser Sachverhalt liegt in der Einheit, die die Welt und unser Wesen bilden, unmittelbar als Erfahrung für uns bereit. Er versetzt uns in die Lage, das Wesen der „heimlichen Welt" in Brentanos Gedicht *von seinem Ursprung her* zu erfahren.

Den Umstand, daß die „heimliche Welt" „aus der Ferne" zum Menschen sprechen muß, obwohl sie doch seine Heimat ist, erfahren wir jetzt unmittelbar, weil wir einsehen: der zum Dasein gehörende Alltag und der ihm eigene, das jeweils Erblickte isolierende Blick drängen sich ständig vor die Wahrnehmung des dem Menschen immer schon zugeeigneten Einklangs des Seienden und verweisen ihn in jene „Ferne";

Das Leiden an der scheinbaren Vereinzelung, das nur durch das Wirksamwerden der „heimlichen Welt" ‚gelöst' werden kann, erfahren wir jetzt unmittelbar als die notwendige Folge des Alltags-Blicks, der die von der Gemeinsamkeit im Sein bewirkte und also unerschütterliche ‚Verwandtschaft' der Dinge zeitweilig oder gar ständig nicht sieht;

Die ‚Lösung' dieses Leidens durch die Ankunft der „heimlichen Welt" zeigt sich uns jetzt unmittelbar als die Ankunft des Menschen bei seinem eigentlichen Wesen, das ihm primär die „Aussicht" auf das allen Dingen gemeinsame Sein und damit auf den Sachverhalt gewährt, daß das Einzeln-Sein der Dinge ursprünglich immer zugleich schon aufgehoben ist;

---

[30] Goethe, Faust I, V. 1384 (Faust zu Mephisto).

Das ‚Geflecht der Welt', das alles mit allem im Austausch stehen läßt, die ‚ewige Verwandtschaft' der Dinge „im Innern", und das ‚Verflochtensein von Stirn und Stern' erfahren wir jetzt ursprünglich als einen alles an alles bindenden Einklang, der im gemeinsamen Sein beruht und allem voran das Ich und die Welt untrennbar eint;

Der „Friede" endlich, den die Ankunft der „heimlichen Welt" durch das Weltganze ‚wehen' läßt, wird uns jetzt von seinem Ursprung her sichtbar als das Wunder jener Übereinkunft der Dinge, die ihnen von der Gemeinsamkeit ihres Seins anfänglich und endgültig – wenn auch durch eine Trübung der menschlichen „Aussicht" stets verstörbar – zugewiesen wurde.

Wir hören den Spruch der „heimlichen Welt" jetzt reiner, weil wir „gleich wieder die Natur" zu Rate gezogen und so den Ursprung des Spruches, seine Herkunft aus der „Welt" selbst erfahren haben.

Zugleich damit verschwindet das Trugbild, die Verse seien ohne Bindung an die Wirklichkeit. Sie sprechen vielmehr – das bekräftigt der Rat der „Natur" – die eigentliche Wirklichkeit gerade aus.

Ein mögliches Bedenken freilich sollten wir nicht gering achten. Der Spruch der „heimlichen Welt" hat uns *den Einklang des Seienden als den Sinn des „Friedens"* gezeigt, der das Ganze der Welt „verbunden" sein läßt: „Alles ist ewig im Innern verwandt.[31] – Ist nun aber dieser Einklang, dieses Zusammengehören des Seienden – der Umstand also, daß die „Aussicht" dem Menschen gewährt, alle Dinge der Welt in ihrer ‚ewigen Verwandtschaft' zu gewahren, weil sie alle *sind* und deshalb in einem unaufhebbaren ‚Geflecht' stehen – ist dieser Einklang nicht ein zu unscheinbarer, zu selbstverständlicher Sachverhalt, als daß wir ihn mit offenbaren Geheimnissen wie dem ‚Weltgeflecht', dem heiligen Sinn der Sterne oder dem Wehen des Weltfriedens in eins setzen dürften? Daß die Dinge *sind*, ist allbekannt. Daran zu erinnern, ist unnötig und fast trivial – und am höchst geheimnisvollen Zusammenhang des Brentanoschen Gedichtes, der das pure Gegenteil des Trivialen repräsentiert, gehen wir daher offensichtlich vorbei.

Aber dieses Bedenken hält nicht stand. Es beruht auf einem doppelten Irrtum. Wir irren zunächst, wenn wir den Sachverhalt, daß das Seiende im genannten Sinne ‚verbunden' und zusammengehörig ist, für bekannt und die Erinne-

---

[31] Es scheint nicht überflüssig, auf folgendes hinzuweisen: Der „Einklang des Seienden", auch „Friede" genannt, ist ein Sachverhalt, der im *ontologischen* Bereich angesiedelt ist. Er darf nicht als ontisch mißverstanden werden. Er meint nicht, alles Seiende sei im üblichen Wortsinn ‚von Natur aus friedlich', oder gar, Friedlichkeit sei das ständige Verhalten des Seienden – was nur absurd wäre. Jener Sachverhalt ist weder auf Beispiele ontischer Friedensliebe angewiesen, noch kann er durch Beispiele ontischer Zwietracht ‚widerlegt' werden.

Somit ist jener Sachverhalt ontisch – durch Befragung des unangemessen isolierten Seienden – nicht erfahrbar. Er ist, vom ontischen Bereich her gesehen, verborgen. Dennoch ist er die Grunderfahrung des Menschen, die jede Erfahrung von Seiendem trägt. Er ist – verborgen hinter den sich vordrängenden ontischen Eindrücken – die ‚Heimat' des menschlichen Wesens: die „heimliche Welt".

rung daran für überflüssig halten. In Wahrheit kennen wir diesen Sachverhalt so wenig, daß wir kaum jemals einen Gedanken daran wenden. Eben deshalb befremdet der Vers „Alles ist ewig im Innern verwandt" uns ja zunächst so sehr. *Kennten wir den Einklang des Seienden aus einem unerschütterlichen Bewußtsein heraus – wie hätte der Vers, der eben dieses Zusammengehören ausspricht, uns jemals Rätsel aufgeben können*, und wie wären jemals Fehldeutungen möglich gewesen wie die, daß hier kein Sinn mehr zu präzisieren sei?

Wir irrten des weiteren, wenn wir das Zusammengehören des Seienden für einen geheimnislosen Sachverhalt hielten. Voller Geheimnis sind ‚Einklang' und ‚Geflecht' gleichermaßen. Denn das Zusammengehören des Seienden ist ‚dasselbe' wie die Verwandtschaft aller Dinge im wirkenden Weltgeflecht. Beide bergen in sich das Wunder der Welt und des Daseins, das Wunder des Zusammengehörens von Erde und Himmel, von Welt und Ich. *Als* Geheimnis werden sie jäh durch die Ankunft der „heimlichen Welt" erhellt.

Auch diese Ankunft bleibt jedem Zugriff entzogen, der das Geheimnis aufklärerisch entschleiern möchte: „denn aller Aufgang liegt im Dunkel, ja selbst der des Lichtes".[32]

III. Die Gestalt des Gedichtes als Abbild der „Welt"

Nach einer vorläufigen Interpretation des Gedichtes „Sprich aus der Ferne ..." (oben Teil I) haben wir Goethes Maxime „Gleich wieder die Natur" befolgt und uns von der menschlichen ‚Welt' als dem Ursprung des Gedichtes Winke geben lassen (oben Teil II), die jene vorläufige Deutung in „lebendigen Begriff", in lebendige Erfahrung eines uns in der Welt unmittelbar zugänglichen Sachverhaltes, umsetzen – ohne daß wir dabei etwa den Boden des Gedichts verlassen hätten. Denn dieser beruht in derselben ‚Welt', die uns den „lebendigen Begriff" des Gedichts vermittelt hat.

Bei all dem ist jedoch eins bisher entschieden zu kurz gekommen: *die Gestalt des Gedichtes.* Zwar wurde auf dieses oder jenes Detail der ‚Form' hingewiesen; etwa auf Entsprechungen einzelner Worte, Verse und Strophen; die Ganzheit der Kunst-Gestalt blieb jedoch durchaus im Hintergrund.

Wenn wir nunmehr diese Gestalt zu verstehen suchen, so leitet uns notwendig auch dabei jener „lebendige Begriff", der „Sinn" des Gedichts. Denn von ihm wird die *Ganzheit* der Verse in all ihren Aspekten bestimmt.

Demnach wäre der „Sinn" auch der Gestalt des Gedichts das Geflecht, der ‚Einklang des Seienden'. – Hier aber melden sich gravierende Zweifel. Was hat die ‚Form' des Gedichts mit jenem Einklang zu tun? Die Form jedes Kunstwerks gehört doch nach alter Meinung in den Bereich der Ästhetik – von der offen

---

[32] W. IV, S. 529 (in: „Die Entstehung und der Schluß des romantischen Schauspiels ‚Die Gründung Prags'").

bleibt, ob und wie sie mit der ‚Welt', in der jener Einklang zuhause ist, mit Goethes „Natur" also, zusammenhängt.

Im Bereich des *Wortsinns* war einzusehen, daß die Aussage „Alles ist ewig im Innern verwandt" (der überdies der Wortsinn des Gedichts im ganzen entspricht) so etwas wie ein ursprüngliches Zusammengehören des Seienden meinen muß; und die Bestimmung dieses Zusammengehörens als Übereinkunft der Dinge in der geheimnisvollen Hinsicht, daß sie alle *sind,* war schwerlich abzuweisen, weil es einen Einklang alles Seienden in anderer Hinsicht schlechterdings nicht gibt.

Nunmehr jedoch soll dasselbe auch für die *Gestalt* der Verse gelten. In diesem Bereich ist der bloße Sinn der Worte „Alles ist ewig im Innern verwandt" nicht mehr unmittelbar hilfreich.

Denken wir jedoch daran, daß die Gestalt des großen Kunstwerks wesentlich von seinem *Stil* bestimmt wird. Der Stil ist es, der den Charakter des Werkes prägt und unmittelbar erkennen läßt, daß es von diesem oder jenem Künstler stammt.[33]

Ist also der Stil wesentlich Stil *des Künstlers?* Ist er sein Eigentum und somit primär ein subjektives, psychologisches Phänomen? – Es könnte so scheinen; und weithin herrscht wohl diese Meinung. Aber wir zweifeln daran; auch deshalb, weil wir an Goethes Worte denken, daß jene alten Maler das Wesentliche ihrer Bilder *in der Natur* – der Ganzheit des menschlichen Wesensraums – ‚gefunden' haben; und einer der Größten, Goethe selbst, hat durch einfaches „Ansehn" der Natur jenes Wesentliche auf seine Weise in ihr ‚wiedergefunden'. Das Wesentliche des Kunstwerks beruht in Natur und Welt. – Sollte der Stil, der das Kunstwerk entscheidend prägt, von dieser Herkunft des Kunstwerks aus der Natur und damit von der Möglichkeit jenes ‚Wiederfindens' ausgeschlossen sein? Das wäre mit Goethes Worten offenkundig nicht zu vereinbaren.

Wenn also die Herkunft des Stils nicht primär in der subjektiven Psyche des Künstlers beruht – könnte er dann aus Natur und menschlicher „Welt" stammen? Wie könnte *er* dort ‚wiedergefunden' werden? Dort scheint es doch dergleichen wie Stil keineswegs zu geben. – Aber die Antwort liegt, dem Anschein zum Trotz, im Wesen des Stils greifbar bereit: denn *er selbst ist wesentlich ein Zusammengehören*; ein Einklang, der in Auge und Ohr springt. Diesem Charakter des Stils verdankt das große Kunstwerk die innere Übereinstimmung all seiner Elemente (trotz womöglich größter inhaltlicher Disparatheit).

Diese kaum auszudenkende Leistung vermag der Stil nur zu erbringen, *weil er aus der „Welt" des Menschen selbst schöpft und sich des dort bereitliegenden Zusammengehörens des Seienden annimmt. Er wird so ihr Abbild.* Der Stil bildet, nach Art des jeweiligen Künstlers, das Bündnis des Seienden ab. Er macht damit das Kunstwerk zum einzigen Ort, wo dieses welthafte Zusammengehören *sichtbar und hörbar erscheint.*

---

[33] Zur Frage nach dem Stil vgl. S. 201ff.

Das Wesen des Stils und seiner Leistung ist daher mit Hilfe psychologischer oder ästhetischer Kriterien nicht zu erfahren. Der „lebendige Begriff" des Zusammengehörens des Seienden zeigt vielmehr, daß der Stil ein Welt-Faktum in die Erscheinung treten läßt. Der Stil hebt einen verborgenen Schatz; er hebt den Sachverhalt „Alles ist ewig im Innern verwandt" in die Gestalt des Kunstwerks, des Gedichtes.

Dieses Erscheinenlassen ist ein Dienst, den Stil und Gedicht dem sonst verborgenen und ‚unerlösten', nicht sichtbar werdenden Zusammengehören der Dinge der menschlichen „Welt" leisten. So wie der Gehalt der Verse diesen Dienst vermöge des Wortsinns versah, so versieht ihn die Gestalt der Verse vermöge des Stils.

Nur weil das Seiende für den „Welt" habenden Menschen „ewig im Innern verwandt" ist, gibt es den Stil und seine welt-erhellende Leistung. Entsteht ein Stil, so geschieht – auf geschichtlich und individuell verschiedene Weise – immer die Ankunft der „heimlichen Welt", und zwar in ihrer höchsten, nämlich gestalthaften Form. Der Stil ist Geburtshelfer beim Sichtbar- und Hörbarwerden des Wesens der „Welt" – das heißt: beim Werden des Kunstwerks.

Im Stil offenbart sich die ‚Verwandtschaft', das Zusammengehören aller Dinge. Stil *ist* nur dann, wenn ein menschlicher Sinn die „Aussicht" bis zur „weitesten Schranke" hin durchmessen hat: „alles", das Ganze der Welt, „erblüht" in ihm, weil es in seiner „ewigen" Verwandtschaft gewahrt wurde. Alles erschließt sich dem Entdecker. Alle Dinge der Welt fügen sich einer Weise des Sprechens – oder richtiger: sie bringen, ihr Innerstes öffnend, eine das Unterschiedliche einigende Weise des Sprechens hervor, die wir dichterisch nennen. Das sonst „im Innern" der Dinge verborgene Bündnis des Seienden erscheint als Gestalt. Das Herz der Welt tut sich auf: „Alles ist ewig im Innern verwandt".

Brentanos Gedicht *ist* als Gestalt, was sein Wortsinn sagt. Der Spruch der heimlichen Welt liegt nicht nur im Sinn der Worte bereit. Er spricht noch ursprünglicher aus dem Ganzen von Sinn, Ton und Rhythmus. Das sinnende Tönen der Dichtung geschieht nicht neben der Wirklichkeit; es formt die Gestalt der Welt. Deren „heiliger Sinn" ist im Tönen der Dichtung hörbar da.

GEDÄMPFTE WELT UND HOLDES BESCHEIDEN
Zur Dichtung Eduard Mörikes

„Goethesche Tiefe und volksmäßige Schlichtheit, antike Grazie und romantische Formenfülle, barocker Spaß und holder Märchenzauber, weiche Süße und erbarmungslose Tragik, glühende Leidenschaft und stille Beschaulichkeit ziehen uns abwechselnd an; und alles ist in jenen matten Goldton getaucht, der Mörike so ganz eigentümlich ist."[1] So stellt Harry Maync die Vielzahl der Erlebnisweisen und Erlebniskreise in Mörikes Dichtung nebeneinander. Die Frage, wie so Unterschiedliches in ein und derselben Dichtung Platz haben könne, tauchte für Maync und die ältere Forschung kaum auf. Man nahm gleichsam fraglos als gegeben hin, daß Mörike ein so vielgesichtiges Werk nun eben geschaffen habe. Daß freilich das Unterschiedliche in seiner Dichtung nicht beziehungslos nebeneinandersteht, sondern durch etwas nur Mörike Eigentümliches verbunden ist, wurde schon immer empfunden. Maync selbst suchte das Verbindende in seinem Wort vom „matten Goldton" zur Sprache zu bringen, womit er freilich seine Zuflucht zu einem Vergleich aus der Malerei nahm. Was der „Goldton" eigentlich sei, blieb offen.

Die spätere Forschung, unbefriedigt von einer nur beschreibenden Bestandsaufnahme, suchte zu verstehen, wie die unterschiedlichen Erlebniskreise Mörikes zusammengehören. Dabei beherzigte sie aber Mayncs schönen, wenn auch vorläufigen Hinweis auf den einheitgebenden Goldton nicht, sondern glaubte, den Grund jenes Zusammengehörens in *einem* der Mörikeschen Erlebniskreise selbst, im Bereich des Dämonischen, aufspüren zu können. Das entsprach ihrem Bestreben, das Mörike-Bild aus der zuvor vielfach üblichen, einseitigen Zuordnung zum Biedermeier zu befreien. Vom Dämonischen bedrängt, habe Mörike sich mit den Schutzwällen des Humors und der Idyllik umgeben. Als ursprünglich galt somit nur sein Erlebnis des ‚dunklen Grundes'. Die hellen Seiten seines Wesens waren gleichsam uneigenständig; sie repräsentierten nur die selbstbewahrende Antwort auf die Erfahrung des Dämonischen.

Diese Betrachtungsweise rückte das Mörike-Bild einerseits zurecht: daß auch dämonische Mächte in seiner Welt walten, wurde nun ernster genommen und tiefer gesehen als zuvor. Aber andere Seiten seines Werks wurden dieser Erkenntnis gleichsam aufgeopfert, und der „Goldton" blieb unverstanden.

Eine Überwindung dieser einseitigen Position scheint sich zur Zeit zu vollziehen. Schon 1951 prophezeite Friedrich Sengle: „Die künftige Mörikeforschung ... wird fragen, ob denn [die] Mörikesche Heiterkeit wirklich Flucht, ob sie nicht ‚unerklärbar tiefe Herzensfreudigkeit' (Maler Nolten) bedeutet, also

---

[1] Harry Maync, Eduard Mörike. Sein Leben und Dichten. 5. Auflage, Stuttgart 1944, S. 326.

ebenso fest wie das Grauen in der Seele des Dichters begründet ist, wenn nicht noch fester."[2] Und wenn Ralph B.F. Farrell 1962 als Voraussetzung der „Liebe, die ihn [Mörike] mit dem Kosmos verbindet", eine „All-Offenheit" nennt, so sucht er nicht mehr nach einem Erlebniskreis, der die Grundlage aller übrigen abgeben soll, sondern nach einer Grundhaltung, die der Dichter allen seinen Erlebniskreisen entgegenbringt.[3]

Der vorliegende Beitrag – ein knapper Entwurf – versucht, das Wesen dieser Offenheit näher zu bestimmen, insbesondere aber das aufzufinden, was vermöge einer solchen Grundhaltung erschlossen wird: die „Welt" Mörikes, die sich seiner Offenheit zeigt und durch sie eröffnet wird. Sie ist die umfassende Einheit seiner mannigfachen Erlebniskreise. Diese Einheit und den „matten Goldton", der von ihr kündet, möchten wir nicht weiterhin nur umschreiben; wir möchten beide als die konstituierenden Elemente des Mörikeschen Werks begreifen. Möge dabei das Poetische nicht zerredet, sondern auf seine weltbringende Kraft hin erläutert werden.

Wir gehen von einer Betrachtung des kleinen Gedichts *Septembermorgen*[4] aus und ziehen dann im Rahmen dieser Skizze nur noch wenige weitere Stellen aus Mörikes Werk heran. Es versteht sich, daß die auf dieser schmalen Grundlage etwa zu erzielenden Ergebnisse der weiteren Stützung bedürfen.

Septembermorgen

> Im Nebel ruhet noch die Welt,
> Noch träumen Wald und Wiesen:
> Bald siehst du, wenn der Schleier fällt,
> Den blauen Himmel unverstellt,
> Herbstkräftig die gedämpfte Welt
> In warmem Golde fließen.

Die „Welt" (V. 1) ist zu Beginn des Gedichts „im Nebel" gleichsam verborgen. Ihr augenblicklicher Zustand, eben der Nebel, wird zuerst genannt, denn er ist das primär Erfahrbare. Die „Welt" selbst folgt erst am Ende des Verses, in einer rhythmischen Senkung. Dennoch ist sie als Subjekt des Satzes das, worauf alles Voraufgehende schon hinweist und wovon es bedingt ist. So bringt ja auch die Welt den Nebel hervor; diesen gibt es nur, weil es die Welt gibt. Die Welt erscheint so als das, was ihren eigenen Zustand (die Nebelruhe) verborgen begründet.

Ein „noch" in V. 1 deutet an, daß der hier dargestellte Weltzustand einen Wandel erfahren wird. In V. 2 wird das Noch wiederholt und jetzt aus der bergenden Mitte des ersten Verses heraus steigernd an den Versbeginn gesetzt. So

---

[2] Friedrich Sengle, Mörike-Probleme. In: GRM N.F. Bd. 2 (1951) S. 36–47, hier S. 40.
[3] Ralph B.F. Farrell, Aufbauprinzipien in Mörikes Gedichten. In: Stoffe Formen Strukturen. H.H. Borcherdt zum 75. Geburtstag. München 1962, S. 380–397, hier S. 396.
[4] Eduard Mörike, Sämtliche Werke. Hrsg. von Herbert G. Göpfert. 3., revidierte und erweiterte Auflage, München 1964, S. 94 (im folgenden nur mit Angabe der Seite zitiert).

wird die Vorläufigkeit der Nebelruhe dringlicher bewußt. Zugleich belebt diese Ruhe sich kaum merklich: war sie in V. 1 (mit Ausnahme des „noch") vollkommen, so regt sich jetzt im „Träumen" eine zarte Bewegtheit. Auch die Welt, im ersten Vers noch ganz verborgen und unentfaltet, wird gleichsam zugänglicher: sie entfaltet sich zu dem Besonderen von „Wald und Wiesen". Allmählich läßt der Nebel einige Einzelkonturen erkennen. Im Versbau entspricht diesem sanften Sichregen der weibliche Versschluß gegenüber dem männlich sich verschließenden von V. 1.

Dem zweifachen Noch antwortet das „Bald" am Beginn des dritten Verses. Es antizipiert jetzt jene Wandlung der Welt, die schon seit V. 1 vorbereitet wurde: die Wandlung von der Nebelruhe des Eingangs zu blauem Himmel und herbstlicher Leuchtkraft (V. 3–6). Die Sprache gestaltet diesen Wandel unmittelbar: Adjektive als die Künder des ‚Unverstelltseins' (V. 4) tauchen erst jetzt, und zwar in reicher Zahl, auf, da nun der Schleier, der die Farben und Formen bislang verhüllte, gefallen ist. Dem entspricht ein Wandel im Satz- und Versbau: während das Versende in den beiden Anfangszeilen mit einem kräftigen syntaktischen Einschnitt zusammenfiel (beide Verse enthalten in sich abgeschlossene Sätze), spannt sich nun ein syntaktischer Bogen über vier Verse hinweg (V. 3–6). Die erst jetzt wahrnehmbare Fülle der Welt und die neue Fülle des ‚Sehens' (V. 3), das nun kontinuierlich von einem Teil der Welt zum andern gleiten kann, spiegeln sich in einem neuen Reichtum des Satzbaus und in einer neuen Kontinuität der Versfolge.

Trotz dieser Unterschiede bleiben „Noch" und „Bald" sich aber in einem gleich: beide werden vorwiegend als Bilder erfahren. Der Zugang zu ihnen besteht im ‚Sehen'. Das Gedicht hebt die Bildhaftigkeit, dem inneren Vorgang entsprechend, nur einmal auf: am Übergang von Bild zu Bild, beim Fallen des Schleiers (V. 3).

Der Augenblick, in dem das antizipierende „Bald" (V. 3) gesagt wird, liegt innerhalb des als „Noch" erfahrenen Weltzustandes (auch jetzt noch ist Nebel). Das gegenwärtige Jetzt dieses Augenblicks, in dem also sowohl das Noch als auch das Bald gründen, kommt aber als solches im Gedicht nicht zur Sprache. Es ist im Aspekt des Noch-und-Bald verborgen, den es dem Sehenden darbietet, so daß diesem inmitten einer Einheit – des gegenwärtigen Jetzt – ein Mehrfaches – das Noch-und-Bald – aufgeht. Dieses Mehrfache ist jedoch von dem Sehenden, der Einheit seines Ursprungs gemäß, nur als ein ursprüngliches Zugleich erfahrbar: um sinnvoll „noch" sagen zu können, muß er das „Bald" schon gleichursprünglich intendieren. Ebenso bleibt das (noch nicht zur Gegenwart werdende) Bald von dem (noch nicht zur Vergangenheit gewordenen) Noch durchstimmt. So überlagern sich die als Noch und Bald erfahrenen Weltzustände und klingen untrennbar zusammen; ihr ursprüngliches Zugleich bleibt im Gedicht anwesend.

Dennoch entfaltet der *Septembermorgen* sich in dem ihm eigenen zeitlichen Ablauf zu einem jeweiligen Verweilen bei den beiden Komponenten dieses Zugleich: V. 1 und 2 verweilen beim „Noch", V. 3 bis 6 beim „Bald". Es ist jedoch in beiden Fällen ein Verweilen beim Selben, bei der „Welt": sie, die schon in V. 1 erschien, wird in V. 5 nochmals genannt. Sowohl dem Noch als auch dem Bald liegt sie zugrunde; Nebelruhe und Unverstelltheit entstammen ihr gleichermaßen.[5] Wie die Vielfalt des Noch-und-Bald aus dem einheitlich-gegenwärtigen Jetzt hervortrat, so bleibt sie in der „Welt", die einheitlich in Noch und Bald anwesend ist, zusammengebunden. Jenes verborgen gegenwärtige Jetzt, das gleichursprünglich Noch und Bald aus sich entläßt, zeigt sich so als ein ausgezeichneter Zustand der „Welt", die ebenfalls ihre wechselnden Entfaltungen (Nebelruhe und Unverstelltheit) verborgen gegenwärtig begründet.

So läßt das Gedicht die „Welt" als ein Doppeltes erscheinen. Insofern es die Weltzustände als ein ursprünglich geeintes Noch-und-Bald erfaßt, gibt es ihnen (die alsbald in ein jeweiliges Jetzt auseinandertreten werden) eine Einheit mit, die der Einheit ihres Ursprungs, der „Welt", entspricht und diese im Gedicht wiedererstehen läßt. Insofern das Gedicht aber zugleich beim jeweiligen Zustand verweilt, wird es auch dem zweiten Wesenszug der Welt gerecht, daß die Entfaltung des ursprünglichen Grundes in seine Zustände eine zeitliche Folge hervorbringt, die nur in einem Nacheinander adäquat sagbar ist.

Das Gedicht *Septembermorgen* dichtet nicht nur die Stimmungen eines Morgens im September. Zugleich damit läßt es das Wesen der Welt erscheinen. Die „Welt" ist umfassend verborgener Grund und jeweils offenbarer Zustand zugleich. Wechselhaft sich entfaltend, bleibt sie die eine Welt, die sie ist. Die doppelgesichtige Einheit des Gedichts spiegelt die Einheit des doppelgesichtigen Weltwesens. Ermöglicht wird diese spiegelnde Entsprechung durch das reine ‚Sehen' (V. 3), das als Grundhaltung des Sprechenden keinen Eindruck abdrängt, sondern offen aufnimmt, was sich als Welt zeigt und verbirgt.

Das herbstkräftige Leuchten und der blaue Himmel gehören einer dennoch „gedämpften" Welt an (V. 5). Hierin liegt kein Widerspruch; das schöne und merkwürdige Wort „gedämpft" bezeichnet vielmehr einzigartig genau das durch das Zusammenklingen von Noch und Bald heraufgerufene Wesen der „Welt" dieses Gedichts. Überlagern sich, wie hier, mehrere Weltzustände, so werden sie dem Sehenden ‚durchsichtig'; sie verlieren den Schein ihrer jeweils ausschließlichen Geltung und damit auch ihre naiv-realistische ‚Ungedämpftheit'. Dieses Sehen bleibt dem jeweiligen Weltzustand, indem es bei ihm verweilt, auf feine Weise fern. Es läßt sich vom Nebel nicht ganz gefangennehmen, sondern weiß, daß er vorübergehen wird; und auch der vorausgesehenen Unverstelltheit des herbstkräftigen Leuchtens gibt es sich nicht ganz hin, denn „noch" ist ja Nebel. „Gedämpft"[6] ist die Welt für ein Sehen, das sich nicht einseitig zu diesem oder

---

[5] Dieser Gleichheit entspricht, daß sowohl das Noch als auch das Bald vorwiegend als Bilder erfahren werden (s.o.).

[6] Zu Mörikes Gebrauch des Wortes „gedämpft", der näher zu untersuchen wäre, sei noch auf eine Stelle aus dem *Maler Nolten* hingewiesen: „Ich kann es mir nicht reizend und rührend genug vorstellen, das stille gedämpfte Licht, worin dem Knaben dann die Welt noch schwebt ..." (S. 682).

jenem ihrer transitorischen Zustände bekennen kann, das vielmehr offen bei deren Vielzahl verweilt, sich aber nicht an sie als an eine letzte Realität verliert, weil es inmitten von ihnen den verborgenen Grund der Welt wahrnimmt.[7]

Mörikes Welterfahrung vollzieht sich in mannigfachen Formen; die Sehweise des Noch-und-Bald ist nur eine von ihnen. In dem mythischen Spiel *Der letzte König von Orplid,* das dem *Maler Nolten* eingefügt ist, sagt König Ulmon:

> Und schwindelt nicht das Auge meines Geistes
> Noch stets hinunter in den jähen Trichter
> Der Zeit? – Z e i t, was heißt dieses Wort?
> Ein hohles Wort, das ich um nichts gehaßt;
> Unschuldig ist die Zeit; sie tat mir nichts.
> Sie wirft die Larve ab und steht auf einmal
> Als Ewigkeit vor mir, dem Staunenden.[8]

Die Zeit, die bisher lediglich das bodenlose Nacheinander der Weltzustände und daher ein hassenswerter, ‚schwindeln‘ machender „Trichter" (Strudel) zu sein schien, „wirft die Larve ab": und nicht etwas anderes erscheint jetzt, sondern sie selbst, aber gereinigt von der Hohlheit des durch seine alleinige Setzung irreführenden Wortes „Zeit". Sie zeigt sich jetzt als das, was die Zeit auch noch, nämlich in ihrem Grunde ist: als Ewigkeit, d.h. als grundlegender Ursprung jenes Nacheinander, das sich dem Sprechenden dadurch, daß es ihm als der alleinige Aspekt der Zeit erschien, „unschuldig" verhaßt gemacht hatte. Der „Staunende" versöhnt sich mit der Zeit, weil sie sich ihm jetzt auch als Ewigkeit enthüllt und so den bisher vermißten inneren Grund gezeigt hat.

Diese Erfahrung der Zeit entspricht der Erfahrung der Welt im Gedicht *Septembermorgen:* das Sehen dringt durch die Zustände zum Grunde vor. War aber dieses Vordringen im *Septembermorgen* nur gleichsam indirekt am Sichüberlagern von Noch und Bald ablesbar, so wird hier die „Larve" der Zeit ausdrücklich auf ihren Grund, die „Ewigkeit", hin relativiert.

In dem Gedicht *Verborgenheit*[9] dagegen überlagern sich wechselnde Zustände und Stimmungen in Mörikes eigenster Weise:

---

[7] Zum Gedicht *Septembermorgen* vgl. Walther Killy, In des Schönen Gestalt, ewige Mächte. Eduard Mörike. In: W.K., Wandlungen des lyrischen Bildes, 5., erweiterte Auflage, Göttingen 1967, S. 74f. Killy hebt die „zeitliche Tendenz" des *Septembermorgens* hervor („Diese Gedichte sind nie statisch", a.a.O., S. 76) und gibt wertvolle Hinweise zu seiner Reimstruktur. Heinz Schlaffer (Lyrik im Realismus, Bonn 1966, S. 27f.) polemisiert gegen Killys vermeintlich „dynamische" (Schlaffer, S. 28) Vorstellung vom zeitlichen Charakter der Gedichte Mörikes und sucht demgegenüber das „Noch" des *Septembermorgens* als die „punktuell-statische" „Zeitsituation" des Gedichts zu erweisen. Damit verkennt er aber den schon zum „Bald" hin tendierenden, also gerade nicht statischen Charakter des Noch (s.o.). Bei Mörikes Lyrik richten so weitmaschige und undifferenzierte Begriffe wie ‚statisch‘ und ‚dynamisch‘ offenbar nicht viel aus.
[8] S. 552.
[9] S. 94.

> Was ich traure weiß ich nicht,
> Es ist unbekanntes Wehe;
> Immerdar durch Tränen sehe
> Ich der Sonne liebes Licht.
>
> Oft bin ich mir kaum bewußt,
> Und die helle Freude zücket
> Durch die Schwere, so mich drücket
> Wonniglich in meiner Brust. (V. 5–12)

Das ‚Sehen' nimmt das Sonnenlicht „durch Tränen" wahr. Weder werden die Tränen zurückgedrängt, noch wird das Licht der Sonne verkannt. Drückende Schwere und helle Freude kann diese „Brust" in unvermutetem Zugleich erleben. Dieses Sichüberlagern wechselnder Gefühle ist nichts anderes als die ‚Zwielichtigkeit der Stimmungen', die die Forschung in Mörikes Dichtung oft hervorgehoben hat. Jenseits alles nur Psychologischen und Stimmungshaften ist das zwielichtige Sichüberlagern das eigenste Medium Mörikes, das seine „Welt" aufleuchten läßt: in „mattem Goldton", gedämpft, inmitten ihrer wechselnden Entfaltungen. Auf diese weltschaffende Leistung hin ist die ‚Zwielichtigkeit' neu zu untersuchen.

> Herr! schicke, was du willt,
> Ein Liebes oder Leides;
> Ich bin vergnügt, daß beides
> Aus Deinen Händen quillt.
>
> Wollest mit Freuden
> Und wollest mit Leiden
> Mich nicht überschütten!
> Doch in der Mitten
> Liegt holdes Bescheiden. *(Gebet)*[10]

Die „Mitte", nach der dieses Gedicht verlangt, ist nicht die schale Mitte zwischen den Extremen. Liebes und Leides, helle Freude und drückende Schwere, Grauen und „tiefe Herzensfreudigkeit" sind vom faden Mittelmaß gleich weit entfernt. Nicht die Macht der „Freuden" und „Leiden", sondern ihre jeweilige Überzahl und damit Einseitigkeit möchte das *Gebet* fernhalten; es bittet um Gleichgewicht. Weil ja „beides Aus Deinen Händen quillt", möge dem Menschen auch beides „in gleichen Schalen" zugemessen sein.[11]

Mörikes Welt ist nicht „gedämpft", weil in ihr starke Gefühle fehlten. Diese sind in ihr anwesend; indem sie sich aber überlagern, fügen und ‚bescheiden' sie sich zur „Welt", weil sie so auf ihre jeweilige Ausschließlichkeit verzichten. Der

---

[10] S. 127.
[11] Um wiederum die Parallele zwischen den Erfahrungen von Welt und Zeit zu ziehen: dem Gleichgewicht der einzelnen Welterfahrungen entspricht „die goldne Waage ... / Der Zeit", die „in gleichen Schalen stille [ruht]" *(Um Mitternacht,* V. 3f.; S. 100).

gedämpfte Wesenszug der Welt entspricht dem Sichbescheiden ihrer vereinzelten Aspekte.

„In der Mitten" wird sichtbar, daß der Welt das gegensätzlich Wechselnde entwächst. Freuden und Leiden sind hier mächtig, aber nicht übermächtig, weil sie als jeweils Transitorisches transparent werden und so im Gleichgewicht der „goldnen Waage" ruhen. Hier zeigen die wechselnden Zustände, sich bescheidend, ihre „Anmut"; sie erfüllen „das heilige Maß".[12] Auch der Seele, die hierher kommt, wird „holdes Bescheiden" zuteil.

---

[12] *Inschrift auf eine Uhr mit den drei Horen*, V. 4; S. 85.

AUFGANG UND WAHRHEIT DER WELT
Zu drei Gedichten von Georg Trakl

> Du magst mir glauben, daß es mir nicht leicht fällt und niemals leicht fallen wird, mich bedingungslos dem Darzustellenden unterzuordnen, und ich werde mich immer und immer wieder berichtigen müssen, um der Wahrheit zu geben, was der Wahrheit ist.
>
> (Trakl an Erhard Buschbeck, ohne Datum)[1]

> Sagen Sie mir, daß ich die Kraft haben muß, noch zu leben und das Wahre zu tun.
>
> (Trakl an Ludwig von Ficker, vermutlich November 1913)[2]

In diesen beiden Sätzen gibt Trakl einen entscheidenden Hinweis für das Verständnis seines Werkes.

Trakls Dichtung will Wahrheit verwirklichen. Nicht eine subjektive Stimmung, nicht das Weltgefühl eines Individuums, sondern „das Wahre" soll im Gedicht erscheinen. Der Dichter möchte sich, seine Person und seine Gefühle, „bedingungslos dem Darzustellenden", „der Wahrheit", unterordnen.

Sehen wir Trakls Dichtung im Lichte dieser Selbstzeugnisse? Halten wir sie nicht immer noch für eine schöne, aber einseitig von Chaos und Verfall bedrängte Äußerung einer schwermütigen Seele, der „das Wahre" in seiner Fülle und Ganzheit allzu leicht entgleiten kann?

Man hat sogar gemeint[3], Trakls Dichtung beschränke sich, gleichsam weltlos, auf einen Raum der reinen Poesie; sie hebe das bedrängende Chaos „nur poetisch" auf; sie wolle gar nicht einen Sinn erzeugen, sondern lediglich klangliche Reize und „Impulse" arrangieren und so „dem Chaos der Möglichkeiten ein ... in sich überredendes Ganze [entgegensetzen]". Dergestalt ‚überredend', hätten Trakls Dichtungen letztlich keinen „Sinn, der sich irgendwie begrifflich fassen ließe".

Weiter können wir uns kaum von Trakls eigenem Verständnis seiner Werke entfernen. Gerade Trakl will nicht ‚überreden', sondern „das Wahre ... tun".

Entspricht aber der Selbstdeutung des Dichters die Aussage seiner Gedichte? Inwiefern erscheint in ihnen „das Wahre"?

---

[1] Georg Trakl. Nachlaß und Biographie. Hrsg. von *Wolfgang Schneditz*. Salzburg 1949, S. 26.
[2] Ebd., S. 50.
[3] Walther Killy: Gedichte im Gedicht. Beschäftigung mit Trakl-Handschriften. In: Merkur 1958, Heft 12, S. 1108–1121. Hier die folgenden Zitate.

Die folgenden Interpretationen suchen dem nachzugehen. Sie stehen scheinbar unverbunden nebeneinander, empfangen aber ihre innere Einheit vom Umgang mit der skizzierten Frage.

Wir werden einem zentralen Geschehnis begegnen, das der „Wahrheit" zunächst scheinbar entgegengesetzt ist. Die drei Gedichte handeln von dem Versinken, dem Verglühen und dem Schwinden der Dinge. Dieser „Untergang" der uns umgebenden Welt ist bei Trakl aber zugleich der Aufgang einer eigentlichen Wirklichkeit. Indem die Dinge versinken, erscheinen „fremde Sternenzeichen". Wir werden den Vers finden: „O, ihr Zeichen und Sterne." Deren Licht macht eine im Alltag unbekannte, wesentliche ‚Welt' sichtbar. Der ‚Aufgang' dieser Welt ist das entscheidende Ereignis in Trakls Dichtung. Hier geschieht der einende, das Getrennte zusammenfügende Übergang der Dinge in das Zusammengehören ihres Wesens. Trakls Werk läßt im Untergang der Dinge „das Wahre" erscheinen.

I
Abendmuse

Ans Blumenfenster wieder kehrt des Kirchturms Schatten
Und Goldnes. Die heiße Stirn verglüht in Ruh und Schweigen.
Ein Brunnen fällt im Dunkel von Kastanienzweigen –
Da fühlst du: es ist gut! in schmerzlichem Ermatten.

Der Markt ist leer von Sommerfrüchten und Gewinden.   5
Einträchtig stimmt der Tore schwärzliches Gepränge.
In einem Garten tönen sanften Spieles Klänge,
Wo Freunde nach dem Mahle sich zusammenfinden.

Des weißen Magiers Märchen lauscht die Seele gerne.
Rund saust das Korn, das Mäher nachmittags geschnitten.   10
Geduldig schweigt das harte Leben in den Hütten;
Der Kühe linden Schlaf bescheint die Stallaterne.

Von Lüften trunken sinken balde ein die Lider
Und öffnen leise sich zu fremden Sternenzeichen.
Endymion taucht aus dem Dunkel alter Eichen   15
Und beugt sich über trauervolle Wasser nieder.

1

Das Gedicht[4] hat vier Strophen zu je vier Zeilen. Die sechsfüßigen Jamben zeigen nur im zweiten Versfuß von V. 2, der zwei Senkungen enthält, eine Abweichung vom Metrum. Alle Versschlüsse sind weiblich. Enjambements fehlen bis auf den Übergang von V. 1 zu V. 2; sonst fällt das Versende mit dem des Satzes oder (wie in V. 7, 13 und 15) mit einem fühlbaren syntaktischen Einschnitt zusammen. Einfach gereihte Hauptsätze herrschen vor; es gibt nur zwei Nebensätze (V. 8, 10). Diese Merkmale – die ruhig durchgehaltenen Jamben, die weiblichen Versschlüsse, die Seltenheit des spannungerzeugenden Enjambements, das Vorherrschen der Parataxe – bewirken einen ruhig gleitenden Ablauf jedes Verses. Da jedoch an jedem Versende und -anfang zwei Senkungen aufeinandertreffen, wird in das Gleiten des alternierenden Maßes jeweils von Vers zu Vers eine kleine, kaum merkliche Stockung gelegt. So bildet jede Zeile eine fühlbare Einheit innerhalb des Ganzen. Das entspricht der parataktischen Reihung der Sätze. In Versbau und Syntax zeigt sich ein addierendes Prinzip.

> Im Kahn den blauen Fluß hinunter
> Wie schön sich Bild an Bildchen reiht,
> Das geht in Ruh und Schweigen unter.[5]

Hier wird das addierende Prinzip Gegenstand der Aussage: *Wie schön sich Bild an Bildchen reiht*. Es bleibt jedoch nicht bei dieser Reihung: sie *geht in Ruh und Schweigen unter*. Die bislang vereinzelten Bilder gehen ein in einen neuen Bereich, der *Ruh und Schweigen* genannt wird (vgl. „Abendmuse" V. 2); und ihr Eintritt in die neue Dimension ist zugleich schon das Untergehen in ihr. Das Vereinzeltsein der Bilder löst sich auf. Sie sind nicht mehr gereiht, sondern innig verbunden. *Ruh und Schweigen* ist hier die Wesensdeutung sowohl des Todes, dem alle Bilder anheimfallen, als auch des Winters, in den das Jahr mit dem Herbst absinkt und in dessen Weiß, Grau und Schwarz die Farben und Konturen weithin untergehen werden. In der „Abendmuse" verwirklicht sich Ruh und Schweigen im *Dunkel* (V. 3,15), das die Umrisse der Dinge untergehen läßt, und, wie sich zeigen wird, in Traum und Schlaf. Tod, Dunkel, Traum und Schlaf sind die verwandten Weisen, in denen Ruh und Schweigen existieren und in denen die Bilder des Lebens untergehen. Diesem Untergang ist Trakl entscheidend zugewendet. Im Untergang voll Ruh und Schweigen, der zugleich ein einigender ‚Aufgang' ist, wird die Welt gleichsam zum Stilleben. *Still* und *leise* sind Lieblingswörter Trakls.[6]

Das addierende Prinzip – um zum Ausgangspunkt zurückzukehren – kann also nicht das einzige Stilprinzip dieser Dichtung sein; auch das Reihen von Bild an Bildchen ist nicht die letzte Stufe, sondern setzt sich fort im Untergang.

---

4 Georg Trakl, Die Dichtungen. 8. Aufl., Salzburg o.J. (zit.: Dichtungen), S. 32.
5 „Verklärter Herbst", V. 10–12. Dichtungen S. 34.
6 Vgl. „Abendmuse", V. 14.

2

Der erste Satz beginnt mit einer konkret faßbaren Aussage: der Schatten des Kirchturms rückt wieder an das Blumenfenster, wie nämlich immer zu dieser Abendstunde. Er kehrt heim an seinen Ort. Dem wird fast unerwartet hinzugefügt: *Und Goldnes*. Hier verläßt die Aussage die konkrete Faßbarkeit. Vielleicht ist das abendliche Sonnenlicht gemeint, das den Schatten seitlich begleitet; aber das Gedicht will die Aussage gerade nicht in so eindeutiger Weise präzisieren. Dem Gemeinten wird die Unbestimmtheit von etwas Umfassendem verliehen, das jede konkret-beschränkte Kontur überstrahlt. Es beglänzt die umgebenden Verse mit einer warmen und jedenfalls positiven Strahlkraft. Greifbar-eindeutige und umrißlos-strahlende Wirklichkeit stehen nebeneinander.

Im nächsten Satz tritt der menschliche Bereich hinzu. Aber es erscheint kein Ich. Daher steht alles Gesagte im Bereich einer fraglosen, melancholisch-unabweisbaren Objektivität. Am deutlichsten zeigt das V. 4: *Da fühlst du* ... Mit dieser Anrede, die sowohl die eigene wie die fremde Person meint, beteiligt das Gedicht jeden Menschen am ausgesagten Fühlen und nimmt ihn so in eine sichere, sanfte Verpflichtung.

Die heiße Stirn verglüht in Ruh und Schweigen. Im Verglühen liegt das Nachlassen der Glut wie auch das Vergehen in ihr. Kühlt die Stirn ab, so ist die Kühle des Abends nach einem heißen Tage gestaltet. Wenn aber die Stirn vergeht, so ist sie einem Zustand der Bewußtlosigkeit nahe: dem Schlaf, dem Wahnsinn oder Tod. So wird die Abendsituation zum Bilde vielleicht des Lebensendes, jedenfalls aber eines Zustandes am Rande des Menschseins.

Diese durchgehende Doppeldeutigkeit zeigt auch die Wendung *in Ruh und Schweigen*. Sie ist dativisch, aber auch als Akkusativ zu verstehen: die Stirn vergeht und geht ein in den Bereich von Ruh und Schweigen. Dieser bezeichnet so die Abendstille und zugleich den Raum des Untergangs.

Ein Brunnen fällt im Dunkel von Kastanienzweigen: die Fontäne fällt nieder, oder Wasser fließt aus einem Brunnenrohr. Und doch ist das Fallen in so ungewöhnlicher Weise auf den Brunnen selbst, nicht auf den Wasserstrahl, bezogen, daß auch ein Verfallen des Brunnens, sein Eintritt in den Untergang, als möglicher Sinn der Wendung auftaucht. Das *Dunkel* ist sowohl reales Dunkel des Abends und des Baumschattens als auch, zugleich damit, die konturenauflösende Färbung, die die Vermischung der Dinge begünstigt.

Da fühlst du: es ist gut! in schmerzlichem Ermatten. Jede Bewegung in V. 2–4 vollzieht sich in fallender Linie: verglühen – fallen – Ermatten. Und trotzdem und offenbar gerade jetzt ist es gut. Ruh und Schweigen, Stille und Untergang werden als der gemäße Weltzustand empfunden. Die positive Strahlkraft des Goldnen (V. 2) findet ihre Entsprechung im Bereich des Gefühls. Untergang kann daher nie lediglich nichtiger Verfall sein; ein solcher könnte nicht das Gefühl *es ist gut* hervorrufen. Der Untergang hat vielmehr einen positiven Sinn, obwohl er zugleich Verfall bleibt. Dieses Positive deutete sich schon in dem Gedicht „Verklärter Herbst" als Vereinigung des sonst Vereinzelten an; es ist Lösung aus dem Einzeldasein und Eintritt in Ruh und Schweigen der Vereinigung.

Das Gedicht gestaltet jedoch zunächst nur die Nähe der Dinge zum Untergang, nicht diesen selbst. Die Dinge sind noch gesondert-einzeln da. Das zeigen vor allem die beiden Mittelstrophen, in denen das addierende Stilprinzip sehr deutlich wird. In acht Versen werden sieben verschiedene „Bilder gereiht", deren jedes einen Lebensbereich in der Abendsituation darstellt. In der Beziehung zum Abend sind die scheinbar unverbundenen parataktischen Aussagen geeint. Der Markt ist leer. Die Abwesenheit des Bunten, Vielfältigen ist bezeichnend für die der Einheit des Dunkels zuneigende Situation. Die Eintracht, die die Tore hervorrufen und in der sich die Ruhe des Abends verwirklicht, hat mit ihrer Schwärze zu tun: sie entspricht dem Dunkel der Nacht und damit der Eintracht des Untergegangenseins, die die Nacht den Dingen bereitet.

In den Versen 7–9 erscheint die abendliche menschliche Welt. Hier wird der Sinn des Titels deutlicher: die Stille des Abends regt die Menschen zu sanftem Spiele an; jetzt *lauscht die Seele gerne* den Märchen des Magiers. Der Abend verweist auf Stille und Sammlung.

Wer ist der weiße Magier? – Es gibt eine frühe Fassung der „Abendmuse", die unter dem Titel „Träumerei am Abend" in Trakls Jugenddichtungen „Aus goldenem Kelch" steht.[7] Hier lautet der entsprechende Vers: *Dem einsam Sinnenden löst weißer Mohn die Glieder*. Statt *weißer Magier: weißer Mohn*. Gewiß ist damit Opium gemeint. Das Jugendgedicht zeigt einen eindeutigen, vom Dichter kaum unkenntlich gemachten biographischen Bezug; Trakl nahm zeitweise Rauschgifte.

Ist nun der weiße Magier der „Abendmuse" das Opium? – Niemand, der die „Träumerei am Abend" nicht kennt, würde darauf verfallen. Die endgültige Fassung hat jeden biographischen Bezug getilgt. Wir haben kein Recht zu sagen: eigentlich ist doch das Opium gemeint, der Dichter hat es nur verrätselt. Gerade das in der Änderung bewiesene Abrücken von allem Persönlichen hat als entscheidende dichterische Absicht und Leistung zu gelten. Dem zu Sagenden ist nunmehr einzig ein Zeichen-Wort angemessen, das in mehrere Bereiche zugleich weist. Es taucht noch an zwei anderen Stellen des Traklschen Werkes auf.[8] Dort ist es der Name für den Dichter Karl Kraus. Auch in der „Abendmuse" klingt die

---

[7] Georg Trakl, Aus goldenem Kelch. Die Jugenddichtungen. 3. Aufl., Salzburg o.J., S. 123. – Die 20 Verse dieser frühen Fassung werden in der „Abendmuse" auf 16 komprimiert. Dem entspricht allgemein eine Straffung der Aussage, ebenso das Tilgen persönlicher Anspielungen. Man könnte, besonders angesichts dieses Vergleichs mit der „Träumerei am Abend", bei der „Abendmuse" geradezu von einer Architektonik des Aufbaus sprechen, wenn dieser Begriff nicht der Unaufdringlichkeit ihres Gefüges unangemessen wäre.

[8] a) „In seinem Grab spielt der weiße Magier mit seinen Schlangen" („Psalm. Karl Kraus zugeeignet", V. 36. Dichtungen S. 63)

b) „Weißer Hohepriester der Wahrheit, / Zürnender Magier" („Karl Kraus", V. 1/3, Dichtungen S. 130). Hier sind die Begriffe „weiß" und „Magier" zwar äußerlich getrennt, aber innerlich verbunden, da sie dieselbe Person meinen.

Bedeutung „Dichter" an, denn der Magier scheint Märchen zu erzählen. Das Märchenhaft-Magische zieht von der „Wirklichkeit" ab, womit eine leise Erinnerung an den weißen Mohn bewahrt wird. Zugleich und im Gegensatz hierzu ist es die dichterische Kraft, die Dinge magisch ins Wort zu bannen und so die Wirklichkeit eigens zu finden. *Weiß* mag das Wort für die Reinheit der Seele sein, der allein die Magie dichterischen Nennens gelingt. So gestaltet die endgültige Fassung die reiche Bedeutungsvielfalt von Reinheit, Dichtertum, Wirklichkeitsentfremdung und Wirklichkeitsfindung.

Alle Vorgänge der Mittelstrophen haben teil an der im Ganzen waltenden Stimmung des *Ruh und Schweigen.* Die Klänge sind sanft. Das Zusammenfinden der Freunde läßt schon leise – ebenso wie die Schwärze der Tore – die Eintracht des Untergangs anklingen. Die Seele lauscht; ebenso schweigt das Leben in den Hütten, die Kühe schlafen, die Laterne bescheint sie. *Rund saust das Korn:* dieses ausdrucksstark-mächtige Sausen scheint freilich aus der sonstigen Ruhe herauszufallen. Fährt Wind durch das gemähte Korn? Aber dieses selbst *saust.* Eine geheime, starke Bewegtheit erscheint in den ruhenden Ähren. Gerade *Ruh und Schweigen* entbinden die eigentliche Kraft des Daseins der Dinge. *Rund* mag zunächst heißen: in der Runde, im Umkreis der *Hütten.* Zugleich aber zeigt das Sausen im Rund einen lautlosen Wirbel an, in dessen Sog die Dinge geraten. Das stille Leben, in das die Welt von Ruh und Schweigen geleitet wird, ist nicht idyllisch. Das Wesen der Dinge erscheint, und zugleich damit stehen sie am Rand des Entgleitens im lautlos sausenden Wirbel.

Das Entgleiten vollendet sich in der vierten Strophe. Sie bildet den dritten Teil des symmetrischen Gedichtaufbaus (erste – zweite und dritte – vierte Strophe). Die gereihte Vielzahl konkreter Dinge, die die mittleren Strophen nannten, findet sich hier nicht mehr. Dagegen ist die Schlußstrophe durch einige Entsprechungen über die zweite und dritte hinweg mit der ersten verbunden. Es entspricht sich etwa: die heiße Stirn verglüht – die Lider sinken ein; Dunkel von Kastanienzweigen – Dunkel alter Eichen; schmerzlich (V. 4) – trauervoll (V. 16); Ermatten – sich niederbeugen; und vor allem die die Ganzheit des Lebens umfassende Gefühlsaussage *es ist gut* und der – wie sich zeigen wird – ebenfalls ganzheitliche Charakter der vierten Strophe.

Während jedoch das Gefühl *es ist gut* bewußt ausgesprochen werden konnte, geht die Aussage jetzt über den Zustand des Bewußtseins hinaus. ... *trunken sinken balde ein die Lider*: sie schließen sich für den Bereich des irdisch Bekannten, der zuvor genannt wurde. Das ist zunächst der einfache Vorgang des Einschlafens. Zugleich aber öffnen sich die Lider *zu fremden Sternenzeichen.* Dem Menschen gehen jetzt die Augen auf für eine fremde Welt, die wie Sterne waltet und zeichenhaften Charakter hat.

In dieser traumhaft-visionären Trunkenheit geschieht nun tatsächlich der Untergang der bekannten Dingwelt, auf den bislang nur Vereinzeltes vordeutete. Die Dinge sinken weg, fremde Sternenzeichen erscheinen. Hier erst tritt der Zustand von *Ruh und Schweigen* in seine eigentliche Dimension, die des Untergangs. Das Erscheinen des Fremden, das erst im Schwinden der Dinge möglich wird, gehört zum positiven Wesen des Untergangs. Es ist das Auftauchen einer eigentlichen Wirklichkeit, durch die dem gemeinhin Bekannten erst der ihm innewohnende Sinn aufgeht.

Mit Endymion, dem Halbgott des Schlafes, erscheint ein solches Sternenzeichen. Der traumhafte Blick sieht jetzt nicht mehr Einzelheiten (wie in den mittleren Strophen), nicht mehr dies oder das, was addiert werden könnte, sondern eine mythische Ganzheit, die das Wesen des eingetretenen Zustandes nicht mehr über die Dinge, sondern umweglos und rein erfassen läßt. Der Untergang der Einzeldinge ist zugleich der Aufgang einer deutenden Zeichenwelt, das Auftauchen Endymions. Im melodisch-weichen Klang dieses Namens, in dem traumhaften Tauchen, in der geheimnisvollen Herkunft *aus dem Dunkel* und durch die Gebärde des Niederbeugens findet das Wesen von Abend und Schlaf gestalthaften Ausdruck.

Der ganzheitliche Charakter dieser traumhaft-mythischen Wesensdeutung spiegelt sich in Syntax und Versgestaltung: zwei leicht sich anschließende Und-Verbindungen erweitern hier die Sätze zu einem Umfang von je zwei Versen und bewirken eine Lockerung der bisherigen Kürze. In dreifacher Hinsicht hat die Schlußstrophe damit den Charakter einer Lösung des Ganzen: das Satzgefüge löst sich zu freierer Entfaltung, das zuvor noch ungesagte Wesen des Abends und Schlafs findet erlösenden Ausdruck in der Gestalt Endymions, und die Dingwelt löst sich im Untergang auf und ermöglicht so den Sternenzeichen das Erscheinen. Von besonderem Zauber ist die gegenläufige Bewegung der traumhaft-leisen Vorgänge in der letzten Strophe: einsinken – sich öffnen; auftauchen – sich niederbeugen.

Die Dimension der reinen Wesensschau innerhalb des Untergangs der Dingwelt läßt den Titel erst seinen vollen Sinn gewinnen: die Muse des Abends geleitet zum Anblick der *fremden Sternenzeichen*. Deren Nahen gefährdet den Menschen: die Stirn verglüht, und die Dinge versinken. Die Gefährdung wird jedoch überstrahlt von dem Gefühl: es ist gut; gut nämlich, daß Ruh und Schweigen den Menschen zu Sternenzeichen führen. Dieses positive Gefühl schiebt Not und Qual nicht beiseite; Schmerz und Trauer (V. 4–V. 16) sind vielmehr eingeschlossen. Der Zwist menschlicher Regungen ist aufgehoben in der Dimension des Untergangs.[9]

---

[9] In unserem Zusammenhang können wir nicht auf die Beziehungen des Gedichts „Abendmuse" zur ersten Strophe von Hölderlins Elegie „Brot und Wein" eingehen. Ein Vergleich käme zu dem Ergebnis, daß Trakl – vielleicht bewußt – einige Motive der Hölderlinschen Strophe übernommen hat, daß das Übernommene aber ganz seinem eigenen Stil einverwandelt ist.

II
Untergang
An Karl Borromäus Heinrich

Über den weißen Weiher
Sind die wilden Vögel fortgezogen.
Am Abend weht von unseren Sternen ein eisiger Wind.

Über unsere Gräber
Beugt sich die zerbrochene Stirne der Nacht. 5
Unter Eichen schaukeln wir auf einem silbernen Kahn.

Immer klingen die weißen Mauern der Stadt.
Unter Dornenbogen
O mein Bruder klimmen wir blinde Zeiger gen Mitternacht.

1

Das Gedicht[10] hat drei reimlose Strophen zu je drei Zeilen. Jede Strophe besteht aus zwei Sätzen. Während in Strophe 1 und 2 der erste Satz jeweils die beiden Anfangsverse einnimmt, füllt er in der dritten nur die erste Zeile. Damit hängt zusammen, daß dort der erste, hier dagegen der zweite Vers am kürzesten ist: für den „Satz-Vers" (V. 7) wird gleichsam die längere Zeile bereitgestellt.

Für eine solche Zusammengehörigkeit der Anfangsstrophen gegenüber der dritten spricht ferner die Analogie von V. 1 und V. 4: *Über den weißen Weiher – Über unsere Gräber* und die von V. 3 und V. 4: *unseren Sternen – unsere Gräber*.

Demgegenüber sind jedoch auch die zweite und dritte Strophe durch gemeinsame Merkmale verbunden. V. 6 und V. 8f. entsprechen einander: *Unter Eichen schaukeln wir – Unter Dornenbogen ... klimmen wir;* und V. 6 und 7 gehören zusammen durch die gemeinsame Qualität der Zuständlichkeit (s. u.).

Endlich besteht auch eine Beziehung zwischen der ersten und dritten Strophe: jeweils in der ersten Zeile erscheint die Farbe weiß. Mit dem verwandten *silbernen* Ton der Mittelstrophe (V. 6) bildet sie die einzige Farbangabe des Gedichts.

So sind die Strophen in jeder nur möglichen Form der Zusammengehörigkeit aufeinander bezogen: 1 und 2, 2 und 3, 1 und 3. Eine unaufdringlich-strenge Gedichtstruktur wird spürbar.

Ursprünglicher noch als solche Entsprechung der Einzelstrophen verwirklicht sich jedoch eine innere Einheit des Gedichts als Ganzen. Es herrscht bezwingende und gewaltlose Einheit der Stimmung. Wir bemerken zunächst nur einige ihrer formalen Anzeigen.

Die Silbenzahl der jeweils ersten, zweiten und dritten Verse ist fast gleich (wobei jene „Vertauschung" der Verslänge in V. 7 und 8 zu berücksichtigen ist):

---

[10] Dichtungen S. 94.

7, 10, 15 – 7, 11, 14 – 11, 6, 15. Alle drei Strophen haben somit die gleiche Silbenanzahl.

Jeder der sechs Sätze beginnt mit einer adverbialen Bestimmung des Ortes oder der Zeit.

Parataktisch sind die Sätze gereiht; Hypotaxe findet sich erst und nur in V. 9. Jede Strophe ist von einer Tageszeit bestimmt: *Abend* (V. 3) – *Nacht* (V. 5) – *Mitternacht* (V. 9). Auch dieses stete und doch fast unmerkliche Fortschreiten innerhalb des Wirkungsfeldes der Zeiten trägt zur Einheit des Ganzen bei.

2

Das Gedicht birgt einen Reichtum von Bewegungszügen und ihren wechselseitigen Beziehungen.

Es setzt ein mit der Aussage einer perfektiven Zuständlichkeit (V. 1f.), die als solche sowohl das geschehene Fortziehen der Vögel als auch die jetzt eingetretene Leere gestaltet. Das Fortfliegen wird nicht als gegenwärtiges Geschehen ausgesagt, sondern geborgen in der Darstellung der jetzigen Verlassenheit.

Dieser indirekten Bewegung weg von ... antwortet (V. 3) das Wehen des Windes *von unseren Sternen*: hier also umgekehrt die Richtung von ... her. Zugleich wird damit – wiederum indirekt – das Wir erstmalig in die Aussage einbezogen.

Die zweite Strophe intensiviert diese indirekte Nennung zu einem Bewegungszug zum Wir hin: die Nacht beugt sich über seine Gräber. Das *Über* in V. 1 hatte den Sinn von über ... hinweg, das jetzige meint über ... her. So ist die äußere Analogie der Stropheneinsätze sinngemäß differenziert.

Die Tendenz der Annäherung an das Wir erfüllt sich in V. 6, wo es zuerst, und zwar als Subjekt, genannt wird. Damit ist gleichsam ein Ruhepunkt erreicht: erneute und erst hier vollkommene Zuständlichkeit stellt sich ein. Die Bewegung des Niederbeugens (V. 4f.) wird aufgefangen und zum Schweben gebracht in der Schwerelosigkeit des zuständlichen Schaukelns.

In der ersten Strophe zeigte sich die Gegenbewegung des Fortzugs und des Heranwehens, in der zweiten – gegenläufig dazu – die des Herabbeugens und des auffangend-schwebenden Schaukelns.

Die dritte Strophe antwortet der Zuständlichkeit des Wir (V. 6) mit einem Zustande der Welt (V. 7). Zwischen Wir und Welt entsteht ein Gleichgewicht auf Grund ihrer jeweiligen Zuständlichkeit. Beide stimmen in den Einklang der abwartend-zuständlichen Schwebelage ein, die das Gedicht in V. 6f. erreicht hat. Aus dem Einklang beider erhebt sich jedoch im Klingen (V. 7) – wie auch schon im Schaukeln (V. 6) – eine leise Bewegtheit und leitet zu V. 8f. über, wo die Zuständlichkeit verlassen wird. Die überleitende Funktion des Klingens wird ebenfalls in der Klangähnlichkeit beider Verben dieser Strophe: *klingen – klimmen* sinnfällig.

In V. 8f. *(klimmen wir ... gen Mitternacht)* erhebt sich das Wir zu einem zögernd-gehemmten, aber stetigen Anstieg. Dieses Hin zur Mitternacht ist die Gegenbewegung zum Herabbeugen der Nacht (V. 4f.), die Antwort des Wir, gleichsam die Frucht des nunmehr erreichten Einklangs von Wir und Welt.

Syntaktische Gestaltung der hier erstmals ausgesagten Aktivität des Wir ist die jetzt auftretende, den Satzablauf stauende Hypotaxe: der Einschub des Anrufs *O mein Bruder* und der Apposition *blinde Zeiger.*

Nach mehrfachen gegenläufigen Bewegungszügen und nach der in V. 6f. erreichten Zuständlichkeit endet das Gedicht, die Ruhe wieder übersteigend, mit dieser antwortenden Aufwärtsbewegung, so daß es offen ausklingt, inständig verweisend auf das, was im Aufwärtsklimmen geschieht.

3

Die erste Strophe könnte fast die Darstellung einer realen Winterlandschaft sein. Der weiße Weiher: ein gefrorener, schneebedeckter Teich unter dem eisigen Wind eines Winterabends. Die Vögel haben das Land beim Einbruch des Winters verlassen.

Wieviel Trakl hier verschweigt, wieviel er verborgen in die einfache Aussage des Fortgezogenseins der Vögel eingehen läßt, ermessen wir, wenn wir uns der Worte erinnern: *Unsäglich ist der Vögel Flug.*[11] Einiges von dem Unsäglichen nennen die reifen Gedichte:

> Am Abend, wenn die Glocken Frieden läuten,
> Folg ich der Vögel wundervollen Flügen,
> Die lang geschart, gleich frommen Pilgerzügen,
> Entschwinden in den herbstlich klaren Weiten.
>
> Hinwandelnd durch den dämmervollen Garten
> Träum ich nach ihren helleren Geschicken.[12]
>
> Ein Heer von wilden Vögeln wandern
> Nach jenen Ländern, schönen, andern.[13]
>
> Des Vogelfluges wirre Zeichen ...[14]
>
> Und plötzlich richten nach Nord sie den Flug
> Und schwinden wie ein Leichenzug.[15]

---

[11] „Afra", V. 13. Dichtungen S. 123.
[12] „Verfall", V. 1–6. Dichtungen S. 13.
[13] „Melancholie des Abends", V. 14f. Dichtungen S. 24.
[14] „Traum des Bösen", V. 12. Dichtungen S. 52.
[15] „Die Raben", V. 10f. Dichtungen S. 37.

> Der Flug der Vögel tönt von alten Sagen[16]
>
> Die Vögel sagen dir ferne Mär.[17]
>
> Voll Harmonien ist der Flug der Vögel[18]

Diesen Bedeutungsreichtum entfaltet unser Gedicht nicht. Ein solcher Verzicht muß geachtet werden; wir dürfen die karge Aussage nicht durch ein scheinbar noch so gerechtfertigtes Heranziehen verwandter Stellen um ihre Kargheit bringen. So viel Trakl auch sonst vom Vogelflug sagen mag: in diesem Gedicht soll nicht mehr über ihn gesagt werden. Hier ist nur die stille, tonlose Aussage des Geschehens am Platze, deren Verhaltenheit auf die Sprachlosigkeit des Untergangs vorbereitet.

Der karge Satz sagt jedoch genug, auch wenn wir ihn lediglich aus sich selbst zu verstehen suchen. Das Wesen seines Gefüges zeigte sich schon als die Aussageeinheit von Erinnerung an den Fortzug und gegenwärtiger Verlassenheit. Die Entfernung der Vögel bedeutet für das zurückbleibende Land einen Verlust an Lebensfülle und das Gefühl unausweichlicher Verlorenheit an sein eigenes Geschick, dem der Ausflug in ein anderes Schicksal versagt bleibt. Das Zurückbleibende wird so auf das ihm und nur ihm Eigene verwiesen. Dieses beginnt wirksam zu werden, indem Sterne sich als die *unseren* zeigen (V. 3). Das dem Flug der Vögel nachhängende Denken an ein Anderes wandelt sich zu dem das Eigene auf sich nehmenden Dasein unter *unseren Sternen*. Es ist durch die Entferntheit des lebendig sich Regenden, durch den weißen Weiher, den eisigen Wind des Abends und durch die Sterne bestimmt. Dem Tode verwandt, ist es zugleich rein und klar (vgl. *weiß, eisig*) und im Einklang mit den Sternen.[19]

Die Bilder der zweiten Strophe haben keine Ähnlichkeit mehr mit der gemeinhin erfahrbaren Realität. *Unsere Gräber, die zerbrochene Stirne der Nacht, silberner Kahn* – das Gedicht tritt mehr und mehr in den Raum einer fremden Wirklichkeit ein, die dem Untergang zugehört. Das jedoch, was fremd erscheint,

---

[16] „Der Herbst des Einsamen", V. 4. Dichtungen S. 121.
[17] „Im Herbst", V. 5. Dichtungen S. 40.
[18] „Gesang des Abgeschiedenen", V. 1. Dichtungen S. 174.
[19] Vgl. Trakl, Gedichte. Ausgewählt und interpretiert von *Albrecht Weber*, München 1957, S. 85: „Die Sterne – der letzte verbliebene Schimmer, das letzte Zeichen einer Gemeinschaft mit einem Element des Kosmos –, sie sind unendlich ferne. Keine Hoffnung geht mehr von ihnen aus. ‚Eisiger Wind' aus dem Weltraum, Bote absoluter Leere, Hauch aus dem Nichts, trifft uns." Von Hoffnungslosigkeit, absoluter Leere und Hauch aus dem Nichts sagt der Text jedoch nicht das mindeste.
Psychologisierende Aspekte wie „hoffnungsvoll – hoffnungslos", „trostreich – trostlos" dürfen an Trakls Werk nicht herangetragen werden. Die Gedichte antworten auf diese Betrachtungsweise nicht. Sie lassen den Bereich, in dem Hoffnung und Trost und ihr Gegenteil wirksam sind, hinter sich. Weder ist der Eintritt in den Untergang trostlos, noch ist der positive Charakter, den dieser Eintritt auch hat, ein Trost. Die Vorgänge in Trakls Gedichten vollziehen sich – obwohl sie in tiefer Erschütterung geschehen (vgl. „Anif") – im Raum eines (wiederum nicht psychologisch zu begründenden) Gleichmuts, der gegenüber dem Streit von Gefühlen indifferent ist.

ist das Eigene. Dieses zeigt sich so als das Dasein im Bereich des Untergangs. Wie weit der Eintritt in diesen Bereich sich schon verwirklicht hat, sagt die Wendung *unsere Gräber*. Das Wir ist verstorben; es trauert nicht dem Fortzug des Lebendigen nach, sondern übernimmt die eigene Zugehörigkeit zum Untergang. Daher kann sich die Nacht als die Zeit des Untergangs *über unsere Gräber* beugen. Das Sichbeugen ist eine Gebärde der Zuneigung, in der die Nacht das, was zu ihr gehört, grüßt. Die Zuneigung ist das Zeichen ihres Einstimmens in das Verstorbensein des Wir.

Die Stirne der Nacht ist zerbrochen. Das Zerbrochensein gehört zum Untergang als dem Verfall in den Bereich des Todes. Zugleich aber öffnet es den Zugang zur Nacht: diese ist kein verschlossen-starres Gegenüber; das Eingehen des Wir in die einstimmend sich zuneigende Nacht wird ermöglicht. Das Zerbrechen ist das Öffnen des Eingangs zum Wesen.

So gestaltet das Gedicht das volle Wesen des Untergangs, nämlich das Hervorgehen von Wesensnähe und Eintracht aus dem Verfall. Die Nacht hat eine ausgezeichnete Beziehung zum Untergang, da sie seine Zeit ist. So ist sie von seinem doppelt-einheitlichen Wesen erfüllt: sie befindet sich im Verfall und zugleich im Aufgang. Verfall ist in sich schon Aufgang. Das Zerbrechen der Form des Einzelwesens leitet dessen Ungeschiedenheit von anderem ein. Beginnt diese Eintracht, so verwirklicht sich das Zueinandergehören der Wesen inniger. Der Aufgang eines solchen Zueinandergehörens ist das positive Wesen des Untergangs. Von hier aus zeigt sich auch die grüßende Zuneigung der Nacht als Wesensfolge der beginnenden Eintracht.

Unter Eichen schaukeln wir auf einem silbernen Kahn. Die Verstorbenen ruhen nicht in leerem Totsein unter der Erde. Ihre *Gräber* sind nicht bloße Monumente des Verfalls des Lebens; sie dürfen nicht als Grabhügel vorgestellt werden. Sie sind der Ort von Verfall und Aufgang. Dieser Ort zeigt sich, sobald wir die Dichtung wörtlich ernst nehmen, als ein silberner Kahn. Die parataktische Reihung der Sätze, die in unmittelbarer Folge Grab und Kahn als die Wohnung des Wir nennen, zeigt die wesenhafte Identität beider an. Der Kahn ist das Gefährt der Überfahrt. Als silberner gehört er – wie auch der weiße Weiher, dem er als Boot und durch die gemeinsame Farbqualität zugeordnet ist – zum Bereich einer kristallen-klaren Reinheit.

Die Verstorbenen schicken sich an, in das Wesen des Untergangs überzusetzen. Wohl weil sie so auf den Weg zu Wesensnähe und Einklang gelangen, kann dieser Vers der bisher lichteste des Gedichts sein. Er ist erfüllt von einer träumerisch-schwebenden, fast heiteren Schwerelosigkeit, der jedoch der dunkeleinsilbige Versschluß *(Kahn)* einen ernsten Ton hinzufügt, so daß ein Verschweben durchaus verhindert wird.

Noch wird der Weg nicht angetreten, noch schaukeln die Verstorbenen *unter Eichen*. Immer erscheinen sie in der Geborgenheit eines sie Umfassenden: die Nacht beugt sich über sie, die Eichen sind über ihnen. Im Geleit dieses Umfassenden haben sie gleichsam die Gewähr, nicht selbstherrlich gesetzte Wege zu beschreiten, sondern im Einklang mit den sprachlos waltenden Mächten der Welt zu sein.

Der zuständlichen Schwerelosigkeit des Schaukelns entspricht der nächste Vers: *Immer klingen die weißen Mauern der Stadt.* Wie die Verstorbenen in leiser, wiegender Bewegung verharren, so beharren die Mauern bei ihrem Klingen. Vielleicht streicht der eisige Wind an ihnen hin. Aber nicht der Wind klingt, sondern die Mauern selbst. Indem sie sich ungewohnt gebärden, öffnen sie sich in Wahrheit und tönen den Verstorbenen, einstimmend in deren Einklang mit den Mächten der Welt, die geheime Melodie ihres Wesens zu. Daß gerade Mauern sich so öffnen, die doch das Verschlossenste sind, erweist die Macht des im Untergang erreichten Einklangs von Wir und Welt.

Der letzte Satz (V. 8f.) ist der rätselvollste dieses stillen Gedichts. Erneut die Geborgenheit der Verstorbenen, jetzt *unter Dornenbogen.* Dornige Zweige wölben sich über dem Kahn. Zugleich aber klingt die Erinnerung an die Dornenkrone auf. Die Dornenbogen werden Anzeichen des namenlosen Schmerzes, mit dem der Eintritt in den Untergang erkauft wird. Der Verlust der lebendigen Dinge, das Grauen vor Verfall und Verwesung und die Gefahr des Wahnsinns müssen ertragen werden, ehe vielleicht die Eintracht aufgeht. Die Anrede *O mein Bruder,* als erstes Durchbrechen der Parataxe besonders wirkungsmächtig, spricht wie aus tiefstem Leiden.

Wer ist angeredet? Karl Borromäus Heinrich, der Freund und Dichter, dem das Gedicht gewidmet ist? Der Name *Bruder* wird zwar durch Heinrich angeregt sein.[20] Aber die Anrede hat die Weite der Namenlosigkeit. Das Hervorbringen dieser Weite ist die entscheidende Leistung, angesichts derer jedes Zurückbiegen der Aussage aufs Biographische unangemessen wird. Als Bruder ist der Gefährte in die Verwandtschaft einbezogen, die das in den Untergang Gehende verbindet, so wie er es im *Wir* auch zuvor schon war.

Die so verbundenen Gefährten schicken sich zum jenseitigsten Beginnen an.

> Unter Dornenbogen
> O mein Bruder klimmen wir blinde Zeiger gen Mitternacht.

Der Vorgang, schon seit geraumem in der *Nacht* (V. 5) beheimatet, nähert sich der innersten Mitte des Untergangs, ohne sie jedoch zu erreichen. Die Verstorbenen schwingen sich jetzt zur Antwort auf die Zuneigung der Nacht auf; sie zeigen sich dem Anspruch dieser Zuneigung gewachsen. Das Klimmen ist die

---

[20] Auch diese naheliegende Annahme ist nicht selbstverständlich. Es gibt ein Zeugnis dafür, daß Trakl ein fertiges Gedicht einer Bekannten nachträglich auf besonderen Wunsch gewidmet hat, so daß hier die Aussage der Dichtung in keiner Weise durch die Betreffende angeregt wurde. („Kaspar Hauser Lied /Für Bessie Loos", Dichtungen S. 113. Vgl. Trakls Briefe an Ludwig von Ficker vom 12. und 17. November 1913, in: Georg Trakl, Nachlaß und Biographie. Hrsg. von *Wolfgang Schneditz,* Salzburg, 1949, S. 47f.). Im vorliegenden Fall ist jedoch durch Heinrichs Brief an Trakl vom 20. Februar 1913 erwiesen, daß Heinrich selbst die Anrede „Bruder" unmittelbar auf sich bezog (vgl. *Wolfgang Schneditz:* Georg Trakl in Zeugnissen der Freunde. Salzburg 1951, S. 59f.).

notvollste Art des Anstiegs. Dazu sind die Brüder *blinde Zeiger*. Blind ist der Mensch des Untergangs, da sich ihm inmitten von Verfall und Verwesung und beginnendem Einklang kaum noch Gesondert-Sichtbares zeigt. Blind sind die Brüder auch, weil sie von der Zuneigung der Nacht in den Untergang gerufen sind; kein eigenmächtiges Sehen verfälscht ihr reines Befolgen des Anspruchs der Nacht. Sie sagen keine subjektiven Visionen.

Dennoch und gerade so sind sie *Zeiger*. Als solche entsprechen sie der Nacht, in deren Mitte sie zeigen.[21] Vermutlich kann jedoch diese Mitte als die Vollendung von Aufgang und Eintracht wohl im Zeigen angekündigt, selbst aber nicht verkündet werden. Im vollendeten Einklang des Untergangs herrscht wohl Sprachlosigkeit. Die verhaltene Stille des Gedichts schafft ihr Raum.

III
Anif

Erinnerung: Möven, gleitend über den dunklen Himmel
Männlicher Schwermut.
Stille wohnst du im Schatten der herbstlichen Esche,
Versunken in des Hügels gerechtes Maß;

Immer gehst du den grünen Fluß hinab,   5
Wenn es Abend geworden,
Tönende Liebe; friedlich begegnet das dunkle Wild,

Ein rosiger Mensch. Trunken von bläulicher Witterung
Rührt die Stirne das sterbende Laub
Und denkt das ernste Antlitz der Mutter;   10
O, wie alles ins Dunkel hinsinkt;

Die gestrengen Zimmer und das alte Gerät
Der Väter.
Dieses erschüttert die Brust des Fremdlings.
O, ihr Zeichen und Sterne.   15

Groß ist die Schuld des Geborenen. Weh, ihr goldenen Schauer
Des Todes,
Da die Seele kühlere Blüten träumt.

---

[21] *Alfred Focke* (Georg Trakl, Liebe und Tod. Wien-München 1955, S. 148) deutet die Schlußstrophe folgendermaßen: „Nach außen hin war der Einsame schon abgestorben, nun stirbt er auch noch nach innen; seine Persönlichkeit wird fast ausgelöscht, er erlebt sie nur mehr noch als blinden, gen Mitternacht klimmenden Zeiger." Die Erhaltung der klassischen Persönlichkeit ist jedoch bei Trakl keineswegs Gewähr für den gemäßen menschlichen Zustand. Daher steht ihr Schwinden, das hier zweifellos vorliegt, auch nicht unter negativen Vorzeichen. Das Wir ist jetzt nicht „nur mehr noch" Zeiger; Zeiger zu sein ist vielmehr die Berufung des Traklschen Menschen.

> Immer schreit im kahlen Gezweig der nächtliche Vogel
> Über des Mondenen Schritt,   20
> Tönt ein eisiger Wind an den Mauern des Dorfs.

Anif ist ein Dorf bei Salzburg.[22] Da es dem Gedicht[23] den Namen gibt, wird dort auch die einleitende *Erinnerung* beheimatet sein:

> ... Möven, gleitend über den dunklen Himmel
> Männlicher Schwermut.

Diese Erinnerung ist nicht zufällig. Keimhaft enthält sie Stimmung und Wesen des ganzen Gedichts.

Das Gleiten der Möven fährt sanft ausholend über den Himmel und macht traumhaft seine Weite und Einheit spürbar. Ebenso begünstigt das Dunkel des Himmels, das die gleitenden Vögel leicht und zugleich mit eigener Schwere umfängt, das Sichverlieren des Einzelnen im Einheitlich-Ununterscheidbaren. Die eigentümliche Schwerkraft, die die Dinge ins Dunkel zieht, ist die *Schwermut* des Himmels. Als männliche bewirkt sie nicht weiche Haltlosigkeit, sondern das Vollziehen der schicksalhaften Zugehörigkeit zum Dunkel.

So ist die Natur von sich her – nicht als Ausdruck einer Stimmung – schwermütig.

Dennoch entspricht sie einer gleichgestimmten menschlichen Schwermut, der des Du (V. 3, 5), so daß der Genitiv des zweiten Verses sowohl auf die Schwermut der Natur zurück- als auch auf die des Du vorausweist.

> Stille wohnst du im Schatten der herbstlichen Esche,
> Versunken in des Hügels gerechtes Maß;

Der Blick gleitet vom Himmel zum Du. Dessen Wohnen unter der Esche ist ebenso unscheinbar wie ungewöhnlich und ausdrucksstark. Der Mensch hat dort den ihm gemäßen Aufenthalt; er gehört unter die einfachen Wesen der Natur. Das Dunkel des Baumschattens entspricht dem Dunkel des Himmels und damit – ebenso wie das Herbstliche – einer Nähe zum Untergang.

Stille ist der Mensch gesammelt und erfährt *versunken ... des Hügels gerechtes Maß*. Die Männlichkeit seiner Schwermut, seiner Bereitschaft zum Eintritt ins Dunkel, wird spürbar: er läßt sich nicht haltlos zu subjektiver Melancholie verführen; er horcht vielmehr, von sich selbst ganz absehend, auf das den Wesen innewohnende Maß. Nur dem in Schwermut Versunkenen erschließen sich die Dinge; er sieht das Maß des Wesens, das jedem gerecht zugemessen ist.

Im Hügel hebt sich die Erde dem Himmel entgegen. Hier ist der Mensch daher dem Dunkel am nächsten, das sich vom Himmel herabsenkt. So ist der

---

[22] Vgl. *Eduard Lachmann*, Kreuz und Abend. Eine Interpretation Georg Trakls. Salzburg 1954. (Trakl-Studien Bd. 1), S. 63.
[23] Dichtungen S. 132.

Hügel der Ort des Endens und Versinkens.[24] Seine Erhebung antwortet dem verhangenen Himmel.

> Immer gehst du den grünen Fluß hinab,
> Wenn es Abend geworden,
> Tönende Liebe;

Wiederum eröffnet eine adverbiale Bestimmung die weitere Charakteristik des Du: *Stille ... Versunken ... Immer gehst du*. So zeigt es sich von Inständigkeit und Beharren bei seinem Auftrag beseelt. Diese Wesenszüge finden ihren zusammenfassenden Namen in der *tönenden Liebe*: sie gibt dem Menschen den Sinn für das, bei dem er *wohnt*: Himmel und Hügel, Baum und Fluß, Wild und Mensch (V. 7f). In der Liebe des Versunkenen versammelt sich das Ganze der Welt. Geht er *den grünen Fluß hinab*, so erfährt er ihn, auf sein Maß horchend, und erinnert sein Wesen.

Die Liebe ist so die eigentliche Erinnerung (V. 1); diese, die anfangs nur das Denken an Vergangenes zu sein schien, bleibt weiterhin wirksam und erreicht unvermerkt eine tiefere Dimension ihres Wesens, in der freilich auch das Erinnern des Vergangenen bewahrt wird. Erinnerung versammelt die Dinge und Wesen und einigt sie damit. Sie holt sie ein – erinnert sie – in den Raum der Versammlung.

Als *tönende Liebe* verschweigt sie ihr Erinnern nicht. Sie nennt es und gestaltet so die Zusammenkunft der Wesen. Das Gedicht, in dem diese Einigung zu Wort kommt, ist selbst das Tönen der Liebe.

Weil Erinnerung versammelt, gehört zu ihr im besonderen das Begegnen:

> friedlich begegnet das dunkle Wild,
> Ein rosiger Mensch.

Einander vertrauend, finden sich Mensch und Wild in der Gemeinsamkeit mit den Wesen der Natur.[25] Überschattet in einem positiven Sinn ist die Begegnung jedoch, weil sie nur als Beginn des Untergangs möglich ist:

---

[24] Vgl. „Am Hügel endet leise der Abendwind",
 („Geistliche Dämmerung", V. 3. Dichtungen S. 135)
 „... ein blutendes Wild,
 Das langsam hinsinkt am Hügel."
 („Siebengesang des Todes", V. 4f. Dichtungen S. 138)
 „Und die Sonne versinkt am Hügel";
 („Sommersneige", V. 7. Dichtungen S. 167)
 „Vom Hügel, wo sterbend die Sonne rollt,
 Stürzt das lachende Blut –"
 („Die Schwermut", V. 13f. Dichtungen S. 181).

[25] Die asyndetische Nebenordnung von Wild und Mensch könnte auch die Identität beider andeuten. Das scheint mir zwar infolge der allzu gegensätzlichen Attribute – dunkel und rosig – ausgeschlossen zu sein; daß die Frage sich aber überhaupt stellt, erweist, wie sehr der allmähliche Eintritt in den Untergang die Konturen der Einzelwesen – bis in die Stilfigur hinein – auflöst.

> Trunken von bläulicher Witterung
> Rührt die Stirne das sterbende Laub
> Und denkt das ernste Antlitz der Mutter;

Das erinnernde Du erscheint nie unter einem Namen, der die Ganzheit des Individuums aussagen würde, sondern als *tönende Liebe* und als *die Stirne*. Es wird also mit seiner innigsten Wesenskraft und mit dem Teil seines Hauptes genannt, der den Untergang vorzüglich erfährt. Der Mensch ist nicht in sich geschlossenes Individuum, sondern der *Zeiger*[26] in den Untergang.

Das Wesen der herbstlichen Esche (V. 3) hat sich mittlerweile als das sterbende Laub (V. 9) herausgestellt, womit ein weiterer Schritt zum Untergang getan ist. Ebenso läßt sich das Du, wenn es *trunken von bläulicher Witterung* ist, tiefer ins Untergehen ein als in der Versunkenheit des stillen Wohnens. Die seiner Schwermut innewohnende, sinken lassende Schwerkraft geleitet es dabei. Stirne und Laub berühren sich; das Verwandte neigt sich vertraut einander zu, begünstigt von der jetzt, am Beginn der Nacht (vgl. V. 1, V. 6) herrschenden bläulichen Witterung, die aus der Bläue der Nacht kommt und den Eintritt der Wesen in die einigende Versammlung ermöglicht. Immer ist die Erinnerung am Werk: das *Antlitz der Mutter* wird gegenwärtig, ebenso

> Die gestrengen Zimmer und das alte Gerät
> Der Väter.

Zu dem in der Liebe schon Erinnerten tritt die Herkunft und der Bereich der vom Menschen geschaffenen Dinge. Zimmer und Gerät sind unmittelbar die Dinge der Kindheit; ebensosehr aber bezeichnen sie das Geordnet-Gefügte (vgl. *gestreng*), dessen Kontur sich im Untergang auflösen wird:

> O, wie alles ins Dunkel hinsinkt;

Hier, in der Mitte des Gedichts (V. 11), wird *alles*, das Ganze der Welt, in seiner inneren Tendenz zum Untergang ausgesprochen, die sich zuvor schon immer unverhüllter andeutete.

Bis zu V. 13 besteht das Gedicht in dem von Liebe beseelten, erinnernden und zugleich erschütterten Begegnenlassen der Vielfalt der Welt. Diese Vielfalt bedingt das Wandern des Blickes: vom Himmel zum Du, vom Hügel zum Fluß, zum Wild, zum Menschen, zur Erinnerung an die Herkunft und zum Erinnern der Dinge. Sie weckt auch die Erschütterung (vgl. V. 14): alles Begegnende sinkt hin ins Dunkel.[27]

---

[26] Vgl. „Untergang", V. 9.
[27] Die nur scheinbar unvermittelt nebeneinanderstehenden Gedichtvorgänge sind also in Wahrheit Teile eines einheitlichen Geschehnisses. Kaum je steht eine Traklsche Aussage „selbstgenügsam und vereinzelt" da (*H. W. Nieschmidt*, Georg Trakl, Wesenszüge seiner Lyrik. In: Wirkendes Wort, 4. Jg. 1953/54, Heft 2, S. 83–91. Zitat S. 89). Trakls Verse bilden keine „Visionenkette" (a.a.O., S. 86, 89), sie hängen nicht aneinander wie ein Kettenglied am andern, sondern wachsen hervor aus einer jeweils gleichursprünglichen Beziehung zur Welt.

Mit V. 14 erreicht das Gedicht eine wiederum vertiefte Dimension der Versunkenheit, die durch V. 11 vorbereitet wurde:

> Dieses erschüttert die Brust des Fremdlings.
> O, ihr Zeichen und Sterne.
>
> Groß ist die Schuld des Geborenen. Weh, ihr goldenen Schauer
> Des Todes,
> Da die Seele kühlere Blüten träumt.

Jetzt begegnet nicht mehr die in sich gesonderte Vielfalt der Wesen der Welt; die erinnerte Ganzheit als solche spricht sich aus, indem sich ihre Erinnerung vollendet. Der Versunkene ist trunken der Ganzheit der Welt inne geworden, und gerade zu diesem Zeitpunkt entsinken unmerklich die Dinge. Der Untergang zeigt sich als Aufgang. Die Ganzheit der Welt erscheint, und ihre Boten sind die *Zeichen und Sterne*. Dem Schwinden der Dinge entsprechend, ist der Versunkene jetzt der Fremdling. Er kann nicht mehr mit dem vertrauten Du angesprochen werden; er entfremdet sich dem gewohnten Lebensraum. Die unsägliche Erschütterung, die dieser Wandel bedeutet, wird ausdrücklich genannt (V. 14) und erscheint gestalthaft in den drei Ausrufen (V. 11, 15, 16).

> Groß ist die Schuld des Geborenen.

Alles, was gestalthaft in die Erscheinung tritt, entzieht sich dem *Dunkel* (V. 11) und dessen einheitgebender Gestaltlosigkeit. Da das Dunkel sich jetzt daran macht, den ihm gehörenden Raum einzunehmen, muß in diesem Augenblick das bloße Dasein jedes *Geborenen* als *Schuld* offenbar werden: es schuldet dem Dunkel die Rückkehr, das Hinsinken. Inzwischen schickt es sich schon an, die Schuld abzutragen (V. 11), und so erscheint jetzt der Tod:

> Weh, ihr goldenen Schauer
> Des Todes,
> Da die Seele kühlere Blüten träumt.

Jede Gestalt erleidet beim Hinsinken Erschütterungen, die freilich als goldene sowohl zur flammend-übermächtigen Qual des Todes als auch zum positiven Wesen des Untergangs gehören: *die Seele* erfährt diesen als Aufgang der *Zeichen und Sterne* und ihres eisigen Windes (V. 21).

Mit diesen Versen, die die Erinnerung der Vielfalt der Welt vollenden, scheint die Zone der Erschütterung, der goldenen Schauer, durchschritten zu sein. Eine eigene Stille tritt ein:

> Immer schreit im kahlen Gezweig der nächtliche Vogel
> Über des Mondenen Schritt,
> Tönt ein eisiger Wind an den Mauern des Dorfs.

Die Vollendung der Erinnerung (V. 14–18) hat den Eintritt des Untergangs und damit den Aufgang einer wesentlichen ‚Zeichen'welt bewirkt. Der Fremdling ist der Mondene geworden. Anfangs erschien das Du als der Wohnende: der

Mensch war, wenn auch im Zustande der Versunkenheit, auf der Erde heimisch. Als Fremdling zeigte er sich dann dem Gewohnten entrückt; das Wesen seiner Fremdheit wurde jedoch noch nicht genannt. Jetzt, am Ausklang des Gedichts, wird statt des verschweigenden Namens *Fremdling* ein positiv nennender möglich, in dessen Ungewohntheit die Fremde nunmehr als ‚Aufgang' erscheint. Der Mondene ist nicht mehr auf der Erde heimisch; *kühlere Blüten, Zeichen und Sterne,* ein jenseitiges Wesensgesetz sind an die Stelle des irdischen Wohnens getreten. Diese ‚Entwicklung' vollzieht sich fast unmerklich. Nie wird sie Gegenstand der Aussage. Das einfache Fortschreiten des Gedichts, sein Sicheinlassen auf das Versinken, wandelt das Wesen des Versunkenen. Er erscheint jeweils als Gewandelter; der Vorgang der Wandlung bleibt im Gang der Verse verborgen.

Der Mondene ist der in das Gesetz des Aufgangs eingekehrte Fremdling; ihm ist das Fremdsein auf der Erde zum Element seines Wesens geworden. Der nunmehr Vollendete schreitet in nachtwandlerischer Unangefochtenheit durch die Fremde im Untergang. Er hat jedoch diese Fremde als Ganzes erinnert und verwahrt sie in sich. Auch die Behutsamkeit des Bewahrens liegt daher in seinem Schreiten. Das Irdische ist magisch in den Aufgang von *Zeichen und Sternen* hinübergerettet.

Der Vogel schreit, und Wind tönt, und doch liegt hallende Stille über der Erde. Denn Schrei und Ton hallen *immer,* und in dieser abgründig-stetigen Eintönigkeit kündet sich die befremdende Gewalt des Lautlosen an, das im Untergang über die Dinge hinzieht. Schrei und Ton durchfahren das Ganze des Erdraums, sie versammeln das Einzelne ins Eintönig-Lautlose und geben ihm Einheit. Sie treffen sich so mit dem Gleiten der Möwen (V. 1).

Die Dinge der Erde befinden sich, gegenüber der anfänglichen Phase des Erinnerns, im radikalen Stadium des Untergangs: das Gezweig ist kahl, nicht mehr nur herbstlich (V. 3); es ist Nacht, nicht mehr Abend (V. 6); nicht mehr die erinnernde Liebe tönt (V. 7) – die Erinnerung ist ja vollendet und wird bewahrt in der Behutsamkeit des Mondenen –, sondern *ein eisiger Wind.* Das ist das Wehen der gleichsam heiligen Zeit des Untergangs und als solches *Gottes einsamer Wind.*[28] Die Kühle der Sterne weht in ihm und haucht allem den Geist des Aufgangs jener ‚zeichen'haften Wirklichkeit zu.[29]

Im Bereich des schlechthin gültigen Immer waltet nun stehende Ewigkeit, durch die einzig der Mondene wandelt, da er außerhalb des irdischen Gesetzes steht. Er bewahrt im Untergang der Dinge die von der Erinnerung versammelte Vielfalt der Welt und ist zugleich absolut jenseits von ihr. So ist sie in ihm ‚aufgehoben', nämlich verwahrt und überwunden; und es ereignet sich der Aufgang der Dinge in das Zusammengehören ihres Wesens: Das Erscheinen der Ganzheit der Welt.

---

[28] „Elis", V. 30. Dichtungen S. 97.
[29] Woher nimmt Eduard Lachmann die Berechtigung, den eisigen Wind als „jede Hoffnung verneinend" zu deuten (Kreuz und Abend, S. 64)? Wo „heißt es", daß die Welt der Schlußstrophe „jedes Trostes bar" ist (a.a.O.)? Vgl. Anm. 19.

Die zu Beginn des Gedichts genannte „Erinnerung" bleibt durchgehend wirksam. Die Vielfalt sammelnd, geleitet sie den Versunkenen in die mondene Phase. Wo Erinnerung als umfassend versammelndes Begegnenlassen am Werk ist, sind der Untergang der Dinge und der Aufgang der *Zeichen und Sterne* nah. Das Gedicht zeigt sich als die Entfaltung eines einheitlichen Vorgangs.

DIE „ORDNUNG DER DINGE"

Zu Hugo von Hofmannsthals 100. Geburtstag

„Die einzige Gleichheit, die vor dem tiefer eindringenden Blick besteht, ist die Gleichheit des Gegensätzlichen."

Diese Maxime Hofmannsthals aus dem ‚Buch der Freunde' benennt ein Zentrum seiner Einsicht in das Wesen der Welt und einen Grundzug seines Werkes. Hier wird in unserem Jahrhundert neu bezeugt, was Hölderlins Hyperion erfuhr: „Ihr Quellen der Erd'! ihr Blumen! und ihr Wälder und ihr Adler und du brüderliches Licht! wie alt und neu ist unsere Liebe! – Frei sind wir, gleichen uns nicht ängstig von außen; wie sollte nicht wechseln die Weise des Lebens? wir lieben den Aether doch all' und innigst im Innersten gleichen wir uns."

„Die Gleichheit des Gegensätzlichen": die Wahrheit dieser Maxime, die auf eine ganz bestimmte Einheit der Welt inmitten aller Konflikte dringt, liegt für den Blick, der heute die offenkundigen Gegensätze des Daseins, Haß, Krieg, Grauen und Chaos wahrzunehmen gezwungen ist, nicht auf der Hand. Die Maxime selbst ist unseren Tagen fremd. Allenthalben aufbrechende Fronten, Parteiungen und Ungereimtheiten schwellen fast auf zum einzigen Grundzug der Wirklichkeit. Der Bereich ihrer „Gleichheit", die Einheit also des Weltganzen, bleibt verschlossen. Dringt ein Abglanz von ihm zu uns, so erscheint er kaum anders als das Ergebnis eines unwahren Harmonisierens von Unvereinbarem.

Um so nötiger ist es heute und in Zukunft, soll uns die Wirklichkeit nicht endgültig entgleiten, den Sinn für die gemeinte Gleichheit zu schärfen und sie überhaupt erst wahrzunehmen. Hofmannsthal hat sie in aller Beirrung, die auch seine Zeit und seine eigenen Verdüsterungen in reichem Maße bereithielten, nicht aus den Augen verloren.

Der Dichter ist es, der die verborgene Gleichheit ans Licht bringt. Hofmannsthal nennt ihn (in dem Vortrag „Der Dichter und diese Zeit" aus dem Jahre 1906) den „lautlosen Bruder aller Dinge":

„Er kann nichts auslassen. Keinem Wesen, keinem Ding, keinem Phantom, keiner Spukgeburt eines menschlichen Hirns darf er seine Augen verschließen. Es ist als hätten seine Augen keine Lider. Keinen Gedanken, der sich an ihn drängt, darf er von sich scheuchen, als sei er aus einer anderen Ordnung der Dinge. Denn in seine Ordnung der Dinge muß jedes Ding hineinpassen. In ihm muß und will alles zusammenkommen. Er ist es, der in sich die Elemente der Zeit verknüpft. In ihm oder nirgends ist Gegenwart."

Die „Ordnung der Dinge" ist hier der Name für jene „Gleichheit des Gegensätzlichen". Diese Gleichheit, die Verwandtschaft von allem mit allem, ist der innere Grund dafür, daß der Dichter der „Bruder aller Dinge" sein und so die den Dingen eigene Ordnung, ihr „Zusammenkommen" entdecken kann. Diese

Ordnung ist zugleich „das ewige Geheimnis der Verkettung alles Irdischen", das am Schluß der Erzählung ‚Die Frau ohne Schatten' genannt wird, und sie ist auch die „die ganze Welt durchwebende Harmonie", die selbst dem an der Sprache zweifelnden Lord Chandos, der das Dichten aufgegeben hat, zu Zeiten noch als unabweisbare „Offenbarung" aufgeht.

Was von der Ordnung der *Dinge* gilt, gilt auch von der Ordnung der *Zeit*. Wandlung und Wechsel – das „Gegensätzliche" also – ist nicht der einzige Aspekt des Zeitablaufs. Dieser verbirgt vielmehr, inmitten der Hektik seines Fließens, einen Bereich des Bleibenden. Gerade Hofmannsthal, der der Geschichte so stark verpflichtet war, hat über dem Wechsel – der sich zunächst als der Hauptaspekt des Zeitablaufs vordrängt – das Bleiben nie verkannt. Aus beidem zusammen erst bildet sich das eigentliche Geheimnis der Zeit. Im Ariadne-Brief (1912) heißt es:

„Verwandlung ist Leben des Lebens, ist das eigentliche Mysterium der schöpfenden Natur; Beharren ist Erstarren und Tod. Wer leben will, der muß über sich selber hinwegkommen, muß sich verwandeln: er muß vergessen. Und dennoch ist ans Beharren, ans Nichtvergessen, an die Treue alle menschliche Würde geknüpft. Dies ist einer von den abgrundtiefen Widersprüchen, über denen das Dasein aufgebaut ist, wie der delphische Tempel über seinem bodenlosen Erdspalt."

„Gegensätze" und „Widersprüche" erfahren, sie fast bis zur Verzweiflung erfahren, ihnen aber dennoch, um der Wahrheit willen, den Einzigkeitsanspruch verwehren und sie übersteigen, sie einfügen in den umgreifenden, ‚brüderlichen' Zusammenhang des Weltganzen, in dem allein sie sind, was sie sind: dieses Erfahren und Verfahren Hofmannsthals entspricht dem Bau der Welt selbst und schöpft aus ihm seine Wahrheit. Es gibt dem „Dasein" des Menschen seinen Ort „über" den Widersprüchen. Erst hier kann der Mensch, wie jener Tempel, dem Andenken an das ‚Ganze' auf seine Weise dienen.

VINCENT VAN GOGH: „OLIVENHAIN"

Zur Frage nach dem Wesen des Stils

Die folgenden Überlegungen beschweren den Umgang mit einem Kunstwerk vielleicht zu sehr. Allerdings verfehlen wir große Kunst eher durch geringe als durch erhöhte Aufmerksamkeit.

Das Gemälde „Olivenhain"[1], das van Gogh im September/Oktober 1889 malte, wird von Meyer Schapiro mit einem einfühlsamen Satz beschrieben, der für das allgemeine Verständnis der Kunst van Goghs ebenso wie für die Grundhaltung des größten Teils der kunstgeschichtlichen Forschung kennzeichnend ist: „Das Bild des Olivenhains wird von einer einzigen, glühenden Gefühlswoge getragen,

---

[1] Abb.: Vincent van Gogh (1853–1890): „Olivenhain". Saint-Rémy, September/Oktober 1889. 71/90 cm. Kröller-Müller State Museum, Otterlo

die die ganze Fläche der Leinwand durchwaltet und den Bäumen und dem Himmel dieselbe wellenförmige Bewegtheit verleiht wie der Erde."[2]

„Wellenförmige Bewegtheit" ist in der Tat ein beherrschendes Merkmal des Bildes. Sie ist als eine wesentliche Eigenschaft der van Goghschen Bildwelt oft beschrieben worden. Freilich ist diese noch reicher. Die Stämme und Äste, auch das Laub der Bäume des Olivenhains gehen nicht völlig in jener Bewegtheit auf. Zugleich behaupten sie sich – allein durch ihre starken Konturen – als etwas Gesondertes, Unterschiedenes, kraftvoll in sich Stehendes, obwohl sie sich dem allgemeinen Bewegungszug nicht versagen.[3] Auf diese Beobachtung werden wir zurückkommen.

Den Grund für jene fundamentale Bewegtheit des Bildes findet der Interpret in „einer einzigen, glühenden Gefühlswoge" – in der Psyche des Malers also, die ein großes Gefühl hervorbringt, es auf die Dinge überträgt und ihnen somit Bewegtheit „verleiht".[4]

Das ist eine gängige und geläufige Vorstellung. Sie stimmt mit der allgemeinen, seit langem herrschenden Meinung überein. Und es bleibt natürlich richtig: Ohne ein Gefühl in der Seele des Künstlers würde gar keine große künstlerische Äußerung zustandekommen.

Dennoch drängen sich einige Fragen auf. Ist es richtig und sachlich haltbar, den Grund der Bewegtheit des Bildes in dieser Weise ausschließlich in einem traditionell verstandenen, also subjektiven Gefühl des Künstlers zu sehen? Stimmt es, daß dieses Gefühl den Dingen eine Bewegtheit lediglich „verleiht" – eine Bewegtheit also, die die Dinge ‚von sich aus' und ‚an sich' nicht besitzen? Handelt es sich nur um eine „Gefühls"woge, oder auch um eine „Bewegtheit" anderer Art und Herkunft? Was ist überhaupt ein Gefühl? Was ist die Psyche des Menschen und was leistet sie? – Solange wir solche Fragen nicht wenigstens stellen, bleiben weitere Überlegungen grund- und wesenlos.

*

Ein seltsamer Umstand deutet sich schon bald an, wenn auch zunächst noch in unklaren Umrissen: Das Gefühl des Künstlers, das sich auf seinen ‚Gegenstand' richtet, ist nicht freischwebend oder isoliert am Werk; ihm ‚entsprechen' und ‚antworten' vielmehr bestimmte Wesenszüge dieses Gegenstands. Die charakteristischen Formen der Olivenbäume, die Windungen ihrer Stämme und Äste, die van Gogh vor Augen standen, kamen seinem Blick entgegen. Sie waren in einer

---

[2] „Van Gogh". Text von Meyer Schapiro, Köln (Verlag M. DuMont Schauberg), 7/1961, S. 104.
[3] Vgl. eine ähnliche Beobachtung in Meyer Schapiros Erläuterung zu van Goghs „Landschaft mit Olivenbäumen" (Oktober 1889): „... in der allgemeinen Bewegung ... bewahren die einzelnen Objekte ihre Individualität ..." (a.a.O., S. 106).
[4] Vgl. Meyer Schapiros Formulierung, bei van Gogh sei eine „gefühlsbeladene Auffassung der Natur" am Werk (a.a.O., S. 106).

bestimmten, noch unentfalteten Hinsicht ‚gleichgestimmt', sie leiteten und vertieften die Intensität seines Sehens. Die elementare Wuchskraft der Natur erschloß sich dem Maler. – Die Psyche arbeitet bei der Bildentstehung mit der ‚Wirklichkeit', mit der ‚Welt' zusammen – nicht nur, indem sie ihr dieses oder jenes ‚Motiv' entnimmt.

Alles kommt darauf an, wie das Wesen dieses Zusammenwirkens von Welt und Psyche bestimmt wird.

*

Zur Erläuterung dieses Zusammenwirkens, das die Entstehung des Kunstwerks wie auch das menschliche Dasein überhaupt grundlegend bestimmt, sagt man seit langem: Psyche und Welt stehen sich als Subjekt und Objekt gegenüber. Beide sind voneinander getrennt. Sie sind unterschiedlichen Wesens und einander ‚von Haus aus' fremd. Zwischen ihnen liegt so etwas wie eine Kluft. Diese kann nur überbrückt werden, indem das Subjekt sich der Objekte auf seine Weise bemächtigt. Die Psyche greift aus ihrem subjektiven Raum her zu den Dingen hinüber und fügt ihnen damit etwas Fremdes hinzu. Eine „Gefühlswoge" z.B. erfaßt die fremden Dinge und überträgt das Gefühlswogen auf sie. So scheint die Psyche am Ende den Dingen ihr Wesen zu „verleihen".

Aber jenes ‚Zusammenwirken' von Welt und Psyche, das wir bei den Entstehungsbedingungen des „Olivenhains" antrafen, spricht eine andere Sprache. Wir fanden eine – in ihrem Wesen noch ungeklärte – ‚Gleichgestimmtheit' von Welt und Psyche, ein ‚Antworten' der Olivenbäume auf das ihnen zuglühende Gefühl. Nichts deutete auf eine Fremdheit zwischen einem ‚Objekt' und einem ‚Subjekt' hin.

In der Tat ist der Antagonismus von Subjekt und Objekt, eine lange Gewohnheit des Denkens, seit geraumer Zeit fragwürdig geworden. Schon Hölderlin, der ‚unüberholbare' „Vor-gänger"[5], hat ihn vor zweihundert Jahren überwunden. Denn in seiner Dichtung erschien, lange unbemerkt, der allen Dingen „gemeinsame Geist", der das aus Himmel und Erde, Himmlischen und Sterblichen gefügte ‚immergekettete Ganzsein' der „Welt" bewirkt und verfügt.[6] Sobald dieser „Geist" erkannt wird, der alles Seiende in einer bestimmten, fundamentalen Hinsicht zusammengehören läßt, erweist sich die angebliche Kluft zwischen Subjekt und Objekt, die ein solches Zusammengehören nicht kennt, als nichtig. – Und seit mehr als sieben Jahrzehnten hat Martin Heideggers Denken des „Seins" und der „Welt", in beständigem „Gespräch" mit Hölderlins Dichtung, den Widerstreit von Subjekt und Objekt aus dem menschlichen Wesen her als

---

[5] Martin Heidegger: „Wozu Dichter?" In: Ders.: Holzwege. Frankfurt a.M. 3/1957, S. 248–295. Zitat S. 295.
[6] Vgl. oben S. 100, 139 u.ö. – „gemeinsamer Geist": Friedrich Hölderlin: „Wie wenn am Feiertage ...", V. 43.

hinfällig gezeigt und anstelle des Subjektseins eine ‚ursprünglichere' Wesensverfassung des Menschen gefunden.[7]

Um die epochale Tragweite dieser Erkenntnis und ihre Auswirkung auf die Bestimmung des Wesens der Kunst in Umrissen zu ermessen, müssen wir einige ihrer Hauptzüge deutlicher ins Auge fassen. Wir dürfen eine der wesentlichsten Einsichten in das menschliche Wesen und seine „Welt" nicht außer acht lassen, zumal sie geeignet ist, die Grundlagen unseres traditionellen Meinens zu erschüttern.

*

Nicht das Subjektsein ist das Wesen des Menschen, sondern das „In-der-Welt-Sein".[8] Das bedeutet nicht, der Mensch sei lediglich ‚in der Welt vorhanden' (was auch von dem als Subjekt begriffenen Menschen und von allem anderen Seienden gelten würde). Das „In-der-Welt-Sein" bringt vielmehr die besondere Seinsweise des Menschen zu Wort, die er mit keinem anderen Wesen teilt.

Der Wesensraum des Menschen ist nicht ein fiktives, in sich abgekapseltes Subjekt, dem die Weltdinge objekthaft und wesensfremd gegenüberstünden. Der menschliche Wesensraum ist vielmehr von vornherein die „Welt" mit ihren Dingen. „Welt" gehört ursprünglich schon zum Wesen des Menschen; sie kommt nicht, als etwas wesenhaft Getrenntes, zu ihm erst hinzu.

Dabei bedeutet „Welt" Anderes als im täglichen Sprachgebrauch; oder richtiger: Die Wesensfülle der Welt, die im Alltag ein verborgenes Dasein führt, ist hier zu ihrer eigentlichen Größe befreit.

„Welt" ist immer als der äußerste, vom „gemeinsamen Geist" bestimmte, unerschöpflich reiche Erfahrungsraum des Menschen zu denken. Hölderlin nennt diese „Welt" „alltag ganz" und „immergekettet", denn sie ist unauflöslich gefügt aus den großen Weltreichen Himmel und Erde, Himmlische und Sterbliche. Dasselbe Weltgefüge erscheint bei Heidegger als das „Geviert", in dem die „vier Weltgegenden" ursprünglich zusammengehören.[9] Das Wesen des Menschen besteht darin, daß er in diesem Erfahrungsraum immer schon zuhause ist.

Die menschliche „Welt" ist „unendlicher Deutung voll"[10], denn das Zusammengehören der vier Weltreiche ereignet sich in unendlich wechselnden Konstellationen – so wirken etwa unendlich wechselnde menschliche Individuen

---

[7] Vgl. Martin Heidegger, passim; ferner Friedrich-Wilhelm von Herrmann: „Der Humanismus und die Frage nach dem Wesen des Menschen". In: Daseinsanalyse. Basel 1988, S. 259–281.

[8] Vgl. Martin Heidegger: „Sein und Zeit". Tübingen 8/1957, bes. S. 50ff. – Ders.: „Bauen Wohnen Denken". In: Ders.: Vorträge und Aufsätze. Pfullingen 2/1959, S. 145–162. – Ders.: „Das Ding". Ebd., S. 163–181.

[9] Vgl. Martin Heidegger: „Bauen Wohnen Denken". A.a.O. (s. Anm. 8).

[10] Friedrich Hölderlin: „Sonst nämlich, Vater Zeus ...", V. 8.

an ihm mit. Das unerschöpflich reiche Wesen dieser „Welt" darf im Folgenden nicht zu tradierten Begriffsinhalten verblassen.

Da die so beschaffene „Welt" ursprünglich schon zum Wesen des Menschen gehört, ist der Mensch immer auch schon ursprünglich ‚bei den Dingen'. Auch die Dinge zeugen, als Dinge der „Welt", nach ihrer Art vom „gemeinsamen Geist" und vom Zusammengehören alles Seienden.[11] Auch das Wesen des Dinges – in unserem Fall: der Olivenbäume, des Erdbodens, des Himmels – darf daher nicht zu überlieferten, dürftigen Formeln (wie: ausgedehntes Etwas, Träger von Eigenschaften, Gegenstand) verflachen. Im Wesen des Dinges ruht vielmehr ein unausschöpfbarer Reichtum, der dem Reichtum seines Herkunftsraumes, der „Welt", entstammt und entspricht.

Sowohl der Mensch als auch die Dinge sind – auf ihre jeweilige, unterschiedliche Art und Weise – „in der Welt". Sie sind einander verwandt; denn sie alle *sind*. „Das Wunder aller Wunder: *Daß* Seiendes *ist*"[12], ist in ihnen allen am Werk. In fundamentaler Hinsicht haben sie somit – unbeschadet ihrer Unterschiede – eine einheitlich strukturierte Wesensverfassung. Ein „gemeinsamer Geist", das ihnen allen gemeinsame „Sein"[13], durchwaltet sie.

Hölderlins Hyperion sagt: „Ihr Quellen der Erd'! ihr Blumen! und ihr Wälder und ihr Adler und du brüderliches Licht! wie alt und neu ist unsere Liebe! – Frei sind wir, gleichen uns nicht ängstig von außen; wie sollte nicht wechseln die Weise des Lebens? wir lieben den Äther doch all' und innigst im Innersten gleichen wir uns."[14]

Hier erscheint der „gemeinsame Geist" alles Seienden unmittelbar. Er liegt der unterschiedlichen Gestalt, dem ‚wechselnden' Aussehen des mannigfach Seienden unwandelbar einheitlich zugrunde. Er eint Wesen und Welt des Menschen: „innigst im Innersten gleichen wir uns".

*

Von hier aus erscheint auch das im Kunstwerk wirksame Verhältnis von Welt und Psyche, nach dem wir fragen, in neuem Licht. Das Wesen der „glühenden Gefühlswoge", die diesem Verhältnis entstammt und das Bild des Olivenhains bestimmt, kann nicht mehr als traditionell innerpsychisch und subjektiv beschrieben werden, denn ein isoliertes Subjekt gibt es nicht. Die ‚Gleichgestimmtheit' von Welt und Psyche, die sich bislang nur vage umschreiben ließ, wird – befreit von dem irreführenden Anschein des Antagonismus von ‚Objekt' und ‚Subjekt' – deutlicher sichtbar.

In Gestalt der Dinge im Olivenhain trifft die Psyche des Künstlers Wesen an, die mit ihr in der „Welt" zuhause und ihr somit verwandt sind. Psyche, Bäu-

---

[11] Vgl. Martin Heidegger: „Das Ding". A.a.O. (s. Anm. 8).
[12] Martin Heidegger : „Was ist Metaphysik?", Nachwort. Frankfurt a.M. 5/1949, S. 42.
[13] Vgl. Martin Heidegger, passim.
[14] StA Bd. 3, S. 159.

me, Erde und Himmel sind vom „gemeinsamen Geiste" der „Welt" beseelt und geeint und „gleichen" sich daher „innigst im Innersten"[15]. In einer bestimmten, wesentlichen Hinsicht sind Welt und Psyche ‚dasselbe'.

Das Wort von der „glühenden Gefühlswoge" benennt, recht verstanden, eine seltene und hohe Aufgeschlossenheit, in der der Mensch – seine alltägliche Unaufgeschlossenheit überwindend – seine menschliche „Welt" und damit das ihr eigene innigste Sich-Gleichen aller Wesen und Dinge tief erfährt. Die Gefühlswoge ist, als die Einsicht des Menschen in das Wesen seiner „Welt", der Dank des Menschen dafür, daß er sein Wesen empfangen hat – dieses Wesen, das ihm den Aufenthalt in der „Welt" schenkt und zur Wahrnehmung aufgibt.

*

Die Wahrnehmung der „Welt": Das ist die Erfahrung ihres unerschöpflichen, jener Versammlung der vier Weltreiche entspringenden Reichtums und zugleich damit die Entdeckung ihres einheitlichen, allen Wesen und Dingen innewohnenden ‚Bauplans'.

Die so beschaffene *Wahrnehmung* der Weltarchitektur ist jedem Menschen möglich, sofern er sein Wesen befolgt. Die *Gestaltung* aber der Weltarchitektur – und zugleich also des an ihr mitwirkenden menschlichen Wesens – ist einzig dem Kunstwerk anvertraut.

Bauplan und Architektur der „Welt" sind nicht mit Augen zu sehen, sondern nur für die tiefe Einsicht, wie etwa die „Gefühlswoge", erfahrbar. Sie sind im Aussehen der Dinge verborgen. Dieses Unsichtbare sichtbar zu machen, ihm zu seiner einzigen *Gestalt* zu verhelfen, ist Wesen und Leistung des großen Kunstwerks.

*

Wie wird dieses Wunder der Kunst – das Sichtbarwerden des Unsichtbaren – möglich? Mit welchem ‚Mittel' gestaltet der Künstler den Bauplan der „Welt"? Wie geschieht es künstlerisch, daß zugleich mit dem Aussehen eines Dings dessen fundamentale ‚Tiefe' ins Licht gehoben wird – so, daß die in diesem Fundament anwesende „Welt", das innigste Sich-Gleichen des Seienden, in die Erscheinung treten kann?

Dieses Ins-Licht-Heben, das immer ein Geheimnis bleibt, wird der Kunst durch das Phänomen des Stils ermöglicht. Goethe sagte:

---

[15] Ein Abglanz dieser vom „gemeinsamen Geiste" der „Welt" gestifteten Verwandtschaft aller Dinge und Wesen ist noch spürbar, wenn Meyer Schapiro – ganz im gewohnten Subjekt-Objekt-Antagonismus verbleibend – davon spricht, die „allgemeine Bewegung" in Bildern van Goghs scheine „von einer alle Gegenstände überwältigenden Urkraft auszugehen" (a.a.O., S. 106). – Die hier eigentlich wirksame ‚Urkraft' freilich, der „gemeinsame Geist" der „Welt", „überwältigt" die Dinge nicht, sondern wohnt ihnen inne.

> Es ist uns ... angelegen, das Wort Stil in den höchsten Ehren zu halten, damit uns ein Ausdruck übrig bleibe, um den höchsten Grad zu bezeichnen, welchen die Kunst je erreicht hat und je erreichen kann.[16]

Der Stil durchwaltet alle Teile des Kunstwerks auf eine jeweils einheitliche Weise und läßt sie alle ‚in gleichem Geiste' im Kunstwerk anwesend sein. Van Goghs „Olivenhain" begnügt sich nicht mit der Wiedergabe des alltäglich wahrgenommenen, durchaus unterschiedlichen Aussehens der dargestellten Dinge, sondern gibt ihnen eine Einheit mit, die wir mit Recht den ‚van Goghschen Stil' nennen.

Was aber geschieht eigentlich durch diese ‚Mitgabe', diese ‚Zugabe' des Stils? Welchen Wesens ist die Einheit, die durch den Stil in die Erscheinung tritt?

*

Nach traditioneller Meinung empfängt der Stil seine Einheitlichkeit vom in sich einheitlich subjektiven Wesen des jeweiligen Künstlers. Stil soll der Ausdruck der immanent einheitlichen Verfassung eines Subjekts sein.[17]

Nach allem Gesagten ist auch diese Interpretation nicht aufrechtzuerhalten. Der Stil entstammt ebenso wenig wie die „Gefühlswoge" einem in sich isolierten Subjekt, denn ein solches gibt es nicht. Der Stil nimmt sich vielmehr – fußend auf dem „welt"-vernehmenden Wesen des Menschen – der fundamental einheitlichen Seinsweise aller Dinge der „Welt" an. Er gehorcht dem alles begründenden, im Alltag aber unbekannten Sachverhalt, daß den unterschiedlichen Dingen und Wesen der „Welt" ein „gemeinsamer", sie einender „Geist" zu eigen ist. Das einheitliche Wesen des Stils entstammt und entspricht der einheitlichen Grundverfassung der menschlichen „Welt".

Der Stil ist somit auch nicht, wie zumeist angenommen wird, ein Element der ‚Form' des Kunstwerks. Er selbst stellt vielmehr etwas – und zwar das Wesentliche – dar: Er läßt das sonst gestaltlose Wesen des Menschen und seiner „Welt" im Kunstwerk gestalthaft erscheinen. Der Stil ist das fundamental abbil-

---

[16] Goethe: „Einfache Nachahmung der Natur, Manier, Stil". Vgl. oben S. 43f.
[17] Ein bedeutsamer Ansatz zur Einsicht in die Begrenztheit dieses herkömmlichen Stilbegriffs und in die Notwendigkeit seiner fundamentalen Wandlung findet sich in einer eher beiläufigen Bemerkung Wolfgang Schönes, der vorschlägt, „unter Stil allgemeinverbindliche Gleichförmigkeitserscheinungen der bildenden Kunst [zu] verstehen, die von einem unerforschlichen Agens gesteuert werden, diesem Ausdruck geben und sich in einer zusammenhängenden Weise entwickeln". (W. Schöne: „Über das Licht in der Malerei". Berlin 1954, 2/1961, S. 186.) Wenn Schöne hier auch vor allem die Epochenstile (und das Wesen des geschichtlichen Stilwandels) im Auge hat, so gilt sein Hinweis doch dem Wesen des Stils im ganzen. Der Begriff des „unerforschlichen Agens", das die Stile ‚steuert', befreit das Nachdenken über die ‚Herkunft' des Stils aus der unangemessen einengenden Fixiertheit auf die Psyche des Subjekts. Er weckt durch seine erfrischende ‚Offenheit für Möglichkeiten' den Sinn dafür, daß diese einer langen Gewöhnung entstammende Fixiertheit nicht der Weisheit letzter Schluß ist.

dende Element des Kunstwerks. Er gestaltet den „gemeinsamen Geist" der „Welt".

*

Der Stil erbringt diese Leistung in jeweils individueller Gestalt, denn jeder Künstler ist ein Individuum. Das heißt nun nicht mehr: Er ist ein Subjekt und handelt in schrankenloser Willkür; sondern: Jeder Künstler gibt den Weltbau in *der* Gestalt wieder, die sich ihm, seiner Individualität gemäß, aus der menschlichen „Welt" her zuspricht. Der große Künstler erfährt damit einen Zuspruch der „Welt", den es so noch nie zuvor gab. Denn der Weltbau ist unausschöpfbar reich und hält immer neue Ansichten seiner selbst bereit.

Der Künstler gehorcht damit in einer ausgezeichneten Weise dem menschlichen Wesen. Denn schon der Mensch als solcher „wohnt", wie Hölderlin sagt, „dichterisch, auf dieser Erde"[18]: Er erfährt, auch selbst an ihr bauend (‚dichtend'), seine menschliche „Welt". Das *Erscheinenlassen* des Weltbaus in einer neuen Gestalt ist, darüber hinaus, das ‚dichterische Wohnen' des *Künstlers*: Dieser verhilft so einem bislang unbekannten Wesenszug der Weltarchitektur dazu, als Gestalt für den Menschen sichtbar oder hörbar zu werden. Der Künstler baut daran mit, daß die verborgene Weltarchitektur immer reicher, mit immer neuen ‚Gesichtern ihres Wesens', in den Alltag der Menschen hineinleuchtet.[19]

*

Van Goghs Stil, der Stil des Olivenhain-Bildes, läßt die Weltdinge gleichermaßen in „wellenförmiger Bewegtheit" wie auch in ‚kraftvollem In-sich-Stehen' erscheinen. Beides gewinnt nun einen wesentlichen Sinn.

Die einheitlich wellenförmige Bewegtheit, die alles Dargestellte ‚in gemeinsamem Geiste regsam' zeigt, ist die unmittelbare Abbildung des im Alltag unbekannten „gemeinsamen Geistes" der Dinge der „Welt". Die Dinge sind *sichtbar* „innigst im Innersten" einig; die „Welt" tritt in die Erscheinung.

Das kraftvolle In-sich-Stehen zeigt den anderen, bekannten Grundzug der „Welt", demgemäß alles Seiende zugleich ein Besonderes zu sein hat.

So wenig, wie die Gefühlswoge, die den Stil trägt, das subjektive Gefühl des Künstlers ist, so wenig „verleiht" sie den Dingen ihre Bewegtheit. Der Künstler ist nicht der Schöpfer der „Welt". Er verleiht nicht, sondern nimmt wahr und gestaltet das Wahrgenommene. Als die Einsicht des „welt"-vernehmenden Men-

---

[18] Friedrich Hölderlin: „In lieblicher Bläue ...", V. 32f. – Vgl. unten S. 242 u.ö.
[19] Der vorliegende Versuch geht von einem einzelnen künstlerischen Werk aus, betrifft also einen Individualstil. Das Gesagte gilt aber gleichermaßen für die Epochenstile, an denen viele Individuen beteiligt sind. Denn die Vervielfältigung der Individuen ändert nichts daran, daß dem Stilphänomen die Fundamentalverfassung des menschlichen Wesens – nicht nur die Individualverfassung des Individuums – zugrundeliegt.

schen in sein Wesen erfährt und vermittelt die Gefühlswoge das Wesen der „Welt": den unausdenkbaren Zuspruch der Versammlung von Himmel und Erde, Himmlischen und Sterblichen. Sie entnimmt der „Welt" die Bewegtheit, die aus diesem ungeheuren Zuspruch erwächst. Die Gefühlswoge, und mit ihr der Stil, entstammt und entspricht der Bewegtheit der „Welt". Sie ist „glühend", weil ihr die unüberholbare und seltene Erfahrung der menschlichen „Welt" zuteil wird. Sie hat das „glühende Herdfeuer"[20] der Wahrheit gesehen.

Van Goghs Stil nimmt das gewaltige, immer geheimnisvolle, nie wissenschaftlich zu erklärende ‚Wesen' der Olivenbäume wahr. Er schreibt nieder, daß dieses Wesen dem Geheimnis des „gemeinsamen Geistes" der „Welt" entspringt. Denn er zeugt unmittelbar von dem faktischen Zusammenwirken der vier ‚Träger' dieses Geistes:

Die Kräfte des Himmels und der Erde haben gemeinsam die Olivenbäume hervorgebracht – und das Kunstwerk stellt dieses ihr gemeinsames Wirken dar, weil das einheitliche Wesen des Stils ‚Gemeinsamkeit' als solche erscheinen läßt.

Ebenso wirken die unvordenklichen Weisungen „Es werde" und „So sei es", die Himmel und Erde und auch die Olivenbäume haben entstehen lassen, mit der Sorge des Menschen zusammen, der um das Gedeihen des Hains bemüht ist – und auch dieses zusammengehörende Wirken stellt das Kunstwerk dar, indem sein Stil dem Zusammengehören als solchem eine Gestalt gibt.

Himmel und Erde, Himmlische und Menschen *sind* im Wesen des Hains und im Wesen des Bildes. Das Gemälde malt dank seines Stils den gemeinsamen Geist und den Reichtum der menschlichen Welt.

*

Die Gestalt, die die „Welt" im Kunstwerk gewinnt, wird auch durch ihren gegenüber dem Weltganzen „verringerten Maßstab"[21] bestimmt, nämlich durch den notwendig begrenzten Umfang jedes Kunstwerks. Diese Begrenzung mindert aber nicht die „welt"-zeigende Leistung der Kunst. Die geringe Zahl der im „verringerten Maßstab" des Bildes anwesenden Ding-Darstellungen (hier wenig mehr als Himmel, Erde und Bäume) repräsentiert gleichwohl die Ganzheit der „Welt".

Auch diese Repräsentation ist eine Leistung des Stils. Er erbringt sie vermöge der verweisend-repräsentierenden Kraft, die seinem einheitlichen und Einheit zeigenden Wesen innewohnt. Denn indem er sich der fundamental einheitlichen Seinsweise der wenigen im Bilde dargestellten Dinge annimmt und sie in die künstlerische Gestalt hebt, verweist er zugleich auf die Gesamtheit der nicht im

---

[20] Martin Heidegger: „Grundfragen der Philosophie. Ausgewählte ‚Probleme' der ‚Logik'." Gesamtausgabe Bd. 45. Hrsg. von Friedrich-Wilhelm von Herrmann. Frankfurt a.M. 2/1992, S. 146.
[21] Friedrich Hölderlin: Der Dichter ist der, „der die Welt im verringerten Maßstab darstellt". In: F. H.: „Anmerkungen zur Antigonae" des Sophokles. StA Bd. 5, S. 272.

Bilde gezeigten Dinge, deren Seinsweise dieselbe ist, und repräsentiert auch sie. Immanent sind in jedem großen Kunstwerk so auch die Myriaden scheinbar ‚unberücksichtigt' gebliebener Dinge anwesend, denn der Stil hat ihrer aller innerstes Wesen – ihr innigstes Sich-Gleichen im „gemeinsamen Geiste" – zur gestalthaften Erscheinung gebracht. Die im großen Kunstwerk erscheinende „Welt" ist, trotz oder wohl gar wegen ihres verringerten Maßstabes, „Welt" in ihrem vollen Wesen.

*

Der Stil läßt die Dinge in höherem Maße einander verbunden sein, er nähert ihre Gestalten in höherem Maße einander an, als ihr alltägliches Aussehen es tut. Darin eben besteht sein ‚einheitliches' Wirken. Diese höhere Gestalt-Annäherung und die damit sichtbar werdende Einheit der Dinge sind – man verzeihe die Wiederholung – wiederum keine ‚subjektive Zutat' des Künstlers. Sie entspringen vielmehr seiner „Welt"-Zugehörigkeit. Sie sind individuelle Zeugnisse der Grundverfassung des Menschen und seiner „Welt". In dieser Grundverfassung ist, durch die fundamentale Wesensverwandtschaft aller Dinge, deren tiefe Verbundenheit vorgegeben. Der Stil bewirkt ‚nur' das *Erscheinen* der faktischen Wesensnähe der Dinge und so das Gestaltwerden der „Welt".

„Die Kunst ist der dunkle Wunsch aller Dinge"[22], sagt Rilke: Nicht nur das unterschiedliche Aussehen, sondern auch die verschüttete Wesensnähe der Dinge, der gemeinsame Geist der „Welt", soll leibhaftig in die Erscheinung treten. Es soll *sichtbar* werden, daß „Ein Geist allen gemein sei"[23]. Denn nur so würde das volle Wesen der Dinge offenbar werden. Die Kunst – und nur sie – kann diesen „Wunsch" erfüllen.

*

Spuren dieses Vermögens der Kunst sind auch in den bescheideneren Kunstwerken zu finden, deren Wesen Goethe in jener Abhandlung[24] als „einfache Nachahmung der Natur" und „Manier" charakterisiert. Aber nur das *große* Kunstwerk bildet dank seines Stils den eigentlichen Wesensreichtum, die Grundverfassung der menschlichen „Welt" ab. Stil ist selten. Er ist nur auf dem „höchsten Grad" anzutreffen, „welchen die Kunst je erreicht hat und je erreichen kann".

Wie ein Stil jeweils konkret beschaffen sein muß, um „Welt" abbilden zu können, läßt sich nur an schon bestehenden Kunstwerken zeigen, nicht aber theoretisch vorherbestimmen. Das Erscheinen eines neuen Stils bleibt das Geheimnis der „Welt" und der Kunst.

---

[22] In: „Aufzeichnungen über Kunst", 1900.
[23] Friedrich Hölderlin: „Der Archipelagus", V.240.
[24] Vgl. Anm. 16.

DIE ABBILDFUNKTION DES STILS (NOTIZEN I)

Im Alltag gelangt *ein* Grundzug der Wirklichkeit zur Herrschaft: die Geschiedenheit, die das jeweils Vereinzelte von anderem trennt.

Der korrespondierende Grundzug der Wirklichkeit, die *Einheit des Getrennten*, ist im Alltag verschüttet. Aber sie ist tausendfach bezeugt.

Auf sie deutet, in erster Annäherung, hin, daß der Mensch die Vielfalt des Getrennten mit *einem* Wort zu nennen genötigt und imstande ist: Er sagt ‚die Welt‘, ‚die Wirklichkeit‘, ‚das Sein‘.

Es ließe sich entgegnen: das sind bloße Worte, bloße Ordnungsbegriffe, denen keine Einheit der Sache entspricht.

Das Faktum der Einheit des Getrennten beruht jedoch, allen Worten zuvor, in dem ‚einfachen‘ Sachverhalt, daß die rätselhafte Qualität des Seins alles, was ist, bestimmt. Das Wunder, zu sein, durchzieht und verbindet alles Getrennte. Es ist kein von außen hinzugefügtes Band, sondern die eingeboren-gemeinsame Grundkraft des Wesens. Wir müssen den Bann, der uns treibt, dieses Wunder für etwas Selbstverständliches und ‚Problemloses‘ zu halten, abschütteln. Unbeschadet seines möglichen Kampfs befindet sich das Getrennte immer schon in der Bindung des Zusammengehörens in der gemeinsamen ‚Welt‘. Nichts kann aus dieser Bindung herausfallen. Das Getrennte ist daher niemals nur und ausschließlich das Getrennte; es ist immer schon das ‚inmitten der Einheit Getrennte‘. Seiend, von Anbeginn also und unabänderlich teilhabend an der ‚Welt‘ und damit am ‚Ganzen‘, verharrt es in seiner scheinbaren Vereinzelung.

Die Einheit des Getrennten beruht in der Teilhabe alles scheinbar Vereinzelten am Zusammengehören in der gemeinsamen ‚Welt‘. Das heißt zugleich: Sie beruht in der Teilhabe jedes Dinges und Wesens an einem nie ausschöpfbaren Geheimnis. Die Einheit der Welt ist kein leichthin nutzbarer Begriff. Sie bleibt ein Geheimnis – das Grund-Rätsel der Welt und des Menschen. Als solches aber ist sie ein Faktum; sie ist – neben der Vereinzelung – der zweite (der Sache nach wohl gar der erste) grundlegende Sachverhalt im Wesen der dem Menschen gegebenen Wirklichkeit. Wir gingen in eine unser Wesen verwirrende Irre, wenn wir ‚Einheit‘ und ‚Teilhabe‘ nicht für ebenso wahr wie die Vereinzelung, wenn wir sie für etwas Erdachtes, Unwirkliches oder Irrationales hielten.

So ist dieser Grundcharakter der Wirklichkeit denn auch in Denken und Dichtung mannigfach bezeugt. Hier sei ein einziges Wort aus Hölderlins Roman ‚Hyperion‘ angeführt:

> Wie der Zwist der Liebenden, sind die Dissonanzen der Welt. Versöhnung ist mitten im Streit und alles Getrennte findet sich wieder.
> Es scheiden und kehren im Herzen die Adern und einiges, ewiges, glühendes Leben ist Alles.

Versöhnung kann nur deshalb mitten im Streit sein, alles Getrennte kann sich nur deshalb wiederfinden, weil das Streitende, das Getrennte vermöge seiner eingeborenen Teilhabe am ‚Ganzen' miteinander verwandt und daher im Grunde seines Wesens immer schon miteinander versöhnt ist. Die Dinge und Wesen der Welt sind eigentlich ‚wie Liebende'. Ihr Streit ist das Abirren in die Einseitigkeit eines der beiden ihnen eingeborenen Wesenszüge, der Vereinzelung. Dieses Abirren müssen sie überwinden, damit auch und vor allem ihr anderer Wesenszug, die Teilhabe an der Einheit der ‚Welt', verwirklicht wird:

> Es scheiden und kehren im Herzen die Adern und einiges, ewiges, glühendes Leben ist Alles.

Die Einheit der ‚Welt' bekundet sich jedoch nicht nur in solchen vereinzelten Aussagen oder Lehrmeinungen der großen Überlieferung, denen immerhin inhaltlich entgegengesetzte Zeugnisse gegenübergestellt und die daher in ihrer Gültigkeit bezweifelt werden könnten.

Die Einheit der Welt bekundet sich überdies in zwei gewaltigen Phänomenen, deren Ursprünglichkeit sie jeder Bezweiflung entzieht: im Wesen des Menschen und im Stil der Dichtung und der Künste.

Sein Wesen, Geist und Psyche, läßt den Menschen grundlegend so etwas wie ‚Welt im ganzen', ‚Welt als Einheit', erfahren. Die Welterfahrung des Menschen vollzieht sich nicht so, daß er primär das jeweils Vereinzelte zur Kenntnis nähme, um ihm dann erst im nachhinein den Begriff ‚Welt' beizugeben – quasi als bloße Summe und leere Gesamtheit. Das ist schon deshalb unmöglich, weil eine so entstandene Leerformel immer ein wesentlich fragmentarisches Konglomerat, das den Namen ‚Welt' nicht verdiente, meinen müßte – denn niemand vermöchte es, die riesige Vielzahl des Vereinzelten erschöpfend zur Kenntnis zu nehmen. Wäre der Begriff ‚Welt' abhängig von der Kenntnisnahme alles Vereinzelten, so käme er nie zustande. Vielmehr ist der Mensch im vorhinein des Bereiches inne, in den jedes mögliche Ding gehört: der Welt. ‚Welt' ist ihrem Wesen nach kein Fragment, sondern die durch die gemeinsame Qualität des Seins konstituierte Ganzheit, die unbeschadet der Unbekanntheit unzähliger Einzeldinge immer schon Ganzheit ist und bleibt. Was immer dem Menschen begegnet, und sei es das Unbekannteste und Erstaunendste, es kann nur ‚im Dasein' und ‚in der Welt', es kann nur seiend sein. Das Wesen des Menschen ist der Ort, an dem nicht nur die Vereinzelung der Dinge, sondern primär auch die – im Alltag freilich verschüttete – Einheit der Welt erfahren wird.[1]

Kehrt die Einheit der Welt im Wesen des Menschen gleichsam stumm und gestaltlos ein – lediglich unscheinbar angedeutet durch Worte wie ‚Welt' und ‚Wirklichkeit' –, so gewinnt sie im Stil der Dichtung und der Künste Stimme und Gestalt.

---

[1] Zum Begriff der Welt vgl. Martin Heidegger: ‚Sein und Zeit'. Tübingen 8/1957, bes. S. 50ff. – Ders.: ‚Vom Wesen des Grundes'. Frankfurt a.M. 3/1949, bes. S. 19ff.

Die Abbildfunktion des Stils (Notizen I)

In der traditionellen Bestimmung des Stils als der Einheit aller formalen Elemente tritt seine Oberfläche in den Blick. Diese Oberfläche im ganzen ist das Feld der Ästhetik. In seiner Tiefe, nämlich in seiner Herkunft ‚aus der Welt', ist der Stil kein bloßes Form-Phänomen. Er ist ein wesentlich abbildendes Element im Kunstwerk. Der Stil ist in höherem Maße abbildend als der Bereich eines traditionell begriffenen ‚Gegenstandes' des Kunstwerks, weil er vermöge der ihm eigenen Einheit jenen primären Bezirk der einheitlichen Welt-Erfahrung des Menschen abbildet. Die Einheit der Welt ist der ‚Gegenstand' des Stils.

Die Dinge kommen im Stil gemäß der ihnen innewohnenden Verwandtschaft zusammen. Keines bleibt dem Anschein seiner Vereinzelung überlassen. Die Dinge fügen und neigen sich zueinander. Das Feld, der Baum, das Haus, der Mensch und der Himmel gehorchen dem gemeinsamen Zug ihres Wesens. Ihre Verwandtschaft wird offenbar. Die Grundkraft des Daseins, die in allem wirkt, erscheint leibhaftig. Jedes Ding lebt sichtbar aus ihr. Alles besteht nur im stillen Leuchten ihres Feuers. Alles zeugt mit seiner Gestalt davon, daß „Ein Geist allen gemein sei".[2]

Das Kunstwerk ist einzige Ort, der die Einheit der Welt als Gestalt erscheinen läßt.

Nicht nur das, was traditionell der ‚Gegenstand' eines Kunstwerks genannt wird, sondern auch der Stil und somit das Kunstwerk als das einheitlich Ganze, das es ist, kommt ‚aus der menschlichen Welt'. Im jeweiligen ‚Gegenstand' kehrt die Vereinzelung, im Stil kehrt die Verwandtschaft der Dinge und im Kunstwerk als ganzem kehrt die Gesamt-Wirklichkeit des Menschen, die in Vereinzelung und Verwandtschaft gefügte Ganzheit der Welt, wieder. Wie in der Wirklichkeit das Vereinzelte nur inmitten der Einheit anzutreffen ist, so daß der isolierende Gebrauch der Namen ‚Vereinzelung' und ‚Einheit' eigentlich immer unsachgemäß ist, so ist auch im Kunstwerk der Einzelgegenstand nur ‚da' inmitten des Stils, inmitten der Ganzheit des Kunstwerks.

Alles Gesagte muß daher, insofern es sich isolierender Namen wie ‚Gegenstand' und ‚Stil' bediente, als vorläufig gelten. Angemessen wäre einzig eine Art des Sprechens, die um der Ganzheit und d.h. um der Wahrheit willen das vereinzelnde Nennen überwindet. Jedes große Kunstwerk hat vermöge seines Stils dieses Sprechen gefunden.

Das Kunstwerk braucht nicht das Aussehen von Bekanntem abzubilden. Immer aber, und unabhängig von seinem ‚Gegenstand' oder Thema, bildet es ‚Welt' ab: die Vereinzelung inmitten der Einheit; die Einheit, sich zeigend in der Vereinzelung. Daher entspricht es der Wirklichkeit. Große Kunst ist als Stimme und Gestalt der ‚Welt' das im höchsten Sinne Sachgemäße.

---

[2] Hölderlin: ‚Der Archipelagus', V. 240

WELT – KUNST – STIL (NOTIZEN II)

Das Kunstwerk ‚stellt' nach Hölderlins Wort „die Welt im verringerten Maßstab" ‚dar'. Die Verringerung des Maßstabs ist durch das notwendig begrenzte Format jedes Kunstwerks vorgegeben.

Was in diesem begrenzten Format erscheint, ist nach dem zitierten Satz bei jedem großen Kunstwerk ein Abbild der „Welt", der Ganzheit des menschlichen Erfahrungsraums. – Wie ist diese „Welt" des Menschen beschaffen?

Sie besteht nicht nur in einer unendlichen Vielzahl unterschiedlicher Dinge, sondern zuvor schon in deren Geeintheit durch das ihnen allen gemeinsame Seiend-Sein. Es gibt nichts, was nicht seiend wäre. Das menschliche Wesen erfährt die „Welt" – unabhängig von der Zahl der jeweils gekannten Dinge – von vornherein als die Einheit des Seienden (und das heißt zugleich: als die unbegrenzte Ganzheit von Himmel und Erde, Himmlischen und Sterblichen[1]).

Wie gelingt es dem großen Kunstwerk, diese ungeheure, unausdehnbare „Welt" in der engen Begrenztheit seines „verringerten Maßstabes" ‚darzustellen'? – Das Kunstwerk muß den scheinbaren ‚Mangel' seiner äußerlichen Begrenztheit durch etwas Hinzukommendes wettmachen, das die Fähigkeit besitzt, die unbegrenzte Einheit des Seienden in das begrenzte Format des Kunstwerks ‚hereinzuholen'.

Dieses scheinbar Unmögliche leistet der Stil. Er eint alle Teile des Kunstwerks, so daß sie nicht isoliert nebeneinander stehen, sondern in einer homogenen Einheit, die nur im Kunstwerk in die Erscheinung tritt, verbunden sind. Diese vom Stil bewirkte Einheit des Kunstwerks ist das gestalthafte Analogon zur gestaltlosen Einheit der menschlichen „Welt". Sie bildet diese „Welt" ab, sie ‚stellt' sie ‚dar'. Gemäß der jeweiligen Individualität des Künstlers verhilft die Kunst der sonst gestaltlosen „Welt"-Einheit zu einer ihr analogen Gestalt. Die menschliche „Welt" gewinnt in der Kunst so viele unterschiedliche Gestalten, wie große Künstler mit ihren jeweiligen Stilen am Werk waren und sind. Alle unterschiedlichen Gestalten der Kunst kommen darin überein, daß sie, kraft ihres Stil-Habens, das menschliche „Welt"-Haben in seiner Ganzheit ‚darstellen'.

*

Der Stil manifestiert sich sowohl in den Personal- als auch in den Epochenstilen. Kein Kunstwerk kommt ohne das grundlegende Wesensmerkmal aus, vermöge des Stils im ganzen homogen zu sein, nämlich alle seine ‚Bestandteile' (Wort, Vers, Satz, Strophe, Note, Takt, Vordergrund, Hintergrund, das ‚Dargestellte' etc.) durch einen ihnen „gemeinsamen Geist" in einem einheitlichen Ganzen zu-

---

[1] Vgl. S. 204f., 239ff., 272f. u.ö.

sammengehören zu lassen. Die Teile des Kunstwerks sind in der Weise vereinigt, daß sie alle auf sinnlich faßbare Art ‚dieselbe Sprache sprechen'.

Das Kunstwerk ‚stellt' das Zusammengehören der Dinge – die menschliche „Welt" – durch den ihm eigenen Zusammenhalt seiner Teile gestalthaft ‚dar'.

*

Der Stil ergreift – mit der ihm eigenen ‚Einheit' – alles im Kunstwerk Darzustellende gleichermaßen und bringt so dessen sonst verborgene innere Einheit – und, darüber hinaus, die Einheit der menschlichen „Welt" im ganzen – zur gestalthaften Erscheinung. Wir haben es also mit zwei Wesensformen der Einheit zu tun, die zueinander im Verhältnis der Entsprechung stehen: mit der im Wesen des Menschen waltenden Einheit der „Welt" und mit der im Wesen des Kunstwerks waltenden Einheit des Stils. Diese entspricht jener und bildet sie ab.

Die vom Stil bewirkte Einheit des Kunstwerks *kann* ästhetisch betrachtet werden, nämlich im Hinblick auf ihre Erscheinungsform, die durch künstlerische Verfahren wie Komposition, Farbgebung etc. hervorgebracht wird.

Diese herkömmliche ästhetische Betrachtungsweise kann jedoch nicht nach Herkunft und Wesen der Einheit des Kunstwerks fragen. Sie geht daher an der Herkunft dieser Einheit aus dem einheitlichen „Welt"-Haben des Menschen vorbei; und sie übersieht auch ihr Wesen als Abbild dieser menschlichen „Welt".

„Stil" ist daher im vorliegenden Zusammenhang kein ästhetischer Begriff. Denn sein Wesen *beruht* nicht in den künstlerischen Formen, die er bildet, sondern, grundlegender, in der Fundamentalverfassung des menschlichen Wesens, der die Kunst entstammt. Der Stil ermöglicht es der ‚Welterfahrung' des Menschen, sich als ‚Kunstgestalt' zu verkörpern.

*

Trotz größter Unterschiedlichkeit sind alle Dinge gleichermaßen seiend und insofern einheitlich ‚gebaut'. Sie sind von einem „gemeinsamen Geist" durchwaltet. Dieses Zugleich von Einheit und Unterschied ist die Struktur des Weltganzen, der Weltbau, den das menschliche Wesen grundlegend, wenn auch zumeist unbewußt, wahrnimmt.

Im Alltag verliert sich dieses Zugleich in der ausschließlichen Wahrnehmung des sich vordrängenden Unterschieds der Dinge. Ihre Einheit bleibt unerkannt. Und auch dort, wo Unterschied und Einheit gleichermaßen erkannt werden, erlangt ihr Zugleich keine Gestalt. Es wird, als solches, kein Ding. Es bleibt gestaltlose Struktur.

Hier entfaltet das Kunstwerk seine eigenste Leistung und Wirkung. Es befreit den gestaltlosen Weltbau von seiner Gestaltlosigkeit und läßt ihn in eine Gestalt einkehren. Denn der Stil durchwaltet und bestimmt alle Teile des Kunstwerks auf eine einheitliche Weise; er läßt somit alle Dinge in ihrem

„welt"haften Zusammengehören erscheinen und hebt ihre scheinbare Vereinzelung auf.

Das Kunstwerk ist so das einzige Ding, das dem Menschen sein innerstes Wesen, „Welt" zu haben, gestalthaft vor Augen führt.

*

In der kunstlos wahrgenommenen Wirklichkeit – bevor sich das Kunstwerk ihrer annimmt – bleibt die Einheit des Seienden gestaltlos. Als Gestalten erscheinen hier nur die gegeneinander abgegrenzten Formen der unterschiedlichen Dinge. Deren Einheit untereinander, die vom menschlichen Wesen immer schon als „Welt" wahrgenommen wird, bleibt hier bestenfalls eine gestaltlose Struktur.

Erst das Kunstwerk bringt die – einzige – gestalthafte Erscheinung der menschlichen „Welt" *als solcher* hervor. Hier sind Unterschied und Einheit zusammen gewahrt und entstehen gemeinsam als Ding, als das jeweilige Kunstwerk. Der Unterschied des Seienden erscheint in der Mannigfaltigkeit des Dargestellten, seine Einheit erscheint im Stil. Der Stil durchwaltet alles im Kunstwerk Dargestellte, so daß das „welt"hafte Zusammengehören des Unterschiedlichen eine Gestalt gewinnt.

*

Der Umstand, daß der Stil alles im Kunstwerk Dargestellte ergreift und formt, hat eine Verwandlung des Dargestellten zur Folge. Das Dargestellte erscheint *im Stil* anders als in der kunstlos wahrgenommenen Welt.

Dieses Anderssein entstammt weder einer Eigenmächtigkeit des Künstlers noch einer Eigenmächtigkeit seines Stils, sondern ist zuvor schon in der menschlichen „Welt" als der Einheit des Seienden angelegt und begründet, die der Stil darstellt und die so erstmalig eine Gestalt gewinnt.

In der kunstlos wahrgenommenen Welt hat die Einheit des Seienden noch keinerlei Gestalt; sie bleibt hier eine verborgene Struktur. Es herrscht hier scheinbar die Unterschiedlichkeit der Myriaden vereinzelter, heterogener Dinge.

Im Kunstwerk, in der Verwandlung durch den Stil dagegen verlieren die Dinge den trügerischen Anschein der ausschließlichen Geltung ihrer jeweiligen Vereinzelung. Sie gewinnen dafür das Gestaltwerden des „gemeinsamen Geistes" der „Welt", der sie eint und in dem ihr Wesen beruht.

*

So wie das menschliche Wesen als einzige ‚Instanz' den Weltbau gestaltlos erfährt, so stellt die Kunst als einzige ‚Instanz' den Weltbau gestalthaft dar.

*

Vermöge des Stils zeigt die Gestalt des Kunstwerks den Weltbau. – Aber für eine ungemäße Erfahrung kann der Weltbau in dieser Gestalt dennoch unerkannt bleiben.

Das große Kunstwerk pocht nie auf seine eigenste Leistung. Es sagt nie mit Worten: „Hier steht die innerste Architektur der Welt und des menschlichen Wesens mit Sinnen erfahrbar vor dir." Vielmehr kann die Gestalt des Kunstwerks scheinbar stumm, wie andere Dinge, vor dem unvorbereiteten oder unaufgeschlossenen Menschen stehen.

Die Weltarchitektur, die der Dingcharakter des Kunstwerks gerade sichtbar macht, kann in ihm auch verborgen bleiben.

Denn obwohl es als *Gestalt* dargeboten wird, bleibt das Wesen des Kunstwerks, eben *als* Gestalt, zugleich auch ‚ungesagt'. Eine Gestalt, als solche, ‚spricht' nicht nach Art der Sprache. Nur dem fragenden und suchenden, dem aufgeschlossenen Menschen, der sich die eigene Sprache der Gestalt aneignet, spricht das Kunstwerk in guten Momenten sein Wesen zu.

*

Die allgemein-menschliche Weltwahrnehmung gibt es nur auf individuelle Weise; und individuelle Besonderheiten entfalten sich nur auf dem Boden des allgemein-menschlichen Welt-Habens. Erst das Zusammenwirken beider Wesenskomponenten des Menschen bringt daher im Falle des Künstlers den Stil hervor.

Fragt man aber nach der Herkunft des Stils und des von ihm bestimmten Kunstwerks, so beschränkt man sich traditionell zumeist auf die individuelle Besonderheit des Künstlers (sein ‚Temperament') und vergißt die ihr immer zugrunde liegende allgemein-menschliche Welterfahrung. Man übersieht so, daß der Stil immer auf der Ganzheit des menschlichen Wesens beruht, und daß das Kunstwerk immer den menschlichen Wesensraum im ganzen darstellt.

Die Kunst kommt nicht nur aus dem Wesen des Künstlers, sondern primär aus dem Wesen des Menschen – obwohl keineswegs „jeder ein Künstler" ist. Der Stil beruht auf der Fundamentalverfassung des menschlichen Wesens, nicht nur auf der Individualverfassung des jeweiligen Künstlers.

*

Der hier vorgetragene Welt-, Kunst- und Stilbegriff kann durch seinen Gegensatz zum naturalistischen Verständnis der Kunst verdeutlicht werden.

In Emile Zolas Satz „L'oeuvre est un coin de la nature, vu à travers un tempérament" (Das Kunstwerk ist ein Stück Natur, gesehen durch ein Temperament) wird „ein Stück Natur", das der Künstler sich aus der Fülle der Natur zum Gegenstand wählt, dem künstlerischen „Temperament" gegenübergestellt, das dieses Stück gemäß seiner Individualität bearbeitet. Die hier gemeinte „Natur" – wir könnten auch ‚Welt' sagen – wird additiv vorgestellt. Sie besteht aus einzelnen, addierbaren „Stücken", aus jeweils begrenzten Gegenständen und Gegenstandsbereichen, die aus dem, was hier Natur oder Welt heißt, zum Zwecke der künstlerischen Bearbeitung herausgelöst werden können.

Gemeint ist also eine dem Menschen in unübersichtlicher Fülle gegenüberstehende Welt, die gemäß ihrem additiven Wesen in „Stücke" zerlegbar, d.h. teilbar ist. Diese einzelnen Stücke können bis ins Unendliche aneinander gereiht und vermehrt (addiert) werden, ohne daß jemals eine Ganzheit dieser Welt erreichbar wäre; denn es gibt in der unübersehbaren Fülle dieser Welt immer noch wieder neue, bisher nicht berücksichtigte Bereiche.

Wenn wir dagegen vom „Welt-Haben" des Menschen sprechen, dessen Abbild das Kunstwerk ist, so ist hier eine ganz andere Welt gemeint. Diese „Welt" ist nicht addier- und nicht teilbar; sie besteht nicht aus herauslösbaren „Stükken". Ihr Wesen ist vielmehr Einheit und Ganzheit. Sie steht dem Menschen nicht gegenüber, sondern ist die ihm eingeborene und unverlierbare „Welt", in der ein „gemeinsamer Geist" alles Seiende „im Innersten zusammenhält". Sie ist „Welt" nicht nur als Vielfalt des Seienden, sondern als die vorgeprägte Geeintheit dieser Vielfalt im Horizont des äußersten, unausdenkbar reichen menschlichen Erfahrungsraums.

Das menschliche Wesen ‚hat' in diesem Sinne – wenn auch zumeist, ohne es ausdrücklich zu wissen – von vornherein ‚Begriff' von einer realiter nie zu erfahrenden Allheit; es hat ‚Begriff' von einer unausdehnbaren, nämlich durch Addition nicht vermehrbaren Totalität der „Welt".

Die naturalistische ‚Welt aus Stücken' ist demgegenüber eine auf das Addier-, Teil- und Zählbare reduzierte Fiktion, die das vorgängige totale „Welt"-Haben des Menschen außer acht läßt und daher sowohl das menschliche Wesen als auch das Wesen des Kunstwerks verfehlt. Jedes echte ‚naturalistische' Kunstwerk läßt daher auch die unzureichende naturalistische Theorie hinter sich, indem es zwar nur ‚ein Stück Welt' darzustellen meint, in Wahrheit jedoch, vermöge seines Stils, unweigerlich die vom Menschen gewahrte Weltganzheit ins Werk setzt.

*

Auf die Frage, was der ‚Gegenstand' eines Blumen-Stillebens – etwa von Corinth – sei, lautet die zu erwartende Antwort: ein Blumenstrauß.

Aber das Gemälde stellt den Blumenstrauß *im Stil* des betreffenden Malers dar. Dieser Umstand wird im allgemeinen als eine Frage der ‚Form' des Kunstwerks behandelt, nicht als eine Frage seines ‚Gegenstandes'. Stilfragen seien Formfragen. Der Stil gehöre gleichsam nicht zum Gegenstand des Kunstwerks; er transponiere vielmehr die ‚persönliche Auffassung' des Künstlers von seinem Gegenstand, quasi zusätzlich zu diesem, ins Gemälde. Diese ‚Auffassung' entstamme dem individuellen Wesen des jeweiligen Künstlers.

Diese traditionellen Meinungen vom Wesen des Stils sind zu überprüfen. Daß der Stil dem ‚Wesen' des jeweiligen Künstlers entstammt, ist sicher. Aber wie ist dieses Wesen beschaffen?

Das Wesen des Menschen und also auch des Künstlers beschränkt sich nicht – wie in der traditionellen Definition des Stils unterstellt wird – auf persönliche Auffassungen und individuelle Besonderheiten. Der Mensch besitzt vielmehr zuvor und vor allem ein allgemein-menschliches Wesensfundament, nämlich das „Welt"-Haben. Dieses bewirkt, daß die unzähligen, ganz und gar unterschiedlichen Einzeldinge und -wesen, die dem Menschen begegnen, nicht in heterogene Unvereinbarkeiten auseinanderfallen, sondern von vornherein in einer bestimmten, zumeist verborgenen, aber grundlegenden Hinsicht von einem Zusammengehören, einer Einheit durchwaltet werden. Die „Welt" des Menschen eint ‚a priori' alles Unterschiedliche. Diese allen Menschen gemeinsame „Welt"-Erfahrung wird durch die persönlichen Besonderheiten des jeweiligen Menschen ‚nur' individuell modifiziert.

Daß der Stil dem ‚Wesen' des jeweiligen Künstlers entstammt, heißt jetzt also: Der Stil überbringt dem Kunstwerk das volle, ungeschmälerte Wesen des Menschen, das darin besteht, daß seine individuellen Besonderheiten sich auf dem Boden der allgemein-menschlichen „Welt"-Erfahrung entfalten.

Der Stil entspricht in jeder Hinsicht dem so beschaffenen menschlichen Wesen, dem er entstammt. Er spiegelt nicht nur – in seiner jeweiligen, von anderen Stilen unterschiedenen Eigenart – die Individualität des Künstlers, sondern läßt auch und vor allem den „gemeinsamen Geist" der „Welt" erscheinen, deren Erfahrung dem Menschen als solchem eigentümlich ist. Denn vermöge seiner einheitbringenden Kraft fügt er alle Elemente des Kunstwerks zu einem Zusammengehören, zu einer Einheit zusammen.

Der Stil entstammt einer individuellen und zugleich der allgemein-menschlichen „Welt"-Erfahrung. Das ist auch der Sinn der Rede vom ‚allgemein menschlichen Wesen' der Kunst. Sie führt dem Menschen die einzige mit Sinnen faßbare Gestalt seines eigenen ungeschmälerten Wesens vor Augen.

Das Gemälde des Blumenstraußes stellt daher nicht nur einen Blumenstrauß, sondern ‚eigentlich' und vor allem das Wesen und die „Welt" des Menschen dar.

Der Stil, dem dies zu danken ist, ist somit auch nicht nur eine Sache der ‚Form'. Er selbst ist im höchsten Maße darstellend und abbildend: Er bildet „Welt" und Wesen des Menschen ab. Das so vom Stil Gezeigte ist der eigentliche ‚Gegenstand' des Kunstwerks.

Dieser Sachverhalt ist zugleich der Grund dafür, daß die Antinomie von ‚Form' und ‚Gegenstand' im Kunstwerk hinfällig wird.

DICHTUNG, KUNST UND HEUTIGE GESELLSCHAFT

Die Gesellschaft scheint heute eine besonders enge Beziehung zu Kunst und Dichtung zu unterhalten. Denn überall wird die gesellschaftliche und die politisch-ideologische ‚Relevanz' des Kunstwerks gefordert; überall fragt man das Kunstwerk nach dieser Relevanz. Ihrem Nachweis dienen die heute bevorzugt angewandten soziologischen Methoden der Literatur- und Kunstbetrachtung.

Man untersucht mit Vorliebe die Entstehung, Verbreitung und Wirkung von Werken der Dichtung und der Kunst – oder, wie heute gern gesagt wird, die Produktion, Distribution und Rezeption; ein in seinen Grenzen sinnvolles Ziel. Denn der Aufnehmende, die Gesellschaft im ganzen, gehören unablösbar zum Werk; sie sind in gewisser Weise sein Daseinsraum; und das wurde früher vielfach zu wenig beachtet. Es ist jedoch nur konsequent, wenn die soziologische Betrachtungsweise solche rein deskriptiven Zielsetzungen alsbald überschreitet. Lucien Goldmann z.B. behauptet gelegentlich, „die wahren Subjekte des kulturellen Schaffens (seien) die sozialen Gruppen und nicht die Individuen". Das soziologische Denken faßt Gruppen und Schichten der Gesellschaft in den Blick, es ist ein wesentlich kollektives Denken, und so muß es zu solchen Ergebnissen kommen, die das Kollektiv protegieren: das Individuelle oder gar das Einzigartige, das – zumindest in seinen entscheidenden Zügen – eben *keinen* Gruppen-Charakter hat, bleibt diesem Denken fremd.

Ganze Bevölkerungsschichten werden zu kulturellen Schöpfern erhoben. Das Individuum verschwindet im Kollektiv. Dieselbe Tendenz zum Nivellieren des Einmaligen und Außerordentlichen ist auch darin zu beobachten, daß im Bereich der Literatur kein ‚Text' mehr Vorrang vor dem andern haben soll: Trivialliteratur, Zeitungsberichte, Dichtungen und Gesetzestexte etwa stehen, eben *als* sogenannte ‚Texte', ‚wertfrei' und gleichrangig nebeneinander, man analysiert und interpretiert sie gleichermaßen. „Die Folge eines solchen Neutralismus", schrieb kürzlich Helmut Winter, „ist in der Regel, daß die Studenten zwar über ideologiekritische Hintergründe bestimmter ‚Textsorten' aufgeklärt werden, überdauernde Werke der Weltliteratur aber nicht einmal dem Namen nach kennen."

Nur kein Gewese um diese Dichter! Was bringen sie denn hervor? Einen Text wie andere mehr. – Dieser Text wird nun auf seine soziologische Relevanz hin befragt. Er wird sogar hinterfragt. Welches Klassenbewußtsein läßt das Werk erkennen? Welche Drahtzieher stehen hinter ihm, wer sind diese Herren? Ihre Gruppen-Interessen – wie raffiniert werden sie diesmal verschleiert? Ist die Erziehung autoritär? Wie erfolgt die Nahrungsaufnahme? Proletarisch? Bürgerlich? Oder zeigen sich etwa Restbestände aus der Welt der Grafen?

Fragen der Soziologie, der Politik und Ideologie bewegen die Gesellschaft als Ganzes, und sie müssen es tun; wir alle sind ihnen, sei es in Zustimmung oder

Kritik, verhaftet. Solche Fragen sind aktuell; dies freilich in einem Maße, daß die Gesellschaft eine Aktualität anderer Art kaum noch kennt. Durch die Frage nach seiner soziologischen Relevanz soll auch das Kunstwerk aktuell gemacht, d.h.: innerhalb des der Gesellschaft faßbaren Begriffs von Aktualität fixiert und gesichert werden. Nur so kann man die Existenzberechtigung von Kunst und Dichtung noch nachweisen, nur so kann man mit diesen Dingen überhaupt noch etwas ‚anfangen'. Das Kunstwerk wird im Bereich des jedermann schon Bekannten angesiedelt und somit voll in die Mechanismen der Gesellschaft ‚integriert'; es ist nur mehr ein gleichgeschaltetes Beispiel für die grundsätzlich als übergeordnet und horizontgebend vorgestellten politisch-sozialen Verhältnisse.

Die eigengesetzliche Motorik der geschilderten Vorgänge setzt sich fort. Wiederum ist es nur konsequent, wenn das Kunstwerk, das nur noch als Beispiel, nur noch als Illustration für gesellschaftliche Vorgänge, die auch ohne es da sind, fungiert und existenzberechtigt ist, wenn dieses Kunstwerk als solches, nämlich in seinem Kunstwerk-Charakter, grundsätzlich als sinnlos gilt. Kunstwerke und ihre eigene Art, da zu sein, sind scheinbar nicht mehr nötig und nicht mehr sinnvoll, sobald es das, was sie aussagen, auch ohne sie – und womöglich viel übersichtlicher – zu geben scheint. Die gesellschaftlich relevante Aussage, auf die es heute so vielen Betrachtern ankommt, tritt außerhalb des Kunstwerks, nämlich in den Fibeln der Ideologie, viel direkter und verständlicher zutage; hier wird sie nicht – höchst überflüssiger- oder wohl gar hinterhältigerweise – durch ästhetische Zusätze verschlüsselt und verschleiert.

Halten wir aber inne. Die konsequent soziologisch und ideologisch orientierte Deutung von Kunst und Dichtung hätte recht, wenn Kunst und Dichtung ihre Erfüllung darin fänden, Illustrationen zu gesellschaftlichen Vorgängen zu liefern; wenn die politisch-sozialen Verhältnisse wirklich der Bereich wären, auf den Kunst und Dichtung sich zuinnerst beziehen – wenn also das Politisch-Soziale *der* Horizont des Kunstwerks wäre. Kunst und Dichtung sind aber, wesentlich genommen, von derartigen Tendenzen weit entfernt. „Es gibt keine soziologische ... Deutung der Kunst", sagte daher schon Franz Marc mit Deutlichkeit. Die Grundlage, auf der die skizzierten Bestrebungen der Literatur- und Kunstbetrachtung aufbauen, entfällt; schon vor langem wurde sie als hinfällig durchschaut; das Kunstwerk selbst verweist uns in andere Bereiche.

Was ist das auch für eine Methode, die sich, von Skrupeln unangefochten, auf die Klärung von Begleitumständen beschränkt und versteift? Die beharrlich an der wesentlichen Eigenart ihres Gegenstandes, ein Kunstwerk zu sein, vorbeigeht? Die diesem so zunächst die Seele austreibt und dann ungerührt seine Sinnlosigkeit proklamiert? Das entschlossene Verkennen der wesentlichen Eigenart einer Sache ist das Anzeichen einer heillosen Situation.

Zwar ist das Kunstwerk – auch das große, um das es uns hier vor allem geht – nie ohne die Gesellschaft möglich; wir sagten es schon. Jedes Werk ist in einer bestimmten historischen Situation und innerhalb einer bestimmten Gesellschaft entstanden, und daher führt es immer gewisse Züge mit sich, die unverwechselbar auf diese Umstände seiner Entstehung deuten. Aber darin erschöpfen sich Wesen und Leistung des Kunstwerks nicht – je größer das Werk ist, um so weniger. Es kann historisch interessant, es kann fesselnd und sogar aufschlußreich sein, die zeitgebundenen Akzidenzien eines Werkes zu analysieren; sein Wesen aber, das uns im Innersten betrifft und – selten vielleicht – begeistert, wird so wohl kaum gefunden. Kunst und Dichtung entstehen zwar *in* der Gesellschaft und *in* der Historie; aber deshalb sind Gesellschaft und Historie noch lange nicht ihre eigentlichen und letzten Horizonte. Die Gesellschaft muß es sich gefallen lassen, daß das Kunstwerk ihrem Verfügungsbereich alsbald entwächst.

Solange die Gesellschaft dies nicht wahrhaben will, solange sie das Kunstwerk mit den Krallen der Soziologie verfügbar machen und sichern möchte, verscherzt sie sich die Nähe zum Kunstwerk. Was, solange man sich an die bloße Häufigkeit der Rede von der gesellschaftlichen Relevanz hielt, wie eine Nähe der Gesellschaft zum Kunstwerk aussah, zeigt sich bei genauerer Betrachtung als äußerste Fremdheit.

Sind wir daher nicht aufgerufen, vor allem andern den entscheidenden Zug des Werkes zu suchen, den die Soziologie so konsequent umgeht, das, worin das Werk die Umstände seiner Zeit übersteigt? Und müssen wir nicht zugleich damit den Horizont finden, dem das Wesen des Kunstwerks entspricht? Die Gesellschaft allein ist dieser Horizont nicht. Entscheidend bleibt, wohin, in welche Weltgegend eine Gesellschaft primär blickt, um den Ort, an dem das Wesen des Kunstwerks angesiedelt sein könnte, zu finden. Jede Gesellschaft tut diesen Blick. Gerät er aber auf eine Irrbahn, so bleibt die Gesellschaft vom Wesen des Kunstwerks unberührt.

Wohin wächst das Kunstwerk, wenn es der Gesellschaft entwächst? Dies vor allem müssen wir fragen, wenn anders wir weder in Abstrusitäten noch in Spezialistentum abgleiten, sondern den Ruf des Kunstwerks, der das eigentlich Menschliche in uns ruft, hören möchten.

Was ist der wesentliche Zug des Werkes? Welche Art des Fragens, welche Methode, führt zu ihm?

Heute hat die Naturwissenschaft längst die Führung innerhalb des Ganzen der Wissenschaften übernommen, und in der Gesellschaft hat sich längst die Meinung verfestigt, die naturwissenschaftliche Methode eröffne den einzig angemessenen Zugang zumindest zur Natur, vermutlich aber auch zu anderen Bereichen.[1] In anderen Wissenschaften, so in denen von Kunst und Dichtung, kommen daher neue Methoden auf, die die naturwissenschaftliche Fragestellung übernehmen und die als vorbildlich betrachtete naturwissenschaftliche Form von Exaktheit auf dem eigenen Gebiet erreichen möchten. Letztlich erhebt damit die

---

[1] Zum Folgenden vgl.: Martin Heidegger, Wissenschaft und Besinnung. In: M. H., Vorträge und Aufsätze, Pfullingen, 2. Aufl. 1959, S. 45–70.

Technik, König und Gott der heutigen Welt, den Anspruch auf Herrschaft auch in der Kunst und in den Kunstwissenschaften.

Zeigt sich auf diesem Wege ein Zugang zum wesentlichen Zug des Werkes? – Max Planck hat gesagt: „Wirklich ist, was sich messen läßt." Das Zählen und Messen ist der Grundzug der naturwissenschaftlichen Methode, des Experiments, und die Grundlage ihrer Exaktheit. Exakte Ergebnisse liefert diese Methode freilich nur in bezug auf dasjenige, was an der Natur eben meßbar und zählbar *ist*. Zugleich mit ihrer Exaktheit nimmt die experimentierende Naturwissenschaft in Kauf – ja, ihre Exaktheit wird einzig dadurch ermöglicht, daß sie *das Wesen* der Natur, das der Meß- und Zählbarkeit *nicht* zugänglich ist, ausklammert. So ist die experimentierende Naturwissenschaft gar nicht die Wissenschaft von der Natur im ganzen, sondern von demjenigen Natur-Aspekt, den sie selbst als ihr einziges Gegenstandsfeld bestimmt. Die großen Naturwissenschaftler kennen diese fundamentale Selbstbeschränkung ihres Fachs. Die Öffentlichkeit aber sieht sie kaum. Die Macht der naturwissenschaftlichen Exaktheit schlägt die Menschheit in ihren Bann. Man bestaunt – allzu begreiflich – ihre riesigen Erfolge, die die Welt technisch revolutionieren. Und so hält das Zählen und Messen in quantitativen und statistischen Verfahren massiven Einzug auch in die Wissenschaft von Dichtung und Kunst – in Gestalt z.B. der formalisierten Grammatik, der Stilstatistik und mathematischen Linguistik. Auch die Wissenschaft von Kunst und Dichtung soll endlich exakt werden. – Dasjenige, was uns aus dem Werk her zuinnerst angeht, ist aber jenem Wesen der Natur vergleichbar, das sich dem Messen entzieht. Auch das Wesen des Kunstwerks versagt sich dem Messen und Zählen. Es wird weder in der Errechnung von Worthäufigkeiten noch in der Statistik von Stilfiguren faßbar; auch quasi mathematische Formeln lassen es nicht sichtbar werden.

Wenn uns demnach, wie die Soziologie, auch die Quasi-Naturwissenschaft im Stich läßt – wie finden wir den entscheidenden Zug des Werkes? – Blicken wir einen Moment in die Vergangenheit. Läßt sich das Gesuchte, wenn nicht mit den neuen, so etwa mit den traditionellen Methoden der Wissenschaft entdecken, gegen die die derzeitige Betonung der politisch-sozialen Begleitumstände und die naturwissenschaftliche Orientierung gerade opponiert haben? Denn eine verdienstvolle, heute aber gern in Bausch und Bogen als ‚bürgerlich' oder ‚reaktionär' abgetane wissenschaftliche Tradition war schon mehr als ein Jahrhundert um das Kunstwerk bemüht. Zu ihr gehören die positivistische, die ästhetische, die problem- oder geistesgeschichtliche, die psychologische Forschung – um nur einige zu nennen. Sie stellen einen Reichtum an Mitteln zur Erkundung des Kunstwerks bereit. Heute scheint sich auch erfreulicherweise allmählich wieder die Erkenntnis durchzusetzen, daß etwa die solide Erforschung des Faktischen – das ‚positivistische' Vorgehen also – eine der unabdingbaren Voraussetzungen für jede Deutung und jedes Verstehen des Kunstwerks bleibt. Und insofern jedes Werk von Menschen geschaffen ist, die als solche eine Psyche haben, bleibt auch die Psychologie ein Quell möglicher Aufschlüsse. Wer wollte ferner leugnen, daß es so etwas wie eine Geschichte des Geistes gibt, daß die Kunstwerke an ihr Anteil haben und daß somit eine Forschung, die diesen Anteil erforscht, ihre Berechtigung behält? Und endlich: zweifellos haben Dichtungen und Kunstwerke etwas mit der Schönheit zu tun; diese ist seit je das Feld der Ästhetik; und es ist also nicht einzusehen, inwiefern die Forschung, die mit ästhetischen Kriterien arbeitet, jemals veralten könnte.

Aber – so sehr dies alles wohl zutrifft und so sehr die skizzierten Methoden vermutlich auch in Zukunft auf ihre Weise hilfreich bleiben, so sehr muß doch bezweifelt werden, daß etwa eine einfache Rückkehr zu einer von ihnen oder zu ihrer Gesamtheit schon die Rettung aus jener Krise, aus jener Entfremdung brächte, die das Verhältnis zwischen Kunst, Dichtung und Gesellschaft heute bestimmt.

Denn erinnern wir uns: es geht uns jetzt nicht darum, wie dieser oder jener Teilaspekt des Werks zu erforschen ist. Das leisten, je auf ihrem Feld, alle genannten Methoden. Es geht jetzt einzig um eins: wie finden wir, wir in unserer dürftigen Zeit, in dieser uns zugewiesenen Stunde der Welt, den Kern des Werkes, das, was die Dichtung zur Dichtung und das Kunstwerk zum Kunstwerk macht? Denn nur dies Innerste trifft uns in Wahrheit.

Gegen die Möglichkeit einer bloßen Rückkehr zum Vergangenen spricht zunächst schon jede historische Erfahrung. So wenig wie in der Geschichte im ganzen gibt es in den Wissenschaften und in der Gesellschaft ein einfaches Zurück zu früheren Zuständen und Verfahrensweisen. Wo es versucht wird, zeigt es sich bald als Rückfall, als ein unfruchtbares, weil ungeschichtliches Kopieren. „Es gibt keine Restauration", sagt Gottfried Benn, „Die geistigen Dinge sind irreversibel, sie gehen den Weg weiter bis ans Ende, bis ans Ende der Nacht." War das schon immer so, wie viel mehr muß es heute gelten, wo die Grundlagen schwanken und berechtigtes Mißtrauen gegen jedes bloße Bewahren des Vergangenen herrscht, wo alle Tradition im Wirbel der Zeit weggerissen, wo die „Nacht" *da* und ihr Ende nicht zu sehen ist.

Sind die Grundlagen der Wissenschaften nicht bis zu dem Grade schwankend geworden, daß wir uns heute fragen: Sind Geist und Psyche des Menschen, isoliert als inner-menschliche Phänomene begriffen, überhaupt tragfähige Grundlagen und Horizonte für das Verstehen von Kunst und Dichtung? Und wie steht es angesichts dieser fundamentalen Ungewißheit über das Wesen von Geist und Psyche mit dem Fundament und mit der Ergiebigkeit von Geistesgeschichte und Psychologie – immer in bezug auf unsere eine Frage? – In solcher Ungewißheit, im Zwielicht der Zeit, ist Bescheidenheit angebracht. Das Fragen ist recht einfach; ob sich Antworten einstellen, steht dahin.

Und denken wir an die Forschung, die sich ästhetischer Kriterien bedient, um die Form des Werkes zu analysieren. Es ergeben sich Feststellungen über Proportionen, über harmonische oder disharmonische Beziehungen, über Ausgewogenheit oder Unausgewogenheit des Ganzen. Fraglos sind dies überaus wichtige Ermittlungen am Werk, und wir möchten und können sie nicht missen.

– Und dennoch. Paul Klee sagt einmal zu diesem Punkt: „All dies sind hohe Formfragen, ausschlaggebend für die künstlerische Verständlichmachung, aber noch nicht Kunst im obersten Kreis." Und dies, dies nur, ist unsere Frage: Wie finden wir den einzigen Horizont, dem Dichtung und Kunst gehören und entsprechen? Wie kommen wir in den „obersten Kreis"?

Wir leben am Ende des 20. Jahrhunderts, und Krieg, Mord, Grauen und Terror gehören zur täglichen Erfahrung unserer Welt. Das können wir nie vergessen oder ausklammern; am wenigsten, wenn wir auf ein Kunstwerk hören. Denn vermutlich hat – auf irgendeine noch unbegriffene Weise – gerade das Kunstwerk mit dem Chaos der Zeit zu tun – und zwar nicht nur, wenn es, wie Picassos Gemälde ‚Guernica', Chaos und Terror direkt zu seinem Thema macht.

Würden wir, wenn es so wäre, dem Anspruch unserer Gegenwart, würden wir den Dimensionen dieses Zeitalters gerecht, wenn wir uns – zugespitzt gesagt – darauf beschränkten, auf hergebrachte Weise die Proportionen des Kunstwerks zu ermitteln? Könnten wir so der Wucht der globalen naturwissenschaftlichen Herausforderung begegnen? Wäre das nicht ein Rückfall in bloßen Ästhetizismus und Formalismus, l'art pour l'art? Erschienen Form und Schönheit nicht wie autonome Werte, die ohne Beziehung blieben zur Zeit? – Ich denke, es wäre so. Das als autonom vorgestellte Schöne, das auf nichts verweist als auf seine eigene Schönheit, die als autonom vorgestellte Form, die auf nichts als auf sich selbst verweist, erreichen nicht das, was heute auf der Erde geschieht.

Dasselbe gilt von dem im ganzen als autonom begriffenen Kunstwerk. Freilich – zumal angesichts schlimmer Erfahrungen in Diktaturen, wo die Kunst politischen Zwecken dienstbar gemacht wird, wirkt die Auffassung von der Autonomie des Kunstwerks zunächst wie eine Befreiung. Vielfach denkt man daher auch heute noch so. ‚Die Kunst ist nicht hörig; sie gehorcht nur sich selbst; sie allein, nicht eine Obrigkeit, macht ihre Gesetze'. Das hört sich gut an; und als Reaktion auf jeden Kunstterror ist es notwendig.

Aber ist das Kunstwerk wirklich nur sich selbst verantwortlich? Zwar hat kein Staat und keine andere Institution dem Künstler, dem Dichter zu befehlen. Insofern stimmt es. Aber darüber hinaus? Schwebt das Kunstwerk selbstgenügsam im luftleeren Raum? Ist es ein pures Spiel, abseits vom Abgrund der Zeit?

Ziehen wir eine Zwischenbilanz. Wir fragen nach dem, was uns aus dem Werk her zuinnerst angeht, und nach seinem eigentlichen Horizont und Lebensraum, der sich von jedem soziologisch begreifbaren unterscheidet. Soziologie und Quasi-Naturwissenschaft helfen bei diesen Fragen nicht weiter. Wir können aber auch nicht einfach zu den traditionellen Methoden zurückkehren, so sehr sie auf weite Strecken hilfreich bleiben. Und auch die weiteren Überlegungen zeigten noch keinen gangbaren Weg: einerseits mußte das Kunstwerk aus allerlei einengenden Bezugsrahmen wie z.B. der ‚soziologischen Relevanz' befreit werden, andererseits erfüllt uns die Lehre von seiner absoluten Autonomie mit Unbehagen.

Dichtung, Kunst und heutige Gesellschaft 227

– Verwirrung und Ratlosigkeit scheinen vollkommen; und wie kann es anders sein, heute, wo alle Denkgewohnheiten fragwürdig werden.

Der ‚entscheidende Zug' des Werkes hat sich bisher nicht gezeigt. Aber eine Vermutung tauchte auf: Das Wesen des Kunstwerks, angekündigt durch das, was uns zu Zeiten aus einem Kunstwerk her angeht, ist imstande, es mit dem Ungeheuren aufzunehmen, das in unserer Zeit waltet. Träfe dies zu, so stünde, des Streits der Methoden ungeachtet, auf dem Spiel, ob große Kunst und große Dichtung noch einmal den Menschen erreichen. Dabei ginge es nicht darum, dem Menschen ästhetische oder kulturelle Erlebnisse zu verschaffen; die hat er gerade heute übergenug. Es ginge um ganz anderes. Die einzige Frage wäre, ob der Anspruch des Kunstwerks und der Bereich, aus dem dieser Anspruch kommt, vom Menschen erfahren werden. Denn: Hält das Kunstwerk das Ungeheure der Zeit aus, läßt es sich gar auf das Ungeheure ein und gibt ihm bei sich Ort und Stätte, so ist es, wesentlich genommen, der Bote eines Bereichs, der das Dasein, die Zeit und den Menschen als das Ganze, das sie sind, trägt und so auch jeder Gesellschaft und jedem epochalen Schicksal den Grund gibt.

An diesem Punkt der Überlegungen sollte ein Kunstwerk selbst uns ‚ansprechen'; ein konkretes Werk sollte, abseits aller Theorie, den Bereich erscheinen lassen, dem es einzig verpflichtet ist. – Ich lese das Gedicht ‚Ein Wort' von Gottfried Benn vor:

> EIN WORT
>
> Ein Wort, ein Satz –: aus Chiffren steigen
> erkanntes Leben, jäher Sinn,
> die Sonne steht, die Sphären schweigen
> und alles ballt sich zu ihm hin.
>
> Ein Wort – ein Glanz, ein Flug, ein Feuer,
> ein Flammenwurf, ein Sternenstrich –
> und wieder Dunkel, ungeheuer,
> im leeren Raum um Welt und Ich.

Das Gedicht entstand wohl im Jahre 1941; 1943 wurde es zuerst gedruckt. ‚Hinter' ihm, wie man so sagt, steht Gottfried Benns eigenartiges Weltbild, seine Kunsttheorie, seine Theorie speziell vom Wort und seinen magischen Kräften. Wir lassen dies alles in unserm Zusammenhang einmal beiseite; vermutlich wachsen Benns Gedichte auch über seine Theorie hinaus.

> Ein Wort, ein Satz –: aus Chiffren steigen
> erkanntes Leben, jäher Sinn,
> die Sonne steht, die Sphären schweigen
> und alles ballt sich zu ihm hin.

– alles ballt sich hin zum „Wort", zum „Satz", zu der Dichtung, die, „aus Chiffren", diese Weltall-Räume, diese fernen Wesen heraufruft, aufsteigen und somit da sein läßt. „Alles", Welt und Dasein als ein Ganzes, nicht nur dieses oder jenes Vereinzelte, ist in der Dichtung für den Menschen *da*.

> Ein Wort – ein Glanz, ein Flug, ein Feuer,
> ein Flammenwurf, ein Sternenstrich –

– wieder ist da dieser kosmische, alles umgreifende Bereich, und er wird erhellt, er wird also überhaupt erst sichtbar durch „Glanz" und „Feuer" des Wortes. Dessen „Flammenwurf" durchrast das All, sammelt das All in der Kraft seines Flugs und ‚bringt' es als Dichtung dem Menschen.

Gebracht wird damit aber vor allem „jäher Sinn": was den Menschen eigentlich trifft, indem das All als Dichtung zu ihm kommt, ist nicht die pure, physikalisch vorgestellte Dimension. Daß das All riesig ist, weiß der Mensch, gerade heute, sehr gut auch ohne die Dichtung.

Was im „Wort" eigentlich beim Menschen ankommt, ist ‚Erkenntnis', ist „Sinn" des Ganzen, ist ein Ruf der Welt, der das Menschliche in ihm trifft und dort womöglich ein Echo hervorruft. Die Dichtung läßt jäh das Ganze von Welt und Dasein als Sinn beim Menschen anwesend sein.

Aber nur zuzeiten gelingt ein Flammenwurf. Große Dichtung, große Kunst sind selten. In den Zwischenzeiten herrscht

> Dunkel, ungeheuer,
> im leeren Raum um Welt und Ich.

Noch in dieser dürftigen Phase aber bewährt sich gleichsam die sammelnde, ‚bringende' Kraft des Wortes: da sein Feuer der Welt nun fehlt, wird das zuvor von ihm Erhellte in seinem Dunkel um so spürbarer; und so erscheinen Welt und Dasein wiederum als ein Ganzes, in der Gestalt nämlich nunmehr des leeren Raums.

Wohin hat das Gedicht uns gebracht? In den Bereich, in den Dichtung und Kunst gehören, dem sie entsprechen und aus dem her sie den Menschen rufen. Das Dasein, die Welt, das ‚Ganze': damit ist der unausdehnbare Horizont angedeutet, dem Dichtung und Kunst zugeordnet sind, den sie im Werk anwesend sein lassen, den sie in Wort, Ton, Farbe, Stein zur Gestalt, zur Erscheinung bringen.

Der Mensch, der zumeist im Alltag oder allenfalls im Horizont der ‚Gesellschaft' und ihrer Bedürfnisse aufgeht, wird durch das Kunstwerk in den unendlich weiteren Welt-Horizont gerufen, dem er freilich zuinnerst schon immer zugehört. Das Kunstwerk ruft den Menschen auf, im eigentlich Menschlichen einheimisch zu werden.

Man denkt zu kurz, wenn man, wie heute fast überall, die Gesellschaft für den weitesten Lebensraum des Menschen hält. Jede Gesellschaft wird von einer ‚Welt' umfangen und empfängt aus ihr die Möglichkeit ihres Daseins. Im Horizont der ‚Welt', und nicht auf dem Felde der Soziologie, entsteht – und vermutlich nicht allein durch menschliche Entwürfe – die jeweilige Interpretation der Wirklichkeit im ganzen. In diesem Horizont zeigt sich, ob Götter den Menschen angehen oder ob die Zeit es will, daß die Welt aus purer Materie besteht: von hier gehen Idealismus oder Materialismus aus und das, was jeweils als Humanität gilt; und all dies wird der Maßstab für jedes staatliche, gesellschaftliche und individuelle Handeln. Die ‚Welt' bestimmt die Gesellschaft, und dies so grundlegend und tief, daß dieser Grund ganz verschüttet werden kann. Die Gesellschaft meint dann, sie existiere aus sich allein (was immer dies auch sei); sie schafft sich die Soziologie und verfällt in den Wahn, soziologische Strukturen seien ihr äußerstes Gesetz. – Vom Welt-Horizont zeugt und in ihn ruft das Kunstwerk.

Es ruft dem Menschen „jähen Sinn" zu. Das bloß Riesenhafte der physikalisch-astronomisch vorgestellten Welt verschlägt nichts. Was also *ist* der „Sinn", der jäh im Flammenwurf den Menschen trifft? Im „Sinn" erst vollendet sich das, was als ‚Welt' zum Menschen gehört.

Der Flammenwurf versammelt „alles", das Ganze der Welt, in die Dichtung. – Dies sollte wohl gleichsam nur ‚auf den Knien des Herzens', wie Kleist sagte, ausgesprochen werden; denn es ist ein unausdenkbarer Vorgang.

Gemeinhin zerfällt uns ‚die' Welt in zahllose Welten, Aspekte, Gruppen, Spezialbereiche; Krieg und Chaos der Parteiungen zertrümmern jede Brücke. Die Einheit aller Teil-Welten, das Ganze, ist verschüttet bis zu dem Maße, daß es überhaupt kein ‚Ganzes' zu geben scheint, das verschüttet werden könnte. In diesen Scherbenhaufen, dieses Nichts, fährt der Flammenwurf, und der kaum gekannte Bereich der Einheit des Ganzen glänzt auf.

Worin gründet dieser Glanz? Inwiefern ist nicht nur der sich aufdrängende Unterschied der Dinge, sondern auch ihre verborgene Einheit *wahr*?

Die Einheit des Ganzen beruht in einem Sachverhalt, der seit alters den Menschen angesprochen hat, zugleich aber immer wieder dem Bewußtsein entschwindet: in dem Sachverhalt, daß alles, was ist, und sei es das Auseinanderstrebendste, in einer tiefen – und eben daher zumeist verschütteten – Schicht zueinandergehört. Die Welt ist die gemeinsame Wohnung dessen, was ist; und diese Gemeinsamkeit ist keine schal formale. Das gemeinsame Dasein, das Beruhen und das Gelassensein in diesem ältesten und äußersten Horizont, aus dem nichts herausfallen kann, ist vermutlich die tiefste Qualität der Dinge. Nur weil das Zusammengehören von allem mit allem in der Gemeinsamkeit des Daseins faktisch besteht, *kann* der Flammenwurf auf seinem Flug „alles" sammeln; nur deshalb *kann* „alles" sich *mit Wahrheit* zum Wort hin ‚ballen'. Bloß heterogene Teile, die nichts wären als dies, böten hierfür keine sachgerechte Grundlage.

So dürfte das Zusammengehören auch als ein „Sinn" des ‚Ganzen' gelten. Der Flammenwurf ruft „alles", dieses im Alltag tief Getrennte, in Wahrheit aber ebenso tief Gemeinsame, in seinem Zueinandergehören aus Verschüttungen herauf; und eben damit entbindet er den im riesigen Ganzen ruhenden, auf den Menschen wartenden, ihn in das Ganze rufenden Sinn:

> Ein Wort, ein Satz –: aus Chiffren steigen
> erkanntes Leben, jäher Sinn,
> die Sonne steht, die Sphären schweigen
> und alles ballt sich zu ihm hin.

> Ein Wort – ein Glanz, ein Flug, ein Feuer,
> ein Flammenwurf, ein Sternenstrich –
> und wieder Dunkel, ungeheuer,
> im leeren Raum um Welt und Ich.

Benn, in seinen Müdigkeiten, seiner Schwere, seinem Versinken, ist wesentlich ein Dichter der Nacht – der Flammenwurf glänzt nur selten am Firmament, dann kommt wieder das Dunkel. „Das Selbstgespräch des Leides und der Nacht" ist für Benn das Gedicht; und „die geistigen Dinge", wie wir schon hörten, „... gehen den Weg weiter bis ans Ende, bis ans Ende der Nacht" –: diese Nacht ist nicht die Nacht im Gegensatz zum Tag, das ist die Nacht der Zeit, der Verlust der Ideale und der Werte, Chaos, finale Zone, eisernes Säkulum.

Die Nacht der Zeit dauert nicht erst seit Gottfried Benns Tagen. Vor mehr als einhalb Jahrhunderten schon war ein Dichter der Weltnacht da, Hölderlin, dem die Wurzeln der Nacht, die Quellen der Verfinsterung sich in schärferem Lichte zeigten.

Den „Sinn", wie er ihn sah, hat Hölderlin in die Zukunft gerufen, so, daß der Ruf noch unsere Gegenwart überholt und auch zu unserer Zukunft gehört. Jenes Welt-Fundament des innersten Sich-Gleichens und daher Zusammengehörens von allem, was ist, der „Sinn" also, ist in Hölderlins ‚Hyperion'-Roman eine Grunderfahrung des Helden:

> Ihr Quellen der Erd'! ihr Blumen! und ihr Wälder und ihr Adler und du brüderliches Licht! wie alt und neu ist unsere Liebe! – Frei sind wir, gleichen uns nicht ängstig von außen; wie sollte nicht wechseln die Weise des Lebens? wir lieben den Aether doch all' und innigst im Innersten gleichen wir uns.

Die Quellen, die Wälder, die Adler, das Licht und der Mensch gleichen sich innigst im Innersten. Ihre wechselnde Gestalt ist das Gewand ihrer Gleichheit. Das Unterschiedene ist in *einer*, der maßgebenden, Hinsicht einig. Gemeinsam ziehen die Dinge und Wesen die Bahn des Daseins; gemeinsam bauen sie, so tief auch ihr Streit ist, am Bau des äußersten Horizonts. Der berühmte Satz am Schluß des ‚Hyperion' lautet: „Versöhnung ist mitten im Streit und alles Getrennte findet sich wieder."

Aber eben diese innerste Gleichheit, die ‚Brüderlichkeit', die tiefste Schicht ist verschüttet, damals wie heute; und so wurde es die Aufgabe Hölderlins in seinem Spätwerk, das „feste Gesetz" des brüderlichen Sich-Gleichens, das Gesetz der ‚Welt' und des „Sinns", „wie der Adler den Raub" packt, aufzuschreiben und ‚gut zu deuten' und es der Zukunft als ‚festen Buchstab', als Maß des Lebens zu gutem Gebrauch zu überliefern.

Hölderlins „Gesetz" spricht vom Himmel und von der Erde, von Göttern und Menschen; diese, die großen Weltteile, seien innerhalb der Brüderlichkeit dessen, was ist, einander vorzüglich zugetan; und gemeinsam bildeten sie, „immergekettet", das Ganze der ‚Welt'. Die Zuneigung zwischen Himmel und Erde, Himmlischen und Sterblichen, und die Wandlungen dieser Zuneigung, sagt Hölderlin, seien Maßgabe und Spielraum dessen, was in der Geschichte des Menschen auf der Erde geschieht. Störungen des Zusammenspiels von Erde und Himmel, wie vor allem der Verlust der Götter, führten zu den Welt-Katastrophen; so auch zur Weltnacht der Gegenwart. In solchen Zeiten sei es die Aufgabe des Menschen, das Seinige zu tun, um die verlorenen Götter zu finden und das Gleichgewicht, das Zueinandergehören von Erde und Himmel wieder herzustellen:

> Denn nicht vermögen
> Die Himmlischen alles. Nämlich es reichen
> Die Sterblichen eh' an den Abgrund.

In einem langher ziehenden Flammenwurf kommt, inmitten der noch herrschenden Weltnacht, ein Gesetz der Welt in unsere Nähe, heute, wo die Sterblichen so weit wie wohl noch nie in ihrer Geschichte „an den Abgrund" reichen. Hölderlins Dichtung scheint fern, sie scheint anachronistisch zu sein. Sie ist unserer Weltstunde aber so nah wie weniges. Indessen weiß niemand, ob das von ihr gebrachte „Feuer" die Gegenwart trifft oder im „Dunkel", im „leeren Raum um Welt und Ich" verschwindet. –

Zwei Welt-Entwürfe verschiedener Epochen haben uns in den Bereich versetzt, in den Kunst und Dichtung gehören. Beide Entwürfe unterscheiden sich voneinander, dem geschichtlichen Wandel, dem Fortschreiten der Weltnacht entsprechend. Ob bei Benn noch, wie bei Hölderlin, ein „Gesetz" des Welt-„Sinns" sichtbar wird, ob in seiner Dichtung Himmlische noch da sind oder als entschwundene bewahrt werden, soll hier offen bleiben. Aber – unbeschadet aller Unterschiede: der *Bereich*, in dem beide Entwürfe spielen, ist derselbe: der äußerste jeweils sichtbare Welt-Horizont.

Beide Entwürfe lehren: Dichtung und Kunst sind, wesentlich genommen, weder Ausdruck schöpferischer Individuen, noch Spiegel sozialer Strukturen, noch auch Anlaß zu isoliert ästhetischen Erlebnissen. Sie sind Boten der Welt und der Wahrheit, und das heißt zugleich: des Menschentums.

Dichtung und Kunst gestalten die ‚Welt', und diese wandelt sich. Kein früherer „Flammenwurf" ist wiederholbar. Die Folge der Würfe ist wie die Folge der Welten geschichtlich. Jede neue Zeit braucht eine neue Kunst, um überhaupt ‚Welt' zu bilden.

Dieser ständige Neubeginn, dieser Wechsel begründet jedoch auf keine Weise so etwas wie eine Relativität der Künste. Kein Kunstwerk kann veralten. Obwohl jeder Flammenwurf ursprünglich neu ist, nie da war und nie wiederkehrt – oder vielmehr: gerade weil das so ist, bleibt er in maßgebender Hinsicht vom historischen Wechsel unberührt:

> Wandelt sich rasch auch die Welt
> wie Wolkengestalten,

>   alles Vollendete fällt
>   heim zum Uralten.
>
>   (Rilke, Die Sonette an Orpheus, XIX)

Jeder Flammenwurf gehört zugleich mit seinem Dasein unantastbar schon dem Bereich, dem er entspringt und dem, auf geschichtlich andere Weise, auch jeder frühere und spätere Wurf gehört: dem „Uralten", dem äußersten Horizont, dem „obersten Kreis".

Nur als Gestalt ‚bringt' das Werk dem Menschen die Welt. Das läßt sich kaum gründlich genug erwägen. Das Gedicht ‚Ein Wort' ließ das Ganze der Welt nicht etwa schon deshalb beim Menschen anwesend sein, weil es Wörter wie „Sinn", „Leben" oder „alles" benutzte. Hunderte von Gedichten können gerade solche Wörter verwenden, ohne im mindesten ‚Welt' sichtbar zu machen. Entscheidend war, daß diese acht Zeilen dicht sind, geformt, geprägt – „hinterlassungsfähiges Gebilde", wie Benn sagt –, zur Gestalt gefügt von einem Ereignis, das wir *Stil* nennen.

Der Stil ist, wie das Kunstwerk selbst, dem Bereich des Subjektiven weit entrückt. Drei Verse von Gottfried Benn lauten:

>   die erst von Händen berührten,
>   doch dann den Händen entführten
>   Statuen bergen die Saat.

Bloß subjektiv gemachte Manier entlarvt sich selbst. Der Stil hat andere Dimensionen. Er gehört mit dem Kunstwerk in den Horizont der Welt; dorthin wird er „den Händen entführt" und dorthin führt er den Menschen. – Das Wort ‚Stil', das wir fast unvermeidbar als ‚Stil *eines Künstlers*', ‚Stil *einer Epoche*', als etwas dem Individuum oder einem Zeitalter *Gehörendes* begreifen, ist daher vielleicht unangemessen.

Denken wir an einen großen Maler. Als Vincent van Gogh seine Landschaften, seine Stilleben und Porträts malte, ergriff das einheitgebende, „welt"bringende Ereignis seines Stils alles, was er auf die Leinwand brachte. Alles ‚ballte sich zu ihm hin'. Das Feld, das Haus, der Mensch, die Erde, der Himmel und die Sterne gehörten ja schon von sich her im Dasein tief zusammen. Sie waren nie die vereinzelt-isolierten Gegenstände gewesen, als die sie in der Verkümmerung der Zeit galten.

Van Goghs Stil – dieses ‚Welt'-Ereignis – nahm sich dieses Sachverhalts an und schrieb ihn, wesentlich ihn selbst, auf die Leinwand. Die Strichführung des Pinsels, die Intensität der Formgebung ist bei Erde und Himmel, Mensch und Sternen, bei jedem möglichen Ding, dieselbe. Weil alles im Dasein von sich selbst her schon zusammengehört, nur deshalb kann und muß das Ereignis des Stils alles einheitgebend zusammenfügen. Die Verschüttungen brechen auf; die Dinge folgen diesem Aufbruch und gelangen ins Bild in ihrer eigentlichen, nämlich brüderlichen Erscheinung; alles im Bilde *sagt* durch die Verwandtschaft seiner

Gestalt: ‚das Zusammengehören ist da, nimm es wahr'; die Dinge ‚trinken ein Augenlicht' (Hölderlin); sie leuchten in ihrem tiefen Wesen.

Das Ereignis des Stils, nicht das Motiv oder der ‚Gegenstand', ist das eigentlich abbildende Element des Werkes. Was auch immer der ‚Gegenstand' eines großen Kunstwerks ist: nur der alles zusammenfügende Stil malt und dichtet das Welt-Faktum, daß alles Getrennte sich wiederfindet, weil es in Wahrheit schon zusammengehört.

Dieses Wesen des Stils entspringt nicht im Subjekt, in Geist oder Psyche des Künstlers, und es ist nicht primär ästhetisch faßbar. Es hat seinen Grund und seine Wahrheit in der Verfassung der menschlichen ‚Welt'. Sein Flammenwurf brennt die Verschüttungen, die Verkrustungen weg; durch ihn, nur durch ihn – und daher auch nirgendwo außerhalb des Kunstwerks – tritt der äußerste Horizont, das Uralte, die ‚Welt', als Gestalt leibhaftig in die Erscheinung.

Wir kommen zum Schluß. – Kunst und Dichtung sind nicht autonom; sie entspringen und entsprechen der ‚Welt'. In ihnen ist die tiefe Schicht, das Zueinandergehören von allem mit allem, in geschichtlich wechselnder Weise da, und sie beschwören gleichsam den Menschen und die Gesellschaft, diesen Bereich wahrzunehmen.

Das sieht aus wie ein Anspruch der Kunst; aber durch die Kunst spricht den Menschen in Wahrheit nur die ‚Welt' und damit sein eigenes Wesen an.

Die Gesellschaft, in ihrer Haupttendenz, hält sich nicht bei *dieser* Welt, sondern allenfalls bei dem auf, was das soziologische Dafürhalten als ‚Welt' zuläßt. ‚Die' Welt zerfällt ihr in die vielen Welten; die im Dasein verbundenen Dinge zerfallen ihr in zahllose, heterogene und in sich isolierte Gegenstände und Gegenstandsbereiche. Der Himmel ist allenfalls als das naturwissenschaftlich vorgestellte Weltall bei ihr anwesend, nicht als einer der Bezirke der menschlichen Welt, der daran mitwirkt, den Welt-„Sinn", das Zusammengehören, zu konstituieren.

Daher lebt die Gesellschaft in einer notwendigen Spannung zu Kunst und Dichtung. Sie versucht diese Spannung aufzuheben, indem sie dem Kunstwerk die soziologische Begrifflichkeit – oder andere, ihrem Selbstverständnis nahestehende Begriffssysteme – überwirft. So entfernt sie sich aber nur immer weiter vom Kunstwerk.

Dieses hält, indem es ‚Welt' gestaltet, das Ungeheure der Zeit aus und fügt es ins Bild und ins Wort. Es bringt dem Menschen den Bereich, in dem sich alle Zeiten und aller Streit der Dinge, auch das Chaos, treffen. „Versöhnung ist mitten im Streit und alles Getrennte findet sich wieder." Im Kunstwerk ist das Zueinandergehören, die Eintracht des Getrennten und also, recht verstanden, der Weltfriede als Ereignis da.

Hier nun liegen, denke ich, die Bedeutung und die Leistung des Kunstwerks für den Menschen und für die Gesellschaft. Die möglichen Auswirkungen dieser Leistung sind nicht abzusehen. Nicht als ob der Weltfriede schon im politischen

Alltag Wirklichkeit würde, sobald der Mensch das Kunstwerk und seinen Wesensraum achtet; derartige Spekulationen wären nur abwegig und bestenfalls naiv. Aber umgekehrt gilt: solange der Mensch die Dimension verkennt, in der der Friede beruht, kommt der Friede nicht zu ihm.

Bestrebungen, das Wesen und die Leistung des Kunstwerks jedermann zugänglich zu machen – Bestrebungen, die ihre lange Geschichte haben –, sind daher nicht nachhaltig genug zu unterstützen. Der Ruf des Kunstwerks fände die ihm entsprechende Antwort erst, wenn die Gesellschaft als Ganzes antwortete. Alles kommt jedoch darauf an, wie die gute und notwendige Absicht, jedermann zum Kunstwerk zu führen, in die Tat umgesetzt wird.

Demnach stellt sich die Frage: Können Hinweise auf Sachverhalte wie ‚die Eintracht des Getrennten', ‚der äußerste Horizont' und ‚der Weltfriede' dazu beitragen, jemanden, der dem Kunstwerk aus sozialen oder welchen Gründen auch immer bislang fern gestanden hat, zum Kunstwerk zu führen? Müssen sie ihm nicht als fremd, ungewohnt, unbequem erscheinen? Und gilt das nicht auch für jemanden, der der Beschäftigung mit dem Kunstwerk keineswegs fernsteht, der es aber z.B. unter primär ästhetischen oder soziologischen Prämissen zu sehen gewohnt ist?

Eine solche Reaktion ist nicht auszuschließen. Aber jene Sachverhalte sind, was sie sind. Sie verändern sich nicht diesem oder jenem Betrachter zuliebe. Daher ist alle Intensität darauf zu richten, diese Sachverhalte angemessen zu vermitteln – eine Aufgabe für Jahre und Jahrzehnte, eine Aufgabe auch, die auf das entgegenkommende Bemühen der Angesprochenen angewiesen bleibt. Brechts „lesender Arbeiter" jedenfalls würde betrogen, wenn man ihm weismachen wollte, er könne zum Kunstwerk gelangen, ohne sein altes Denken zu ändern, wenn man demgemäß das Kunstwerk nach Maßgabe dieses alten Denkens verböge und seine Aussage etwa auf das Illustrieren von Klassengegensätzen reduzierte. Der lesende Arbeiter würde betrogen um die entscheidende Leistung des Kunstwerks.

Ein Beispiel hierzu aus einem anderen Bereich. Niemand verlangt von der Relativitätstheorie, sie solle ihre entscheidende Aussage ändern oder aufgeben zugunsten des Verständnishorizonts, den dieser selbe Arbeiter, unvorbereitet wie er notwendig ist, ihr entgegenbringen kann. Auch und gerade für den Arbeiter ist es vielmehr selbstverständlich, daß er – gesetzt, er will diese Theorie überhaupt kennenlernen – sich in geduldiger Arbeit ihrer Aussage allmählich nähern muß. Und nur so – indem man sie nämlich ungeschmälert das sein läßt, was sie ist, und sie nicht willkürlich verbiegt – vermag es die Relativitätstheorie – über die Vermittlung durch die moderne Physik –, ihre entscheidende Leistung für die Menschheit und also auch für den Arbeiter fruchtbar zu machen. – Wir sind heute weit davon entfernt zu begreifen, daß für das Kunstwerk Entsprechendes gilt. Auch das Kunstwerk stellt an uns alle den einfachen Anspruch, daß wir es das sein lassen, was es ist. Es stellt diesen Anspruch nur, um uns das, was es in sich trägt, geben zu können.

Wollte die Gesellschaft sich in ihrer Haupttendenz – worauf kaum etwas hindeutet – dem Ruf und der Dimension des Kunstwerks öffnen, so müßte sie radikal umdenken. Vor allem müßte sie bereit sein und fähig werden, das nicht Meßbare, das Geheimnis, das Wunder aller Wunder, als solches zu erfahren, anzuschauen und auszuhalten; denn das Uralte, der äußerste Horizont und sein Erscheinen im Kunstwerk sind das Wirklichste und das Geheimnis zugleich. „Es klingt vielleicht paradox, aber es ist tatsächlich die Wirklichkeit, die das Geheimnis unseres Daseins bildet", sagte Max Beckmann. Der Mensch jedoch, der sich heute gemeinhin für aufgeklärt hält und meint, sein Denken sei überaus realistisch, will vom Geheimnis nichts wissen. So geht er freilich zugleich an der Wirklichkeit vorbei.

Ob und wie das Kunstwerk und damit Welt, Wirklichkeit und Geheimnis künftig erfahrbar werden, weiß niemand. Ein Rezept gibt es nicht. Mathematisch beweisen läßt sich hier nichts. Ein erster, freilich wohl schon sehr großer Schritt könnte sein, daß wir unsere Überheblichkeit abwerfen, daß wir das Kunstwerk nicht mehr mit unseren Tages-Themen, so wichtig sie sein mögen, überfallen, sondern daß wir erst einmal auf das Kunstwerk hören. Was wir brauchen, ist ein reines, nüchternes, aber zugleich leidenschaftliches Aufnehmen und Annehmen dessen, was in großer Kunst da ist und auf uns wartet. Es wäre gut, unter dem Anspruch des Kunstwerks lange zu schweigen, um zunächst alle Intensität auf das Hören und Sehen zu sammeln. Van Gogh sagte: „Ich ziehe es vor zu schweigen, statt mich schwach auszudrücken." Vielleicht wächst im Schweigen die Bereitschaft, die Wirklichkeit als das Geheimnis zu achten.

DER „ZAUBER DER WELT" UND DAS HEUTIGE „CHAOS"

Heidegger und die moderne Dominanz des Dürftigen

> Aber freilich, seit Kopernikus ist ja der Untergang der Sonne nur noch eine Augentäuschung. Die moderne Wissenschaft weiß darüber besser Bescheid. Sonnenuntergänge sind nur noch für ‚Poeten' und ‚verliebte Leute'. An die Stelle des Zaubers der Welt ist ein anderer Zauber getreten. Das Zauberhafte ist jetzt die ‚Physik' selbst, nämlich als eine Höchstleistung des Menschen. Der Mensch bezaubert sich jetzt durch sich selbst. Der neuzeitliche Mensch ist jetzt der Zauberer.
>
> (Heidegger: Heraklit)[1]

> Wollten wir indessen nachprüfen, was jedermann sich jeweils vorstellt, wenn er das Wort „Seiendes" hört oder nachspricht, dann ergäben sich die verschiedenartigsten und wunderlichsten Auskünfte. Wir müßten dabei einer seltsamen Verwirrung ins Gesicht sehen und vermutlich anerkennen, daß das vielberufene Chaotische des heutigen Weltzustandes schon in solchen unscheinbaren Bereichen sich umtreibt, wie es der Bedeutungsbereich dieses Wortes zu sein scheint. Vielleicht hat das genannte Chaos hier sogar seine Wurzel.
>
> (Heidegger: Was heißt Denken?)[2]

1

> Wandelt sich rasch auch die Welt
> wie Wolkengestalten,
> alles Vollendete fällt
> heim zum Uralten.

In der Erinnerung an diese Strophe Rilkes aus den „Sonetten an Orpheus" (XIX) hat Hannah Arendt über Heidegger gesagt:

> ... der Sturm, der durch das Denken Heideggers zieht – wie der, welcher uns nach Jahrtausenden noch aus dem Werk Platos entgegenweht – stammt nicht aus dem Jahrhundert. Er kommt aus dem Uralten, und was er hinterläßt, ist ein Vollendetes, das wie alles Vollendete heimfällt zum Uralten.[3]

---

[1] Martin Heidegger: Heraklit. Gesamtausgabe (GA) Bd. 55, Frankfurt a.M. 1979, S. 50.
[2] Martin Heidegger: „Was heißt Denken?" Tübingen 1954, S. 130.
[3] Hannah Arendt: „... zum 26. September 1969 ...". In: Hannah Arendt/Martin Heidegger: Briefe 1925 bis 1975. Hrsg. von Ursula Ludz. Frankfurt a.M. 1998, S. 192.

Von einem verwandten Sturm, der, aus dem Uralten kommend, „in Tagen der Not" die Erde trifft und so dem Sturm in Heideggers Denken unmittelbar vergleichbar ist, sprechen Hölderlins Verse aus der Hymne „Der Mutter Erde":

> Die Tempelsäulen stehn
> Verlassen in Tagen der Not,
> Wohl tönet des Nordsturms Echo
>   tief in den Hallen,
> Und der Regen machet sie rein,
> Und Moos wächst und es kehren die Schwalben,
> In Tagen des Frühlings, namlos aber ist
> In ihnen der Gott,...   (V. 51–58)

Des Nordsturms Echo tönt in den verlassenen Tempeln, in denen der Gott durch das Geschick der Gottlosigkeit namlos geworden ist. Der Sturm kommt, als eine Naturkraft, „aus dem Uralten" und bringt so den „Tagen der Not" das ‚alte Wahre' und das alte Maß. Er hält nach seiner Weise zu den Tempeln; er überläßt sie nicht ihrer Verlassenheit. Ebenso handeln der Regen, das Moos und die Schwalben an dem verödeten Menschenwerk. Der Sturm entlockt ihm darüber hinaus ein Echo, eine Antwort, die die unverbrüchliche Verbundenheit von Erde und Himmel bezeugt.

Der „Nordsturm" in Hölderlins Versen und der „Sturm, der durch das Denken Heideggers zieht", kommen „aus dem Uralten" und bringen der Welt Kunde von ihm. Diese Kunde müßte die Welt bewegen. Der Nordsturm empfängt, als ein geringes Zeichen einer solchen Bewegung, das Echo der Tempelhallen. – Wie steht es mit dem Echo, das auf den „Sturm" antwortet, „der durch das Denken Heideggers zieht"? Wie lautet die Antwort unserer Gegenwart auf Heideggers Denken? Läßt unsere Gegenwart sich durch dieses Denken bewegen?

Im Jahre 1949 legte Heidegger die 1929 zuerst erschienene Schrift „Vom Wesen des Grundes" der Öffentlichkeit in dritter Auflage erneut vor. In bezug auf die von ihm gedachte „Sache" stellte er in einem „Vorwort zur dritten Auflage" die Frage: „Wie wäre es, wenn die Besinnlichen begännen, auf diese seit zwei Jahrzehnten wartende selbe Sache endlich denkend einzugehen?"[4] Heidegger vermißte ein Echo der Gegenwart.

Seitdem ist die Wirkung seines Denkens ständig gewachsen. Sie hat sich schon lange weltweit ausgedehnt. Seit langem gilt Heidegger als der wohl größte Denker des zwanzigsten Jahrhunderts. Wir lernen einzusehen, daß sein Denken ‚vollendet' ist.

Dennoch: Diese weltweite Wirkung Heideggers hat naturgemäß bislang nur die – global gesehen – wenigen Nachdenklichen von heute erreicht. Im Hinblick auf die moderne ‚Gesellschaft' im ganzen wird Heideggers Wirkung durch den vom „Ge-stell" bestimmten, weltweiten Sog des neuzeitlich vorstellenden und immer mehr verflachenden ‚Denkens' fundamental beschränkt. Die heute tonan-

---

[4] Martin Heidegger: Vom Wesen des Grundes. Frankfurt a.M. 3/1949, S. 5.

gebenden Kräfte der Gesellschaft sind von Heideggers Denken noch ganz unberührt. Die von diesem Denken eröffnete – oder wohl richtiger: die noch in ihm verborgene – „weltgeschichtliche Heilsamkeit"[5], die aus der „Not" unserer Tage heraushelfen könnte, ist an ihrer Entfaltung bisher grundlegend gehindert; denn die Herrschaft des Ge-stells hat den Menschen in „das vielberufene Chaotische des heutigen Weltzustandes"[6] getrieben und verwehrt es ihm, das heilsame Denken auch nur wahrnehmen, geschweige denn ihm antworten zu können.

Einige Wesenszüge und Erscheinungsformen dieses heutigen „Chaos" sollen uns weiter unten beschäftigen. Zunächst aber müssen wir diejenige „Welt" aufsuchen, die Heidegger dem Menschen als die Heimat seines Wesens gezeigt hat, denn nur im Lichte dieser Welt wird das heutige Chaos als solches erfahrbar.

Wir folgen dabei Heideggers Wort vom „Zauber der Welt"[7]. Es zeigt einen Grundzug des Weltwesens an, der das Gemüt des Menschen bestimmt. Licht und Zauber der „Welt", so behaupten wir zunächst, sind das Heilsame in einer heillosen Zeit.

2

Die Heimat des menschlichen Wesens ist die Welt als das „Geviert",[8] als die Versammlung der „vier Weltgegenden" Himmel – Erde – Himmlische – Sterbliche, die, „von sich her einig", im Geviert zusammengehören.

Im Wesen dieser Welt wohnt ein „Zauber". Von ihm sind nicht nur die „Sonnenuntergänge"[9], andere ‚schöne Naturstimmungen' und verwandte Erscheinungen geprägt. Der Zauber der Welt waltet vielmehr in allem Seienden, denn er entstammt dem grundlegenden Sachverhalt, daß es jene vier „Weltgegenden" – die größten menschlichen ‚Dinge' – sind, die auf urtümliche Weise die „Welt" bilden. Diese unausdenkbare ‚Herkunft' begründet eine unausdenkbare – und daher zauberhafte – Wesensverfassung des Weltganzen.

Alle in der Welt anwesenden Dinge haben daher an diesem Zauber Anteil. So sagt Heidegger etwa vom Wesen des Vogels, „daß im Schwingen und Anschweben die freie Durchmessung des Offenen, im Singen die Kunde und der Ruf und der Zauber anwest ...".[10]

Alles kommt darauf an, daß wir, die wir in unserer entzauberten Welt hausen, die ‚richtige Richtung' einschlagen, um den Zauber zu erfahren. Denn obwohl der Zauber der Welt für den Menschen das Nächste ist – der Mensch lebt

---

[5] Vgl. „Hölderlin, Heidegger und das Künftige", unten S. 259ff.
[6] S. oben das zweite Motto.
[7] S. oben das erste Motto.
[8] Martin Heidegger: „Bauen Wohnen Denken". In: Ders.: Vorträge und Aufsätze. Pfullingen 2/1959, S. 145–162. – Ders.: „Das Ding". Ebd., S. 163–181.
[9] S. oben das erste Motto.
[10] GA 55, S. 95.

schon ständig in ihm –, müssen wir Heutigen, die wir unserem eigentlichen Wesen entfremdet sind, überhaupt erst die ‚Gegend' wiederfinden, in der der Zauber bereitsteht.

Solange wir ihn von außen betrachten, ist der Zauber für uns von Mißverständnissen verstellt. Ein „Zauber" wird heute, wenn man ihn nicht als bloße ‚Zauberei' abtut, mit Mißtrauen betrachtet. Für den aufgeklärten Menschen ist „Zauber" fast ein Unding, jedenfalls aber ein romantisches Wort aus dem Fabelland, das nur noch in der Poesie etwas zu suchen hat.

Um demgegenüber die Einsicht vorzubereiten, daß und inwiefern der Zauber der innerste *Wesenszug* der „Welt" und der Dinge ist, müssen wir erst einmal den *Bereich des Wesens* als solchen suchen. Wie gewinnt der Mensch die Erkenntnis des Wesens einer Sache? – Wir vergegenwärtigen uns eine Erörterung Heideggers, die dieser Frage nachgeht:

> Wir „kennen" das „Wesen" der uns umgebenden Dinge – Haus, Baum, Vogel, Weg, Fahrzeug, Mensch usf. – und haben dennoch kein Wissen vom Wesen. Denn wir geraten sogleich ins Unsichere, Schwankende, Strittige und Grundlose, wenn wir das sicher und doch unbestimmt Bekannte – nämlich das Hausmäßige, das Baumartige, das Vogelhafte, das Menschliche – näher bestimmen und vor allem in seiner Bestimmtheit begründen wollen. Dennoch gehen wir andererseits wieder ganz sicher im Unterscheiden, sofern wir einen Vogel nicht mit einem Haus verwechseln. Diese Wesenskenntnis – so vorläufig und unbestimmt, so vernutzt und abgegriffen sie sein mag – leitet uns doch ständig und überall bei jedem Schritt und Aufenthalt inmitten des Seienden und bei jedem Gedanken darüber. Dieser merkwürdige Sachverhalt deutet darauf hin, daß nicht die unmittelbar gegebenen Tatsachen – das einzelne Wirkliche, Greifbare und Sichtbare und das je gerade Gemeinte und Verfochtene – das ist, was die bestimmende „Nähe" zu unserem „Leben" hat. „Lebensnäher" – um die Redensart zu gebrauchen –, „lebensnäher" als das sogenannte „Wirkliche" ist das *Wesen* der Dinge, *das wir kennen und doch nicht kennen*. Das Nahe und Nächste ist nicht jenes, was der sogenannte Tatsachenmensch zu greifen meint, sondern das Nächste ist das Wesen, das freilich den Meisten das Fernste bleibt – selbst dann noch, wenn es ihnen gezeigt wird, sofern es sich überhaupt in der gewöhnlichen Weise zeigen läßt.
>
> Auf welches Rätsel stoßen wir da? Welches Geheimnis geht durch den Menschen, daß das, was ihm das Seiende schlechthin zu sein scheint – die berühmten wirklichkeitsnahen Tatsachen –, nicht das Seiende ist, und daß gleichwohl diese *ständige Verkennung* der Nähe des Wesens des Seienden vielleicht gar noch zum Wesen des Menschen gehört, daß diese Verkennung eben deshalb *nicht* als ein *Mangel* gewertet werden darf, sondern als die notwendige Bedingung begriffen werden muß für die mögliche *Größe* des Menschen – daß er mitten inne steht zwischen dem Sein und dem Schein, daß ihm das Nächste das Fernste und das Fernste das Nächste ist? Welcher *große Aufruhr* geht da mitten durch den Menschen und seine Stellung im Seienden?[11]

---

[11] Grundfragen der Philosophie (GA 45), S. 81f.

Wir können hier nur Weniges aus diesem Text aufgreifen. – Nicht „die berühmten wirklichkeitsnahen Tatsachen" sind dem Menschen das „Nächste", „sondern das Nächste ist [ihm] das Wesen" der Dinge. Wenn der Mensch das „Greifbare und Sichtbare" an einem Ding zur Kenntnis nimmt, hat er zuvor schon dessen Wesen erfahren – ein Wesen freilich, „das wir kennen und doch nicht kennen".

Dieser Sachverhalt, daß wir das, was uns am nächsten ist, kennen und doch nicht kennen, ist befremdlich. Er ist ein „Rätsel". In seiner Gestalt „geht" ein „Geheimnis", ein „großer Aufruhr ... mitten durch den Menschen und seine Stellung im Seienden". Wir werden an den „Sturm" erinnert, der Heideggers Denken durchzieht. Das Geheimnis des Unterschieds zwischen dem gekannten und dem nicht gekannten Wesen der Dinge waltet als etwas Ungeheures im Dasein des Menschen. Es bestimmt den Weg zur Erkenntnis des Wesens einer Sache, der dem Menschen vorgezeichnet ist.

Der Mensch „kennt" das Wesen der Dinge zumeist nur „vorläufig und unbestimmt". Er *kennt* den Anschein, mit dem der Alltag dieses Wesen umkleidet. Jenes Geheimnis aber hat das *eigentliche* Wesen der Dinge immer schon dem alltäglichen Begreifen entrückt. Dieses eigentliche Wesen *kennt* der Mensch zumeist *nicht*.

Er kennt es nicht, weil er im Alltag seinen eigenen, eigentlichen Wesensraum – die „Welt" – nicht kennt. In ihr ist nicht nur sein eigenes Wesen, sondern auch das Wesen der Dinge beheimatet. Das ungeheure Anwesen der vier „Weltgegenden" bestimmt als das Geheimnis den Menschen und seine Welt im ganzen. *Die „Welt" ist jene ‚Gegend', in der das eigentliche Wesen der Dinge für die Erkenntnis des Menschen bereitsteht.*

Das Entrücktsein in das Geheimnis der „Welt" macht das Wesen der Dinge zwar befremdlich. Zugleich aber ist es ein Ruf in die zu gewinnende Heimat des menschlichen Wesens. Das zu erkennende Wesen der Dinge braucht den erkennenden Menschen. Es entfaltet daher einen eigenen ‚Sog'; es ist auf eigene Weise anziehend und berückend. Alles Seiende spricht dem Menschen den Ruf in das Geheimnis zu; alles ist immer schon ‚verzaubert'. Vom Ursprung her ist sein Wesen im Zauber der „Welt" beheimatet. Von diesem Zauber durchwaltet, sind die „wirklichkeitsnahen Tatsachen" erst das, was sie eigentlich sind. Der Zauber der Welt ist der innerste Wesenszug der Welt und der Dinge.

Etwas Geheimnisvolles ist nie zu ergründen. Das gilt vom Seienden im ganzen. Heidegger sagt daher geradezu: „In Wahrheit ist alles unerschöpflich"[12]. Darum ist es notwendig, alles „möglichst erfüllt zu denken".[13]

Der „Zauber der Welt" hat jedem Seienden seinen Anteil am unausschöpfbaren Geheimnis des Weltganzen mitgegeben. Die vier Weltgegenden haben ursprünglich die nicht auszudenkende Wesensfülle der menschlichen Welt

---

[12] Martin Heidegger an Hannah Arendt, 15. Dezember 1952. In: Briefe, a.a.O. (s. Anm. 3), S. 137.
[13] Grundbegriffe (GA 51), S. 109.

und jedes Dinges verfügt. Das Seiende ist daher „unendlicher Deutung voll"[14]. Sein Wesen ist nicht in die engen Grenzen seiner jeweiligen Gestalt eingesperrt. Es ist nicht auf einen beschränkten Sinn seines Seins festgelegt und verkümmert nicht in solcher Festlegung. Das Seiende ist vielmehr so grundlegend in eine „unerschöpfliche" Wesensverfassung versetzt worden, daß jedes Schöpfen aus ihr sie ungeschmälert zurückläßt. Wie könnte es anders sein, da Himmel und Erde, Himmlische und Sterbliche sich verbündet haben, um gemeinsam das Wesen des Seienden zu stiften?

Dieses Wesen kennend und zugleich nicht kennend, dichtet der Mensch – als der „Hirt des Seins"[15] – am Zauber der Welt[16]. Er schöpft ihn nie aus, aber er schöpft ständig aus ihm. Dieses Schöpfen ist, wenn es in der rechten Weise geschieht, kein subjektives Schöpfertum und keine Willkür, sondern das Befolgen des menschlichen Wesens. Denn der Mensch ‚wohnt', wie Hölderlin sagt, „dichterisch, auf dieser Erde"[17]. Ein solches ‚Dichten' gehört fundamental zum menschlichen Wesen. Es geschieht, indem der Mensch, im unerschöpflichen Reichtum des Gevierts ‚wohnend', dem Zauber der Welt ‚unendliche Deutungen' entnimmt.

Heideggers Denken erfährt das Geheimnis und den Zauber der Welt. Es ist *ein eigentlich menschliches und menschenfreundliches Denken*. Es ruft das grundlegend Menschliche in uns an, die tiefe, ‚dichtende' Wesensverfassung, die den Menschen noch vor der Unterscheidung von ‚Verstand' und ‚Gefühl' bestimmt. Dieses Denken ist „herzhaft"[18], denn es erfährt, daß das Wesen des Menschen an dem Ort zu Hause ist, von dem Hölderlin sagt: „das Herz der Erde tuet/Sich auf"[19]. Das „Herz der Erde" öffnet sich, indem es den Himmel, die Himmlischen und die Sterblichen als Mitspieler im Reigen des ‚Weltspiels'[20] empfängt und so ursprünglich den „Zauber der Welt" verfügt.

Dieses herzhafte Denken erreicht und nährt eine menschliche Grundkraft, die in der dürftigen Welt brach liegt: das *Gemüt*. Heidegger sagt hierzu: „‚Gemüt' meint nicht nur, modern gesprochen, die Gefühlsseite des menschlichen Bewußtseins, sondern das Wesende des ganzen Menschenwesens."[21] Das Gemüt ist die tiefste menschliche Wesenskraft, die dem Menschen das Vermögen verleiht, im Geviert und nur hier seinen Wesensaufenthalt zu haben. Das

---

[14] Friedrich Hölderlin: „Sonst nämlich, Vater Zeus ...", V. 8.
[15] Martin Heidegger: „Brief über den ‚Humanismus'". In: Ders.: Wegmarken. Frankfurt a.M. 1967, S. 145–194. Zitat S. 162.
[16] Vgl. „Dann muß das Denken am Rätsel des Seins dichten". (Martin Heidegger: „Der Spruch des Anaximander". In: Ders.: Holzwege. Frankfurt a.M. 3/1957, S. 296–343. Zitat S. 343.)
[17] Friedrich Hölderlin: „In lieblicher Bläue blühet...", V. 32f.
[18] Martin Heidegger: „Gelassenheit". Pfullingen 2/1960, S. 27.
[19] Friedrich Hölderlin: „Das Nächste Beste", V. 16f.
[20] Vgl. Martin Heidegger: „Das Ding". a.a.O. (s. Anm. 8), S. 178f.
[21] Martin Heidegger: „Was heißt Denken?" a.a.O. (s. Anm. 2), S. 95.

Gemüt ist es, dem der Mensch die Kraft verdankt, ‚dichtend' die Unerschöpflichkeit der „Welt" zu erfahren und in diesem Reichtum als dem Zauber und Geheimnis zu wohnen.

Das Gemüt des Menschen vermag den Zauber der Welt nicht nur zu gewahren, es kann ihn zu Zeiten auch gestalten. Es bleibt ein Wunder, daß dieser eigentlich ‚undingliche' Zauber bisweilen auch als ein Ding in die Erscheinung tritt. Die dingliche Gestalt des Zaubers der Welt ist das Kunstwerk.[22]

Von dieser Erfahrung geleitet, hat Heidegger im Zusammenhang seiner Schriften immer wieder Kunstwerke erläutert.

Weil Kunstwerke das als Zauber erfahrene Wesen der Welt als ein Ding hervorbringen, es vor uns hinstellen und so auf einzigartige Weise erfahrbar machen können, soll am Schluß dieses Abschnitts ein Gedicht stehen. Es ist der „Welt" gewidmet und läßt den Zauber ihres Wesens erscheinen.

Clemens Brentanos Verse „Sprich aus der Ferne/Heimliche Welt..."[23] lassen – aus einem anderen Grundton her – manche Wesenszüge des Gevierts anklingen. Das Gedicht erschien zuerst in Brentanos Roman „Godwi oder Das steinerne Bild der Mutter" (1800/01). Es wird hier von einer der Frauengestalten des Romans, der Otilie oder Tilie, ‚gesungen':

> Sprich aus der Ferne
> Heimliche Welt,
> Die sich so gerne
> Zu mir gesellt.
>
> Wenn das Abendrot niedergesunken,   5
> Keine freudige Farbe mehr spricht,
> Und die Kränze stilleuchtender Funken
> Die Nacht um die schattige Stirne flicht:
>
> Wehet der Sterne
> Heiliger Sinn   10
> Leis durch die Ferne
> Bis zu mir hin.
>
> Wenn des Mondes still lindernde Tränen
> Lösen der Nächte verborgenes Weh;
> Dann wehet Friede. In goldenen Kähnen   15
> Schiffen die Geister im himmlischen See.
>
> Glänzender Lieder
> Klingender Lauf

---

[22] Vgl. oben S. 201–220 u.ö.
[23] Clemens Brentano: Werke. Bd. I hrsg. von Wolfgang Frühwald, Bernhard Gajek und Friedhelm Kemp. Bd. II-IV hrsg. von Friedhelm Kemp. München 1963ff. – Bd. I, S. 55f. – Friedrich-Wilhelm von Herrmann danke ich herzlich für die Auskunft, daß Heidegger dieses Gedicht – wie auch Brentanos Werk im ganzen – offenbar nie zitiert oder erörtert hat.

>   Ringelt sich nieder,
>   Wallet hinauf.   20
>
> Wenn der Mitternacht heiliges Grauen
> Bang durch die dunklen Wälder hinschleicht,
> Und die Büsche gar wundersam schauen,
> Alles sich finster tiefsinnig bezeugt:
>
> >   Wandelt im Dunkeln   25
> >   Freundliches Spiel,
> >   Still Lichter funkeln
> >   Schimmerndes Ziel.
>
> Alles ist freundlich wohlwollend verbunden,
> Bietet sich tröstend und traurend die Hand,   30
> Sind durch die Nächte die Lichter gewunden,
> Alles ist ewig im Innern verwandt.
>
> >   Sprich aus der Ferne
> >   Heimliche Welt,
> >   Die sich so gerne   35
> >   Zu mir gesellt.

Gleichzeitig mit Hölderlins Werk ist auch hier – wie in Brentanos Frühwerk im ganzen – auf eigene Weise der welthafte Wesensraum des Menschen als dichterische Gestalt erschienen. Die „Heimliche Welt", die der Dichter ruft und die daher im Gedicht erscheint, ist als solche – wie das Geviert – ein im Alltag verborgener Bereich. Zugleich ist sie die eigentliche ‚Heimat' des Menschenwesens.

Auch in der Welt dieses Gedichts ist „Alles ... ewig im Innern verwandt" (V. 32). Auch hier unterhalten Himmel und Erde einen beständigen Austausch und lassen so ihr Zusammengehören geschehen: Das Irdische ist nicht mehr das ‚nur Irdische', denn es *ist* nur zusammen mit dem Himmlischen; und das Himmlische ist nicht mehr das ‚nur Himmlische', denn die Bindung an das Irdische, derer es bedarf, ist hier beständig verwirklicht. Auch die „Stirne" des Menschen und „der Sterne/Heiliger Sinn" (V. 8–10) sind durch „Glänzende Lieder" (V. 17) zauberhaft und unauflöslich miteinander „verbunden" (V. 29). – In unserem Zusammenhang können wir keine durchgehende Interpretation des Gedichts geben[24], sondern nur auf den Glanz dieser Verse hinweisen, der ein Vorschein des Zaubers des Gevierts ist.

Brentanos Roman fährt nach dem Gedicht fort:

> So sang Tilie durch die Büsche, als bete sie. Der ganze Tempel der Nacht feierte über ihr, und ihre Töne, die in die dunkeln Büsche klangen, schienen sie mit goldnen, singenden Blüten zu überziehen.[25]

---

[24] Vgl. oben S. 149ff.
[25] Clemens Brentano: Werke. a.a.O. (s. Anm. 23), Bd. II, S. 156.

Das Gedicht, die Bitte um die Ankunft der „Heimlichen Welt", ist wie ein ‚Gebet'. „Der ganze Tempel der Nacht feierte", dem Gebet antwortend und es erhörend. Der Zauber der Welt ‚spricht' zum Gemüt des Menschen.

3

Kehren wir aus dem Geviert her in unsere heutige ‚Welt' zurück, wie wir es ständig tun und tun müssen, so sind die dort erfahrenen Wesensstrukturen mit einem Schlage verschwunden. Die Welt ist bestenfalls wieder die rechnerische Gesamtheit des Seienden. Der Zauber der Welt ist dahin. Gegenüber dem unerschöpflichen Reichtum des Gevierts regiert die Dürftigkeit der Technik.

Diese Dürftigkeit verbirgt sich allerdings hinter der immensen und faszinierenden Vielfalt der sich jagenden Neuigkeiten, Erfindungen, Erfolge und Apparaturen des technischen Zeitalters. Die gewaltigen wissenschaftlichen und technischen Fortschritte scheinen die Rede von der Dürftigkeit der Technik zu widerlegen. Die technische Welt scheint ihrerseits reich zu sein. Aber ihre Vielfalt ist nur das Produkt des rechnenden Vernutzens von allem als „Bestand"[26]. Die technische Vielfalt ist kein Reichtum, sondern ein wesenloses Vielerlei. Sie ermöglicht keine Einsicht in das Wesen des Menschen.

In solcher Dürftigkeit verwahrlost das eigentlich reiche menschliche Wesen. Heidegger sagt: „Das Wesen des Menschen ist aus den Fugen."[27] Denn eine „Katastrophe" sucht den Menschen seit langem heim:

> ... diese Katastrophe ist längst da, nur merkt sie noch niemand in ihrem Wesen. ... Die Gleichgültigkeit gegenüber dem ‚Sein' lagert um den Planeten. Der Mensch läßt sich von der Flut der Seinsvergessenheit überspülen.[28]

Zugleich mit der Vergessenheit der „Welt" als des Gevierts waltet die Vergessenheit des Seins; denn der Mensch vernimmt das Sein als den in sich einigen Zuspruch der vier Weltgegenden.

Die Katastrophe der Seinsvergessenheit führt zum „Chaotischen des heutigen Weltzustandes"[29]. Sie führt dazu, daß der Mensch sich selbst und seine Welt verkennt. Die Katastrophe dieser grundlegenden Verkennung hat das Wesen des Menschen aus den Fugen geraten lassen.

Die Verwahrlosung des menschlichen Wesens manifestiert sich nicht nur darin, daß der Mensch keinen Zugang zu seinem eigentlichen Wesensraum, dem Geviert, findet. Sein Herumirren ‚vor den Toren seines Wesens' ist vielmehr die Folge einer Irreführung durch die Strukturen des modernen Lebens, die ihm je-

---

[26] Martin Heidegger: „Die Frage nach der Technik". In: Ders.: Vorträge und Aufsätze. a.a.O. (s. Anm. 8), S. 13–44. Zitat S. 24 u.ö.
[27] GA 55, S. 123.
[28] Ebd., S. 83.
[29] Vgl. Anm. 6.

nen Zugang immer mehr verstellen. Die Verwahrlosung des menschlichen Wesens ist durch die maßgebenden Tendenzen unseres heutigen Daseins ‚programmiert':

> Das technologische „Denken" gewinnt überall die Oberhand, und „die Gesellschaft" „formiert" sich, insofern sie sich diesem Denken unterwirft. Dieser Prozeß braucht seine lange Zeit. Das Andere muß im Wartenkönnen sich zurechtfinden und darin ausharren.[30]

Heidegger hat die heillose Verfassung des Menschen von heute auch „die Kleingeisterei der modernen Welt"[31] genannt. Sie beruht auf dem Grundphänomen, daß die Horizonte des tonangebenden modernen ‚Denkens' und Handelns durchgehend *dürftig* sind. Sie erweisen sich im Licht des Heideggerschen Denkens als unzureichend und beschränkt.

Das wird ersichtlich bei einem Vergleich dieser Horizonte mit dem Wesen des Gevierts. Dieses mißt – als der Spielraum der vier Weltgegenden – den weitesten Erfahrungsraum aus, der dem menschlichen Wesen vergönnt ist. Nur in diesem Raum ist der Mensch nach seiner Weise *unbeschränkt*; nur im Geviert ermißt er den vollen Umfang der ihm zugedachten *Freiheit*.

Die „Kleingeisterei der modernen Welt" dagegen hat sich – in Vergessenheit des Seins und der „Welt" – lauter zu eng gezogene und daher beschränkte Horizonte geschaffen, die den Menschen, der sich ihnen „unterwirft", unfrei machen. In ihnen verarmt der Reichtum des eigentlich menschlichen Wesens.

Gemeinsam ist den modernen Horizonten zunächst die durch Heideggers Denken als dürftig gezeigte traditionelle Auslegung des Menschen als des animal rationale. Der Mensch wird damit, wie seit Jahrhunderten, in sein als innermenschlich vorgestelltes Bewußtsein und so zugleich in seine Subjektivität eingesperrt. Die Weite und Freiheit des von Heidegger erfahrenen Wesens des Menschen, nämlich des dem Sein zugehörigen Daseins im Geviert, bleibt ihm verwehrt.[32]

Innerhalb dieser grundlegenden Beschränkung haben sich für die einzelnen Bereiche des modernen Vorstellens noch zusätzliche Horizontschranken herausgebildet. Diese Phänomene sind zumeist seit langem bekannt; sie werden aber nur selten *als* Schranken (oder gar als Verirrungen) begriffen.

Wir versuchen im folgenden, diese Sachverhalte und ihre Dürftigkeit am Beispiel einiger ihrer Symptome aus dem Gebiet der modernen ‚Kultur' zu beleuchten. Dabei muß dieser knappe Entwurf sich auf eine Auswahl kultureller Aspekte beschränken; er kann diese auch nur kurz und thesenartig behandeln.

Die ‚Dürftigkeit' der zu erörternden Sachverhalte besteht nicht nur darin, daß sie gegenüber dem Heideggerschen Denken ein ‚niedrigeres Niveau' haben

---

[30] Martin Heidegger an den Verf., 17. November 1969.
[31] GA 55, S. 181.
[32] Vgl. Friedrich-Wilhelm von Herrmann: „Der Humanismus und die Frage nach dem Wesen des Menschen." In: Daseinsanalyse. Basel 1988, S. 259–281.

(was auch gegenüber anderen großen Werken der Vergangenheit zutrifft). Sie sind vielmehr ‚dürftig' als Erscheinungsformen einer fundamentalen, nämlich weltgeschichtlichen Verirrung. Nachdem Heideggers Werk seit mehr als sieben Jahrzehnten die Einsicht in die eigentliche Dimension des menschlichen Wesens bereitgestellt hat, stünde es einer heutigen ‚Kultur' gut an – ja, es wäre ihre geschichtliche Aufgabe, sich diese Einsicht zu eigen zu machen und dem Menschen den Einzug in sein so eröffnetes Wesen zu ermöglichen.[33] Statt dessen irrt die heutige Kultur beharrlich an dieser Einsicht und dieser ihrer Aufgabe vorbei. Sie verfehlt so, in weltgeschichtlicher Perspektive, diejenige „Heilquelle"[34], der „die Genesung unseres heillosen Weltalters entspringen" könnte.[35] – Diese fundamentale Verirrung und Verfehlung ist das Gemeinsame der im folgenden Abschnitt dargestellten modernen Phänomene. –

Neben den ‚Kleingeistern' gibt es auch heute anders Denkende, von denen viele, wie Heidegger von seinem eigenen Denken sagt, „im heutigen Weltlärm notwendig ungehört [bleiben]"[36]: „Die Hirten wohnen unsichtbar und außerhalb des Ödlandes der verwüsteten Erde ...".[37]

4

Wir fragen seit langem nicht mehr nach dem *Wesen* der Dinge. Wir sind von den sich aufdrängenden berechen- und feststellbaren *Eigenschaften* der Dinge – die das Wesen oft eher verstellen als zeigen – okkupiert und befassen uns vorzugsweise mit ihnen.[38]

---

[33] Auch bei dieser Forderung an eine heutige Kultur ist freilich zu beachten, was Heidegger „von allem bloß menschlichen Sinnen und Trachten" sagt: „Die Philosophie wird keine unmittelbare Veränderung des jetzigen Weltzustandes bewirken können. Dies gilt nicht nur von der Philosophie, sondern von allem bloß menschlichen Sinnen und Trachten. Nur noch ein Gott kann uns retten." („Nur noch ein Gott kann uns retten." Spiegel-Gespräch mit Martin Heidegger am 23. September 1966. In: Der Spiegel, 31. Mai 1976, S. 193–219. Zitat S. 209.)

[34] Medard Boss, in: Dem Andenken Martin Heideggers/Zum 26. Mai 1976. Frankfurt a.M. 1977, S. 26.

[35] Ebd.

[36] Martin Heidegger an Hannah Arendt, 19. April 1972. In: Briefe, a.a.O. (s. Anm. 3), S. 235.

[37] Martin Heidegger: „Überwindung der Metaphysik". In: Ders.: Vorträge und Aufsätze, a.a.O. (s. Anm. 8), S. 71–99. Zitat S. 97.

[38] Dieser Abwendung des Menschen von der Frage nach dem „Wesen" liegt in philosophie- und wissenschaftsgeschichtlicher Hinsicht der Umstand zugrunde, daß „die Verwurzelung der Wissenschaften in ihrem Wesensgrund abgestorben" ist (Martin Heidegger: „Was ist Metaphysik?" Frankfurt a.M. 5/1949, S. 23): „Die Philosophie löst sich auf in Einzelwissenschaften: die Psychologie, die Logik, die Politologie" (Spiegel-Gespräch ..., a.a.O. [s. Anm. 33], S. 212). Die Einzelwissenschaften entfalten, in der Absicht des „Sicherstellens der Gegenstandsgebiete", ihre Methode der Feststellung des Feststellbaren (vgl. Martin Heidegger: „Wissenschaft und Besinnung". In: Ders.: Vorträge und Aufsätze. a.a.O. [s.

Diese Abwendung von der Frage nach dem Wesen ist z. T. in einem Mißtrauen gegen sie begründet. Vor allem scheinen diese Frage und die möglichen Antworten ohne greifbaren Nutzen zu sein.³⁹ Man ist aber auch übersättigt von der Vielzahl der Antworten, die in der großen Tradition schon auf diese Frage gegeben wurden. Diese Antworten hält man zudem, weil manche einander zu widersprechen scheinen, für allenfalls ‚relativ' gültig. Man schließt daher auf die ‚Relativität' der Wahrheit im ganzen und somit auf die Unerkennbarkeit dessen, was in jener Frage erfragt wird.

Zugleich befürchtet man, daß Antworten auf die Frage nach dem Wesen Maßstäbe setzen würden. Maßstäbe gelten heute als ‚autoritär'; sie würden, so meint man, unsere obersten Gebote der Toleranz, der Liberalität und neuerdings auch der Beliebigkeit des Meinens verletzen. Maßstäbe laufen auch dem nivellierenden Grundzug unserer Zeit zuwider.

Durch die Maßstablosigkeit vertreiben wir nicht nur das Fragen nach dem Wesen der Dinge und damit dieses Wesen selbst; wir sorgen so zugleich dafür, daß sich jedes beliebige Dafürhalten, jeder flüchtige Einfall an dem vom Wesen geräumten Ort als ‚Ersatz' einnisten kann. Durch diese sich jagenden Subjektivismen, die ihre Haltlosigkeit nicht lange verbergen können und daher alsbald wieder einem Nachfolger Platz machen, werden wir zusätzlich betäubt und dem Fragen nach dem Wesen noch mehr entfremdet.

So entfernen wir uns zugleich immer weiter von uns selbst. Vielleicht haben wir unser eigenes Wesen schon unwiederbringlich verloren. Denn die von uns nicht mehr gefragte Frage trägt und begründet unser Dasein. Es ist die wesentliche Eigenart des Menschen, nach dem Wesen der Dinge und nach seinem eigenen Wesen fragen zu können. Diese Eigenart wird von uns verkannt und verschmäht. Das Verkennen aber der wesentlichen Eigenart einer Sache ist das Kennzeichen einer heillosen Situation.

Sobald es um das Erfahren und Bewahren des *Wesens* ginge, würden die Tendenzen, denen die heutige Gesellschaft und ihr besinnungsloser Betrieb folgen, zwar nicht mit einem Schlage verschwinden, aber ihre Wesenlosigkeit offenbaren.

*

Anm. 8], S. 45–70. Zitat S. 59). Der Mensch wendet sich somit von der Frage nach dem *Wesen* ab, denn dieses ist *nicht* ‚feststellbar' im Sinne der Wissenschaften. – Die ‚Auflösung' der Philosophie „in Einzelwissenschaften" führte Heidegger zu der Beurteilung: „... die philosophische Literatur erscheint mir bei all ihren Ergebnissen als überflüssig" (an Hannah Arendt, 9. Juli 1973. In: Briefe, a.a.O. [s. Anm. 3], S. 243).

³⁹ Vgl. „Doch wie soll einer die Heutigen zu den einfachen Fragen hinführen, den nutzlosen?" (Martin Heidegger an Hannah Arendt, 9. Juli 1973. In: Briefe, a.a.O. [s. Anm. 3], S. 243).

Hölderlin sah das Wesen *großer Kunst* darin, daß der Künstler „die Welt im verringerten Maßstab darstellt"[40]. Heidegger erkannte dieses Wesen als das „Ins-Werk-Setzen der Wahrheit"[41]. In beiden Bestimmungen folgt das Wesen der Kunst unmittelbar aus dem großen und äußersten Wesen des Menschen: „Welt" und „Wahrheit" nennen jeweils das Eine Ganze, in dem das Wesen des Menschen eigentlich zuhause ist.

Da wir nach dem Wesen des Menschen und der Kunst nicht mehr fragen, haben beide sich uns entzogen. Zurückgeblieben ist uns der leere Kultur- und Kunstbetrieb. Der Künstler hat keine Welt und keine Wahrheit mehr darzustellen. Er hat kein Gesetz und keine Wesensnotwendigkeit mehr zu erfüllen. Er braucht keinem Maßstab mehr gerecht zu werden.

Was zählt, sind beliebige Aktionen, die dem als subjektiv und ‚autonom' vorgestellten Wesen des Künstlers entstammen und auf dem ‚Markt' zu lancieren sind. Der hektische, rasend rotierende Kulturbetrieb braucht stets die nächste Sensation; denn nach ihr, nach dem immer gröber strukturierten Unterhaltungswert, lechzt schon die Konsumgesellschaft.

Diese Gesellschaft, das große Publikum wie auch die ‚Intellektuellen', folgt willenlos jedem neuen Reiz, den die einander jagenden Inszenierungen des Kulturbetriebs ausüben. Ohne diese Bereitschaft des Publikums, neue Reize – ohne Ansehung ihres ‚Gehalts' – sofort zu honorieren, wäre der Kulturbetrieb verloren. Daher erhebt er das Publikum zu hohen Ehren: Erst der Betrachter, so verkündet der Kulturbetrieb, vollende das Kunstwerk. Das Publikum soll sich als der Mitschöpfer des Kunstwerks fühlen: „Jeder ist ein Künstler" (Joseph Beuys).

Parallel dazu läuft die vom Kunstbetrieb erstrebte Aufhebung des Unterschieds zwischen Kunst und Leben. Die Postulierung dieses Unterschieds gilt ‚in der demokratischen Gesellschaft' als elitär. Die Kunst soll nichts ‚Höheres' mehr sein. Leben dagegen tut jeder. Wo die Kunst nichts anderes mehr ist als das von jedermann im Alltag gelebte Leben, ist eine hauptsächliche ‚Hemmschwelle' ihr gegenüber eliminiert.

*

Die tonangebenden Tendenzen der Gesellschaft begreifen seit langem den politisch-soziologischen Horizont als den maßgebenden Horizont des Menschen; auch die Kunst soll ihm untergeordnet sein.[42]

Kunstwerke werden so primär zu Illustrationen politischer und gesellschaftlicher Verhältnisse. Viele Schriftsteller und Künstler ‚stehen' – dem Zug der Zeit

---

[40] Friedrich Hölderlin: Anmerkungen zur Antigonae [des Sophokles]. Große Stuttgarter Ausgabe. Hrsg. von Friedrich Beißner. Bd. 5, Stuttgart 1952, S. 272. – Vgl. vom Verf.: ‚Die Welt im verringerten Maasstab'. Hölderlin-Studien. Tübingen 1968.
[41] Martin Heidegger: „Der Ursprung des Kunstwerkes". In: Ders.: Holzwege. a.a.O. (s. Anm. 16), S. 7–65. Zitat S. 64 u.ö.
[42] Vgl. „Dichtung, Kunst und heutige Gesellschaft", oben S. 221ff.

folgend – einer politischen Partei zumindest ‚nahe'. Viele ziehen im Gefolge von Politikern in den Wahlkampf. Politische Grundhaltungen – von politischer Thematik zu schweigen – bestimmen den Charakter von Kunstwerken. Kunstkritiken sind von politischen Grundhaltungen beherrscht. Man will die Kunst ‚demokratisieren'.

Ein anderes „Engagement" der Künste als das für Politik und Soziales ist kaum mehr vorstellbar, und so bedurfte es nicht mehr der umständlichen Formulierung „politisch-sozial engagierte Kunst" – der handliche Begriff „engagierte Kunst" wurde aus mancherlei Gründen bevorzugt.

So trug auch die ‚Kultur', die ein exzellenter Multiplikator ist, dazu bei, daß sich ein massiver Druck der tonangebenden politischen Ideologien auf die öffentliche Meinung entwickelte, der in einem teils kuriosen, teils ärgerlichen Gegensatz zu der allgemein ausgerufenen Meinungsfreiheit steht.

Die politikhörigen Tendenzen führten einmal zu folgendem Satz – womit hier nur *ein* Beispiel, aus der Germanistik, kommentarlos zitiert sei: „Wenn Hölderlin noch ein Anrecht auf unsere rationale und demokratisch normierte Aufmerksamkeit haben soll, leitet es sich von seinem politischen Engagement und seinem politischen Wort her."[43]

Nichts gegen die Politik, sofern sie in ihrem angestammten Bereich sachlich arbeitet. Es geht hier ‚nur' um die uns oktroyierte *Unterordnung der Kunst unter die politisch-soziologischen Kategorien.* Diese Unterordnung ist eine der schlimmsten Horizont-Beschränkungen der modernen „Kleingeisterei". Sie verfehlt das Wesen der Kunst fundamental und macht es verfügbar, indem sie es innerhalb des dem Menschen längst Bekannten und Geläufigen ansiedelt und es so seiner Unverfügbarkeit und Würde beraubt. Sie entfernt den Menschen immer weiter vom Wesen der Kunst und damit von seinem eigenen Wesen und treibt ihn tiefer in das heutige „Chaos".

Schon Franz Marc sagte: „Es gibt keine soziologische ... Deutung der Kunst".[44] Und Gottfried Benn schrieb in seinem „Berliner Brief" von 1948: „Das Abendland geht ... meiner Meinung nach ... zugrunde ... an dem hündischen Kriechen seiner Intelligenz vor den politischen Begriffen."[45]

Die Gesellschaft muß einsichtsvoll und stark genug sein, um das eigentliche, unverbogene Wesen der Kunst erfahren und ertragen zu können, das dem *menschlichen* Horizont gehorcht und jede beschränkte Perspektive hinter sich läßt. Die Größe einer Gesellschaft erweist sich vor allem auch daran, ob sie imstande ist, die Kunst – das einzige gestalthafte Zeugnis vom Wesen des Menschen und seiner Welt – das sein zu lassen, was sie ist.

---

[43] Hans-Wolf Jäger: „Diskussionsbeitrag: Zur Frage des ‚Mythischen' bei Hölderlin." In: Hölderlin ohne Mythos. Hrsg. von Ingrid Riedel. Göttingen 1973, S. 81–90. Zitat S. 88.
[44] Zitiert nach Walter Hess: Dokumente zum Verständnis der modernen Malerei. rowohlts deutsche enzyklopädie, Bd. 19. Hamburg 1956, S. 79.
[45] Gottfried Benn: „Berliner Brief, Juli 1948". In: Gesammelte Werke in vier Bänden. Hrsg. von Dieter Wellershoff. Bd. 4. Wiesbaden 1961, S. 280–285. Zitat S. 281f.

Alle politisch-sozialen Probleme bleiben übrigens jederzeit ein mögliches und wichtiges *Thema* der Kunst. Aber als solches sind sie ein Thema *der Kunst*, die jetzt ihrerseits maßgebend ist. Sobald die Kunst sich eines ‚Themas' annimmt, gelten *ihre* Gesetze und die des menschlichen Wesens. Die Politik – als ein bedeutender, aber gegenüber dem ungeschmälerten Wesen des Menschen beschränkter Horizont – muß sich hier unterordnen.

*

Heute wird viel von der ‚Autonomie' des Kunstwerks geredet. Gemeint ist damit, daß Staat und Politik dem Künstler nichts befehlen dürfen. In diesem Sinne ist die Forderung nach Autonomie des Kunstwerks, die aus schlimmen Erfahrungen in Diktaturen resultiert, notwendig und richtig.

Es zeigt sich aber, daß dieser Begriff von Autonomie wiederum – nämlich entsprechend dem heutigen Begriff vom Kunstwerk im ganzen – dem politischen Horizont verhaftet ist. Er verliert das eigentliche Wesen des Kunstwerks nicht nur aus dem Blick, sondern kennt dieses Wesen überhaupt nicht.

Wesentlich genommen – das heißt: hinsichtlich seiner Herkunft aus dem Wesen des Menschen und seiner Welt –, ist das Kunstwerk *nicht* autonom, sondern den Gesetzen dieser seiner Herkunft verpflichtet.

*

Es ist erschreckend, wie schnell man es sich unter ideologischem Druck abgewöhnt hat, das Wesen großer Kunst ins Auge zu fassen; wie schnell man es verlernt hat, von ihm auch nur wissen zu wollen; und wie schnell man bereit war, es zu verhöhnen. Ein gedankenarmer gesellschaftlicher Umbruch genügte, um angeblich tief begründete Überzeugungen (die hier nicht ‚gerettet' werden sollen) wegzufegen.

Nach dem Willen der tonangebenden Tendenzen sollten die Wissenschaften von den Künsten und der Literatur nunmehr ihren ‚gesellschaftlichen Nutzen' nachweisen. Die Wissenschaften unterwarfen sich alsbald dieser Forderung. Sie wollten nun ‚Dienstleistungsbetriebe' werden. Wieder einmal begaben sie sich unter die Herrschaft von Prinzipien, denen die Kunst wesensfremd ist. Wieder einmal ließen die Kunstwissenschaften es zu, daß eine ihnen oktroyierte ungemäße Methode das Wesen ihres ‚Gegenstandes' verbiegt und vertreibt. Merkt man nicht, daß die Geschichte sich bedrohlich wiederholt? – So wird ein Klima gefördert, in dem die „Kleingeisterei der modernen Welt" sich ausbreitet wie eine Sintflut.

*

Neben Politik und Soziologie bestimmt ein dritter Horizont unseren Begriff vom Wesen des Menschen: der der *Psychologie*. Er ist so allgegenwärtig, daß seine Geltung hier nicht eigens nachgewiesen werden muß.

Der traditionellen Psychologie liegt die Annahme eines ‚autonomen', rein innermenschlichen, subjektiven Bewußtseins zugrunde, dem die Welt als die Unzahl der außermenschlichen Objekte gegenübersteht und auf dessen Boden sich die mannigfachen, feststellbaren Spielarten der menschlichen Psyche entfalten.

Die Annahme eines solchen Bewußtseins läßt das von Heidegger erkannte Wesen des Menschen, das „Da-sein", außer acht, dem die „Welt" immer schon als der Raum seines Aufenthalts zugehört. Es gibt kein zunächst nur innermenschliches Bewußtsein, zu dem die Welt erst nachträglich hinzukäme. Das menschliche Wesen ist immer schon „in der Welt" – nämlich im Geviert –, und auf dem Boden *dieser* Grundverfassung erwachsen auch alle Verhaltensweisen seiner Psyche.

Die herkömmliche Psychologie liefert uns das fiktive Bild eines reduzierten Menschenwesens. Auf diesem fiktiven Boden fußend, den Menschen daher einer grund- und „welt"los bleibenden Vielfalt seiner Seelenzustände überlassend, trägt die herkömmliche Psychologie – im Verein mit der Psychoanalyse – dazu bei, die herrschende Verkennung des menschlichen Wesens zu sichern, den Menschen – ohne Halt in seinem eigentlichen Wesen – weg- und ziellos zu machen und so das „Chaotische des heutigen Weltzustandes" zu vertiefen.

Sobald die eigentliche Wesensverfassung des Menschen, das Da-sein im Geviert, erkannt und beherzigt würde, wäre der herkömmlichen Psychologie der Boden entzogen. Alle Verhaltensweisen des Menschen, auch und gerade die psychischen, entstammen dem reichen, nicht auf das subjektive Ich der Psychologie beschränkten menschlichen Wesen, das immer schon von der Erde, vom Himmel und von den Himmlischen angesprochen ist.

Dieser Anspruch kommt aus der „Welt", die zum Wesen des Menschen gehört. Sagt der Mensch „ich", so sagt er zugleich schon „Welt". Der Reichtum der Welt ruht im Wesen des Menschen, und das Wesen des Menschen ruht im Reichtum der Welt.

„In Wahrheit ist alles unerschöpflich". Der nie auszudenkende Reichtum der vier Weltgegenden ist dem Wesen des Menschen zur Wahrung anvertraut. Diese Wahrung ist die Aufgabe der Psyche des Menschen. Ihr gerecht zu werden, bedarf es einer Anleitung. Eine recht verstandene Psychologie müßte primär eine solche Anleitung geben: Sie müßte den Menschen in die Aufgabe einführen, die sein Wesen und seine Seele zu erfüllen haben. Dies könnte die Psychologie nur leisten, wenn sie die Erfahrung des *eigentlich menschlichen Wesens* zu ihrer Grundlage machen würde.[46]

---

[46] Eine auf Heideggers Denken fußende Grundlegung der Psychologie und der Medizin hat Medard Boss (s. Anm. 34) vorgelegt: M. Boss: Grundriß der Medizin und der Psychologie. Bern 1975. Boss hat es „gewagt ... die eigene Wissenschaft der Medizin und die zu ihr gehö-

*

Die *Pädagogik* hat naturgemäß größten Einfluß auf die derzeitige und künftige Bildung und damit auf die ‚Kultur'. In unserem Zusammenhang können wir nur auf *eine* ihrer modernen Tendenzen hinweisen.

Der Primat der Politik und der Ideologie ist in der Entwicklung der bundesrepublikanischen Pädagogik und ihrer unzähligen Reformen und Experimente überdeutlich zu erkennen. Im Zuge einer „engagierten Bildungspolitik" wurde die erstrebte „Chancengleichheit" der Auszubildenden alsbald von der (sehr zu begrüßenden) Gleichheit der Chancen aller sozialen Schichten auf die Gleichheit der Chancen aller menschlichen Begabungen ausgedehnt. Man war nicht in der Lage, rechtzeitig die verheerenden Folgen zu bedenken, die die Versuche zur Durchsetzung dieses ideologisch-utopischen Ziels haben mußten. Durch eine massive Verminderung des „Leistungsdrucks", d.h. der Anforderungen des Unterrichts, sollten bessere und schlechtere Schüler die ‚gleichen Chancen' erhalten, das Klassenziel zu erreichen. Das aber führte dazu, daß das Bildungsniveau kontinuierlich abgesenkt wurde. Bessere Schüler wurden zwangsläufig auf das Niveau der schlechteren herabgezogen.

Hinzu kam die ebenfalls ideologisch begründete Annahme, die Schule könne den Schüler, wie es hieß, ‚begaben': Der aufklärerische Fortschrittsoptimismus usurpierte Bereiche, die der Natur vorbehalten sind.

Zwar muß jede Bildungsabsicht dem naturgegebenen ‚Begabungsgefälle' der Menschen entgegenzuwirken suchen. Dabei darf aber das Bildungsniveau nicht angetastet werden. In der Bundesrepublik wollte man jedoch eine Utopie ohne Rücksicht auf Verluste verwirklichen. Man wollte letztlich den Unterschied zwischen guten und schlechten Schülern aufheben. Die herrschende politische Ideologie konnte die naturgegebenen Unterschiede der menschlichen Begabung nicht ertragen.

Einige der zur Verminderung des „Leistungsdrucks" angewandten Egalisierungs- und Nivellierungsmethoden seien hier aufgezählt: Abschaffung oder Einschränkung anspruchsvoller ‚Fächer' (z.B. Griechisch, aber auch Latein: die angeblich ‚toten Sprachen'); Eliminierung großer Komplexe der kulturellen ‚Tradition' aus den Lehrplänen; dafür intensive Berücksichtigung der Trivialliteratur (Boulevardpresse, Comics); Einschränkung des historischen Lehrstoffs auf einige wenige Epochen der jüngeren und jüngsten Geschichte (Französische Revolution, Drittes Reich); Abstempelung guter Schüler als ‚elitär'; beständige Unterminierung der Zuständigkeiten des Lehrers (von der Abschaffung seiner ‚Autorität' nicht zu reden); Umwandlung der Klassenräume in Wohn- oder Spielzimmer (‚Spaßschule'); Aufnahme sozialer Pflegefälle in Gymnasialklassen;

---

renden Wissenschaften *rückhaltlos* und *im ganzen* aus dem Da-sein des Menschen neu zu entwerfen" (Friedrich-Wilhelm von Herrmann: „Zwischen Wissenschaft und Denken". In: Daseinsanalyse. Basel 1991, S. 145–148. Zitat S. 148. – Vgl. hier auch S. 145f. zum Wesen der neuzeitlichen Wissenschaft und zu ihrem Verhältnis zum „Denken").

und nicht zuletzt die zunehmend unkritische und blinde Wertschätzung des (als Arbeitsinstrument heute unentbehrlichen) Computers als eines Garanten menschlicher Bildung.

Die „Chance der Leistungsfähigen, sich dem Sog nach unten zu entziehen",[47] sinkt angesichts solcher Maßnahmen ständig. Wissen und Einsicht der neuen Generationen nehmen kontinuierlich ab. Der „Kleingeisterei" und der Dominanz des Dürftigen könnte kein besserer Nährboden bereitet werden.

*

Vom Wesen des Menschen und der Welt haben die deutsche Sprache und die deutsche kulturelle Tradition einiges zu sagen. Den „Goethe-Instituten" obliegt es seit langem, die deutsche Sprache im Ausland zu lehren und die deutsche Kultur hier lebendig werden zu lassen.

Von der Praxis dieser Lehre am Goethe-Institut von New York berichtet Mark Lilla, der später Humboldt-Stipendiat an der Freien Universität Berlin und Gastforscher am Einstein-Forum, Potsdam, war (FAZ, 16. Februar 1996). Sein – im übrigen konventioneller – Bericht zeigt sehr deutlich eine der zusätzlichen Beschränkungen unseres ohnehin begrenzten Horizonts. Die deutsche Zurückhaltung, ja Abwehr gegenüber der eigenen kulturellen Tradition ist ein Sonderfall unter den Gründen, die zu der allgemeinen Verarmung des menschlichen Wesens geführt haben:

> Das erste deutsche Wort, das ich gelernt habe, war „Mülldeponie". Nicht „haben" oder „sein", „Tisch" oder „Stuhl" und gewiß nicht „Heimweh", „Sehnsucht" oder „Wahlverwandtschaften". Im Goethe-Institut von New York schrieb die Lehrerin als erstes auf die Wandtafel: die Mülldeponie; –, -n. ...

> Es ist ein alter Witz unter Studenten, im Goethe-Institut sei die Gefahr gering, daß man Goethe liest. Aber leider ist dies kein Witz. Aus den vom Institut konzipierten Büchern und anderen Materialien zu schließen, gibt es unter den Mitarbeitern des Instituts eine heftige Allergie gegen alles, was für sie nach der alten Welt der deutschen Bildung riecht. ...

> Warum ist die Atmosphäre in französischen Kulturzentren, die ich gut kenne, so fröhlich, die in den deutschen so grau und öde? Franzosen sind stolz, Menschen überall in der Welt mit Molière bekannt machen zu können. Warum schämen sich meine deutschen Lehrer Goethes? ...

> ... vielleicht [ist] die Zeit gekommen, in der Kulturpolitik das Beispiel Frankreichs wiederzuentdecken. Das Institut braucht eine Kulturpolitik in universeller, weltbürgerlicher Absicht, nicht weil, wie die Kritiker behaupten, eine „selbstbewußte Nation" lernen muß, sich der Welt stolz zu präsentieren, und auch nicht weil, wie die Verteidiger betonen, Deutschland in einer multinationalen, multikulturellen Welt liegt. Das Institut braucht sie, weil die deutsche Sprache, deren Treuhänder es ist, so viele Schätze menschlicher Zivilisation in sich birgt. Der einzige mögli-

---

[47] Konrad Adam, in: FAZ, 3. April 1992.

che Zweck einer deutschen Kulturpolitik, die nicht provinziell sein wollte, ist es, diese menschliche – eben nicht nur deutsche – Zivilisation zu kultivieren und zu schützen. Desgleichen muß die Konservierung und Verbreitung der literarischen, poetischen, philosophischen und wissenschaftlichen Schätze der Sprache die Hauptaufgabe eines Instituts sein, das den Namen Goethes zu tragen wagt.

*

Das „Regietheater" gehört zu den ‚Kunstformen', die unsere Zeit erfunden hat, um diejenige Art des Umgangs mit Literatur und Dichtung zu installieren, die ihr gemäß ist. Diese Form des Theaters, bei der der Regisseur, um einer vermeintlichen ‚Aktualisierung' des Textes willen, nach Belieben mit den ihm anvertrauten Literaturwerken schaltet und waltet, sie umformt, erweitert und bis zur Unkenntlichkeit verändert, hat sich seit längerem einen Platz unter den repräsentativen Äußerungen des heutigen ‚Bewußtseins' gesichert. Sie bringt die Verwahrlosung des menschlichen Wesens und das „Chaotische des heutigen Weltzustandes" auf so grausame Art wie weniges sonst zur Erscheinung. Daher wird diesem bizarren Zeitphänomen hier ein eigener Hinweis gewidmet.

Ohne weiteren Kommentar lassen wir uns von Gerhard Stadelmaier (FAZ, 13. September 1999) ein Beispiel erzählen. Bei einer Hannoveraner Aufführung der „Räuber" „nach Schiller" ging es folgendermaßen zu:

> Kaum hat die Saison begonnen, schon liegt der alte Graf Moor im Staatsschauspiel Hannover in der Tiefkühltruhe und wird mit einem Föhn aufgetaut, trinken Spiegelberg, Roller und Schweizer viel Fanta, zeigt Amalia krächzend viel ihren Slip, während Karl Leipziger Allerlei auf ihr Kleid erbricht und ... heulend sich ihr nähert und Heiner Müller zitiert, wobei sie gerechterweise mit Kloschüsseln nach ihm schmeißt, er aber mit Kloschüsseln auch nach ihr, dieweil Roller sein im Blut schwimmendes offenes Gehirn, in dessen Gekröse er sich gerne kratzt, spazierenführt, man in Marokko unter Schneegestöber räuberseits Stewardessen flachlegt und UN-Abgesandte mit Tischtennisschlägern erschlägt, Franz aber, der böse Bruder, ... am Ende mit ganz lieben Vampirzähnen zu Gange ist, worauf Amalia und Karl nur noch Langnese-Cornetto schlecken und sich um einen riesigen Teddybären balgen, der Regisseur aber nicht die „Räuber" von Schiller, sondern „nach Schiller" offenbar irgendwie sein Lebensgefühl inszeniert. Aber was geht mich das Lebensgefühl des Regisseurs an?

*

Die künstlerische Gestalt und ihre Vollendung ist einer Gesellschaft, die in dieser Weise mit großer Literatur und mit den Möglichkeiten des Theaters umspringt, auch in anderen Bereichen der Kunst gleichgültig. Diese Gleichgültigkeit ist eine eigene Weise der Verwahrlosung des menschlichen Wesens. Hier seien zwei weitere, nur scheinbar etwas ‚harmlosere' Beispiele angeführt.

Das *Fragment* etwa erfreut sich heute nicht von ungefähr großer Beliebtheit. Hier glaubt man, das ebenfalls so geschätzte ‚Zerbrechen der Form' vor sich zu haben und sich in einem unverbindlichen Schweifen im Formlosen ergehen zu können, das die Maßstäbe der Vollendung vergessen darf. Das Vollendete hält man für elitär und stürzt es daher, wo immer möglich, ‚vom Sockel'.

Ähnliches gilt vielfach von der heutigen Darbietung *dichterischer Texte* und ihrer Entstehung in kritischen Ausgaben. Hier regiert das Dogma, wesentlich sei nicht so sehr der vollendete Text, als vielmehr dessen Genese. Der *Prozeß* des Dichtens wird wichtiger als das „Werk". Folgerichtig entfällt der gesonderte Abdruck des endgültigen Wortlauts. Dieser wird vielmehr in die Darbietung jenes Prozesses ‚integriert'. Man hält daher am Ende nicht mehr einen Band z.B. mit Gedichten in Händen, sondern einen Band mit Text-Prozessen. Der endgültige Wortlaut – das „Werk" – kann sich nur mühsam, oft kaum noch inmitten seiner schwer überschaubaren Vorstufen behaupten. Das Faktum, daß der Dichter natürlich auf einen endgültigen Text hingearbeitet und diesen auch in sehr vielen Fällen erreicht und sogar selbst veröffentlicht hat, wird beiseite geschoben. Ein Für-sich-Stehen des Vollendeten soll nicht in die Erscheinung treten. Es paßt nicht zur herrschenden Ideologie. – Zugleich läßt sich beobachten, daß die Einsicht in den wesentlichen ‚Gehalt' des Textes im gleichen Maße schwindet, wie der Aufwand an technischem ‚Apparat' zunimmt.

*

Nachdem sie eine längere Besprechung von Heideggers „Beiträgen zur Philosophie (Vom Ereignis)" veröffentlicht hatte (27. September 1989), ließ die Feuilleton-Redaktion der FAZ drei Tage später eine Übersicht über einige ihrer Rezensionen des September 1989 erscheinen. Sie trug den Titel: „Beste Bücher und zwei Ärgernisse – Empfehlung und Verfehlung". Unter der zusätzlichen Überschrift „Warnung" fanden sich darin Heideggers „Beiträge zur Philosophie" wieder – als „Ärgernis" also und als „Verfehlung". Zur Begründung des Verdikts genügte der Redaktion der Satz: „Noch mehr aber hat Heidegger sich durch das Vorurteil verdorben, daß das ‚Sichverständlichmachen' der ‚Selbstmord der Philosophie' sei".

Daß dieses Zitat aus jener vorangegangenen Besprechung keineswegs als deren Resümee gelten kann, ist ein internes Problem der FAZ. Die saloppe und zugleich aggressive ‚Warnung des Monats' vor einem Hauptwerk der Philosophie jedoch, die ‚eine der großen Zeitungen der Welt' hier quasi ex cathedra verfügt, ist ein kaum überbietbarer Mißgriff und ein journalistisches Armutszeugnis.

Zugleich ist sie ein Beispiel dafür, wie ‚aufklärerische' Intellektuelle das Wirksamwerden des Heideggerschen Denkens vielfältig behindern – sei es durch bloße Ignoranz, hartnäckiges Mißverstehen oder ideologische Böswilligkeit.

*

Wenn einige tonangebende Tendenzen unserer ‚Kultur' hier als dürftig – nämlich als Erscheinungsformen der „Kleingeisterei der modernen Welt" – gezeigt wurden, so ist diese Kritik nicht ‚konservativ'. Sie entstammt überhaupt nicht dem Horizont der Politik oder der Soziologie. Dieser Horizont ist, wie sich zeigte, für Kunst und Kultur unzulänglich, und ebenso unzulänglich wäre er für eine Kritik der ihm hörigen Tendenzen.

Es geht für den künftigen Menschen und die künftige Kunst nicht primär um ein Hin und Her innerhalb der politisch-sozialen Koordinaten, sondern um die Heimkunft in das menschliche Wesen. Dieses ist nicht politologisch-soziologisch definierbar; es ermöglicht vielmehr überhaupt erst alles Handeln des Menschen und so auch das politisch-soziale. Ohne die Heimkunft in sein ihn ermöglichendes Wesen bleibt alle Geschäftigkeit des Menschen grund- und wesenlos.

5

Wir fragten: Wie lautet die Antwort unserer Gegenwart auf Heideggers Denken?

Die soeben vergegenwärtigten Beispiele bestätigen die Worte vom heutigen „Chaos" und von der modernen „Kleingeisterei" auch noch für unsere Gegenwart. Dabei betreffen sie ‚nur' einige Grundzüge der heutigen ‚Kultur'. Der allgemeine Mentalitätswandel der Gesellschaft – hin zu immer mehr Nivellierung, Trivialität, Vulgarisierung, blindem Materialismus und besinnungsloser Technikgläubigkeit, ohne das Bedürfnis nach wesentlichen Perspektiven – konnte in seiner tatsächlichen Kraßheit nur angedeutet werden, ebenso wie der massive Einbruch dieser Tendenzen in die konkreten Werke der Künste und der Literatur. Ganz unberücksichtigt blieben die abgründigen technologischen Bedrohungen unserer Zeit. Die weltgeschichtliche Verirrung des modernen Menschen erweist sich als so fundamental, daß diesem Menschen in seinem „Chaos" nicht einmal mehr die Möglichkeit offen zu stehen scheint, sich aus eigener Kraft auf Heideggers Denken einzulassen. Daher sagt Heidegger: „Nur noch ein Gott kann uns retten."[48]

„Das Wesen des Menschen ist aus den Fugen." Heidegger dagegen denkt das Wesen des Menschen *in* der ‚Fuge' des ihm eigentümlichen Wesensraums, nämlich in seiner Zugehörigkeit zu dem unerschöpflichen Geheimnis und Reichtum der vier in sich einigen Weltgegenden und somit in seinem Vernehmenkönnen des „Zaubers der Welt".

Der Mensch, der in dieses menschliche Wesen heimfinden würde, hätte die „Kleingeisterei der modernen Welt", die vom Ge-stell verfügte Dürftigkeit des heutigen Vorstellens, hinter sich gelassen. Eine epochal neue, die ‚künftige' Zeit des ‚Wohnens des Menschen auf dieser Erde' hätte begonnen. Der Mensch wäre

---

[48] Vgl. Anm. 33.

unterwegs zu seinem „dichterischen" Wesen. Heideggers Denken hätte die in ihm ruhende weltgeschichtliche Heilsamkeit entfalten können.

Das Heilmittel für die Verwahrlosung unseres Wesens steht bereit. Aber der heutigen Gesellschaft bleibt es durch ein Verhängnis verborgen.

Wie lange noch übersieht und verkennt der moderne Mensch dieses Heilmittel? Wie lange noch glaubt er, sich die Vergeudung des „Edlen"[49] leisten zu können? – Wer immer noch meint, diese Fragen gingen – wie die Erfahrung des dichterischen Wesens des Menschen überhaupt – ‚an der heutigen Wirklichkeit vorbei', zeigt damit nur, daß er den modernen Vorspiegelungen einer dürftigen Schein-Wirklichkeit erlegen ist.

Diese Vorspiegelungen werden auch weiterhin die „Welt" verstellen. Das Gestell hat seine Herrschaft für eine nicht abzusehende Zukunft eingerichtet. Niemand weiß, wie lange die Dominanz des Dürftigen dauert. Niemand weiß, ob der Mensch jemals in seinem dichterischen Wesen heimisch sein wird.

Die Heimkunft des Menschen in sein Wesen wäre, als Heimkehr in den Ursprung, zukunftsträchtiger als aller politologisch-soziologisch inspirierte ‚Fortschritt'. Sie wäre, angesichts der Geschichtlichkeit des Menschen und seiner Welt, nur als etwas unvorhersehbar Neues möglich. „Es bedarf eines langmütigen Wandels des geschichtlichen Wesens des abendländischen Menschentums ...".[50] Jede Heimkunft ist zugleich eine Verwandlung.

Eine Heimkunft entspräche, wenn sie uns vergönnt sein sollte, dem ‚uralten' Wesen des Menschen in notwendig neuer Gestalt. Der Mensch kann keine gemäße Zukunft gewinnen, ohne sein Wesen neu gefunden zu haben.

---

[49] Vgl. GA 55, S. 144.
[50] Ebd., S. 176.

HÖLDERLIN, HEIDEGGER UND DAS KÜNFTIGE

In Heideggers Auslegung von Hölderlins Elegie *Heimkunft* stehen unmittelbar aufeinander folgend die Sätze: „Wie lange noch sperren wir uns, das Seiende als seiend zu erfahren? Wie lange noch wollen die Deutschen [Hölderlins] Wort überhören [...]?"[1] Hölderlins „Wort" und die Grundfrage des Heideggerschen Denkens sind ebenso benachbart wie diese beiden Sätze. Ihre Zwiesprache ist Nähe und Ferne zugleich. In der doppelten Frage „Wie lange noch [...]?" erscheint die zukünftige Dimension dieses Dichtens und dieses Denkens, die uns in Anspruch nimmt. Eine unteilnehmende Gegenwart ist aufgerufen, sich auf das Künftige einzulassen.

*

Die Sorge um die Zukunft des Menschen und das Denken an die künftige Zeit gehören zum Wesentlichen im Werk Hölderlins wie auch Heideggers – und zwar nicht nur als ein Thema unter anderen, sondern als ein Grundzug, der allen Einzelthemen den Grundton verleiht. Wir müssen versuchen, diesen Grundton aufzufinden und sind somit auf beide Lebenswerke im ganzen verwiesen. Im folgenden werden wir daher auch manches Grundlegende, manche oft verhandelten Hauptgedanken wieder vergegenwärtigen müssen, eben weil sie den Grundcharakter haben, künftig, das heißt, dem Heraufkommen eines Künftigen dienlich zu sein.

Dieses Denken Hölderlins und Heideggers an die Zukunft des Menschen ist keine Spekulation. Es hat seinen Anhalt in der Grundfrage nach dem *Wesen* des Menschen. Der Mensch soll den Abfall von seinem eigentlichen Wesen, den er seit Jahrhunderten erleidet, überwinden. Er soll in Zukunft der werden, der er eigentlich – nämlich von seinem Wesen her – schon ist. Die Einkehr des Menschen in eine wesensgemäße Zukunft wäre daher in ihrem Grundcharakter eine Heimkunft.

‚Zukünftig' sind Hölderlins Werk und Heideggers Werk in einem doppelten Sinn: Sie zeigen einerseits dem gefährdeten Menschen der Gegenwart seine mögliche Zukunft; und zum andern stehen sie selbst diesem Menschen noch bevor, denn die von ihnen gezeigte Zukunft ist noch nicht Gegenwart geworden. Im Gegenteil scheinen heute die Besinnungs- und Weglosigkeit, als die der Abfall des Menschen von seinem Wesen in die Erscheinung tritt, noch stetig zu wachsen und auf verheerende Weise allbeherrschend zu werden: so, daß Hölderlins

---

[1] Martin Heidegger: „Heimkunft / An die Verwandten". In: Ders.: *Erläuterungen zu Hölderlins Dichtung*. Gesamtausgabe, Bd. 4. Hrsg. von Friedrich-Wilhelm von Herrmann. Frankfurt a.M. 1981, S. 9–31. Zitat S. 21.

und Heideggers Entwürfe der Zukunft weithin außerhalb des Horizonts des heutigen verwahrlosten oder gar verwüsteten Menschenwesens liegen und also von ihm her nicht einmal wahrnehmbar sind.

Beide Entwürfe zeigen jedoch Wege, die aus der Besinnungslosigkeit heraus und in eine eigentlich menschenwürdige Zukunft führen könnten.

Aber, so hat Heidegger 1961 hier in Meßkirch gefragt: „Können wir denn über das Morgen etwas wissen? Läßt sich über die Zukunft etwas ausmachen? [...] Bedeutet uns ‚Zukunft' so viel wie den auf das Heute folgenden Zeitraum der nächsten Jahre und Jahrzehnte, dann werden wir niemals angeben können, wie dieser Zeitraum ausgefüllt sein wird, [...]. Wie aber, wenn wir die Zukunft als das verstehen, was heute auf uns zukommt? In diesem Fall ist die Zukunft nichts, was erst auf das Heute folgt, sondern sie ist jenes, was in das Heute hereinragt. So ist denn das Heute kein für sich bestehender Zeitabschnitt, der überallhin abgeriegelt wäre. Das Heute hat seine Herkunft im Gewesenen und ist zugleich dem ausgesetzt, was auf es zukommt. [...] Das Morgen ist nicht nur das erst nachfolgende Morgen zum Heute, sondern es herrscht schon innerhalb des Heutigen."[2]

Dieses Heutige, unsere bedrohte Welt, und die in das Heute hereinragende mögliche Zukunft charakterisiert Heidegger in seinem *Wort des Dankes*, das er 1959 ebenfalls in Meßkirch gesprochen hat:

> Man spricht gern bei der unheimlichen Entwicklung unseres Zeitalters und des ganzen Menschentums von dem nahenden und drohenden Untergang des Menschen. Aber ich möchte [...] in diesem Augenblick sagen: Es kann noch kein Untergang des Menschen auf dieser Erde sein, weil die ursprüngliche und anfängliche Fülle seines Wollens und Könnens ihm noch aufbehalten und gespart ist.[3]

Damit ist ein erster Umriß dessen gewonnen, worum es bei unserem Thema geht: Der zutiefst gefährdete Charakter unseres gegenwärtigen Zeitalters; das Hereinragen des Gewesenen und der Zukunft in diese Gegenwart; und eine Vermutung über das mögliche Fortbestehen des gefährdeten Menschen – eine Vermutung, die zugleich auf die noch unausgeschöpfte Fülle des *Ursprungs* des Menschenwesens verweist.

Diese Konstellation seines Zeit- und Geschichtsdenkens fand Heidegger bei *Hölderlin* vorgebildet. Wir können nicht aufhören, darüber zu erstaunen, daß in der Zeit um 1800 ein Dichter erschienen ist, der auf eine beispiellose Weise der Zukunft des Abendlands zugewandt war und ihr einen ganz bestimmten Entwurf ihres Wesens zudachte. Das war einzigartig in seiner Zeit, und es blieb einzigartig – so daß ein Denker des 20. Jahrhunderts von der Gewalt dieser Dichtung getroffen wurde und mit ihr – als mit einer nicht vergangenen, sondern gegenwärtigen Stimme – eine wiederum einzigartige Zwiesprache begann. Deren

---

[2] *Martin Heidegger / Zum 80. Geburtstag von seiner Heimatstadt Meßkirch.* Frankfurt a.M. 1969. Darin: „700 Jahre Meßkirch", S. 36–45. Zitat S. 37/40.

[3] Ebd. „Ein Wort des Dankes", S. 31–35. Zitat S. 33.

Grundton ist Heideggers Einsicht in das zukünftige Wesen von Hölderlins Dichtung: „Hölderlin ist der Vor-gänger der Dichter in dürftiger Zeit. Darum kann auch kein Dichter dieses Weltalters ihn überholen. Der Vorgänger geht [...] nicht in eine Zukunft weg, sondern er kommt aus ihr an, dergestalt daß in der Ankunft seines Wortes allein die Zukunft anwest."[4]

Ob die Sache des Dichters, die Sache des Denkers und das Zwiegespräch zwischen beiden erfahren, angeeignet und fruchtbar werden, dies könnte für den künftigen Gang der Geschichte bestimmend sein. Unabhängig von einem solchen künftigen Wirksamwerden in der Welt, ist freilich etwas machtvoll Künftiges im Werk Hölderlins und im Werk Heideggers schon wirklich und gegenwärtig geworden; das Hereinragen der Zukunft in die Gegenwart steht uns in diesem Sinne schon längst leibhaftig vor Augen. Die Frage, ob und wie diese werkhafte Wirklichkeit und ihre Strahlkraft die verwüstete Welt noch einmal zum Aufblühen bringen können, bleibt dem Gang der Geschichte und damit zugleich uns selbst anvertraut.

*

Wir wenden uns zunächst zu Hölderlin. Dabei werden wir überall Wesenszüge finden, die bei Heidegger in geschichtlich gewandelter Weise wiederkehren.

Hölderlins Entwurf des Künftigen[5], sein Entwurf der Zukunft des Abendlands entstand aus einem ursprünglichen Wissen vom Wesen des Menschen und vom Gefüge der Welt. Hölderlin erfuhr die Welt als eine gefügte Ganzheit, deren unterschiedliche Elemente von einem „gemeinsamen Geist"[6] beseelt und geeint sind, so daß sie sich trotz ihrer Unterschiedlichkeit „innigst im Innersten gleichen"[7]. Der Mensch muß dieses Wesensgefüge der Welt als Maß und Ort seines Daseins erfahren und achten.

So denkend, empfand Hölderlin ein tiefes Ungenügen an seiner Gegenwart, die, als eine „dürftige Zeit"[8], diese Wesensverhältnisse nicht kannte.

---

[4] Martin Heidegger: „Wozu Dichter?" In: Ders.: *Holzwege*. Frankfurt a.M. 3/1957, S. 248–295. Zitat S. 295.
[5] Vgl. Hans-Georg Gadamer: „Hölderlin und das Zukünftige". In: Ders.: Gesammelte Werke Bd. 9. Tübingen 1993, S. 20–38. (Vortrag 1943, Erstdruck 1947). – Jochen Schmidt: „Hölderlins Entwurf der Zukunft". In: *Hölderlin-Jahrbuch* 1969/1970. Tübingen 1972, S. 110–122. – Detlev Lüders: *Die Welt im verringerten Maasstab. Hölderlin-Studien.* Tübingen 1968. – Friedrich Hölderlin: *Sämtliche Gedichte* (SG). Studienausgabe in zwei Bänden (Bd. 1: Text, Bd. 2: Kommentar). Hrsg. von Detlev Lüders. Bad Homburg v.d.H. 1970; bes. Bd. 2, „Grundzüge der Dichtung Hölderlins", S. 10–25.
[6] *Wie wenn am Feiertage*, V. 43. SG Bd. 1, S. 301.
[7] Friedrich Hölderlin: Hyperion. Große Stuttgarter Ausgabe (StA). Hrsg. v. Friedrich Beißner. Bd. 3. Stuttgart 1957, S. 159.
[8] *Brot und Wein*, V. 122. SG Bd. 1, S. 294.

Die kleine Ode *Die Götter*[9] aus dem Jahr 1800 zeigt uns einige Wesenszüge von Hölderlins „Welt" und läßt uns sein Ungenügen an seiner Zeit begreifen. Ihre mittlere Strophe lautet:

> Ihr guten Götter! arm ist, wer euch nicht kennt,
>   Im rohen Busen ruhet der Zwist ihm nie,
>   Und Nacht ist ihm die Welt und keine
>   Freude gedeihet und kein Gesang ihm. (V. 5–8)

„Ihr guten Götter! arm ist, wer euch nicht kennt [...]". In der Götterlosigkeit seiner Gegenwart erkennt Hölderlin das heillose Schicksal, daß die großen, wirkenden Kräfte, Mächte und ‚Grundbedingungen' der Welt vom Menschen seit langem nicht mehr in ihrem eigentlichen Wesen *als Götter* gekannt werden. Diese götterlose Zeit ist die „Weltnacht". Die große Elegie *Der Archipelagus*[10] beschwört deren Heillosigkeit:

> Aber weh! es wandelt in Nacht, es wohnt, wie im Orkus,
> Ohne Göttliches unser Geschlecht. Ans eigene Treiben
> Sind sie geschmiedet allein, und sich in der tosenden Werkstatt
> Höret jeglicher nur und viel arbeiten die Wilden
> Mit gewaltigem Arm, rastlos, doch immer und immer
> Unfruchtbar, wie die Furien, bleibt die Mühe der Armen.
> (V. 241–246)

„Ihr guten Götter! arm ist, wer euch nicht kennt [...]". Die Naturkräfte – wie der Aether und die Sonne, der Donner und die Woge des Meeres, und ebenso Himmel und Erde im ganzen, und über ihnen die Zeit –, all diese großen Weltphänomene sind eigentlich Götter. Denn sie walten unvordenklich und geben sich dem Menschen als rätselhafte, wunderbare Geschenke ohne sein Zutun anheim. Diese „Sphäre die höher ist, als die des Menschen"[11] nennt Hölderlin „göttlich". Er benennt das ‚Höhere' mit dem ihm gehörenden Namen.

Hölderlins Götter sind keine poetische Zierde, seine Rede von ihnen ist keine Schwärmerei, und seine Götter sind auch nicht wie bei Schiller „schöne Wesen aus dem Fabelland"[12]. Hölderlins Rede von den Göttern ist vielmehr sein heiliger Ernst. In einer kleinen Ode fordert er die „scheinheiligen Dichter"[13], bei denen die Namen der Götter als bloß dekorativer Zierat erscheinen, auf, nicht von den Göttern zu sprechen, denn sie *glaubten* nicht an sie. Hölderlin erfährt die genannten Natur- und Weltphänomene unmittelbar *als Götter*, weil er ihrer übermenschlichen Wesensmacht und zugleich ihrer innersten Verbundenheit mit dem Wesen des Menschen ursprünglich inne wird, weil er sie daher liebt, in die-

---

9 SG Bd. 1, S. 229.
10 SG Bd. 1, S. 272–281.
11 SG Bd. 2, S. 275.
12 Friedrich Schiller: *Die Götter Griechenlands*, V. 4.
13 SG Bd. 1, S. 179.

sem Sinne unbedingt an sie „glaubt" und ihnen so ihren eigentlichen Wesensraum einräumt.

Nimmt der Mensch diese waltenden Götter nicht mehr als solche wahr, so verkennt er damit eins der wesentlichen Elemente des Weltgefüges. Er ‚hat' nur noch eine verkümmerte Welt und verfehlt so zugleich sein eigenes Wesen.

Diese Grundeinsichten in das Verhältnis von Göttern und Menschen sind das bleibende Fundament für Hölderlins Entwurf des Weltgefüges im ganzen, der Weltgeschichte und damit auch des Künftigen.

Die Epoche der Weltnacht, die dürftige Zeit ohne Götter, muß, weil sie das Weltgefüge verfehlt, überwunden werden. In den Dienst dieser kaum zu ermessenden Aufgabe und also in den Dienst einer künftigen Welt stellt Hölderlin sein ganzes Dichten.

Die Weltnacht herrschte nicht immer. Ihr ging ein Tag vorauf: Das Licht des antiken griechischen Göttertags, als die Götter allgekannt und allgeehrt waren. Ein neuer, künftiger Göttertag *ist möglich,* die Weltnacht *könnte* überwunden werden, weil die Götter zwar den Menschen entschwunden, aber *nicht schlechthin verschwunden* sind. Denn jene machtvollen Natur- und Weltphänomene sind ja nach wie vor da; jedermann könnte sie täglich erfahren. Aber *als Götter* bleiben sie verborgen. Ein unergründliches Geschick verstellt dem Menschen die ständig für ihn bereitstehende Erfahrung des Göttlichen.

Hölderlin will die verborgenen, aber unerkannt anwesenden Götter wieder auf die Erde herab- und in die Welt des Menschen hereinrufen. Diese neue Einkehr der Götter auf der Erde ist der wichtigste Grundzug des Künftigen in Hölderlins Werk. Sie liegt nicht nur dem Dichter am Herzen, sondern entspricht nach seiner Einsicht auch dem Wesen und Wollen der Götter selbst. In der *Archipelagus-Elegie* sagt Hölderlin: „Denn es ruhn die Himmlischen gern am fühlenden Herzen" (V. 235). Die Götter brauchen das Herz des Menschen, und die Menschen brauchen die Erfahrung der Götter („arm ist, wer euch nicht kennt").

In diesem Aufeinander-Angewiesensein und Zueinander-Begehren erscheinen der „gemeinsame Geist" wie auch das Gefüge der Welt: das Zusammengehören von Himmlischen und Menschen, Himmel und Erde. In der Gegenwart, der Weltnacht, ist dieses Zusammengehören gestört; es muß daher in Zukunft wiederhergestellt werden.

Hölderlin nennt dieses Weltgefüge, das seine Dichtungen überall bestimmt, auf herausgehobene und nachdrückliche Weise in der späten Hymne *Der Einzige*[14]:

> Himmlische sind
> Und Menschen auf Erden beieinander die ganze Zeit. Ein großer
>   Mann und ähnlich eine große Seele
> Wenn gleich im Himmel

---

[14] SG Bd. 1, S. 331–340.

> Begehrt zu einem auf Erden. Immerdar
> Bleibt dies, daß immergekettet alltag ganz ist
> Die Welt.

(3. Fssg., V. 84–89)

Der Himmel ist für Hölderlin als der Wohnort der Götter das Weltreich des Unendlichen, Einheitlichen, alle Grenzen Überfliegenden; die Erde als der Wohnort der Menschen ist das Weltreich des Endlichen, Unterschiedenen, Begrenzten.

Beide Weltreiche sind somit, jeweils für sich genommen, gegensätzlichen Wesens. Zugleich aber *sind* sie niemals ‚jeweils für sich', sondern immer schon vom „gemeinsamen Geiste" aller Dinge und Wesen geeint und daher im Weltgefüge zusammen. Den Himmel ‚gibt es' nur als den Himmel über der Erde; die Erde ‚gibt es' nur als die Erde unter dem Himmel. Beide sind immer schon, wie Hölderlin sagt, auf „harmonisch-entgegengesetzte"[15] Weise zum Weltganzen verbunden. Daher gilt jener Satz:

> Immerdar
> Bleibt dies, daß immergekettet alltag ganz ist
> Die Welt.

Viermal türmt Hölderlin hier Worte aufeinander, die die Gültigkeit seiner Einsicht in das Weltgefüge unverrückbar festschmieden: Immerdar – immergekettet – alltag – bleibt dies.

Die Welt ist weder fragmentarisch noch chaotisch. Vielmehr bewirkt der „gemeinsame Geist" die ‚immergekettete Ganzheit' ihres Gefüges.

Auch das *Künftige,* das von Hölderlin errufene neue Zeitalter, in dem Götter wieder auf die Erde kommen, hat sein Wesensfundament in diesem Entwurf eines ‚immerdar bleibenden' Zusammengehörens von Himmel und Erde. Denn auch das künftige Weltalter wird zu dieser selben Welt gehören.

Während Hölderlin das Kommen der künftigen Götter in seiner früheren Dichtung als eine einfache Wiederkehr des Göttertags der Antike erhoffte, differenziert und vertieft sich seine Sicht in das Künftige in den Jahren nach 1800 entscheidend. Wir können hier nicht darauf eingehen, wie sich das Verhältnis der antiken Götter zu Christus im Zukunftsdenken des späten Hölderlin entwickelt, auch nicht darauf, wer derjenige Gott ist, den Hölderlin in der Hymne *Friedensfeier* als den „Fürsten des Festes", des künftigen Brauttags von Göttern und Menschen, erruft. Wir beachten jetzt nur dies: In Hölderlins später Dichtung herrscht überall die neue Einsicht, daß die Weltgeschichte und damit auch die Geschichte der Götter sich nicht wiederholt. Hölderlin befreit sich von der falschen Hoffnung auf ein Zurückkehren der antiken Gottheiten und damit von der Gefahr, in seinem Entwurf des Künftigen die griechische Lebensform nur

---

[15] StA Bd. 4. 1961, S. 152. – Vgl. vom Verf.: „Der ‚Gegner' in Hölderlins ‚Grund zum Empedokles'". In: Ders.: *Die Welt im verringerten Maasstab.* A.a.O. (s. Anm. 5), S. 1–18, bes. S. 3–6.

nachahmen zu wollen. Die künftige Einkehr der Götter *kann* keine einfache Wiederkehr des antiken Göttertags sein.

Zwischen der alten und der neuen, errufenen Anwesenheit der Götter auf der Erde liegt daher so etwas wie ein weltgeschichtlicher Umschwung. Dessen Wesen erkennt Hölderlin jetzt in einer doppelten, nämlich göttlichen *und* menschlichen „Umkehr".[16]

Gott oder, wie Hölderlin auch sagt, „der Geist"[17] leitet die neue Weltepoche ein, indem er sich von der alten, ‚griechischen' Art des Weltlaufs, die sich erschöpft hatte und mit der Antike untergegangen war, abwendet. Er ‚kehrt um' und gründet im Abendland – in Hölderlins „Hesperien"[18] – ein neues Menschentum, das die Götter wieder liebt und sie auf neue Art wieder auf der Erde heimisch werden läßt. Der neue, künftige Mensch muß dieser Umkehr des Geistes „folgen"[19], indem er ebenfalls ‚umkehrt' und sich in das ihm zugedachte neue Menschentum findet. Er muß so der Umkehr des Geistes antworten; denn der Mensch ist, wie die Ode *Ermunterung*[20] sagt, das „Echo des Himmels".

Wie aber wirkt sich diese doppelte Umkehr auf das Wesen des Menschen aus? *Hölderlin entwickelt die griechische wie die hesperische Weise des Menschseins streng aus seinem Entwurf des Weltgefüges.* Dieses Gefüge und sein Zusammengehören im „gemeinsamen Geist" sind für beide Epochen das Bleibende, das „Höchste"[21] und daher vom Menschen zu Bewahrende. Für *beide* Epochen ist die Welt „immergekettet ganz". In diesem entscheidenden Grundzug *gleicht* das Künftige daher dem „Anfang" des Weltlaufs in Griechenland.

Der künftige Mensch *unterscheidet* sich dagegen vom griechischen Menschen in der Art und Weise, *wie* er die Wahrung des „Höchsten" erreicht. Entsprechend der „Umkehr", die er vollzogen hat, gelingt *ihm* die Wahrung des Weltganzen auf „umgekehrte" Art wie den Griechen. „Bei uns ists umgekehrt"[22], sagt Hölderlin geradezu.

Denn beide Nationen, die griechische und die hesperische, haben nach Hölderlins Entwurf Naturanlagen (angeborene, „nationelle"[23] Verhaltensweisen), die jeweils einem der gegensätzlichen Weltreiche Himmel und Erde entsprechen. Die Griechen wurden durch *ihre* Natur auf den unendlichen *Himmel,* der hesperische Mensch wird durch *seine* Natur auf die endliche *Erde* verwiesen. Das je-

---

[16] Zur „kategorischen Umkehr" des Gottes (StA Bd. 5. 1952, S. 202) und zur „vaterländischen Umkehr" des Menschen (ebd., S. 271) vgl. *Die Welt im verringerten Maasstab.* A.a.O. (s. Anm. 5), S. 57–68.
[17] Vgl. unten die späte Variante zu *Brot und Wein* und Anm. 27.
[18] Vgl. *Brot und Wein,* V. 150. SG Bd. 1, S. 295.
[19] StA Bd. 5, S. 202.
[20] SG Bd. 1, S. 240f.
[21] Vgl. Hölderlins Brief an Casimir Ulrich Böhlendorff vom 4. Dezember 1801, StA Bd. 6. Hrsg. von Adolf Beck. 1954, S. 425ff. – Dazu SG Bd. 2, S. 16–25.
[22] Ebd.
[23] Ebd.

weils andere Weltreich, das zur Ganzheit der Welt noch fehlt, „erbeuten"[24] beide Nationen durch das, was Hölderlin ihren „Fortschritt der Bildung"[25] nennt – so daß beide am Ende auf „umgekehrtem" Wege dasselbe „Höchste" erreichen: die Wahrung der *ganzen* Welt und ihres Gefüges. Das Abendland ist so der Nachfolger, nicht ein Nachahmer der Griechen. Das Künftige ist ein verwandelter Anfang.

Eine berühmte späte Variante der Elegie *Brot und Wein* stellt den Vorgang der doppelten, göttlich-menschlichen Umkehr dar, der die künftige Epoche des Weltlaufs begründet. Auch in der Sprache ist – etwa gegenüber jener vier Jahre früheren Ode *Die Götter* – eine „Umkehr aller Vorstellungsarten und Formen"[26], wie Hölderlin sagt, eingetreten. Hölderlin spricht eine zuvor nie gehörte Sprache. Die fünf Verse lauten:

> nämlich zu Haus ist der Geist
> Nicht im Anfang, nicht an der Quell. Ihn zehret die Heimat.
> Kolonie liebt, und tapfer Vergessen der Geist.
> Unsere Blumen erfreun und die Schatten unserer Wälder
> Den Verschmachteten. Fast wär der Beseeler verbrannt.[27]

Der „Geist", der „Beseeler" der Welt – sonst von Hölderlin der „gemeinsame Geist" genannt – war nach dem Untergang der Antike durch seine Nichtachtung bei Menschen ‚verschmachtet'. „Fast" wäre er in seiner eigenen Glut, die sich nicht mehr im Irdischen „kühlen"[28], sich also nicht mehr zur „Welt" ergänzen konnte, „verbrannt". Daher hat er die untergegangene griechische Art des Weltlaufs ‚tapfer vergessen' und sich – ‚auf seinem Pfade weitereilend', wie es im *Empedokles* heißt – eine neue „Kolonie" auf der Erde, Hesperien, erwählt. Hier findet er die Kühlung im Irdischen, die die Antike ihm an ihrem Ende versagte:

> Unsere Blumen erfreun und die Schatten unserer Wälder
> Den Verschmachteten.

Das ist reine Gegenwart, nicht mehr nur erhoffte Zukunft. Bedenken wir das Ungeheure: Rings um Hölderlin bestand unverändert und unbekümmert um seine Dichtung die Götterlosigkeit der Neuzeit. Aber für Hölderlins Dichtung ist die Nichtachtung der Götter jetzt gleichsam in ihrer eigenen Nichtigkeit und Wesenlosigkeit untergegangen und verschwunden. Sie berührt die Dichtung nicht mehr. Für diese ist jetzt vielmehr der einzige Sachverhalt maßgebend, den sie selbst zur Sprache gebracht hat: Ein neues Bündnis von Göttern und Menschen *hat* das Zusammengehören von Himmel und Erde neu verwirklicht. Der

---

[24] Ebd.
[25] Ebd.
[26] StA Bd. 5, S. 271.
[27] SG Bd. 2, S. 256.
[28] Vgl. *Der Einzige*, 3. Fssg., V. 97f. SG Bd. 1, S. 340.

Verschmachtete *wird* durch unsere Blumen erfreut. Die verlorene Ganzheit der Welt *erscheint* auf neue Weise. Das Künftige *ist* in der Gestalt der Dichtung *da*.

Hölderlin findet am Ende seines bewußten Dichtens, gleichsam in einem Vermächtnis, ein letztes Wesensgesetz des eigentlichen und künftigen menschlichen Daseins: Er findet das Gesetz der „strengen Mittelbarkeit"[29]. Dieses Gesetz bestimmt die späten Dichtungen durchgehend und wird darüber hinaus in einer Erläuterung Hölderlins zu seiner Übersetzung des Pindar-Fragments *Das Höchste*[30] direkt ausgesprochen.

Nach diesem Gesetz darf der Mensch sich nicht unmittelbar dem unendlichen, reißenden Feuer des obersten Gottes aussetzen. Denn dieses Feuer ist für Menschen tödlich. Semele verbrannte in ihm. Nur in „strenger Mittelbarkeit" und Vermittlung kann und darf der Mensch Gott begegnen. Übergroße Liebe zu Gott reißt den Menschen aus seiner Bahn; sie läuft auch der Naturanlage des künftigen Menschen zuwider, die ihn auf die Erde verweist. Daher sagt Hölderlin:

> Zu viel aber
> Der Liebe, wo Anbetung ist,
> Ist gefahrreich, triffet am meisten.[31]

Und in demselben Sinne:

> Gott rein und mit Unterscheidung
> Bewahren, das ist uns vertraut.[32]

Und in der späten Hymne *Griechenland* heißt es:

> Alltag aber wunderbar zu lieb den Menschen
> Gott an hat ein Gewand.
> Und Erkenntnissen verberget sich sein Angesicht
> Und decket die Lider mit Kunst.[33]

„Zu lieb den Menschen", nämlich um sein unvermitteltes Feuer von ihnen fernzuhalten, verbirgt Gott sein „Angesicht" in einem „Gewand". Er zeigt sich dem Menschen nur „mittelbar". Gerade dadurch aber kommt es zur Begegnung, zur „Hochzeit"[34] von Gott und Mensch. Die Mittelbarkeit gefährdet also nicht etwa (wie man gemeint hat) die menschlich-göttliche Verbundenheit, die Hölderlins „Welt" ja konstituiert, sondern ermöglicht sie. Sie ermöglicht, wie Hölderlin auch sagt, „die Gestalt [...], worin der Mensch sich und der Gott begegnet".[35]

---

[29] StA Bd. 5, S. 285. Vgl. SG Bd. 2, S. 20–22.
[30] StA Bd. 5, S. 285.
[31] *Patmos*, Ansätze zur letzten Fassung, V. 185–187. SG Bd. 1, S. 357f.
[32] *... der Vatikan ...*, V. 12f. SG Bd. 1, S. 400.
[33] 3. Fssg. V. 25–28. SG Bd. 1, S. 404.
[34] Ebd., 2. Fssg., V. 19. SG Bd. 1, S. 403.
[35] StA Bd. 5, S. 285.

Eine solche Gestalt ist vor allem die „Kunst", mit der Gott die „Lider" der Menschen „decket". Die Kunst in ihrer höchsten Gestalt leistet das mittelbare Faßbarwerden, die Einkehr Gottes.

Das Gesetz der „strengen Mittelbarkeit" lehrt die Notwendigkeit der Gestalt und des Ausharrens in ihr. Es verbietet die „Todeslust"[36] und das „Sehnen dem Abgrund"[37] zu; es verbietet den übereilten Wunsch nach bedingungsloser Vereinigung mit dem Göttlichen. In einem hymnischen Entwurf sagt Hölderlin:

> Der Kranich hält die Gestalt aufrecht
> Die majestätische, keusche, [...].[38]

Vom ‚Ungestalten' aber sagt die Hymne *Mnemosyne:*

> Denn schön ist
> Der Brauttag, bange sind wir aber
> Der Ehre wegen. Denn furchtbar gehet
> Es ungestalt, wenn Eines uns
> Zu gierig genommen.[39]   (V. 4–8)

Wenn am „Brauttag", bei der Vereinigung von Gott und Mensch, „Eines" den Menschen „zu gierig" heimsucht, nämlich mit *unvermitteltem* göttlichem Feuer, ‚gehet es furchtbar' und „ungestalt" zu. Der auf Gestalt und Gefüge angewiesene Mensch würde ins Ungestalte weggerissen.

Das Gesetz der „strengen Mittelbarkeit" ist Hölderlins letzte Erkenntnis für die künftige Menschheit. Seine späten Gesänge zeigen dem Menschen das Erlaubte und Gemäße. Nur als Gestalt können der Mensch und sein Gesang ein „Echo des Himmels" sein.

*

Hölderlin schreibt im Jahre 1799 an seine Mutter: „Ich bin mir tief bewußt, daß die Sache, der ich lebe, edel und daß sie heilsam für die Menschen ist."[40] Hölderlins Entwurf der Zukunft, ja seine Dichtung im ganzen, sein Rufen der Götter und seine Sorge um das Wesen des Menschen und seiner Welt haben diesen Grundcharakter: „heilsam für die Menschen" zu sein.

In einer weltgeschichtlichen Heilsamkeit, in dem Vermögen, einem verwahrlosten Menschenwesen das zukunftweisende Heilmittel zeigen zu können, sehen wir die tiefste Verwandtschaft von Hölderlins Dichten und Heideggers Denken. (Wenn wir damit zu diesem Denken übergehen, so möchte ich hier nachtragen, daß ich ein langjähriger Leser Heideggers bin, der durch diese Lektüre aber beileibe kein Philosoph vom Fach geworden ist.)

---

36 *Der Einzige*, 2. Fssg., V. 53. SG Bd. 1, S. 335.
37 *Stimme des Volks*, V. 17. SG Bd. 1, S. 250 und 252.
38 *... der Vatikan ...*, V. 30f. SG Bd. 1, S. 401.
39 SG Bd. 1, S. 362.
40 StA Bd. 6, S. 372.

Auf den heilsamen Charakter von Heideggers Denken hat Medard Boss hingewiesen. Heidegger sei, so sagt er, „der Verwahrer des eigentlichen Arzttums unserer Gegenwart und Zukunft"[41]; der von ihm gezeigten „Heilquelle" allein könne „die Genesung unseres heillosen Weltalters entspringen".[42]

Die ‚Heillosigkeit des Weltalters' hat sich seit Hölderlins Tagen bis hin zu Heidegger verschärft und vertieft. Dennoch ist sie in ihrem Wesen dieselbe Heillosigkeit geblieben, denn Hölderlins und Heideggers Zeit gehören in dieselbe weltgeschichtliche Epoche. Daher ist auch das Heilsame, das der Dichter und der Denker jeweils ihrer Zeit als das Gegenwärtig-Künftige bringen, tief verwandt.

Das Heilsame entspringt inmitten der Weltnacht. Deren Heillosigkeit macht sein Kommen notwendig.

Hölderlin erfuhr das Heillose seiner Zeit als die Not der Götterlosigkeit. – Wie erscheint das Heillose der Gegenwart in *Heideggers* Werk?

Grundlegend zeigt es sich in der seit langem andauernden Seinsvergessenheit, in der Verlassenheit vom Sein, in dem weltgeschichtlichen Schicksal des Menschen, nur das Seiende, nicht aber das Sein und dessen Wahrheit erfahren und erfragen zu können. Der Mensch, dessen Sprechen in jedem Satz vom Sein in der Gestalt z.B. des „ist" oder „sind" bestimmt wird – derselbe Mensch ist nach Heideggers Worten „außerstande, einfach zu sagen, was *ist*, zu sagen, *was* dies *ist*, daß ein Ding *ist*".[43]

Im „Brief über den ‚Humanismus'" heißt es zu dieser Grundfrage Heideggers und zu ihrem Bezug zum Künftigen lapidar: „Doch das Sein – was ist das Sein? Es ist Es selbst. Dies zu erfahren und zu sagen, muß das künftige Denken lernen."[44] Heidegger fährt in derselben Schrift fort: „Angesichts der wesenhaften Heimatlosigkeit des Menschen zeigt sich dem seinsgeschichtlichen Denken das künftige Geschick des Menschen darin, daß er in die Wahrheit des Seins findet und sich zu diesem Finden auf den Weg macht."[45] In der Seinsfrage steht überall das Künftige auf dem Spiel. Der künftige Mensch muß „in die Wahrheit des Seins" finden, weil er eigentlich immer schon in ihr steht.

Der Mensch der heillosen Zeit dagegen vergißt das Sein, das ihm doch „das Nächste"[46] ist. So verfehlt er das Wesen der menschlichen ‚Welt' auf vergleichbare Weise wie der Mensch, dessen Verlassenheit von den Göttern und vom „gemeinsamen Geist" Hölderlin erfuhr. Der „gemeinsame Geist", der alles Bestehende eint, und das Sein, in dessen Licht alles Seiende erst wird, was es ist, sind aufs engste verwandt. Fehlen sie der Erfahrung des Menschen, so hat dies zur

---

[41] In: *Dem Andenken Martin Heideggers / Zum 26. Mai 1976.* Frankfurt a.M. 1977, S. 25.
[42] Ebd., S. 26.
[43] Martin Heidegger: „Der Spruch des Anaximander". In: Ders.: *Holzwege.* A.a.O. (s. Anm. 4), S. 296–343. Zitat S. 343.
[44] Martin Heidegger: „Brief über den ‚Humanismus'". In: Ders.: *Wegmarken.* Frankfurt a.M. 1967, S. 145–194. Zitat S. 162.
[45] Ebd., S. 172.
[46] Ebd., S. 162.

Folge, daß dem Menschen seine Welt und damit sein Wesen geraubt werden. Diese Beraubung ist die größte Gefahr der heillosen Zeit. Der Mensch ist daher bei Hölderlin und bei Heidegger dazu aufgerufen, das Geraubte künftig zurückzugewinnen und sich so in seinem Wesen zu erneuern.

Das Geraubte ist dem Menschen, ohne daß er es weiß, nah; denn es ist seine uralte Wesensmitgift. Daher sagt Hölderlin:

> Wo aber Gefahr ist, wächst
> Das Rettende auch.[47]

Heidegger hat diese Verse oft bedacht. Sie könnten als ein Leitwort über seinem Lebenswerk stehen.

Um das Rettende und Heilsame, das den Raub zurückbringt, und zugleich damit das Künftige in Heideggers Werk zu erfahren, müßten wir seine Grundfrage, seine „einzige Frage", die Frage nach dem Sein entfalten. Das ist hier nur in der Weise möglich, daß wir versuchen, sie gleichsam indirekt zu erörtern.

In dieser Absicht achten wir zunächst darauf, daß auch das vom Sein verlassene Zeitalter, das Heidegger erfährt, ebenso wie Hölderlins Weltnacht in fundamentaler Weise „dürftig" ist. In ihm herrscht eine dürftige Sicht auf das Wesen der Dinge.

Hier setzt Heideggers epochal umstürzendes und neu gründendes Denken ein. Überkommene Lehrmeinungen gerade vom Wesen der größten menschlichen Dinge, die sich weltweit bis zu scheinbarer Unantastbarkeit verfestigt haben, erfährt er in ihrer Dürftigkeit und befreit sie aus ihr aufgrund eines ursprünglich neuen Wesens-Einblicks, der ins Unbegangene führt.

Dieser Blick folgt einer grundlegenden Einsicht, die Heidegger in einem Brief aus dem Jahre 1952 in die Worte faßt:

> In Wahrheit ist alles unerschöpflich.[48]

Aus dieser Erkenntnis erwächst dem Menschen seine ureigenste Aufgabe: den „unerschöpflichen" Reichtum der Dinge zu gewahren und zu hüten. Der künftige Mensch muß die Dürftigkeit des „herrschenden Vorstellens" hinter sich lassen und alles, wie Heidegger an anderem Orte sagt, „möglichst erfüllt [...] denken".[49]

Dieser Blick auf das eigentliche, reiche Wesen der Dinge ist in allen Schriften Heideggers grundlegend am Werk. Er eröffnet das *Künftige*: Die freie, leuchtende Dimension, die Heideggers Werk und seine Welt durchzieht.

Um dieses Künftige zu erfahren, versuchen wir jetzt, in eigentlich unerlaubter Kürze und Verkürzung einige der großen Sachverhalte zu vergegenwärtigen,

---

[47] *Patmos*, V. 3f. SG Bd. 1, S. 340.
[48] An Hannah Arendt, 15. Dezember 1952. In: Hannah Arendt / Martin Heidegger: *Briefe 1925 bis 1975*. Hrsg. von Ursula Ludz. Frankfurt a.M. 1998, S. 137.
[49] Martin Heidegger: *Grundbegriffe*. GA 51. Hrsg. von Petra Jaeger. Frankfurt a.M. 2/1991, S. 109.

die durch Heideggers Denken zu ihrem eigentlichen Reichtum befreit wurden. Wir meinen das Wesen der Wahrheit und des Menschen, der Welt und des Dings, der Sprache und der Technik. Diese Wesensbestimmungen gehören zusammen, weil sie alle der Erfahrung der Inständigkeit des Menschen in der Wahrheit des Seins entstammen. Sie sind dem Buchstaben nach in Heideggers Schriften gegenwärtig, dem Wesen nach aber künftig. Ihre Beherzigung steht dem Menschen noch bevor.

Seitdem Heidegger das Wesen der *Wahrheit* als die Unverborgenheit der *Sache* erfahren hat, ist die Wahrheit aus der Dürftigkeit ihrer zuvor und weithin auch heute noch gängigen Bestimmung als ‚Richtigkeit der Aussage' befreit worden. Die richtige Aussage „Der Baum ist hoch" ist nur möglich, weil sich zuvor die *Sache* „hoher Baum" gezeigt hat, nach der die Aussage sich, gleichsam nachträglich, ‚nur noch' zu ‚richten' braucht. Der hohe Baum selbst muß erst einmal in einem offenen Bezirk, d.h. in einer Unverborgenheit, d.h. in einer Wahrheit erschienen sein, damit sich die richtige Aussage dann nach ihm richten kann. Der richtige Satz gründet in der Unverborgenheit, d.h. in der Wahrheit der *Sache*. – Dies ist nur *ein* Grundzug der Heideggerschen Interpretation der Wahrheit. Aber schon aus ihm geht hervor: Die Wahrheit hat eine umstürzende Befreiung ihres Wesens zu seinem Ursprung erfahren.

Seitdem Heidegger erkannt hat, daß der *Mensch* in seinem Wesen der „Hirt des Seins"[50] ist, der das Sein braucht und ‚hat' als Teil seines Wesens, den aber auch das Sein braucht, um zu seiner Wahrheit zu kommen, ist das Wesen des Menschen für die Zukunft aus den Fesseln von mancherlei früheren Bestimmungen befreit worden.

Heidegger sagt allgemein im Hinblick auf vorangegangene Deutungen des Menschenwesens: „[...] der Gesichtskreis selbst, in dem hier der Mensch überhaupt zur Erfahrung kommt, ist armselig".[51] Und im „Brief über den ‚Humanismus'", wo er sein Denken gegen humanistische Bestimmungen des menschlichen Wesens – z.B. im Christentum, in der deutschen Klassik oder im Marxismus – abgrenzt, hebt Heidegger hervor, „daß die höchsten humanistischen Bestimmungen des Wesens des Menschen die eigentliche Würde des Menschen noch nicht erfahren. [...] die Humanitas des Menschen [wird hier] nicht hoch genug [angesetzt]".[52]

Angesichts mancher Debatten kann Heideggers Beweggrund für seine Distanzierung vom Humanismus nicht deutlich genug ausgesprochen werden. Heidegger befürwortet nicht etwa das Inhumane. Sein Denken erfährt im Gegenteil eine höchste Würde des menschlichen Wesens, die von keinem Humanismus er-

---

[50] Heidegger: „Brief über den ‚Humanismus'". A.a.O. (s. Anm. 44), S. 162.
[51] Martin Heidegger: *Hölderlins Hymne „Andenken"*. GA 52. Hrsg. von Curd Ochwadt. Frankfurt a.M. 1982, S. 91.
[52] Heidegger: „Brief über den ‚Humanismus'". A.a.O. (s. Anm. 44), S. 161.

blickt werden kann. Diese höchste Würde entstammt dem Bezug des Menschen zur Wahrheit des Seins, deren Erfahrung – was hier nicht näher erläutert werden kann – dem Humanismus versagt ist.[53] Heideggers Denken entfernt sich vom Humanismus, weil es das Wesen des Menschen ‚menschlicher' denkt, als es dem Humanismus möglich ist.

Der Mensch ist als „Hirt des Seins" nicht mehr das ‚animal rationale'; nicht mehr das ‚geistig-seelisch-leibliche Wesen'; auch nicht mehr das Subjekt, das in sich abgekapselt einer Welt von Objekten gegenübersteht; nicht mehr der Träger subjektiver Erlebnisse im Sinne der Psychologie; und auch nicht mehr Teil einer ‚Gesellschaft' im soziologischen Sinne.

Dies alles sind zwar *richtige* Beobachtungen am Menschen; aber sie gründen sich nach Heideggers Einsicht nicht auf eine ursprüngliche Erfahrung des menschlichen Wesens. Sie sind dürftig, weil sie „die Humanitas des Menschen nicht hoch genug [ansetzen]", d.h. weil sie die Inständigkeit des Menschenwesens in der Wahrheit des Seins nicht erfahren.

Der Mensch, der das Sein braucht und den das Sein braucht, ist eng verwandt mit dem Menschen Hölderlins, für den in bezug auf den „gemeinsamen Geist", die Götter und die „immergekettete Welt" dasselbe gilt. Der „Hirt des Seins" und das „Echo des Himmels" meinen dieselbe uralte und deshalb künftige Grundverfassung des menschlichen Wesens.

Seitdem Heidegger die *Welt* des Menschen als das „Geviert" erfahren hat,[54] als die Versammlung der vier „Weltgegenden": Himmlische – Menschen – Himmel – Erde, ist das Wesen der Welt für die Zukunft aus vielerlei anderen Bestimmungen befreit worden.

Die Welt als das Geviert ist nicht mehr die rechnerische Gesamtheit des Seienden; sie ist nicht mehr ‚die Welt der Objekte', die dem Subjekt Mensch gegenübersteht; sie ist weder der Erdball noch das Weltall. Die Welt als das Geviert ist auch nicht die ‚Schöpfung' des christlichen Glaubens – wobei dieser Weltbegriff sich, da er einem anderen Bereich als dem ‚Denken' entstammt, gegenüber dem Heideggerschen Weltbegriff in eigener Würde behauptet.

Die Welt als das Geviert ist der Wesensaufenthalt des Menschen, die Versammlung der genannten vier Weltgegenden, die, „von sich her einig, [im Geviert] zusammen [gehören]".

Der Mensch, dessen Wesen inmitten des Gevierts und nur hier weilt, ist auch in dieser Hinsicht tief verwandt mit dem Menschen Hölderlins, der seinen Wesensaufenthalt im Gefüge der ‚alltag ganzen Welt' hat. Dieses Gefüge ist derselbe Wesensraum wie das Geviert; es hat Heidegger zweifellos entscheidende

---

[53] Vgl. Friedrich-Wilhelm von Herrmann: „Der Humanismus und die Frage nach dem Wesen des Menschen". In: *Daseinsanalyse*. Basel 1988, S. 259–281.
[54] Martin Heidegger: „Bauen Wohnen Denken". In: Ders.: *Vorträge und Aufsätze*. Pfullingen 2/1959, S. 145–162.-Ders.: „Das Ding". Ebd., S. 163–181.

Hinweise für die Erfahrung der Welt als Geviert gegeben.[55] Heidegger selbst sagt hierzu in seinen *Hölderlin-Erläuterungen*: „Erde und Himmel und ihr Bezug gehören [...] in das reichere Verhältnis der Vier. Diese Zahl wird von Hölderlin nicht eigens gedacht und nirgends gesagt. Gleichwohl sind die Vier überall für sein Sagen zuvor aus der Innigkeit ihres Zueinander erblickt."[56]

Seitdem Heidegger das *Ding* als dasjenige Seiende erkannt hat, das das Geviert „verweilt", ihm Weile gibt und also in sich die vier Weltgegenden gestalthaft versammelt,[57] ist das Wesen des Dinges für die Zukunft aus seinen zuvor und weithin noch heute üblichen Bestimmungen befreit worden. Heidegger sagt in genauer Parallele zu seiner Kritik an früheren Deutungen des menschlichen Wesens: „Unser Denken ist [...] von alters her gewohnt, das Wesen des Dinges *zu dürftig* anzusetzen"[58] – und er bekräftigt dies durch den Hinweis, „daß die Dinge überhaupt noch nie als Dinge dem Denken zu erscheinen vermochten".[59]

Das Ding ist jetzt, wesentlich genommen, nicht mehr nur ein ‚ausgedehntes Etwas', nicht mehr nur ein Träger feststellbarer Eigenschaften; ja, es ist auch nicht mehr ein ‚Gegenstand'. Auch diese traditionellen Angaben sind, wie Heidegger darlegt, nicht falsch. Aber sie reichen nicht in den Bezirk der Wahrheit, der das ursprüngliche, reiche Wesen der Dinge verwahrt.

Seitdem Heidegger das Wesen der *Sprache* als „das Geläut der Stille" erfahren hat, das als „die Sage des Weltgeviertes" die vier Weltgegenden zueinander ruft und beieinander versammelt,[60] ist das Wesen der Sprache in einem heute noch kaum zu ahnenden Maße reich und erfüllt gedacht und für die Zukunft aus zuvor für gültig gehaltenen Bestimmungen befreit worden.

Die Sprache ist jetzt, wesentlich genommen, nicht mehr das Mittel zum Ausdruck der Innerlichkeit des Subjekts ‚Mensch'; nicht mehr Verständigungs- und Kommunikations-Instrument; nicht mehr ein Medium der Informationsgesellschaft; nicht mehr ‚Sprachmaterial'; ja, sie ist primär auch nicht mehr ein bloßes Tun des Menschen.

Vielmehr sagt die „ursprüngliche" Sprache – vor jedem menschlichen Sprechen – dem Menschen sein Wesen zu. Der Mensch ist, bevor *er* spricht, auf den Zuspruch dieser ursprünglichen, lautlosen Sprache angewiesen. Er kann nur sprechen, weil er in diesem Zuspruch seines Wesens steht.

---

[55] Vgl. Otto Pöggeler: *Der Denkweg Martin Heideggers*. Stuttgart 4/1994, S. 248. – Friedrich-Wilhelm von Herrmann: *Die zarte, aber helle Differenz. Heidegger und Stefan George*. Frankfurt a.M. 1999, S. 248.
[56] Martin Heidegger: „Hölderlins Erde und Himmel". In: Ders.: *Erläuterungen zu Hölderlins Dichtung*. A.a.O. (s. Anm. 1), S. 152–181. Zitat S. 170.
[57] Heidegger: „Das Ding". A.a. O. (s. Anm. 54), S. 172.
[58] Heidegger: „Bauen Wohnen Denken". A.a.O. (s. Anm. 54), S. 154.
[59] Heidegger: „Das Ding". A.a.O. (s. Anm. 54), S. 169.
[60] Martin Heidegger: „Das Wesen der Sprache". In: Ders.: *Unterwegs zur Sprache*. Pfullingen 2/1960, S. 157–216. Zitate S. 215.

Die Sprache, als das Geläut der Stille, versammelt lautlos die vier Weltgegenden des Gevierts. Sie ruft so den Menschen in den Aufenthalt, in dem sein Wesen wohnt. „[...] dichterisch, wohnet der Mensch auf dieser Erde", sagt Hölderlin in seiner letzten Hymne,[61] und Heidegger hat diese von der Sprache zeugende Wesensbestimmung des menschlichen Daseins vielfach aufgegriffen und erläutert; etwa in dem Satz: „‚Dichterisch wohnen' heißt: in der Gegenwart der Götter stehen und betroffen sein von der Wesensnähe der Dinge."[62]

Im Geviert weilend, sich im Zuspruch der ursprünglichen Sprache haltend, *ist* der Mensch „dichterisch", auch wenn er kein Dichter ist. Denn so gehorcht er dem Reichtum seines Wesens, der ihn die einfache und zugleich unausdenkbare Nähe der vier Weltgegenden ermessen läßt.

Seitdem Heidegger erkannt hat, daß „das Wesen der Technik ganz und gar nichts Technisches"[63] ist, sondern eine Weise der Lichtung des Seins, ist das Wesen der *Technik* und damit das Wesen unseres von ihr geprägten Zeitalters in epochal umwälzender Weise aus der Dürftigkeit zuvor getroffener Bestimmungen befreit worden.

Das Wesen der Technik, von Heidegger das „Ge-stell"[64] genannt, ist nicht die Welt der Apparate, nicht „ein Mittel für Zwecke"[65] und auch nicht „ein Tun des Menschen"[66]. Das Wesen der Technik besteht auch nicht in ihrer vielberufenen ‚Dämonie'.

Es ist vielmehr, als eine Weise der Lichtung des Seins, ein „Geschick"[67], das „den Menschen auf einen Weg des Entbergens bringt"[68] und ihn also das Wesen des Seienden im ganzen in einem neuen ‚Lichte' sehen läßt. Das „Ge-stell" fordert den Menschen dazu heraus, das Seiende „in der Weise des Bestellens als Bestand zu entbergen".[69] Als bloßer zu bestellender Bestand, also als ein lediglich zu nutzendes und zu vernutzendes Material, wird das Wesen des Seienden dem Menschen als etwas noch Dürftigeres zugeschickt denn zuvor als ‚Gegenstand'. Das Ge-stell nötigt dem Menschen die dürftigste Wesensbestimmung des Seienden auf, die in der Seinsgeschichte bisher erschienen ist.

Aber diese äußerste Verarmung der menschlichen Welt kehrt sich um in eine Befreiung, sobald wir einsehen, daß auch sie ein Seinsgeschick ist, eine Weise

---

[61] *In lieblicher Bläue [...]*, SG Bd. 1, S. 463.
[62] Martin Heidegger: „Hölderlin und das Wesen der Dichtung". In: Ders.: *Erläuterungen zu Hölderlins Dichtung.* A.a.O. (s. Anm. 1), S. 33–48. Zitat S. 42.
[63] Martin Heidegger: „Die Frage nach der Technik". In: Ders.: *Vorträge und Aufsätze.* A.a.O. (s. Anm. 54), S. 13–44. Zitat S. 13.
[64] Ebd., S. 27ff.
[65] Ebd., S. 14.
[66] Ebd., S. 14.
[67] Ebd., S. 33.
[68] Ebd., S. 33, 39.
[69] Ebd., S. 28.

der Erfahrung der Welt im Lichte des Seins. Es ist dies eine der befreiendsten und ‚zukünftigsten' Einsichten Heideggers.

Durch diesen entscheidenden Umschwung in der Erfahrung des Wesens der Technik werden wir unmittelbar in die andere, freie, *künftige* Dimension versetzt: Statt daß der Mensch, wie es schien, im Zeitalter der Technik ausweglos in den rasenden Betrieb des Maschinenwesens gebannt und eingesperrt ist, eröffnet sich ihm jetzt die Aussicht, daß das *Wesen* der Technik ihm – wenn auch auf beklemmende Weise – sein ureigenstes Wesensgeschehnis, die Erfahrung des Seienden in seinem Sein, neu schenkt.

Heidegger hat immer betont, daß sein Denken nicht technik-feindlich sei. In der Tat: Wo wäre das Wesen der Technik jemals in einer höheren Würde erschienen?

Sobald der Mensch sich diesem *Wesen* der Technik öffnet, *ist er frei:* Frei nämlich vom Überwältigtwerden durch das Maschinenwesen, frei aber vor allem auch für die *künftige Möglichkeit,* „in ein ursprünglicheres Entbergen [als das Bestellen des Seienden als Bestand es ist] einzukehren".[70] Daß diese Möglichkeit dem Menschen versagt sein könnte, bleibt die im Wesen des Ge-stells hausende Gefahr.

Ein „ursprünglicheres Entbergen", als es vom Ge-stell verfügt wird, wäre das „Rettende". Es würde den Menschen unmittelbar *in das Künftige* versetzen, in ein neues geschichtliches Zeitalter, wo der Mensch den Reichtum seiner Welt und seines Wesens nicht mehr brach liegen ließe.

Heideggers Werk bereitet dieses Künftige nicht nur vor; es *ist* das Künftige in seiner gegenwärtigen, in unsere Gegenwart ‚hereinragenden' Gestalt.

In Heideggers Sicht ist *dieses* Künftige, dessen unüberholbarer „Vorgänger" Hölderlin bleibt, geradezu *der* „andere Anfang"[71] in der Geschichte des Seins – denn es entstammt dem zuvor vom Schicksal verweigerten Aufgang des Seins im Wesen des Menschen. Es ist der *„andere* Anfang" nach dem „ersten Anfang" bei den Griechen des Altertums. Wieder zeigt sich die Nähe Hölderlins und Heideggers: Auch Hölderlins Zukunfts-Entwurf knüpfte unmittelbar bei den Griechen an.

Beide Entwürfe des Künftigen sind streng unterschieden und zugleich – mit Hölderlins Wort – „innigst im Innersten" einig. Hölderlins Erfahrung der Götter und des „gemeinsamen Geistes", sein Innestehen in der ‚immergekettet ganzen Welt' und Heideggers Denken des Seins und des unerschöpflichen Reichtums des Gevierts sind, mit Heidegger zu reden, das Selbe, aber nicht das Gleiche.

Beide Entwürfe des Künftigen *unterscheiden* sich als Dichten und Denken; sie unterscheiden sich in ihrem Grundton und in ihrer Sprache und als Werke

---

[70] Ebd., S. 36.
[71] Martin Heidegger: *Beiträge zur Philosophie (Vom Ereignis).* GA 65. Hrsg. von Friedrich-Wilhelm von Herrmann. Frankfurt a.M. 1989, S. 54ff.

verschiedener Jahrhunderte; sie sind aber in dem alles überragenden Grundzug *einig*, daß sie dem Menschen einer heillosen Gegenwart das geschichtlich Heilsame und künftig Rettende zeigen. Dieses ist keine soziologisch errechnete Utopie. *Als das einzig Heilsame und Zukünftige erweist sich vielmehr für Hölderlin und für Heidegger die Einkehr des Menschen in sein eigentliches, anfängliches, aber geschichtlich immer neu zu gründendes Wesen.* Das „Echo des Himmels" und der „Hirt des Seins" sind die Leitworte für das Wesen des künftigen Menschen.

*

Wir kehren zum Anfang zurück. Heidegger fragt: „Wie lange noch sperren wir uns, das Seiende als seiend zu erfahren? Wie lange noch wollen die Deutschen [Hölderlins] Wort überhören [...]?"

Ob wir, ob unsere Zeit, ob die nächsten Jahrzehnte oder Jahrhunderte dem Heilsamen gewachsen sind, weiß niemand. Vielleicht siegt das Gestell als die Gefahr. Heidegger selbst hat die Möglichkeit ins Auge gefaßt, „daß auf lange Zeit hinaus kein Weitergeben des Großen und kein Wiederbringen des Wesenhaften mehr möglich ist; daß es dergleichen nicht mehr gibt: auf eine Zukunft hoffen, die [...] Ursprüngliches bewahrt".[72]

Indessen sind Hölderlins Dichtung und Heideggers Denken uns als das Künftige anvertraut. Beide führen in den „anderen Anfang", der nicht mehr planend rechnet, sondern andenkend sinnt. Hier werden die Dinge, wie Heidegger sagt, „zwar nicht ‚begreiflicher' im Sinne des wissenschaftlichen Erklärens, aber [ihr] Wesen wird uns würdereicher und geheimnisvoller".[73] Das andenkende Denken führt uns letztlich in lauter Geheimnisse.

Indem dieses Denken dem ‚unerschöpflichen' Reichtum der Dinge gehorcht, der sich dem ‚dichterischen Wohnen' des Menschen zeigt, läßt es das Wesen der Dinge das Geheimnis sein, das es ist, und eignet es uns als solches zu. Im „Sternengang des Geheimnisses"[74] zu verweilen, in den kein rechnendes Erklären reicht, ist die eigentliche Würde des Wesens der Dinge. Hier leuchtet die ursprüngliche Wahrheit als das „glühende Herdfeuer"[75], das ein künftiges ‚Wohnen auf dieser Erde' erhellen könnte.

---

72 An Hannah Arendt, 12. April 1950. *Briefe.* A.a.O. (s. Anm. 48), S. 94.
73 Heidegger: *Hölderlins Hymne „Andenken".* A.a.O. (s. Anm. 51), S. 92.
74 Heidegger: „Die Frage nach der Technik". A.a.O. (s. Anm. 63), S. 41.
75 Martin Heidegger: *Grundfragen der Philosophie. Ausgewählte „Probleme" der „Logik".* GA 45. Hrsg. von Friedrich-Wilhelm von Herrmann. Frankfurt a.M. 2/1992, S. 146.

NACHWEISE

Dieser Band versammelt Aufsätze aus mehr als vier Jahrzehnten. Sie sind, bei unterschiedlicher Thematik, durch die gemeinsame, überall leitende Frage nach Wesen und Leistung des Kunstwerks eng miteinander verbunden und erläutern sich daher auch wechselseitig. Früher schon erschienene Beiträge wurden überarbeitet und z.T. erweitert; der Charakter ihrer jeweiligen Entstehungszeit blieb erhalten.

VORBEMERKUNG
Bisher nicht gedruckt. Geschrieben 2003.

DIE NOTWENDIGKEIT DER DICHTUNG – ZU GOETHES ‚AKTUALITÄT' –
Eine abweichende Fassung erschien unter dem Titel „Goethes Aktualität" zuerst in: Doitsubungaku-Ronkô. Forschungsberichte zur Germanistik, XXIV. Hrsg. vom Japanischen Verein für Germanistik im Bezirk Osaka-Kobe, 1982, S. 1–21. Festvortrag am 11. Mai 1982 vor dem Japanischen Germanistentag in Tokyo.

SCHIFFER · LINDE · VOGEL · EISEN. GOETHES URTEIL ÜBER SEIN ERSTES WEIMARER JAHRZEHNT
Zuerst erschienen in: Goethe Jahrbuch. Hrsg. von Karl-Heinz Hahn. 93. Band der Gesamtfolge. Weimar 1976, S. 139–149. Vortrag am 23. Mai 1975 im Rokoko-Saal der Zentralbibliothek in Weimar, im Rahmen der 64. Hauptversammlung der Goethe-Gesellschaft.

GOETHES WANDLUNG IN ITALIEN
Zuerst erschienen in: Das Goethe-Museum in Rom. Freies Deutsches Hochstift, Frankfurt a.M. 1973, S. 3–13.

GOETHES BESTIMMUNG DES STILS
Bisher nicht gedruckt. Geschrieben 1998/2002.

ZU MAX BECKMANNS „FAUST"-ILLUSTRATIONEN
Zuerst erschienen in: Frankfurter Allgemeine Zeitung, 3. September 1965. Aus einer Ansprache zur Feier von Goethes Geburtstag im Freien Deutschen Hochstift, Frankfurt a.M. , 27. und 28. August 1965.

DER MENSCH UND DAS „OFFENBARE GEHEIMNIS"

Bisher nicht gedruckt. Vorgetragen am 28. August 1999 in Wiesbaden. Grußwort zu Goethes 250. Geburtstag und zum 50jährigen Bestehen der Wiesbadener Goethe-Gesellschaft.

HÖLDERLINS ‚AKTUALITÄT'

Zuerst erschienen in: Jahrbuch des Freien Deutschen Hochstifts 1976, Tübingen 1976, S. 114–137. Seit 1972 mehrfach in unterschiedlichen Fassungen vorgetragen (vgl. den ersten Druck, Anm. S. 114).

DIDAKTIK · HÖLDERLINS WELT-LEHRE IN DER ODE „DER FRIEDEN"

Zuerst erschienen in: Festschrift für Peter Wilhelm Meister. Hrsg. von Annaliese Ohm und Horst Reber. Hamburg 1975, S. 297–301.

HÖLDERLINS „MASS": DAS GEFÜGE DER WELT

Zuerst erschienen in: Bad Homburg vor der Höhe 782–1982. Beiträge zur Geschichte, Kunst und Literatur. Vortragsreihe zur 1200-Jahrfeier (Vortrag am 26. Oktober 1982). Hrsg. vom Magistrat der Stadt Bad Homburg v.d. Höhe. Redaktion: Dr. Hilde Miedel. Bad Homburg v.d.Höhe 1983, S. 257–283.

HÖLDERLIN. WELT IM WERK

Zuerst erschienen in: Deutsche Literatur zur Zeit der Klassik. Hrsg. von Karl Otto Conrady. Stuttgart 1977, S. 337–350 (der „Briefwechsel im Anschluß an diesen Aufsatz" hier S. 350–361).

DASEIN „IN REISSENDER ZEIT". HÖLDERLINS DICHTUNG HEUTE

In deutscher Sprache bisher nicht gedruckt. Eine Übertragung ins Französische von Elisabeth Kessler ist erschienen in: La Nouvelle Revue de Paris, N° 9, mars 1987, S. 107–130, unter dem Titel „Etre-là dans le ‚temps qui déchire'. La poésie de Hölderlin aujourd'hui". Seit 1985 mehrfach in unterschiedlichen Fassungen vorgetragen.

CLEMENS BRENTANO: „ALLES IST EWIG IM INNERN VERWANDT". DIE DICHTUNG VERÄNDERT DAS WELTVERSTÄNDNIS

Zuerst erschienen in: Clemens Brentano. Beiträge des Kolloquiums im Freien Deutschen Hochstift 1978. Hrsg. von Detlev Lüders. Tübingen 1980, S. 135–162.

GEDÄMPFTE WELT UND HOLDES BESCHEIDEN.
ZUR DICHTUNG EDUARD MÖRIKES

Zuerst erschienen in: Literatur und Geistesgeschichte. Festgabe für Heinz Otto Burger. Hrsg. von Reinhold Grimm und Conrad Wiedemann. Berlin 1968, S. 225–231.

AUFGANG UND WAHRHEIT DER WELT.
ZU DREI GEDICHTEN VON GEORG TRAKL

Unter dem Titel „Abendmuse · Untergang · Anif. Drei Gedichte von Georg Trakl" zuerst erschienen in: Wirkendes Wort. 11. Jgg. 1961, 2. Heft, S. 89–102. Der einführende, zugleich mit dem Aufsatz konzipierte Abschnitt wurde 2002 geschrieben.

DIE ORDNUNG DER DINGE.
ZU HUGO VON HOFMANNSTHALS 100. GEBURTSTAG

Zuerst erschienen in: Der Tagesspiegel, Berlin, 1. Februar 1974; in anderer Fassung in: Jahrbuch des Freien Deutschen Hochstifts 1974, Tübingen 1975, S. 372–374.

VINCENT VAN GOGH: „OLIVENHAIN".
ZUR FRAGE NACH DEM WESEN DES STILS

Bisher nicht gedruckt. Geschrieben 1997/2002.

DIE ABBILDFUNKTION DES STILS (NOTIZEN I)

In anderer Fassung erschienen als Abschnitt 11–16 des Aufsatzes „Stil und Welt" in: Für Rudolf Hirsch. Zum siebzigsten Geburtstag. Redaktion J. Hellmut Freund. Frankfurt a.M. 1975, S. 76–79.

WELT – KUNST – STIL (NOTIZEN II)

Bisher nicht gedruckt. Geschrieben zwischen 1990 und 2002.

DICHTUNG, KUNST UND HEUTIGE GESELLSCHAFT

Zuerst erschienen in: Jahrbuch des Freien Deutschen Hochstifts 1975. Tübingen 1975, S. 474–492. Zuerst vorgetragen am 11. Dezember 1974 im Freien Deutschen Hochstift, Frankfurt a. M.

DER „ZAUBER DER WELT" UND DAS HEUTIGE „CHAOS".
HEIDEGGER UND DIE MODERNE DOMINANZ DES DÜRFTIGEN

Zuerst erschienen in: Heidegger Studies. Hrsg. von Parvis Emad, Friedrich-Wilhelm von Herrmann u.a. Vol. 17, Berlin 2001, S. 21–43.

HÖLDERLIN, HEIDEGGER UND DAS KÜNFTIGE

Zuerst erschienen in: „Voll Verdienst, doch dichterisch wohnet / Der Mensch auf dieser Erde". Heidegger und Hölderlin. Martin-Heidegger-Gesellschaft, Schriftenreihe Bd. 6. Hrsg. von Peter Trawny. Frankfurt a. M. 2000, S. 83–104. Vortrag am 2. Oktober 1999 auf der 10. Tagung der Martin-Heidegger-Gesellschaft in Meßkirch.

PERSONENREGISTER

Adam, Konrad 254
Arendt, Hannah 237, 241, 247f., 270, 276

Beck, Adolf 31, 59f., 88, 104, 118
Beckmann, Max 45–47, 235
Beißner, Friedrich 59, 77, 79–81, 83
Benn, Gottfried 13, 225, 227–232, 250
Bertaux, Pierre 60, 88, 104, 117f., 121
Beuys, Joseph 249
Binder, Wolfgang 77
Böckmann, Paul 104
Böhlendorff, Casimir Ulrich 101, 109, 115, 139, 265
Boss, Medard 247, 252f., 269
Brecht, Bertolt 125, 234
Brentano, Clemens 149–169, 243–245
Bröcker, Walter 104
Buhr, Gerhard 104
Buschbeck, Erhard 179

Collina, Ehepaar 38
Conrady, Karl Otto 117–128
Corinth, Lovis 219

Dilthey, Wilhelm 58

Eckermann, Johann Peter 15f., 25, 27, 29f., 37, 41, 53f.
Eigen, Manfred 11
Empedokles 26

Fahlmer, Johanna 28
Farrell, Ralph B.F. 172
Ficker, Ludwig von 179

Focke, Alfred 192
Frühwald, Wolfgang 156
Gadamer, Hans-Georg 261
George, Stefan 58
Goethe, Catharina Elisabeth 25, 29
Goethe, Johann Caspar 25, 36
Goethe, Johann Wolfgang von 9–56, 59, 91, 135, 162ff., 171, 206ff., 254f.
Gock, Karl 129
Gogh, Vincent van 201–210, 232f., 235
Goldmann, Lucien 221
Gontard, Susette 60, 90

Hackert, Jakob Philipp 163
Häny, Arthur 107
Hamann, Johann Georg 23
Heidegger, Martin 7, 17, 59, 66, 106, 112, 118, 123, 125, 164, 203ff., 212, 223, 237–276
Heinrich, Karl Borromäus 186, 191
Heisenberg, Werner 13
Hellingrath, Norbert von 58f.
Henel, Heinrich 155
Herder, Johann Gottfried 40
Herrmann, Friedrich-Wilhelm von 204, 243, 246, 253, 272f.
Hess, Walter 250
Hölderlin, Friedrich 7f., 22, 26, 57–147, 185, 199, 203ff., 211–213, 215, 230f., 238, 242, 249f., 259–276
Hölderlin, Johanna Christiana 90, 103, 268
Hofmannsthal, Hugo von 199f.
Humboldt, Wilhelm von 50

Jacobi, Friedrich Heinrich 28, 32
Jaeger, Hans-Wolf 121, 125, 250

Kafka, Franz 103
Kaiser, Gerhard 124
Kalb, Charlotte von 90
Kalb, Johann August Alexander 25
Karsch, Anna Luise 25
Kauffmann, Angelika 38
Killy, Walther 152, 154ff., 175, 179
Kirchner, Werner 77f.
Klee, Paul 226
Kleist, Heinrich von 229
Knebel, Karl Ludwig von 30
Kopernikus, Nicolai 237
Kraus, Karl 183

Lachmann, Eduard 193, 197
Lavater, Johann Caspar 28, 31
Lilla, Mark 254f.
Lorrain, Claude 163

Marc, Franz 222, 250
Marx, Karl 60f., 119
Maync, Harry 171
Merck, Johann Heinrich 28f.
Meister, Peter Wilhelm 77
Meyer, Johann Heinrich 38, 41
Michelangelo 38f.
Mörike, Eduard 171–177
Molière 254
Moritz, Karl Philipp 38
Müller, Friedrich von 27, 32, 34
Müller, Heiner 255
Müller, Joachim 104

Neuffer, Christian Ludwig 130
Newton, Isaac 11
Nieschmidt, H.W. 195
Nietzsche, Friedrich 58
Novalis 156

Oeser, Adam Friedrich 39

Ortega y Gasset, José 57

Picasso, Pablo 226
Pindar 142, 267
Planck, Max 224
Plato 237
Plutarch 54
Pöggeler, Otto 273
Poussin, Nicolas 163
Prignitz, Christoph 60

Raffael 39
Reiffenstein, Johann Friedrich 38
Riemer, Friedrich Wilhelm 55
Rilke, Rainer Maria 210, 231f., 237
Rosa, Salvator 163
Rubens, Peter Paul 15f.
Ryan, Lawrence 60, 104

Sachsen-Weimar-Eisenach, Carl
  August von 19, 35f.
Sattler, Dietrich Eberhard 61f.
Schapiro, Meyer 201f., 206
Schiller, Friedrich von 58, 90–92,
  255, 262
Schlaffer, Heinz 175
Schmidt, Jochen 107, 261
Schneditz, Wolfgang 191
Schöne, Wolfgang 207
Schönemann, Lili 25
Schwab, Christoph Theodor 78
Seebeck, Thomas Johann 55
Sengle, Friedrich 171f.
Seume, Johann Gottfried 125
Sophokles 103, 105, 113, 134, 142,
  209, 249
Stadelmaier, Gerhard 255
Staiger, Emil 12f.
Stein, Charlotte von 29–32, 35f.,
  39–41
Stolberg, Auguste Louise zu 30
Szondi, Peter 115

Tischbein, Johann Heinrich Wilhelm 38
Trakl, Georg 179–198

Vulpius, Christiane 38

Wasmuth, Ewald 77, 83
Weber, Albrecht 189
Weiss, Peter 60f., 104, 117
Winckelmann, Johann Joachim 39
Winter, Helmut 221

Zachariae, Justus Friedrich Wilhelm 91
Zelter, Karl Friedrich 41
Zimmer, Ernst 58
Zola, Emile 218